Eigentum an Versorgungsleitungen

Veröffentlichungen des Instituts für deutsches und europäisches Wirtschafts-, Wettbewerbs- und Regulierungsrecht der Freien Universität Berlin

Herausgegeben von Franz Jürgen Säcker

Band 12

PETER LANG
Frankfurt am Main · Berlin · Bern · Bruxelles · New York · Oxford · Wien

Helen Mahne

Eigentum an Versorgungsleitungen

PETER LANG
Internationaler Verlag der Wissenschaften

Bibliografische Information der Deutschen Nationalbibliothek
Die Deutsche Nationalbibliothek verzeichnet diese Publikation in der Deutschen Nationalbibliografie; detaillierte bibliografische Daten sind im Internet über <http://www.d-nb.de> abrufbar.

Zugl.: Berlin, Freie Univ., Diss., 2008

Gedruckt auf alterungsbeständigem,
säurefreiem Papier.

D 188
ISSN 1863-494X
ISBN 978-3-631-59707-1

www.peterlang.de

Vorwort

Diese Untersuchung lag dem Fachbereich Rechtswissenschaft der Freien Universität Berlin 2008 als Dissertation vor.

Die Arbeit ist während meiner Zeit als wissenschaftliche Mitarbeiterin am Institut für deutsches und europäisches Wirtschafts-, Wettbewerbs- und Regulierungsrecht von Herrn Prof. Dr. iur. Dr. rer. pol. Dr. h.c. Franz Jürgen Säcker entstanden. Ihm danke ich sehr herzlich für seine außergewöhnliche Betreuung. Von der Inspiration bei der Themenauswahl über die offene fachliche Begleitung bis hin zur sehr schnellen und gründlichen Durchsicht des Manuskripts ließ sie keine Wünsche offen.

Die intensive und prägende Zeit am Institut wird mir aufgrund der sehr freundschaftlichen Atmosphäre stets in guter Erinnerung bleiben. Hierfür möchte ich mich bei allen meinen Kollegen am Institut bedanken. Ein besonderer Dank gilt ferner Herrn Prof. Dr. Kurt Markert, der die Mühen des Zweitgutachtens auf sich nahm.

Schließlich danke ich meinen Eltern für ihre in jeder Hinsicht großzügige Unterstützung sowie meinen guten Freunden und meinem Bruder, die mich in schwierigen Phasen motiviert und mir bei der Endkorrektur geholfen haben.

Hamburg, im Juni 2009 *Helen Mahne*

Inhalt

Abkürzungsverzeichnis

a.A.	andere Ansicht
ABl.	Amtsblatt
ABl. EG	Amtsblatt der Europäischen Gemeinschaften
Abs.	Absatz
AcP	Archiv für die civilistische Praxis (Zeitschrift)
a.F.	alte Fassung
AG	Amtsgericht, Aktiengesellschaft
AllMBl.	Allgemeines Ministerialblatt der Bayerischen Staatsregierung
ALR	Allgemeines preußisches Landrecht
AO	Abgabenordnung in der Fassung vom 1.10.2002 (BGBl. I S. 3866), zuletzt geändert durch Gesetz vom 20.4.2009 (BGBl. I S. 774)
AöR	Archiv des öffentlichen Rechts (Zeitschrift)
ArchivPT	Archiv für Post und Telekommunikation (Zeitschrift)
ArchivPF	Archiv für das Post- und Fernmeldewesen (Zeitschrift)
Art.	Artikel
ATV	Abwassertechnische Vereinigung
Aufl.	Auflage
AVBEltV	Verordnung über Allgemeine Bedingungen für die Elektrizitätsversorgung von Tarifkunden (AVBEltV) vom 21.06.1979 (BGBl. I S. 684), aufgehoben durch Gesetz vom 1.11.2006 (BGBl. I S. 2477)
AVBFernwärmeV	Verordnung über Allgemeine Bedingungen für die Versorgung mit Fernwärme vom 20.6.1980 (BGBl. I S. 742), zuletzt geändert durch Gesetz vom 9.12.2004 (BGBl. I S. 3214)
AVBGasV	Verordnung über Allgemeine Bedingungen für die Gasversorgung von Tarifkunden vom 21.06.1979 (BGBl. 1979 I S. 676), aufgehoben durch Gesetz vom 1.11.2006 (BGBl. I S. 2477)
AVBWasserV	Verordnung über Allgemeine Bedingungen für die Versorgung mit Wasser vom 20.6.1980 (BGBl. I S. 750), zuletzt geändert durch Gesetz vom 9.12.2004 (BGBl. I S. 3214)
Az.	Aktenzeichen
BadWttbgNRG	Nachbarrechtsgesetz Baden-Württemberg vom 8.1.1996 (GBl. S. 54), geändert durch Gesetz vom 01.07.2004 (GBl. S. 469)
BadWttbgWG	Wassergesetz für Baden-Württemberg in der Fassung vom 20.1.2005 (GBl. S. 219, berichtigt S. 404), zuletzt geändert durch Gesetz vom 14.10.2008 (GBl. S. 367)
BauGB	Baugesetzbuch in der Fassung vom 23.9.2004 (BGBl. I S. 2414), zuletzt geändert durch Gesetz vom 21.12.2006 (BGBl. I S. 3316)
BauR	Baurecht (Zeitschrift)
BayEG	Bayerisches Gesetz über die entschädigungspflichtige Enteignung in der Fassung vom 25.7.1978 (BayRS III S. 601), zuletzt geändert durch Gesetz vom 24.12.2002 (GVBl. S. 962)
BayObLG	Bayerisches Oberstes Landesgericht
BayStrWG	Bayerisches Straßen- und Wegegesetz (BayRSV S. 731), zuletzt geändert durch Gesetz vom 20.12.2007 (GVBl. S. 958)
BayVGH	Bayerischer Verwaltungsgerichtshof
BayWG	Bayerisches Wassergesetz in der Fassung vom 19.7.1994 (GVBl. S. 822), zuletzt geändert durch Gesetz vom 20.12.2007 (GVBl. S. 969)

BB	Der Betriebs-Berater (Zeitschrift)
BBergG	Bundesberggesetz vom 13. August 1980 (BGBl. I S. 1310), zuletzt geändert durch Gesetz vom 17.3.2009 (BGBl. I S.550)
BbgNRG	Brandenburgisches Nachbarrechtsgesetz vom 28.6.1996 (GVBl. I S. 226), zuletzt geändert durch Gesetz vom 30.11.2007 (GVBl. I S. 193)
BbgStrG	Brandenburgisches Straßengesetz in der Fassung vom 31.3.2005 (GVBl. I S. 218), zuletzt geändert durch Gesetz vom 29.10.2008 (GVBl. I S. 266, ber. 316, GVBl. I S. 151)
BbgWG	Brandenburgisches Wassergesetz in der Fassung vom 8.12.2004 (GVBl. I 2005 S. 50)
BBodSchG	Bundes-Bodenschutzgesetz vom 17.3.1998 (BGBl. I S. 502), zuletzt geändert durch Gesetz vom 9.12.2004 (BGBl. I S. 3214)
Bd.	Band
BDEW	Bundesverband der Energie- und Wasserwirtschaft
BerlStrG	Berliner Straßengesetz vom 13.7.1999 (GVBl. S. 380), zuletzt geändert durch Gesetz vom 14.12.2005 (GVBl. S. 754)
BFH	Bundesfinanzhof
BFHE	Entscheidungen des Bundesfinanzhofs
BGB	Bürgerliches Gesetzbuch in der Fassung vom 2.1.2002 (BGBl. I S. 42, 2909; 2003 I S. 738), zuletzt geändert durch Gesetz vom 3.4.2009 (BGBl. I S. 700)
BGBl.	Bundesgesetzblatt
BGH	Bundesgerichtshof
BGHZ	Entscheidungen des Bundesgerichtshofs in Zivilsachen
Bit/s	Bit pro Sekunde
BMF-Schreiben	Die Schreiben des Bundesministers der Finanzen
BMWi	Bundesministerium für Wirtschaft und Technologie
BNetzA	Bundesnetzagentur für Elektrizität, Gas, Telekommunikation, Post und Eisenbahnen
BRD	Bundesrepublik Deutschland
BR-Drs.	Drucksachen des Deutschen Bundesrates
BremLStrG	Bremisches Landesstraßengesetz vom 20.12.1976 (Brem.GBl. S. 341), zuletzt geändert durch Gesetz vom 27.3.1995 (Brem.GBl. S. 211)
BremWG	Bremisches Wassergesetz in der Fassung vom 24.2.2004 (Brem.GBl. S. 45), zuletzt geändert durch Gesetz vom 27.11.2007 (Brem.GBl. S. 489)
BT-Drs.	Drucksachen des Deutschen Bundestages
BVerfG	Bundesverfassungsgericht
BVerfGE	Entscheidungen des Bundesverfassungsgerichts
BVerwG	Bundesverwaltungsgericht
BVerwGE	Entscheidungen des Bundesverwaltungsgerichts
BWG	Berliner Wassergesetz in der Fassung vom 17.6.2005 (GVBl. S. 357), zuletzt geändert durch Gesetz vom 6.6.2008 (GVBl. S. 139)
BWGZ	Die Gemeinde (Zeitschrift)
bzw.	beziehungsweise
ca.	circa
DB	Der Betrieb (Zeitschrift)
DDR	Deutsche Demokratische Republik
DDR-EnVO	Energieverordnung vom 1.6.1988 (GBl. DDR I S. 89)

ders.	derselbe
d.h.	das heißt
dies.	dieselben
DIN	Deutsche Industrie Normen
DIN EN	Deutsche Industrie Normen / Europäische Normen
DN	Durchmesser nach Norm
DNotZ	Deutsche Notar-Zeitschrift
DÖV	Die Öffentliche Verwaltung (Zeitschrift)
DRiZ	Deutsche Richterzeitung
DStRE	Deutsches Steuerrecht-Entscheidungsdienst
DtZ	Deutsch-deutsche Rechts-Zeitschrift
DVBl.	Deutsches Verwaltungsblatt (Zeitschrift)
DVGW	Deutsche Vereinigung des Gas- und Wasserfaches e.V.
DWW	Deutsche Wohnungswirtschaft (Zeitschrift)
EEG	Erneuerbare-Energien-Gesetz vom 21.7.2004 (BGBl. I S. 1918), zuletzt geändert durch Gesetz vom 28.3.2009 (BGBl. I S. 643)
EGBGB	Einführungsgesetz zum Bürgerlichen Gesetzbuche in der Fassung vom 21.9.1994 (BGBl. I S. 2494; 1997 I S. 1061), zuletzt geändert durch Gesetz vom 3.4.2009 (BGBl. I S.700)
EGV	Vertrag zur Gründung der Europäischen Gemeinschaft in der Fassung vom 2.10.1997, zuletzt geändert durch den Vertrag von Lissabon vom 13.12.2007 (ABl. Nr. C 306 S. 1)
Einl.	Einleitung
ElektrizitätsRL	RL 2003/54/EG des Europäischen Parlaments und des Rates vom 26.6.2003 über gemeinsame Vorschriften für den Elektrizitätsbinnenmarkt und zur Aufhebung der RL 96/92/EG (ABl. EG Nr. L 176/37)
endg.	endgültig
EntG MecklVorp	Enteignungsgesetz für das Land Mecklenburg-Vorpommern vom 2.3.1993, zuletzt geändert durch Gesetz vom 25.10.2005 (GVBl. S. 535)
EntGBbg	Enteignungsgesetz des Landes Brandenburg vom 19.10.1992 (GVBl. I S. 430), zuletzt geändert durch Gesetz vom 7.7.1997 (GVBl. S. 72)
EnWG	Energiewirtschaftsgesetz vom 7.7.2005 (BGBl. I S. 1970, 3621), zuletzt geändert durch Gesetz vom 25.10.2008 (BGBl. I S.2101)
ErbbauRG	Erbbaurechtsgesetz (die Erbbaurechtsverordnung, ErbbauVO ist inhaltlich unverändert mit Wirkung vom 30.11.2007 in Erbbaurechtsgesetz umgenannte worden), Verordnung vom 15.01.1919 (RGBl. I S. 72, ber. 122), zuletzt geändert durch Gesetz vom 23.11.2007 (BGBl. I S.2614)
et	Energiewirtschaftliche Tagesfragen (Zeitschrift)
EU	Europäische Union
e.V.	eingetragener Verein
f., ff.	Folgend(e)
FG	Finanzgericht
FS	Festschrift
FStrG	Bundesfernstraßengesetz in der Fassung vom 28.6.2007 (BGBl. I S. 1206)

GasGVV	Verordnung über Allgemeine Bedingungen für die Grundversorgung von Haushaltskunden und die Ersatzversorgung mit Gas aus dem Niederdrucknetz vom 26.11.2006 (BGBl. I S. 2391), zuletzt geändert durch Verordnung vom 17.10.2008 (BGBl. I S. 2006)
GBBerG	Grundbuchbereinigungsgesetz vom 20.12.1993 (BGBl. I S. 2182, 2192), zuletzt geändert durch Gesetz vom 17.12.2008 (BGBl. I S. 2586)
GBO	Grundbuchordnung in der Fassung vom 26.5.1994 (BGBl. I S. 1114), zuletzt geändert durch Gesetz vom 17.12.2008 (BGBl. I S. 2586)
GewArch	Gewerbearchiv (Zeitschrift)
GG	Grundgesetz für die Bundesrepublik Deutschland vom 23.5.1949 (BGBl. I S. 1), zuletzt geändert durch Gesetz vom 19.3.2009 (BGBl. I S. 606)
GmbH	Gesellschaft mit beschränkter Haftung
GVBl.	Gesetz- und Verordnungsblatt
GWB	Gesetz gegen Wettbewerbsbeschränkungen in der Fassung vom 15.7.2005 (BGBl. I S. 2114), zuletzt geändert durch Gesetz vom 18.12.2007 (BGBl. I S. 2966)
GWF	Das Gas- und Wasserfach (Zeitschrift)
GWF/Recht und Steuern	Recht und Steuern im Gas- und Wasserfach (Zeitschrift)
h.M.	herrschende Meinung
HessEntG	Hessisches Enteignungsgesetz vom 4.4.1973 (GVBl. I S. 107), zuletzt geändert durch Gesetz vom 6.9.2007 (GVBl. I S. 548)
HessNRG	Hessisches Nachbarrechtsgesetz vom 24.9.1962 (GVBl. I S. 417), zuletzt geändert durch Gesetz vom 25.9.1990 (GVBl. I S. 563)
HessWG	Hessisches Wassergesetz vom 6.5.2005 (GVBl. I S. 305), zuletzt geändert durch Gesetz vom 19.11.2007 (GVBl. I S. 792)
HPflG	Haftpflichtgesetz in der Fassung vom 4.1.1978 (BGBl. I S. 145), zuletzt geändert durch Gesetz vom 19.7.2002 (BGBl. I S. 2674)
HRR	Höchstrichterliche Rechtsprechung
Hrsg.	Herausgeber
HStrG	Hessisches Straßengesetz in der Fassung vom 8.6.2003 (GVBl. I S. 166), zuletzt geändert durch Gesetz vom 12.12.2007 (GVBl. I S. 851)
HWG	Hamburgisches Wegegesetz vom 22.1.1974 (HmbGVBl. I S. 41), zuletzt geändert durch Gesetz vom 27.1.2009 (HmbGVBl. I S. 16)
i.S.d.	im Sinne des
i.V.m.	in Verbindung mit
IR	Infrastruktur Recht Energie, Verkehr, Abfall, Wasser (Zeitschrift)
JherJb	Jherings Jahrbücher für die Dogmatik des bürgerlichen Rechts
JuS	Jurisitische Schulung (Zeitschrift)
JW	Juristische Wochenschrift (Zeitschrift)
Kap.	Kapitel
KAV	Veordnung über Konzessionsabgaben für Strom und Gas vom 9.1.1992 (BGBl. I S. 12, 407), zuletzt geändert durch Verordnung vom 1.11.2006 (BGBl. I S. 2477)
Kennz.	Kennziffer

KG	Kammergericht
Km	Kilometer
kV	Kilovolt
KWh	Kilowatt Hour
LG	Landgericht
lit.	Litera
LKV	Landes- und Kommunalverwaltung (Zeitschrift)
LStrG RP	Landesstraßengesetz Rheinland-Pfalz vom 1.8.1977 (GVBl. 1977, S. 273)
LuftVG	Luftverkehrsgesetz in der Fassung vom 10.5.2007 (BGBl. I S. 698), zuletzt geändert durch Gesetz vom 22.12.2008 (BGBl. I S. 2986)
LWL	Lichtwellenleiter
m	Meter
m.w.N.	mit weiteren Nachweisen
MBit/s	Megabit pro Sekunde
MBO	Musterbauordnung, Fassung: November 2002
MDR	Monatsschrift für Deutsches Recht (Zeitschrift)
MecklVorpWG	Wassergesetz des Landes Mecklenburg-Vorpommern vom 30.11.1992 (GVBl. I S. 669), zuletzt geändert durch Gesetz vom 9.2.2009 (GVBl. I S. 238)
MinBl.	Ministerialblatt
Mio.	Million
mm	Millimeter
MMR	MultiMedia und Recht (Zeitschrift)
Mot.	Motive zum Entwurf des BGB
Mrd.	Milliarde
N&R	Zeitschrift für Netzwirtschaft & Recht
NAV	Verordnung über Allgemeine Bedingungen für den Netzanschluss und dessen Nutzung für die Elektrizitätsversorgung in Niederspannung vom 1.11.2006 (BGBl. I S. 2477), zuletzt geändert durch Verordnung vom 17.10.2008 (BGBl. I S. 2006)
NDAV	Verordnung über Allgemeine Bedingungen für den Netzanschluss und dessen Nutzung für die Gasversorgung in Niederdruck vom 1.11.2006 (BGBl. I S. 2477), zuletzt geändert durch Verordnung vom 17.10.2008 (BGBl. I S. 2006)
Nds. GVBl.	Niedersächsisches Gesetz- und Verordnungsblatt
NdsWG	Niedersächsisches Wassergesetz in der Fassung vom 25.7.2007 (Nds. GVBl. S. 345)
NJW	Neue Juristische Wochenschrift (Zeitschrift)
NJW-RR	NJW-Rechtsprechungs-Report Zivilrecht (Zeitschrift)
NordrhWestfWG	Wassergesetz für das Land Nordrhein-Westfalen in der Fassung vom 25.6.1995 (GV NRW S. 926), zuletzt geändert durch Gesetz am 11.12.2007 (GV NRW S. 708)
Nr.	Nummer
NStrG	Niedersächsisches Straßengesetz in der Fassung vom 24.9.1980 (Nds. GVBl. S. 359), zuletzt geändert durch Gesetz vom 25.11.2007 (Nds. GVBl. S. 661)
NVwZ	Neue Zeitschrift für Verwaltungsrecht

NVwZ-RR	NVwZ-Rechtsprechungs-Report (Zeitschrift)
NWVBl.	Nordrhein-Westfälische Verwaltungsblätter (Zeitschrift)
NZM	Neue Zeitschrift für Miet- und Wohnungsrecht
OLG	Oberlandesgericht
OLGRspr.	Die Rechtsprechung der Oberlandesgerichte auf dem Gebiete des Zivilrechts
OVG	Oberverwaltungsgericht
PBefG	Personenbeförderungsgesetz in der Fassung vom 8.8.1990 (BGBl. I S. 1690), zuletzt geändert durch Gesetz vom 7.9.2007 (BGBl. I S. 2246)
PE-HD	Polyethylen hoher Dichte
PKW	Personenkraftwagen
Prot.	Protokolle der Kommission für die Zweite Lesung des Entwurfs des BGB
PVC	Polyvinylchlorid
r+s	Recht und Schaden (Zeitschrift)
RdE	Recht der Energiewirtschaft (Zeitschrift)
RdErl. des MI	Runderlass des Ministerium für Inneres
RegE	Regierungsentwurf
RegTP	Regulierungsbehörde für Telekommunikation und Post (heute: BNetzA)
RegVBG	Gesetzes zur Vereinfachung und Beschleunigung registerrechtlicher und anderer Verfahren vom 20.12.1993 (BGBl. I. S. 2182) in der Fassung vom 27.07.2001 (BGBl. I. S. 1882)
RG	Reichsgericht
RGBl.	Reichsgesetzblatt des Deutschen Reiches
RGZ	Entscheidungssammlung des Reichsgerichts in Zivilsachen
RhPfNRG	Nachbarrechtsgesetz für Rheinland-Pfalz vom 15.6.1970, zuletzt geändert durch Gesetz vom 21.7.2003
RhPfWG	Wassergesetz für das Land Rheinland-Pfalz vom 22.1.2004 (GVBl. S. 54), zuletzt geändert durch Gesetz vom 5.10.2007 (GVBl. S. 191)
RL	Richtlinie
Rn	Randnummer
RPfleger	Der Deutsche Rechtspfleger (Zeitschrift)
RTkom	Zeitschrift für das Recht der Telekommunikation und das Recht der elektronischen Medien
s.	siehe
S.	Seite
SaarlNRG	Saarländisches Nachbarrechtsgesetz vom 28.2.1973 (ABl. S. 210), zuletzt geändert durch Gesetz vom 18.2.2004 (ABl. S. 822)
SaarlWG	Saarländisches Wassergesetz vom 28.06.1960 (ABl. S. 511) in der Fassung vom 30.07.2004 (ABl. S. 1994), zuletzt geändert durch Gesetz vom 11.3.2009 (ABl. S.676)
SachenR-DV	Verordnung zur Durchführung des Grundbuchbereinigungsgesetzes und anderer Vorschriften auf dem Gebiet des Sachenrechts vom 20. Dezember 1994 (BGBl. I S. 3900)

SachsAnhNRG	Nachbarrecht von Sachsen-Anhalt in der Fassung vom 13.11.1997 (GVBl. S. 958), zuletzt geändert durch Gesetz vom 19.3.2002 (GVBl. S. 130, 163)
SachsAnhWG	Wassergesetz für das Land Sachsen-Anhalt in der Fassung vom 21.4.1998 (GVBl. S. 186), zuletzt geändert am 12.4.2006 (GVBl. S. 248)
SächsNRG	Sächsisches Nachbarrechtsgesetz vom 11.11.1997 (GVBl. S. 582), zuletzt geändert durch Gesetz vom 8.12.2008 (GVBl. S. 940)
SächsStrG	Sächsisches Straßengesetz vom 21.1.1993 (GVBl. S. 93), zuletzt geändert durch Gesetz vom 4.7.1994 (GVBl. S. 1261)
SächsWG	Sächsisches Wassergesetz in der Fassung vom 18.10.2004 (SächsGVBl. S. 482), zuletzt geändert durch Gesetz vom 8.12.2008 (GVBl. S.940)
SchlHWG	Wassergesetz des Landes Schleswig-Holstein vom 6.1.2004 (GVBl. S. 8)
SeuffArch.	Seufferts Archiv für die Entscheidungen der obersten Gerichte in den deutschen Staaten
SStrG	Saarländisches Straßengesetz in der Fassung vom 15.10.1977 (ABl. S. 969), zuletzt geändert Gesetz vom 08.10.2003 (ABl. S. 2874)
StrG BW	Straßengesetz Baden-Württemberg in der Fassung vom 11.5.1992 (GBl. S. 330), zuletzt geändert durch Verordnung vom 25.4.2007 (GBl. S. 252)
StrG LSA	Straßengesetz für das Land Sachsen-Anhalt vom 6.7.1993 (GVBl. S. 334).
StromGVV	Verordnung über Allgemeine Bedingungen für die Grundversorgung von Haushaltskunden und die Ersatzversorgung mit Elektrizität aus dem Niederspannungsnetz vom 26.11.2006 (BGBl. I S. 2391), zuletzt geändert durch Verordnung vom 17.10.2008 (BGBl. I S. 2006)
StromNEV	Verordnung über die Entgelte für den Zugang zu Elektrizitätsversorgungsnetzen vom 25.7.2005 (BGBl. I S. 2225), zuletzt geändert durch Gesetz vom 25.10.2008 (BGBl. I S. 2074)
StromNZV	Verordnung über den Zugang zu Elektrizitätsversorgungsnetzen vom 25.7.2005 (BGBl. I S. 2243), zuletzt geändert durch Verordnung vom 17.10.2008 (BGBl. I S. 2006)
StrWG NW	Straßen- und Wegegesetz des Landes Nordrhein-Westfalen in der Fassung vom 23.9.1995 (GV NRW S. 1028), zuletzt geändert durch Gesetz vom 13.3.2007 (GV NRW S. 133)
StrWG SH	Straßen- und Wegegesetz des Landes Schleswig-Holstein in der Fassung vom 25.11.2003 (GVBl. S. 631), zuletzt geändert durch Verordnung vom 12.10.2007 (GVBl. S. 487)
StrWG-MV	Straßen- und Wegegesetz des Landes Mecklenburg-Vorpommern vom 13.1.1993 (GVBl. S. 42), zuletzt geändert durch Gesetz vom 10.7.2006 (GVBl. S. 539)
ThürNRG	Thüringer Nachbarrechtsgesetz vom 22.12.1992 (GVBl. S. 599), zuletzt geändert durch Gesetz vom 9.3.2006 (GVBl. S. 53)
ThürStrG	Thüringer Straßengesetz vom 7.5.1993 (GVBl. S. 273), zuletzt geändert durch Gesetz vom 10.3.2005 (GVBl. S. 58)
ThürWG	Thüringer Wassergesetz in der Fassung vom 23.2.2004 (GVBl. S. 244), zuletzt geändert durch Gesetz vom 20.3.2009 (GVBl. S. 226)
TKG	Telekommunikationsgesetz vom 22.6.2004 (BGBl. I S. 1190), zuletzt geändert durch Gesetz vom 29.4.2009 (BGBl. I S. 994)
TWG	Telegraphenwegegesetz vom 18.12.1899 (RGBl S. 705)

u.a.	unter anderem
UmwG	Umwandlungsgesetz vom 28.10.1994 (BGBl. I S. 3210), zuletzt geändert durch Gesetz vom 19.4.2007 (BGBl. I S. 542)
UPR	Umwelt- und Planungsrecht (Zeitschrift)
VDEW	Verband der Elektrizitätswirtschaft
VDN	Verband der Netzbetreiber
VersorgW	Versorgungswirtschaft (Zeitschrift)
VersR	Versicherungsrecht (Zeitschrift)
VG	Verwaltungsgericht
VGH	Verwaltungsgerichtshof
Vgl.	vergleiche
VIZ	Zeitschrift für Vermögens- und Investitionsrecht
VkBl.	Verkehrsblatt
Vorb.	Vorbemerkung
VPE	Vernetztes Polyethylen
VwVfG	Verwaltungsverfahrensgesetz in der Fassung vom 23.1.2003 (BGBl. I S. 102), geändert durch Gesetz vom 17.12.2008 (BGBl. I S. 2586)
VwVG	Verwaltungs-Vollstreckungsgesetz vom 27.4.1953 (BGBl. I S. 157), zuletzt geändert durch Gesetz vom 17.12.1997 (BGBl. I S. 3039)
WEG	Gesetz über das Wohnungseigentum und das Dauerwohnrecht vom 15.03.1951 (BGBl. I S. 175), zuletzt geändert durch Gesetz vom 26.03.2007 (BGBl. I S. 370).
WHG	Wasserhaushaltsgesetz in der Fassung vom 19.8.2002 (BGBl. I S. 3245), zuletzt geändert durch Gesetz vom 22.12.2008 (BGBl. I S. 2986)
WM	Wertpapiermitteilungen (Zeitschrift)
WuB	Entscheidungssammlung zum Wirtschafts- und Bankrecht
WuM	Wohnungswirtschaft und Mietrecht (Zeitschrift)
WuW	Wirtschaft und Wettbewerb (Zeitschrift)
z.B.	zum Beispiel
ZfW	Zeitschrift für Wasserrecht
ZGB	Schweizerisches Zivilgesetzbuch vom 10.12.1907 (SR 210)
Ziff.	Ziffer
ZIP	Zeitschrift für Wirtschaftsrecht
ZMR	Zeitschrift für Miet- und Raumrecht
ZNER	Zeitschrift für Neues Energierecht
ZRG	Zeitschrift der Savigny-Stiftung für Rechtsgeschichte
ZUR	Zeitschrift für Umweltrecht
ZVG	Gesetz über die Zwangsversteigerung und die Zwangsverwaltung vom 24.3.1897, zuletzt geändert durch Gesetz vom 17.12.2008 (BGBl. I S. 2586)
µm	Mikrometer

A. Einleitung

„Wem gehören die Versorgungsnetze?“

Diese Frage wird in der herrschenden Lehre und Praxis sehr knapp mit dem Verweis auf eine Reichsgerichtsentscheidung aus dem Jahr 1915[1] sowie deren Bestätigung durch den BGH in der „Ruhrschnellwegentscheidung“ vom 11.07.1962[2] beantwortet. Hiernach sind Versorgungsleitungen nicht wesentliche Grundstücksbestandteile gemäß § 94 BGB, sondern gemäß § 97 BGB Zubehör des jeweiligen Werkgrundstücks, von dem z.B. der Strom an die umliegenden Bewohner verteilt wird. Diese Auffassung beruht auf der Annahme, dass die Leitungen wie „Krakenarme“ von einem Werkgrundstück abgehen.

Zur Begründung der Zubehöreigenschaft führt das Reichsgericht aus:

„Im vorliegenden Fall sind die Fernleitungen bei dem auf dem Grundstück des Beklagten befindlichen, für den Betrieb eines Elektrizitätswerkes dauernd eingerichteten Gebäude als zu dem Betrieb bestimmte Gerätschaften anzusehen. Denn sie sind dazu bestimmt, den von dem Elektrizitätswerk erzeugten elektrischen Strom aufzunehmen und nach Ortschaften in der Umgegend weiterzuführen.“[3]

Diese Verhältnisse in der Energiewirtschaft haben sich aufgrund technischen Fortschritts und durch die Liberalisierung der Strom- und Gasmärkte seit 1915 stark verändert. Längst schon sind die Versorgungsgüter, insbesondere Gas, Strom und Erdöl, weltweit begehrte Handelsware. Die Übertragungsnetze in Deutschland dienen heute europaweit der überregionalen Logistik. Eigenständige Märkte der Bearbeitung, der Lagerung und des Transportes sind neu entstanden. Diese Wirtschaftszweige rund um die Mobilität der Versorgungsgüter haben eine volkswirtschaftlich wichtige Bedeutung bei der Sicherung der Grundversorgung erlangt.

Es drängt sich deshalb die Frage auf, ob die Auffassung des Reichsgerichts den heutigen Gegebenheiten noch gerecht wird.

In jenem Fall wurde der Strom bis zu einer Entfernung von 4 bis 5 Kilometern transportiert. Heute besteht ein engmaschiges, über die Landesgrenzen hinausgehendes Versorgungsnetz, an das zahlreiche Stromerzeuger angeschlossen sind.[4] Der Energietransport über weite Entfernungen und durch fremde Netze ist die gängige Praxis. Es ist daher eine die Wirklichkeit verdrängende reine Fiktion, wenn von den Vertretern der herrschenden Auffassung betont wird, dass die

---

1 RGZ 87, 43ff.

2 BGHZ 37, 353ff.

3 RGZ 87, 49.

4 Zur Stärkung des Binnenmarkts und der Kohäsion in der Gemeinschaft wird die Schaffung transeuropäischer Netze in den Bereichen Verkehrs-, Telekommunikations- und Energieinfrastruktur von Art. 154 Abs. 1 EGV zur Gemeinschaftsaufgabe erhoben.

Leitungen in einer Verwendungseinheit mit dem betroffenen Elektrizitäts- bzw. Gaskraftwerk stehen.[5]

Im Zeitalter der Entflechtung vertikal integrierter Energieversorgungsunternehmen und Newcomern unter den Kraftwerksbetreibern ist es nicht mehr zeitgemäß, die Einheit des Kraftwerks mit den Versorgungsleitungen als Begründung für die Zubehöreigenschaft der Leitungen heranzuziehen. Denn heute ist die gesetzliche Trennung des Netzbetriebs von der Produktion im Energiesektor (Legal Unbundling), mit Ausnahme kleinerer Stadtwerke (§ 7 Abs. 2 EnWG)[6], zwingendes Recht.[7] Zur Diskussion steht gegenwärtig sogar ein freiwilliges oder gesetzlich erzwungenes Ownership Unbundling. Die Arme der „Krake" sind nunmehr selbständige juristische Personen. Die Entflechtung bewirkt, dass bei einem Netzbetreiber ein Werkgrundstück nicht auszumachen ist. Der Netzbetrieb muss gemäß § 6 Abs. 1 S. 2 EnWG von den anderen Tätigkeitsbereichen der Energieversorgung, mithin auch von der Erzeugung unabhängig sein.

Bereits an diesen Veränderungen wird deutlich, dass sich die Vertreter der herrschenden Meinung auf schnell dahin schmelzendem Eis bewegen.

Um so überraschender ist es, dass die Befürworter des Ownership Unbundling ohne neue sachenrechtliche Prüfung nach wie vor von den Energieversorgern, die die Leitungen verlegt haben, als Eigentümer der Netze ausgehen. Im Rahmen des Legal Unbundling mussten sich die Energieversorgungsunternehmen vom Eigentum, zumindest von der Verfügungsbefugnis an den Leitungen trennen. Das oft gewählte Übertragungsmodell beruht auf der rechtlichen Ansicht, dass die Leitungen als Zubehör Teil des beweglichen Vermögens sind und im Eigentum der Energieversorgungsunternehmen stehen.[8] Die Trennung von Erzeugung und Netzbetrieb, die aus dem Legal Unbundling resultiert, hat aber dieser Rechtsprechung die Grundlage entzogen.

Der gesetzliche Zwang zur Entflechtung und die Vielzahl der bereits vollzogenen und geplanten Transaktionen[9] sowie die Pläne für weitere Maßnahmen zur

---

5 Z.B. RGZ 87, 43, 49; *Bartelsperger*, S. 87.

6 Ausgenommen vom Legal Unbundling sind gemäß § 7 Abs. 2 EnWG solche Energieversorgungsunternehmen, an deren Elektrizitätsnetz weniger als 100 000 Kunden angeschlossen sind.

7 Vgl. hierzu die Entflechtungsvorschriften für vertikal integrierte Energieversorgungsunternehmen §§ 6 ff. EnWG.

8 Vgl. zum Übertragungsmodell *Säcker*, DB 2004, 691ff.; Baur/Pritzsche/*Simon*, Kap. 6, Rn 67ff.

9 So haben z.B. die Mineralölkonzerne Shell und ExxonMobil ihre gemeinsame Tochter BEB Transport GmbH, die in Norddeutschland ein Gas-Pipelinenetz von rund 3.500 km Länge betreibt, an die niederländische Gasunie übertragen, vgl. Erdöl, Erdgas, Kohle 2007, S. 468. E.ON hat sich verpflichtet, sein Höchstspannungsnetz zu veräußern, vgl. Bekanntmachung gemäß Artikel 27 Absatz 4 der Verordnung (EG) Nr. 1/2003 des Rates in den Sachen COMP/B-1/39.388 - Deutscher Stromgroßhandelsmarkt und COMP/B-1/39.389 - Deutscher Regelenergiemarkt, ABl. EG vom 12.6.2008 Nr. C 146/34. Auch RWE hat sich gegenüber der Kommission verpflichtet, im Gegenzug zur

Stärkung der Unabhängigkeit der Netzbetreiber auf europäischer Ebene gebieten daher, die Thematik neu zu untersuchen. Die Vorgaben zur Effizienzsteigerung durch die zum 1.1.2009 in Kraft tretende Anreizregulierung[10] werden zu weiteren Netzzusammenschlüssen fern von den Stromerzeugern führen. Zwischen den Kraftwerken und den Netzen besteht kein eigentumsmäßiger Zusammenhang mehr. Die vertragliche Gestaltung dieser Veränderungen, deren Finanzierung und der Vollzug dieser Verträge verlangen nach sicheren rechtlichen Grundlagen und Rahmenbedingungen.

Deshalb ist eine erneute sachenrechtliche Untersuchung geboten. Hierbei sind die durch das Sachenrecht vorgegebenen klaren Zuordnungsregeln von Vermögenspositionen zu beachten. Diese sind ein elementarer Grundstein unserer Rechtsordnung und stehen deshalb nicht zur Disposition. Die Funktionsfähigkeit unserer Gesellschaft beruht auf der Einhaltung dieser, den Anforderungen eines freiheitlichen Rechtsstaats und einer sozialen Marktwirtschaft entsprechenden, Vorschriften.

Diese Arbeit soll einen Beitrag zur notwendigen Neuausrichtung der eigentumsrechtlichen Betrachtung liefern, die von den Grundlagen der gesetzlichen Vorschriften ausgeht.

Schwerpunkte der Arbeit sind:

- die Systematisierung der verschiedenen Leitungsnetze mit ihren technologischen Besonderheiten,
- die Darstellung der jeweiligen rechtlichen Regelungen und der Gestaltungsgewohnheiten der Anwender und
- die Untersuchung und Ermittlung der dogmatisch richtigen Zuordnung des Eigentums an den Versorgungsleitungen.

Die Arbeit gliedert sich in fünf Teile. Nach dieser Einleitung (Teil A) werden die verschiedenen Versorgungsnetze und die heutige Rechtslage mit den sektorspezifischen Entwicklungen der letzten Jahre im Einzelnen dargestellt (Teil B). Im Teil C werden die rechtlichen Grundlagen dieser Untersuchung, die Bestandteilslehre des Sachenrechts und die Tatbestandsmerkmale der §§ 93ff.

Einstellung laufender Untersuchungen möglicher Kartellrechtsverstöße im Gassektor sein westdeutsches Gasfernleitungsnetz an einen unabhängigen Betreiber zu veräußern, vgl. die Verpflichtungszusage der RWE AG vom 2.2.2009 (abzurufen unter: http://www.rwe.com/web/cms/mediablob/de/240346/data/37836/COMP-B-1-39.402-Verpflichtungszusage-nichtvertrauliche-Fassung, zuletzt eingesehen am 30.5.2009). Auch Vattenfall Europe erwägt einen Verkauf seines Höchstspannungsnetzes, vgl. Presseerklärung der Vattenfall Europe AG vom 25.7.2008 (abzurufen unter: http://www.vattenfall.de/www/vf/vf_de/225583xberx/232127press/232157press/232187archi/258228press/index.jsp?pmid=147143, zuletzt eingesehen am 30.5.2009).

10 Verordnung über die Anreizregulierung der Energieversorgungsnetze (Anreizregulierungsverordnung - ARegV) vom 29.10.2007 (BGBl. I S. 2529), geändert durch Art. 2 Abs. 8 der Verordnung vom 17.10.2008 (BGBl. I S. 2006).

BGB näher erläutert. Mit Hilfe der dort gewonnenen Erkenntnisse wird im Teil D die Frage nach dem Eigentum an Versorgungsleitungen beantwortet. Abschließend sind im Teil E Ausblicke angeführt, die sich für die Praxis nach dem Ergebnis dieser sachenrechtlichen Untersuchung ergeben.

B. Leitungsgebundene Versorgungssysteme und das geltende Recht

I. Das Netz der öffentlichen Versorgung

Die Versorgung mit Strom, Gas und Wasser sowie der Anschluss an das Telekommunikationsnetz sind elementare Bedürfnisse eines jeden Bürgers. Nicht ohne Grund werden sie der Daseinsvorsorge zugeordnet. Das Bundesverfassungsgericht bezeichnet z.B. die Versorgung mit Elektrizität als „ein Gemeinschaftsinteresse höchsten Ranges“ und hat sie deshalb als ein „absolutes“ Gemeinschaftsgut eingeordnet.[11] Sie ist „zur Sicherung einer menschenwürdigen Existenz unumgänglich“.[12]

Die technischen, wirtschaftlichen und oft auch rechtlichen Besonderheiten leitungsgebundener Versorgung beruhen auf dem Umstand, dass Strom von dem Ort, an dem er produziert wird, an die Stromkunden transportiert werden muss. Erdgas wird aus aller Welt über Rohre nach Deutschland geleitet. Ebenso muss die in Heizkraft- oder Fernheizwerken gewonnene bzw. erzeugte Wärme mittels eines Verteilungsnetzes zu den Verbrauchern transportiert werden. Auch Wasser wird zumeist nicht dort gewonnen, wo es verbraucht wird. Genauso muss Abwasser von den Gebäuden, den Dachentwässerungen und den Straßenabläufen zu den Behandlungs- und Entsorgungsanlagen geleitet werden.

Ein Transport über die herkömmlichen Verkehrswege – Straßen, Schienen oder Wasserstraßen – kommt aus technischen und wirtschaftlichen Gesichtspunkten kaum in Betracht.[13] Vielmehr werden sowohl Energie und Wasser, als auch Daten und Informationen mittels Kabelleitungen und Rohrleitungssystemen transportiert.

Für die Funktionsfähigkeit des Gemeinwesens und die städtebauliche Weiterentwicklung sind leistungsfähige Leitungsnetze, die eine sichere Versorgung mit Wasser, Gas, Fernwärme, Elektrizität und Telekommunikation sowie eine umweltfreundliche und sichere Entsorgung des Abwassers gewährleisten, eine notwendige Voraussetzung.

---

11 BVerfGE 30, 292, 323f.

12 BVerfGE 66, 248, 258.

13 Im Erdgassektor entfällt zwar inzwischen rund ein Viertel des Weltgashandels auf LNG (= Liquefied Natural Gas), in Deutschland existiert bisher aber noch kein LNG-Empfangsterminal. Der in Wilhelmshaven geplante LNG Terminal, soll 2011 mit einer Jahreskapazität von 10 Mrd. m^3 betriebsbereit sein. Der Schifftransport wird ferner niemals ein funktionierendes Leitungsnetz ersetzen können. Allein bei der Endverbraucherversorgung ist das Rohrleitungsnetz auch in diesem Wirtschaftszweig unabdingbar.

1. Das deutsche Stromversorgungsnetz

Die Versorgung mit Elektrizität begann Ende des 19. Jahrhunderts. Allerdings wurde Strom ursprünglich nur für Beleuchtungszwecke verwendet. In Theatern verdrängte die Glühlampe die übliche Gasbeleuchtung ab den achtziger Jahren des 19. Jahrhunderts.[14] Das Savoy-Theater in London wurde 1881 als erstes Theater mit Glühlicht beleuchtet.[15] Es handelte sich hierbei aber noch nicht um eine öffentliche Stromversorgung, sondern um private Kleinkraftwerke (Zentralen) zur Versorgung einzelner Häuser mit elektrischer Energie. Die Vorstufe der öffentlichen Stromversorgung bildeten Blockstationen, bei denen die Versorgung nicht über die unmittelbare Nachbarschaft hinausging.[16]

Das erste Kraftwerk der öffentlichen Stromversorgung ging 1885 in der Markgrafenstraße in Berlin ans Netz. Der Strom wurde zunächst als Gleichstrom übertragen, der damals Transportverluste aufwies und den Radius der Stromversorgung zunächst auf zwei Kilometer beschränkte.[17]

Mit der Entwicklung lokaler Kraftwerke war erstmals die Nutzung öffentlicher Wege für die Stromversorgung verbunden. Im Jahre 1884 schloss die Deutsche Edison-Gesellschaft für angewandte Elektrizität (später Berliner Elektrizitäts-Werke, BEW) als Betreiber des ersten Kraftwerks mit der Stadt Berlin den ersten Konzessionsvertrag. Dieser gestattete es dem Betreiber, die Straßendämme und Bürgersteige in einem 800-Meter-Radius um den Werderschen Markt für die Verlegung von Leitungen zur Fortführung der elektrischen Ströme zu nutzen.[18]

Nach dem Ersten Weltkrieg standen beim Wiederaufbau der zersplitterten Stromnetze die Bemühungen zur Schaffung einer „Großstromversorgung" im Vordergrund, um so eine Effizienzsteigerung und günstigere Tarife für die Bevölkerung zu erreichen. Die Überlegungen, den Staatseinfluss in der Elektrizitätswirtschaft zu steigern, wurden von der erfolgreichen Gründung staatlicher Landesversorgungsunternehmen überholt. Es bildeten sich regionale Versorgungsgebiete, die mittels Demarkationsvereinbarungen voneinander abgegrenzt waren. Mit fortschreitender Entwicklung und dem Übergang auf höhere Übertragungsspannungen entstand in den 30er Jahren ein übergelagertes nationales

---

14 Dies geschah nach einem verheerenden Brand im Wiener Ringtheater im Jahr 1881, verursacht durch eine Gasexplosion, zuvorderst aus sicherheitstechnischen Aspekten.

15 Fischer/*Bohn/Marschall*, S. 43.

16 So wurde z.B. im Keller des Hauses Friedrichstraße 85 in Berlin im Jahr 1884 eine Dampfmaschinenanlage errichtet, die die umliegenden Cafés und Läden des Häuserblocks versorgte, vgl. Fischer/ *Bohn/Marschall,* S. 44.

17 Fischer/*Herzig*, S. 125. Vgl. hierzu die Abbildung des Versorgungsgebiets des Kraftwerks an der Markgrafenstraße bei Fischer/*Bohn/Marschall,* S. 111.

18 Fischer/*Bohn/Marschall*, S. 44; Fischer/*Löwer*, S. 171f.; Immesberger/*Klemm,* II, Einl. vor §§ 46-48 EnWG Rn 10.

Verbundnetz. Die Wirtschaftlichkeit und die Sicherheit der Versorgung verbesserten sich zusehends.[19]

Der stark gestiegene Energiebedarf in den letzten 60 Jahren hat zu einem intensiven Ausbau der elektrischen Energieversorgungs- und Erdgasnetze geführt. Die größten Steigerungsraten traten hierbei in den 60er und 70er Jahren auf.[20] Auch die angestrebte Zunahme des Einsatzes von Windenergie und der geplante Neubau von konventionellen Kraftwerken insbesondere im Norden Deutschlands machen einen weiteren Ausbau des Übertragungsnetzes erforderlich.[21] Ferner sind viele der Leitungen, die nach und teilweise auch schon vor dem Zweiten Weltkrieg errichtet wurden, sanierungs- oder erneuerungsbedürftig.

Deutschland ist auch in Zukunft auf eine sichere und technologisch hochwertige Infrastruktur für die Versorgung mit elektrischer Energie angewiesen.[22]

Der Blick auf eine der vielen grafischen Darstellungen der in Deutschland vorhandenen Energieleitungen[23] verdeutlicht die Komplexität dieses Netzes. Die deutschen Stromnetze bestehen aus 1.671.300 km Leitungen[24], die sich als ein enges – in sich weit verzweigtes – Geflecht über das ganze Bundesgebiet ausdehnen. Allein auf der überregionalen Verbundebene haben die Höchstspannungsleitungen eine Länge von 36.000 km.[25] Auf der Regionalstufe verfügt das deutsche Stromnetz auf der Hochspannungsebene über 75.200 km, auf der Mittelspannungsebene über 493.000 km und auf Niederspannungsebene über 1.067.100 km Leitungen.[26]

Das gesamte Netz der Stromversorgung verteilt sich zu 70 % auf Kabel und 30 % auf Freileitungen.[27] Letztere kommen vor allem in den Höchst- und Hochspannungsebenen zum Einsatz. Insbesondere im Bereich der Niederspannung

---

19 Vgl. hierzu die Darstellung des Deutschen Hochspannungsnetzes 1930 bei Fischer/*Herzig*, S. 138.

20 *Jauch*, S. 39.

21 Vgl. zuletzt die Begründung des RegE eines Gesetzes zur Beschleunigung des Ausbaus der Höchstspannungsnetze, BR-Drs. 559/08, das am 7.5.2009 vom Bundestag beschlossen wurde (BT-Drs. 16/12898; so auch *Gramlich*, LKV 2007, 248.

22 Dies umso mehr, da Deutschland bereits heute das zentrale Strom-Transitland in Europa ist. Diese Bedeutung wächst zunehmend mit der Intensivierung des Stromhandels zur Schaffung eines funktionierenden Elektrizitätsbinnenmarkts. Vgl. Verordnung (EG) Nr. 1228/2003 des Europäischen Parlaments und des Rates vom 26.6.2003 über die Netzzugangsbedingungen für den grenzüberschreitenden Stromhandel, ABl. EG vom 15.7.2003 Nr. L 176/1; die Entscheidung Nr. 1364/2006/EG des Europäischen Parlaments und des Rates vom 6.9.2006 zur Festlegung von Leitlinien für die transeuropäischen Energienetze (TEN-E-Leitlinien), ABl. EG vom 22.9.2006 Nr. L 262/1.

23 Vgl. z.B. die Karte des deutschen Hochspannungsnetzes des VDN, abgedruckt in VDN, Daten und Fakten, S. 5; sowie die Karte der Erdgasleitungen in Deutschland abgedruckt bei *Schiffer*, S. 161.

24 VDN, Daten und Fakten, S. 3.

25 VDN, Daten und Fakten, S. 3.

26 VDN, Daten und Fakten, S. 3.

27 *Schiffer*, S. 227.

werden in Deutschland seit vielen Jahren die Stromkabel zumeist unterirdisch verlegt. Auch im Mittelspannungsbereich wächst der Anteil von Kabelanlangen im Vergleich zu Freileitungen stetig.[28] Dies ist zum einen auf kostengünstigere Verlegetechniken zurückzuführen. Aber auch die zunehmenden Kosten für den Umweltschutz beim Freileitungsbau tragen zu dieser Entwicklung bei. Insbesondere in Städten und dicht besiedelten Gebieten werden auch im Hochspannungsbereich vermehrt Kabel eingesetzt. In ländlichen Gebieten sprechen oft technische und wirtschaftliche Aspekte gegen eine Kabelverlegung.[29] Insbesondere zur Erhaltung des Landschaftsbildes nimmt der Anteil der Kabelverlegung auch in diesem Bereich stetig zu. Niedersachsen hat als erstes Bundesland mit dem Niedersächsischen Erdkabelgesetz[30] ein Planfeststellungsverfahren für die Errichtung von unterirdisch verlaufenden Hochspannungsleitungen geschaffen. Dies hat zur Folge, dass im Abstand von 200 m bei Einzelwohnhäusern und 400 m bei Wohnsiedlungen der Netzausbau nicht als Freileitung, sondern nur erdverlegt erfolgen darf. Auch Landschaftsschutzgebiete dürfen nicht von Freileitungen gequert oder durchzogen werden. Ein Pilotvorhaben für den Einsatz von Erdkabeln auf der Höchstspannungsebene im Übertragungsnetz mit entsprechenden Vorgaben enthält § 2 EnLAG[31].

Das deutsche Höchstspannungsnetz besteht aus den Netzzonen der vier großen Übertragungsnetzbetreiber E.ON Netz GmbH, RWE Transportnetz Strom GmbH, Vattenfall Europe Transmission GmbH und EnBW Transportnetze AG. Die vier Netzzonen sind über Kuppelleitungen zum deutschen Verbundnetz zusammen geschaltet und verbunden. Das deutsche Verbundnetz ist wiederum mit den europäischen Höchstspannungsnetzen verkoppelt. Diese starke Vernetzung der Stromleitungen ist die grundlegende Voraussetzung für einen funktionierenden europäischen Binnenmarkt.

2. Das deutsche Gasversorgungsnetz

Nachdem Gas zunächst allein zu Beleuchtungszwecken der Straßen, Plätze und Gebäude verwendet wurde[32], begann der planmäßige Bau von Gasversorgungs-

---

28 So enthält § 4 Musterkonzessionsvertrag-Strom, *Immesberger/Klemm*, II-4, die Pflicht des Netzbetreibers bei Erneuerung des Netzes eine Erdverkabelung durchzuführen, es sei denn, dass ein entsprechender Aufwand nach den Regulierungsvorgaben in die Netznutzungsentgelte nicht einkalkuliert werden kann.

29 VDEW (Hrsg.), Kabelhandbuch, S. 254.

30 Niedersächsisches Gesetz über die Planfeststellung für Hochspannungsleitungen in der Erde (Niedersächsisches Erdkabelgesetz) vom 13.12.2007, Nds. GVBl. Nr. 40/2007 vom 18.12.2007.

31 Vgl. § 2 Gesetz zur Beschleunigung des Ausbaus der Höchstspannungsnetze, BT/Drs. 16/12898.

32 Vgl. z.B. den der Entscheidung des RG zugrunde liegenden Sachverhalt, RGZ 39, 204, 207.

leitungen im Jahr 1885.[33] Speziell in den letzten 20 Jahren hat die gestiegene Bedeutung des Erdgases einen rasanten Ausbau forciert.

Gas wird mittels Rohrleitungen transportiert, die sich nach Druckstärken unterscheiden. Hochdrucknetze weisen einen Betriebsdruck von über 1 bar auf, Mitteldrucknetze von 100 mbar bis 1 bar und Niederdrucknetze bis 100 mbar.[34] Einen entscheidenden Unterschied zwischen der Versorgung mit Strom und mit Gas stellt der Umstand dar, dass sich Gas im Gegensatz zu Strom speichern lässt. In Deutschland existieren über 40 Untergrundspeicher, in denen ein nutzbares Gasvolumen von 200 Mrd. KWh gespeichert wird.[35]

Das deutsche Gasrohrleitungsnetz umfasst inzwischen eine Gesamtlänge von ca. 400.000 km.[36] In Europa besteht ein engmaschiges Erdgas-Transportnetz, das laufend erweitert wird. Dieses erschließt über miteinander vernetzte Pipelinesysteme nicht nur die Erdgasquellen, z.B. die Erdgasfelder vor der Küste Norwegens, mit dem europäischen Festland, sondern auch Lagerstätten außerhalb des europäischen Kontinents, z.B. in Nordafrika und Sibirien. Das europäische Verbundnetz ist zum Ausdruck der engen gastechnischen und -wirtschaftlichen Beziehungen zwischen Förder- und Verbraucherländern geworden.

3. Das deutsche Fernwärmeversorgungsnetz

Die Ursprünge der Kraft-Wärme-Kopplung liegen ebenfalls im Ende des 19. Jahrhunderts. Bereits 1893 wurde in Hamburg das erste öffentliche Elektrizitätswerk mit kombinierter Erzeugung von Strom und Wärme in Betrieb genommen.[37] Allerdings verbreitete sich diese Technik wegen der höheren Kosten für die Leitungsverlegung nicht so rapide wie die Erzeugung und der Transport von Strom. Erst im Rahmen der Energiekrise nach dem Ersten Weltkrieg, die sich aus dem Gebietsverlust traditioneller Kohlegebiete ergab, wurde verstärkt in die Kraft-Wärme-Kopplung investiert.[38]

Das deutsche Fernwärmenetz dient der Verteilung der Nutzwärme für die Raumheizung, Wassererwärmung oder zu Produktionszwecken zu den Verbrauchern und von dort aus wieder zum Heiz(kraft)werk. Die Vor- und Rücklaufleitungen des Fernwärmeleitungsnetzes erreichen eine Gesamtlänge von ca. 48.000 km.[39] Anders als beim Transport von Strom und Gas führen lange Transportwege der Fernwärme zu erheblichen Verlusten. Aus diesem Grund ist mit dem Standort eines Fernheizwerkes sowie durch die Lage und die Struktur der Wärmeabnehmer die Trassenführung des Fernwärmeverteilungsnetzes vorgegeben.

---

33 *Stein*, Leitungsgang 1991, S. 10.
34 *Stein*, Leitungsbau, S. 9.
35 *Stein*, Leitungsgang, S. 2.
36 *Liedtke*, S. 45.
37 Fischer/*Herzig*, S. 134.
38 *Hakansson*, S. 1.
39 *Stein*, Leitungsbau, S. 2.

Nach dem Zweiten Weltkrieg hat ein Wechsel von Dampf als bevorzugtem Transportmittel zu Wasser stattgefunden, welches mittels Umwälzpumpen zu den Verbrauchern transportiert wird. Dieser Wandel ist auf die bautechnischen Anforderungen für Dampfnetze zurückzuführen. Diese müssen ein sehr großes Gefälle aufweisen, um die Ableitung und Rückführung des sich in den Leitungen niederschlagenden Wassers zu ermöglichen.[40] Bei Heißwassernetzen bestehen diese Probleme nicht; sie weisen deshalb Vorteile in der Rohrführung, Bedienung und Überwachung auf.

In Deutschland wird für den Transport von Fernwärme weitgehend ein Zweileitersystem angewendet, bei dem der Wärmeträger über einen Vorlaufstrang zu den Verbrauchern und anschließend abgekühlt über das Rücklaufleitungssystem zum Werk zurückgeleitet wird.[41]

Bei der Wahl des Trassenverlaufs und des Verlegeverfahrens spielen sowohl die Topographie, die Infrastruktur als auch die Bodenverhältnisse eine entscheidende Rolle.[42] So ist eine oberirdische Verlegung von Fernwärmeleitungen nur möglich, wenn mit Sicherheit eine spätere Bebauung des Geländes nicht erfolgen wird. Es ist daher der Ausnahmefall, dass Fernwärmeleitungen oberirdisch verlaufen. Da in Ballungszentren, die grundsätzlich die fernwärmewürdigen Gebiete ausmachen, die frei verlegten Leitungen aus optischen und baulichen Gründen oft nicht verwirklicht werden können, findet man diese zumeist auf Industriegeländen. Des Weiteren müssen bei oberirdischer Verlegung eigens Stützvorrichtungen für die Fernwärmeleitung gebaut und die Rohre zusätzlich vor Witterung geschützt werden.[43] Im Normalfall verlaufen die Fernwärmesysteme deshalb unterirdisch; aber es gibt auch Ausnahmen wie z.B. im Olympischen Dorf in München, wo die teilweise oberirdisch verlaufenden Rohrleitungen in der Gesamtarchitektur berücksichtigt wurden.[44]

4. Das deutsche Trinkwasserversorgungsnetz

Qualitativ hochwertiges Trinkwasser ist nicht nur für den Einzelnen, sondern auch gesamtgesellschaftlich die wichtigste Voraussetzung zur Gesundheitserhaltung. Das gegenwärtige System der Trinkwasserversorgung gewährt eine hohe Versorgungssicherheit und eine sehr gute Trinkwasserqualität. Hierfür ist ein hygienisch sicheres und störungsfrei funktionierendes Rohrleitungsnetz unerlässlich.

---

40 Vgl. hierzu die Ausführungen zu Dampfnetzen bei *Hakansson*, S. 224. Heute macht der Anteil von Dampfleitungen noch ca. 20 % des Fernwärmenetzes aus, wobei diese insbesondere in älteren städtischen Versorgungsgebieten aufzufinden sind, vgl. *Stein*, Leitungsbau, S. 12.

41 *Hakansson*, S. 227f.

42 *Hakansson*, S. 232.

43 *Hakansson*, S. 234.

44 *Hakansson*, S. 221; *Sauer/Zeise*, S. 146.

Der Transport von Wasser mittels Rohrleitungen weist anders als der „neuere“ Transport von Energie und Informationsdaten über Leiter eine lange Geschichte auf. So sind in Vorderasien und Ägypten Kupferrohre für den Wassertransport aus vorchristlicher Zeit gefunden worden. Aus der Römerzeit und der hellenistischen Zeit sind Druckrohrleitungen aus Bronze, Blei und Blei-Zink-Legierungen für die Fortleitung von Trinkwasser bekannt.[45] Im 16. bis 18. Jahrhundert wurden vermehrt Eisenrohre für den Wassertransport verwendet. Diese Technik kam auch bei den Wasserspielen der großen barocken Gartenanlagen, z.B. des Schlossparks von Versailles und des Schlosses Sanssouci zum Einsatz. Die allgemeine Versorgung mit Wasser begann 1854.[46]

Ebenso wie die anderen leitungsgebundenen Versorgungswirtschaften setzt sich die Wasserwirtschaft aus verschiedenen Teilbereichen, der Wassergewinnung, der Wasseraufbereitung, dem Wassertransport und der Wasserverteilung an den Endverbraucher zusammen. Zwar gibt es auch in diesem Sektor Unternehmen, die auf bestimmte Teilleistungen der Versorgungskette spezialisiert sind. Anders als im Energie- und Telekommunikationssektor finden sich aber vielerorts vertikal integrierte Versorgungsmonopole. In Deutschland besteht kein nationales Verbundnetz für den Transport von Trinkwasser. Vielmehr gibt es, folgend dem Prinzip der ortsnahen Versorgung[47], viele kleine regionale Versorgungsnetze, zwischen denen in der Regel keine Verbindung besteht.[48] Dies ist auf den Umstand zurückzuführen, dass anders als beim Transport von Strom, Gas oder Daten die Qualität des Trinkwassers bei langen Transportwegen gefährdet ist und es zu großen Transportverlusten kommen kann.[49]

Die Regeln der Technik schreiben bestimmte Nennweitenbereiche für vorgefertigte Rohre für alle Leitungen in Wasserverteilungssystemen vor.[50] Die Gesamtlänge der Rohrleitungen für den Transport von Trinkwasser beläuft sich auf 640.000 km.[51]

5. Das deutsche Telekommunikationsnetz

Der Telekommunikation kommt insbesondere in Zeiten der Globalisierung eine erhebliche wirtschaftliche und gesellschaftliche Bedeutung zu. Ein schneller Informations- und Datenfluss ermöglicht auf allen wirtschaftlichen Ebenen den effizienteren Einsatz von Produktionsfaktoren. Die Abläufe bei der Herstellung von industriellen Produkten haben sich dadurch in den letzten Jahrzehnten be-

---

45 Vgl. zur Geschichte der Rohrleitungstechnik Eberhard/Volz/*Volk*, S. 2f.

46 *Stein*, Leitungsgang 1991, S. 1.

47 Dieses Prinzip ist bundesrechtliche in § 1a Abs. 3 WHG festgesetzt und wird landesrechtlich ausgestaltet, vgl. z.B. § 29 Abs. 2 SchlHWG.

48 *Karasek/Ortlieb*, ZNER 2001, 223, 225.

49 *Hendler/Grewig*, ZUR 2001, 146, 148.

50 Vgl. hierzu DIN EN 805: Anforderungen an Wasserversorgungssysteme und deren Bauteile außerhalb von Gebäuden.

51 Vgl. die Angaben bei *Stein*, Leitungsbau, S. 2.

reits erheblich verändert. Der Bedarf an zielgerichteter und zweckbestimmter Information und Kommunikation hat mit zunehmender Globalisierung und mit verstärktem Wettbewerb der Regionen die Telekommunikation zu einem der expansivsten Wirtschaftszweige gemacht. Ein Beispiel, wie dank neuer Kommunikationsformen im Wege der Globalisierung der Faktor „Entfernung" überbrückt wird, ist das neue südindische „Silicon Valley" Bangalore. Dort unterhalten zahlreiche Weltunternehmen große Niederlassungen und lassen im Rahmen einer globalen Arbeitsteilung insbesondere ihre EDV-Programmierungen und Callcenter-Aufgaben verrichten.

Aber auch für den Einzelnen hat sich infolge der Entwicklung moderner Kommunikationsmedien der Alltag in vielerlei Hinsicht ins Internet (Internetbanking, E-commerce) verlagert.

Die leitungsgebundene Übertragung ist die älteste Version der elektrischen Nachrichtenübermittlung. Sie ist nach wie vor – gerade für superschnelle Leitungen – im Telekommunikationsbereich aktuell. Die erste elektrische Telegraphenlinie wurde in Deutschland im Jahre 1849 zwischen Berlin und Frankfurt in Betrieb genommen.[52] Da die im 19. Jahrhundert verbreitete Form der technischen Nachrichtenübermittlung eine Fortführung der herkömmlichen Nachrichtenübermittlung durch Briefe darstellte, wurde in Anlehnung an das Postregal[53] zunächst das Telegraphenregal[54] und schließlich das Fernmeldehoheitsrecht geschaffen.[55]

Bei den Telekommunikationsnetzen ist zwischen Zugangs- oder Teilnehmernetzen, die den unmittelbaren Anschluss zum Teilnehmer herstellen, und Verbindungsnetzen zu unterscheiden. Letztere weisen keinen direkten Zugang zu den Teilnehmern auf, sondern verbinden einzelne Zugangsnetze miteinander.

Die Telekommunikationsleitungen unterscheiden sich vorrangig nach ihrer Übertragungskapazität.[56] Einfache schmalbandige Netze erlauben nur eine einzige Sendung auf einer Teilstrecke des Netzes, während Breitbandnetze mehrfach parallel, also für mehrere Dienste gleichzeitig, genutzt werden können. Ein Glasfaserkabel kann bis zu 565 Mbit/s und somit ca. 7.680 Telefongespräche gleichzeitig übertragen.[57] Daher sind Breitbandsysteme effizienter. Breitbandübertragungsnetze sind erforderlich, um z.B. Videokonferenzen zu ermöglichen. Inzwischen weist das Telekommunikationsnetz in der Bundesrepublik Deutsch-

---

52 *Krimmel*, S. 6.

53 So wurde das zur Gründungszeit des Postwesen bestehende Alleinrecht des Staates bezeichnet, Posten zwischen bestimmten Orten zu entrichten.

54 So wurde das Alleinrecht des Staates zur Herstellung und zum Betrieb von Telegraphenanlagen bezeichnet.

55 Vgl. ausführlich *Eidenmüller*, ArchivPF 1986, 305ff.

56 Die Übertragungskapazität bestimmt sich nach der Anzahl der pro Sekunde übertragenen Zeichen (bit/s).

57 *Rauh*, S. 54.

land eine Gesamtlänge von ca. 1.617.500 km Leitungen auf.[58] Die Telekommunikationslinien verlaufen in Deutschland sowohl unterirdisch als auch mittels Freileitungen oberirdisch. Inzwischen normiert § 68 Abs. 3 S. 3 TKG den Vorrang der unterirdischen Verlegung, wenn dies im Rahmen einer Gesamtbaumaßnahme koordiniert werden kann. Insbesondere in städtischen Gebieten verlaufen die Telekommunikationsleitungen größtenteils unter der Erde.

6. Das deutsche Abwasserleitungsnetz

Das deutsche Abwasserkanalnetz hat eine Gesamtlänge von 514.884 km.[59] Auch der Beginn des planmäßigen Baus von Kanalisationssystemen geht ins 19. Jahrhundert zurück.[60] Zu 46 % besteht das Kanalnetz aus Mischwasserkanälen, das heißt, es erfolgt ein gemeinsamer Abfluss von Schmutz- und Niederschlagswasser in einem Kanal. Weitere 33 % entfallen auf Schmutzwasser- und 21 % auf Regenwasserkanäle.[61]

Das Entwässerungssystem unterteilt sich in die Grundstücksentwässerung und die Kanalisation. Die Kanalisation besteht aus Rohrleitungen, die Schmutz- und/oder Regenwasser von Abwasserleitungen zu Kläranlagen oder anderen Entsorgungsstellen ableiten.

Entwässerungssysteme kommen in Form von Schwerkraft-, Druck- sowie Unterdruckentwässerungssystemen vor, wobei die überwiegende Anzahl als Schwerkraftentwässerungssystem betrieben wird. Hierbei erfolgt der Abfluss durch Schwerkraft und die Leitung wird üblicherweise mit Teilfüllung betrieben (Freispiegelsystem).[62] Das entscheidende Merkmal für Entwässerungssysteme ist die Mindestnennweite des Kanals. Die Kanalisation weist im Vergleich zu den anderen dargestellten Rohrleitungssystemen die größten Nennweiten auf. In Deutschland ist die Nennweite regelmäßig größer als DN/ID 800 mm. Im Ausland sind Abwasserkanäle von bis zu 10 m hingegen keine Seltenheit.[63]

---

58 Angaben bei *Stein*, Leitungsbau, S. 2, wobei dieser auf die erheblichen Wachstumsraten im Telekommunikationssektor aufgrund der weltweiten Vernetzung (Internet) hinweist.

59 Vgl. Eckdaten zur Abwasserentsorgung in Deutschland 2004 (Amtliche Daten des statistischen Bundesamtes, erschienen im September 2006, abzurufen unter: http://www.bgw.de/bdew.nsf/id/DE_id100112166_/$file/eckdaten-zur-abwasserentsorgung-2004.pdf, zuletzt eingesehen am 30.5.2009).

60 *Stein*, Leitungsgang 1991, S. 1.

61 Eckdaten zur Abwasserentsorgung in Deutschland 2004 (Amtliche Daten des statistischen Bundesamtes, erschienen im September 2006, abzurufen unter: http://www.bgw.de/bdew.nsf/id/DE_id100112166_/$file/eckdaten-zur-abwasserentsorgung-2004.pdf, zuletzt eingesehen am 30.5.2009).

62 Vgl. DIN EN 752: Entwässerungssysteme außerhalb von Gebäuden (04.2008); DIN EN 476: Allgemeine Anforderungen an Bauteile für Abwasserkanäle und -leitungen für Schwerkraftentwässerungssysteme (08.1997).

63 So *Stein*, Leitungsbau, S. 26f.

7. Zusammenfassung

Insgesamt besteht in Deutschland somit ein Versorgungsnetz von ca. 4.891.684 km, also fast 4,9 Mio. km Leitungen. Die Bundesrepublik Deutschland verfügt über ein Straßennetz für den überörtlichen Verkehr von rund 231.359 km Länge.[64] Die Gesamtlänge des deutschen Versorgungsnetzes entspricht somit dem 21-fachen der Gesamtlänge aller deutschen überörtlichen Straßen.

Für die flächendeckende Verlegung dieser Leitungen ist die Benutzung fremder Grundstücke notwendig. Überwiegend werden hierfür Verkehrswege aller Art – Bundesautobahnen, Bundesfernstraßen, Land-, Kreis- und Gemeindestraßen sowie Anlagen der Deutsche Bahn AG in Anspruch genommen. Oft sind die Versorgungsleitungen aber auch in privaten Grundstücken verlegt.

Mit Zunahme der leitungsgebundenen Versorgung ist – insbesondere in Großstädten und Ballungsgebieten – der Raum für die Verlegung von Versorgungsanlagen knapp. Aus diesem Grund enthält DIN 1998 Richtlinien für die Planung der Unterbringung von Leitungen und Anlagen in innerstädtischen öffentlichen Flächen, die eine gesamtwirtschaftliche und technisch günstige Lösung anstreben.[65] Traditionell werden Rohrleitungen und Kabel im unterirdischen Bauraum direkt im Erdstoff als Einzeltrasse verlegt. Kennzeichnend ist hierbei die stufenförmige Anordnung von Einzeltrassen. Die gesamte zur Verfügung stehende Breite im unterirdischen Bauraum zwischen sich gegenüberstehenden Gebäuden einer Strasse wird regelmäßig zur Verlegung genutzt. Den einzelnen Medien werden hierfür lage- und höhenmäßig eingeteilte Trassenkorridore zugewiesen. Die Richtlinien sehen vor, dass Versorgungsleitungen in der Regel außerhalb, Abwasserleitungen regelmäßig in der Fahrbahn untergebracht werden und der Weg neben der Fahrbahn in Zonen für die jeweiligen Versorgungsleitungen eingeteilt wird. Im Bereich der öffentlichen Ver- und Entsorgung wird in Deutschland ganz überwiegend die in DIN 1998 festgesetzte Form der Einzeltrassenverlegung verwendet. Die Verlegung unterschiedlicher Kabel- und Rohrleitungssysteme in einem Leitungsgang bzw. in Sammelkanälen, wie es zum Teil in London und anderen europäischen Großstädten der Fall ist, ist in Deutschland im Bereich der öffentlichen Versorgung höchst selten.[66]

---

64 Vgl. hierzu die Angaben im Straßenbaubericht 2007 des Bundesministeriums für Verkehr, Bau und Stadtentwicklung, S. 13. (abzurufen unter: http://www.bmvbs.de/Anlage/original_1034956/Straßenbaubericht-2007-barrierefreies-PDF-Dokument.pdf, zuletzt eingesehen am 30.5.2009).

65 Vgl. hierzu DIN 1998: Unterbringung von Leitungen und Anlagen in öffentlichen Flächen (05.1978).

66 Vgl. hierzu ausführlich *Stein*, Leitungsgang, S. 39ff. In der ehemaligen DDR wurde hingegen von der Verlegung in Sammelkanälen, auch als Kollektoren bezeichnet, als Alternative zur konventionellen Leitungsverlegung Gebrauch gemacht, *Stein*, Leitungsgang, S. 53f. Vgl. ausführlich zu den vereinigungsbedingten Besonderheiten im Gebiet der ehemaligen DDR unten Teil D Abschnitt III.

Bei den Versorgungsleitungen handelt es sich jeweils um existenziell wichtige Voraussetzungen für die Dienstleistungen der Versorgungsunternehmen. So wie PKW und LKW ohne Straßen und Schiffe ohne Binnenschifffahrtswege nicht fahren können, können Strom, Gas und Wasser ohne Leitungsnetze nicht die Kunden erreichen. In die Energieversorgungsnetze wurden im Jahr 2007 3,3 Mrd. Euro investiert.[67] Diese Summe entspricht circa der Hälfte der gesamten Investitionen der Stromversorger.[68] Im Bereich der Gaswirtschaft flossen im Jahr 2006 mit 1,8 Mrd. Euro 70 % der Gesamtinvestitionen in das Rohrnetz.[69] Die Leitungsnetze stellen mithin sehr hohe wirtschaftliche Werte dar.

II. Entwicklungen im Recht der Versorgungswirtschaft

Mit der Liberalisierung der Telekommunikations- und Energiemärkte haben sich diese Wirtschaftszweige in den letzten Jahrzehnten sehr verändert und unterliegen auch heute noch ständigen Reformen des europäischen und deutschen Gesetzgebers. Ziel der Änderungen ist die Schaffung eines europäischen Binnenmarktes und der Wandel von monopolartigen Strukturen zu einem funktionierenden Wettbewerb.

1. Der Wandel im Telekommunikationsrecht

Dieser Richtungswechsel hat in den letzten 20 Jahren – geprägt durch gemeinschaftsrechtliche Impulse – zunächst zur Liberalisierung des Telekommunikationsmarkts geführt. Vom Abbau der Monopole vollzog sich dieser Umbruch über mehrere Etappen zum jetzigen – auf die Schaffung und Erhaltung von Wettbewerb sowie den Abbau von Regulierung ausgerichteten – Stand des Telekommunikationsrechts.

Das Fernmeldewesen stand von Beginn an unter obrigkeitlicher Kontrolle. Als Mittel zur Festigung der Machtposition und Förderung der Verwaltungseinheit im Herrschaftsgebiet proklamierte bereits Kaiser Rudolf II zwischen 1595 und 1598 das kaiserliche Hoheitsrecht des Reichspostregals. Hiernach stand allein ihm und seinen Nachfolgern das Recht zu, im Heiligen Römischen Reich Deutscher Nation Posten einzurichten und zu betreiben.[70] Auch bei der Einführung des Telegraphenwesens waren zunächst politische und militärische Erwägungen leitgebend.[71] Es sollte der Sicherung des Territoriums nach Außen und der Aufrechterhaltung der Ordnung im Inneren dienen und stand deshalb von Beginn an unter der Obhut des Staates.

---

67 Vgl. hierzu die Angaben des BDEW auf der Pressekonferenz der Hannover Messe am 21.4.2008, Zahlen und Fakten der Energie- und Wasserwirtschaft, S. 3, (abzurufen unter: http://www.bdew.de/bdew.nsf/id/D03DE1C5B5E24E8AC1257432002E4ABC/$file /Zahlen%20und%20Fakten.pdf, zuletzt eingesehen am 30.5.2009).

68 BDEW, Zahlen und Fakten der Energie- und Wasserwirtschaft, S. 3.

69 BDEW, Zahlen und Fakten der Energie- und Wasserwirtschaft, S. 4.

70 *Eidenmüller*, DÖV 1985, 525.

71 *Eidenmüller*, DÖV 1985, 525.

Das Grundgesetz ordnete das Postwesen der staatlichen Verwaltung zu. Das Post- und Fernmeldewesen bildete gemäß Art. 73 Nr. 7 GG a.F. als Bestandteil der Leistungsverwaltung einen eigenen Verwaltungszweig, der mit eigenem Verwaltungsbau unter Leitung des Bundesministers für Post- und Fernmeldewesen zu führen war.[72]

Nachdem das Fernmeldemonopol, das erstmals im Gesetz über das Telegrafenwesen des Deutschen Reiches vom 6. 4. 1892[73] niedergelegt wurde, fast 100 Jahre bestand, wurde mit den Postreformen I aus dem Jahr 1989[74] und der Postreform II aus dem Jahr 1994[75] die Liberalisierung eingeleitet. Das in seinen wesentlichen Teilen am 1. August 1996 in Kraft getretene TKG 1996 (Postreform III) liberalisierte einen zuvor lange Zeit staatsmonopolistisch geprägten Wirtschaftssektor.

Die Grundlagen und der entscheidende Anstoß für diesen Strukturwandel in den letzten zwanzig Jahren, der durch Aufgabenprivatisierung und den Rückzug des Staates auf hoheitliche Regulierungsmaßnahmen geprägt ist, lagen in den Vorgaben des europäischen Telekommunikationsrechts.[76]

Bis etwa 1980 war der Telekommunikationsbereich in der EG durch einzelstaatliche Monopole der öffentlichen Hand gekennzeichnet, die häufig im Verbund mit dem Postdienst betrieben wurden. Ein Umdenken begann Anfang der achtziger Jahre des letzten Jahrhunderts, als in einigen Mitgliedstaaten Privatisierungen erfolgten und ein begrenzter Wettbewerb eingeführt wurde. Hintergrund der Liberalisierung ist die Erkenntnis, dass Informations- und Kommunikationstechnik zunehmend das gesellschaftliche und wirtschaftliche Leben in den modernen Industrienationen bestimmen. Aufgrund bedeutender technischer Entwicklungen in den achtziger Jahren erwies sich der Telekommunikationsbereich als einer der am schnellsten wachsenden Märkte, der sich durch eine enorme Innovationsgeschwindigkeit auszeichnete. In diesem Zusammenhang wuchs die Erkenntnis, dass mit einer nach öffentlich-rechtlichen Prinzipien organisierten Fernmeldewirtschaft flexible und effiziente Anpassungen an den gesteigerten Wettbewerbsdruck des zunehmend auch in globalen Maßstäben organisierten Telekommunikationsmarktes unmöglich erschienen.

Maßgeblicher Schritt für die Einleitung der eigentlichen Liberalisierungsphase war das „Grünbuch über die Entwicklung des gemeinsamen Marktes für Telekommunikationsdienstleistungen und Telekommunikationsgeräte“[77] mit der Zielvorgabe, die Telekommunikationsmärkte vollständig zu liberalisieren. Entsprechend den Forderungen des Grünbuchs entstanden die sogenannten Libera-

---

72 Vgl. Verordnung vom 31.3.1950, BGBl. I S. 94; Dreier/*Wieland*, Art. 87f Rn 3.

73 RGBl. 1892, S. 467. Trute/Spoerr/Bosch/*Spoerr*, Einführung I, Rn. 1.

74 Poststrukturgesetz vom 8.6. 1989, BGBl. I S. 1026.

75 Änderungsgesetz zum Grundgesetz vom 30.8.1994, BGBl. I S. 2245; Gesetz zur Neuordnung des Postwesens und der Telekommunikation vom 29.6.1994, BGBl. I S. 2335.

76 Vgl. *Paulweber*, ZUM 2000, 12ff.

77 Mitteilung der Europäischen Kommission vom 30.6.1987, KOM(1987) 290 endg.

lisierungsrichtlinien der Kommission, die eine Öffnung der Telekommunikationsmärkte zum Ziel hatten.[78] Neben die Liberalisierungsrichtlinien traten die ersten Harmonisierungsmaßnahmen des Europäischen Rates[79], die die Herstellung einheitlicher rechtlicher Rahmenbedingungen in den europäischen Telekommunikationsmärkten bezweckten, insbesondere für den offenen Zugang zu Telekommunikationsnetzen.

Die Umsetzung der gemeinschaftsrechtlichen Liberalisierungs- und Harmonisierungsvorgaben vollzog sich im nationalen Bereich in drei Schritten, den Postreformen I - III. Mit der Schaffung des TKG 1996[80] erfolgte eine erste kodifizierte Strukturierung der vollständig liberalisierten Telekommunikationsmärkte. Ziel war es, den Wettbewerb auf den Telekommunikationsmärkten zu fördern und ein angemessenes und ausreichendes Angebot von Telekommunikationsdienstleistungen für die ganze Bevölkerung zu gewährleisten.[81] Hierfür regelte das Gesetz u. a. den Zugang zum Netz des ehemaligen Monopolisten und normierte Bestimmungen für die Entgeltregulierung sowie über die besondere Missbrauchsaufsicht.

Nach der vollständigen Liberalisierung startete 1997 eine Phase der vertieften Harmonisierung[82] und Verschärfung der Regulierung der ehemaligen Monopo-

---

78 Diese beseitigten dabei nicht nur die Monopole, sondern beschränkten zugleich die Marktzutrittsbarrieren durch diskriminierungsfreie Genehmigungsverfahren. Vgl. im Einzelnen RL 88/301/EWG der Kommission vom 16.5.1988 über den Wettbewerb auf dem Markt für Telekommunikations-Endgeräte (EndgeräteRL), ABl. EG 1988 vom 27.5.1988 Nr. L 131/73; RL 90/388/EWG der Kommission vom 28.6.1990 über den Wettbewerb auf dem Markt für Telekommunikationsdienste (DiensteRL), ABl. EG vom 24.7.1990 Nr. L 192/10; RL 95/51/EG der Kommission vom 18.10.1995 zur Änderung der RL 90/388/EWG hinsichtlich der Aufhebung der Einschränkungen bei der Nutzung von Kabelfernsehnetzen für die Erbringung bereits liberalisierter Telekommunikationsdienste (KabelRL), ABl. EG vom 26.10.1995 Nr. L 256/49, berichtigt durch ABl. EG vom 29.11.1996 Nr. L 308/59; RL 96/19/EG der Kommission vom 13.3.1996 zur Änderung der RL 90/388/EWG hinsichtlich der Einführung des vollständigen Wettbewerbs auf den Telekommunikationsmärkten (WettbewerbsRL), ABl. EG vom 22.3.1996 Nr. L 74/13.

79 RL 90/387/EWG des Rates vom 28.6.1990 zur Verwirklichung des Binnenmarktes für Telekommunikationsdienste durch Einführung eines offenen Netzzugangs (Open Network Provision - ONP), ABl. EG vom 24.7.1990 Nr. L 192/1; Verordnung (EG) Nr. 2887/2000 des Europäischen Parlaments und des Rates vom 18.12.2000 über den entbündelten Zugang zum Teilnehmeranschluss, ABl. EG vom 30.12.2000 L 336/4.

80 Telekommunikationsgesetz vom 25.7.1996, BGBl. I S. 1120.

81 BT-Drs. 13/4438.

82 Vgl. im Einzelnen: RL 97/51/EG des Europäischen Parlaments und des Rates vom 6.10.1997 zur Änderung der Richtlinien 90/387/EWG und 92/44/EWG des Rates zwecks Anpassung an ein wettbewerbsorientiertes Telekommunikationsumfeld, ABl. EG vom 29.10.1997 Nr. L 295/23; RL 97/33/EG des Europäischen Parlaments und des Rates vom 30.6.1997 über die Zusammenschaltung in der Telekommunikation im Hinblick auf die Sicherstellung eines Universaldienstes und der Interoperabilität durch An-

listen[83]. Nach einer Überprüfung des Telekommunikationsrechts (Review 1999) folgte das Richtlinienpaket aus dem Jahr 2002 mit den Zielen das europäische Telekommunikationsrecht zu vereinfachen, Regulierung abzubauen und die Technologieneutralität zu verwirklichen. Diese EG-rechtlichen Vorgaben markierten den Übergang von einem den Wettbewerb erst ermöglichenden zu einem den bereits erreichten Wettbewerb sichernden und lenkenden Regulierungskonzept.

Die bestehenden Liberalisierungsrichtlinien wurden in der Wettbewerbsrichtlinie zusammengefasst.[84] Das geltende europäische Telekommunikationsrecht besteht neben der Wettbewerbsrichtlinie im Kern aus der Rahmenrichtlinie[85], der Genehmigungsrichtlinie[86], der Zugangsrichtlinie[87], der Universaldienstrichtlinie[88] sowie der Telekommunikationsdatenschutzrichtlinie[89].

Diese gemeinschaftsrechtlichen Vorgaben wurden mittels der TKG-Novelle 2004 in nationales Recht umgesetzt.[90] In letzter Zeit haben sich Änderungen im

---

wendung der Grundsätze für einen offenen Netzzugang (ONP) (ZusammenschaltungsRL), ABl. EG vom 26.7.1997 Nr. L 199/32.

83 Vgl. im Einzelnen: RL 99/64/EG der Kommission vom 23.6.1999 zur Änderung der Richtlinie 90/388/EWG im Hinblick auf die Organisation ein- und demselben Betreiber gehörender Telekommunikations- und Kabelfernsehnetze in rechtlich getrennten Einheiten (zweite KabelfernsehRL), ABl. EG vom 10.7.1999 Nr. L 175/39; RL 98/10/EG des Europäischen Parlaments und des Rates vom 26.2.1998 über die Anwendung des offenen Netzzugangs (ONP) beim Sprachtelefondienst und den Universaldienst im Telekommunikationsbereich in einem wettbewerbsorientierten Umfeld (Sprachtelefonie-RL), ABl. EG vom 1.4.1998 Nr. L 175/39; RL 97/13/EG des Europäischen Parlaments und des Rates vom 10.4.1997 über einen gemeinsamen Rahmen für Allgemein- und Einzelgenehmigungen für Telekommunikationsdienste (LizenzRL), ABl. EG vom 7.5. 1997 Nr. L 117/15.

84 RL 2002/77/EG der Kommission vom 16.9.2002 über den Wettbewerb auf den Märkten für elektronische Kommunikationsnetze und -dienste, ABl. EG vom 17.9.2002 Nr. L 249/21.

85 RL 2002/21/EG des Europäischen Parlaments und des Rates vom 7.3.2002 über einen gemeinsamen Rechtsrahmen für elektronische Kommunikationsnetze und -dienste, ABl. EG vom 24.4.2002 Nr. L 108/33.

86 RL 2002/20/EG des Europäischen Parlaments und des Rates vom 7.3.2002 über die Genehmigung elektronischer Kommunikationsnetze und -dienste, ABl. EG vom 24.4. 2002 Nr. L 108/21.

87 RL 2002/19/EG des Europäischen Parlaments und des Rates vom 7.3.2002 über den Zugang zu elektronischen Kommunikationsnetzen und zugehörigen Einrichtungen sowie deren Zusammenschaltung, ABl. EG vom 24.4.2002 Nr. L 108/7.

88 RL 2002/22/EG des Europäischen Parlaments und des Rates vom 7.3.2002 über den Universaldienst und Nutzerrechte bei elektronischen Kommunikationsnetzen und -diensten, ABl. EG vom 24.4.2002 Nr. L 108/51.

89 RL 2002/58/EG des Europäischen Parlaments und des Rates vom 12.7.2002 über die Verarbeitung personenbezogener Daten und den Schutz der Privatsphäre in der elektronischen Kommunikation, ABl. EG vom 31.7.2002 Nr. L 201/37.

90 Telekommunikationsgesetz vom 22.6.2004, BGBl. I 1190ff.

Bereich des Kundenschutzes[91] sowie durch die Umsetzung der Vorratsdatenspeicherungsrichtlinie ergeben.[92]

Die aktuellen Reformbestrebungen auf europäischer Ebene dienen der Anpassung und Verbesserung des 2003 in Kraft getretenen Rechtsrahmens. Zur Behebung der noch bestehenden Hindernisse auf dem Weg zu einem funktionierenden Binnenmarkt schlägt die europäische Kommission die Einrichtung einer neuen unabhängigen Behörde vor, die eng mit den nationalen Regulierungsbehörden und der Kommission zusammenarbeiten soll.[93] Ferner ist eine Stärkung der Verbraucher- und Nutzerrechte dahingehend vorgesehen, dass elektronische Kommunikation vertrauenswürdig, sicher und zuverlässig ist, um einen hohen Schutz der Privatsphäre und der personenbezogenen Daten der Bürger zu gewährleisten.[94] Des Weiteren bezweckt die Kommission eine Anpassung des bestehenden Rechtsrahmens durch Verbesserung seiner Wirksamkeit, Verringerung der Verwaltungsressourcen für die wirtschaftliche Regulierung (Marktanalyseverfahren) und einen einfacheren und effizienteren Zugang zu Funkfrequenzen.[95]

In der Zukunft sollen die bisherigen Entwicklungen langfristig in einen vollständigen Abbau der Marktregulierung im Telekommunikationsbereich und somit in einen Übergang vom sektorspezifischen Regulierungsrecht in das allgemeine Kartell- bzw. Wettbewerbsrecht münden.

2. Der Wandel im Energierecht

Auch der Energiesektor wurde in der Vergangenheit national und auf europäischer Ebene als vom Wettbewerb ausgenommener Bereich betrachtet. In Deutschland bestanden Gebietsmonopole der Elektrizitäts- und Gasversor-

---

91 Gesetz zur Änderung telekommunikationsrechtlicher Vorschriften (TKomÄndG) vom 18.2.2007, BGBl. I S. 106.

92 Gesetz zur Neuregelung der Telekommunikationsüberwachung und anderer verdeckter Ermittlungsmaßnahmen sowie zur Umsetzung der Richtlinie 2006/24/EG (TKÜNReglG) vom 21.12.2007, BGBl. I S. 3198.

93 Vorschlag für eine Verordnung des Europäischen Parlaments und des Rates zur Einrichtung der Europäischen Behörde für die Märkte der elektronischen Kommunikation vom 13.11.2007, KOM(2007) 699 endg.

94 Vorschlag für eine RL des Europäischen Parlaments und des Rates zur Änderung der RL 2002/22/EG über den Universaldienst und Nutzerrechte bei elektronischen Kommunikationsnetzen und -diensten, der RL 2002/58/EG über die Verarbeitung personenbezogener Daten und den Schutz der Privatsphäre in der elektronischen Kommunikation und der Verordnung (EG) Nr. 2006/2004 über die Zusammenarbeit im Verbraucherschutz vom 13.11.2007, KOM(2007) 698 endg.

95 Vorschlag für eine RL des Europäischen Parlaments und des Rates zur Änderung der RL 2002/21/EG über einen gemeinsamen Rechtsrahmen für elektronische Kommunikationsnetze und -dienste, der RL 2002/19/EG über den Zugang zu elektronischen Kommunikationsnetzen und zugehörigen Einrichtungen sowie deren Zusammenschaltung und der RL 2002/20/EG über die Genehmigung elektronischer Kommunikationsnetze und -dienste vom 13.11.2007, KOM(2007) 697 endg.

gungsunternehmen, die mittels Demarkations- und ausschließlicher Konzessionsverträge gestützt und abgesichert wurden. Dieses System der abgeschlossenen Versorgungsgebiete erstreckte sich auf alle Handelsebenen. Auch die Verbundunternehmen, die das Hoch- und Höchstspannungsnetz sowie viele große Kraftwerke betreiben, verfügten als Lieferanten der Verteilunternehmen über abgeschlossene Versorgungsgebiete, die durch Gebietsschutzvereinbarungen und lange Bezugsbindungen abgesichert waren. In der Eingangsformel des EnWG von 1935 hieß es hierzu *„(...) volkswirtschaftlich schädliche Auswirkungen des Wettbewerbs zu verhindern (...)"*. Diese Auffassung zur Sonderstellung der leitungsgebundenen Energieversorgung wurde auch bei der Einführung des GWB im Jahr 1958 zu Grunde gelegt. Die „Ausschließlichkeitsvereinbarungen" waren mit den Regeln des Kartellrechts nicht vereinbar, so dass eine Bereichsausnahme in § 103 Abs. 1 GWB 1958 eingeführt wurde, die mit den Besonderheiten der leitungsgebundenen Energieversorgung begründet wurde.

Ein Wandel hat sich hier erst in den neunziger Jahren vollzogen. Geprägt wurde dieser Richtungswechsel von der Erkenntnis, dass nicht der gesamte Wirtschaftszweig der Energieversorgung ein dem Wettbewerb unzugängliches, natürliches Monopol darstellt. Vielmehr wurde eine Unterteilung in die verschiedenen Wertstufen der Energieversorgung vorgenommen. Energieerzeugung und Energievertrieb sind sehr wohl dem Wettbewerb zugänglich, aber aufgrund der Leitungsgebundenheit auf diskriminierungsfreien Zugang zu funktionsfähigen Netzen angewiesen. Der Netzbetrieb hingegen stellt ein typisches natürliches Monopol dar, welches dem Wettbewerb unzugänglich ist, da eine Duplizierung oder Multiplizierung der Netzinfrastruktur mit volkswirtschaftlich unvertretbaren Kosten verbunden wäre.[96]

Eingeleitet wurde der Strukturwandel vom Monopol zu einem gemeinsamen wettbewerbsorientierten Energiemarkt 1996 bzw. 1998 mit den Binnenmarktrichtlinien für Elektrizität[97] und Gas[98]. Die Einführung von Netzzugangsansprüchen sollte die Hürden des Leitungsnetzes als natürliches Monopol auf dem Wege zum Wettbewerb überwinden.

Das EnWG 1998 sah hierfür das Instrument der Durchleitung nach dem System eines „verhandelten Netzzugangs" bzw. alternativ das „Alleinabnehmersystem"

96 Vgl. dazu *Knieps*, S. 21ff.; *Schneider*, S. 132ff.; *Säcker*, S. 4ff.

97 RL 96/92/EG des Europäischen Parlaments und des Rates vom 19.12.1996 betreffend gemeinsame Vorschriften für den Elektrizitätsbinnenmarkt, ABl. EG vom 30.1.1997 Nr. L 27/20.

98 RL 98/30/EG des Europäischen Parlaments und des Rates vom 22.6.1998 betreffend gemeinsame Vorschriften für den Erdgasbinnenmarkt, ABl. EG vom 21.7.1998 Nr. L 204/1.

vor.[99] Ferner sind seit dem 29.4.1998 die §§ 103 und 103a GWB a.F. nicht mehr auf die Versorgung mit Elektrizität und Erdgas anzuwenden.[100]

Weiterhin sahen erste Entflechtungsvorschriften die organisatorische Trennung von Netzbetrieb und Erzeugung bzw. Verteilung vor. Um die Vorgaben der Gasrichtlinie zu erfüllen, wurden durch das „Erste Gesetz zur Neuregelung des Energiewirtschaftsrechts" vom 20.05.2003[101] parallel zu den Regelungen im Strombereich auch die Gasunternehmen verpflichtet, diskriminierungsfreien Netzzugang für Dritte zu gewähren und im Falle von vertikal integrierten Gasversorgungsunternehmen ein buchhalterisches Unbundling vorzunehmen.

Während die Erdgasbinnenmarktrichtlinie gerade erst mit erheblicher Verzögerung in deutsches Recht umgesetzt worden war, wurde der europäische Rechtsrahmen bereits durch das Inkrafttreten der sogenannten Beschleunigungsrichtlinien für Strom[102] und Gas[103] am 26.06.2003 modifiziert. Der Schwerpunkt der Richtlinien liegt in einer Verschärfung der Regulierungsvorgaben, um einen offenen Zugang zum natürlichen Monopol der Übertragungsnetze wirkungsvoller zu gewährleisten und damit einen funktionstüchtigen Wettbewerb auf den vor- und nachgelagerten Märkten zu ermöglichen. Die Mitgliedstaaten werden zur Errichtung einer nationalen Regulierungsbehörde verpflichtet, welche Netzanschluss- und -zugangsbedingungen sowie -entgelte vorzugeben bzw. zu regulieren hat. Ferner wurde neben den Vorgaben für einen offenen Netzzugang die Verpflichtung zum Legal Unbundling vertikal integrierter Unternehmen festgesetzt. Das neue EnWG vom 01.07.2005 hat diese Vorgaben in nationales Recht umgesetzt.[104]

Hinsichtlich der Beseitigung von Kapazitätsengpässen bei grenzüberschreitenden Netzkuppelstellen ist ferner die Verordnung über den grenzüberschreitenden Stromhandel[105] von großer Bedeutung.

Am 10. Januar 2007 hat die EU Kommission ihren Abschlussbericht über die im Juni 2005 eingeleitete Untersuchung des Energiesektors vorgelegt.[106] Die

---

99 Vgl. §§ 6, 7 EnWG in der Fassung vom 24.4.1998, BGBl. I S. 739.

100 Vgl. hierzu das Gesetz zur Neuregelung des Energiewirtschaftsrechts vom 24.4.1998, BGBl. I S. 730ff.

101 BGBl. I 2003 S. 686.

102 RL 2003/54/EG des Europäischen Parlaments und des Rates vom 26.6.2003 über gemeinsame Vorschriften für den Elektrizitätsbinnenmarkt und zur Aufhebung der RL 96/92/EG (ElektrizitätsRL), ABl. EG vom 15.7.2003 Nr. L 176/37.

103 RL 2003/55/EG des Europäischen Parlaments und des Rates vom 26.6.2003 über gemeinsame Vorschriften für den Erdgasbinnenmarkt und zur Aufhebung der RL 98/30/EG (GasRL), ABl. EG vom 15.7.2003 Nr. L 176/57, berichtigt durch ABl. EG vom 6.1.2004 Nr. L 2/55 und ABl. EG vom 23.1.2004 Nr. L 16/74.

104 Vgl. Zweites Gesetz zur Neuregelung des Energiewirtschaftsrecht, BGBl. 2005 I S. 1970ff.

105 Verordnung (EG) Nr. 1228/2003 des Europäischen Parlaments und des Rates vom 26.6.2003 über die Netzzugangsbedingungen für den grenzüberschreitenden Stromhandel, ABl. EG vom 15.7.2003 Nr. L 176/1.

Kommission stellte nach wie vor bestehende Wettbewerbshindernisse fest, die weitere wettbewerbsbezogene und regulatorische Abhilfemaßnahmen erfordern. Am 19. September 2007 hat sie das dritte Liberalisierungspaket zur weiteren Öffnung des europäischen Binnenmarktes für Energie verabschiedet, das u. a. weitergehende Entflechtungsvorgaben zur Stärkung der operationellen Unabhängigkeit der Netzbetreiber vorsieht.[107] Die Kommission spricht sich klar für eine vollständige eigentumsrechtliche Entflechtung aus.[108] Als zweite Option ist das Modell eines Independent System Operators (ISO) vorgesehen.[109]

Am 6. Juni 2008 hat sich der Energieministerrat darauf geeinigt, neben dem Ownership Unbundling und dem ISO den „Dritten Weg" eines effektiven und effizienten Unbundlings ohne Eingriffe in die Eigentumsstruktur als gleichwertige Alternative zuzulassen. Das europäische Parlament hat sich allerdings am 18. Juni 2008 für das Ownership Unbundling als einzige Option für die Trennung von Netz und Erzeugung ausgesprochen. Es bleibt abzuwarten, wie Rat und Parlament sich einigen werden.

---

106 Mitteilung der Kommission – Untersuchung der europäischen Gas- und Elektrizitätssektoren gemäß Artikel 17 der Verordnung (EG) Nr. 1/2003, KOM (2006) 851 endg.; Commission staff working document accompanying the Communication from the Commission - Inquiry pursuant to Article 17 of Regulation (EC) No 1/2003 into the European gas and electricity sectors (Final Report), SEK (2006) 1724. Vgl. hierzu *Börner*, VersorgW 2007, 127ff.; *Säcker*, S. 37ff.

107 Vorschlag für eine RL des Europäischen Parlaments und des Rates zur Änderung der RL 2003/54/EG über gemeinsame Vorschriften für den Elektrizitätsbinnenmarkt, KOM (2007) 528 endg.; Vorschlag für eine RL des Europäischen Parlaments und des Rates zur Änderung der RL 2003/55/EG über gemeinsame Vorschriften für den Erdgasbinnenmarkt, KOM (2007) 529 endg.; Vorschlag für eine Verordnung des Europäischen Parlaments und des Rates zur Gründung einer Agentur für die Zusammenarbeit der Energieregulierungsbehörden, KOM (2007) 530 endg.; Vorschlag für eine Verordnung des Europäischen Parlaments und des Rates zur Änderung der Verordnung (EG) Nr. 1228/2003 über die Netzzugangsbedingungen für den grenzüberschreitenden Stromhandel, KOM (2007) 531 endg.; Vorschlag für eine Verordnung des Europäischen Parlaments und des Rates zur Änderung der Verordnung (EG) Nr. 1775/2005 über die Bedingungen für den Zugang zu den Erdgasfernleitungsnetzen, KOM (2007) 532 endg. Vgl. hierzu *Koenig/Schreiber/Spiekermann*, N&R 2008, 7ff.

108 Vgl. Art. 8 des Vorschlags für eine RL des Europäischen Parlaments und des Rates zur Änderung der RL 2003/54/EG über gemeinsame Vorschriften für den Elektrizitätsbinnenmarkt, KOM (2007) 528 endg.; Art. 7 des Vorschlags für eine RL des Europäischen Parlaments und des Rates zur Änderung der RL 2003/55/EG über gemeinsame Vorschriften für den Erdgasbinnenmarkt, KOM (2007) 529 endg.

109 Vgl. Art. 10, 10a des Vorschlags für eine RL des Europäischen Parlaments und des Rates zur Änderung der RL 2003/54/EG über gemeinsame Vorschriften für den Elektrizitätsbinnenmarkt, KOM (2007) 528 endg.; Art. 9, 9a des Vorschlags für eine RL des Europäischen Parlaments und des Rates zur Änderung der RL 2003/55/EG über gemeinsame Vorschriften für den Erdgasbinnenmarkt, KOM (2007) 529 endg. Hierzu *Säcker*, S. 37ff.

3. Der Wandel im Recht der Wasserwirtschaft

Auch an der Wasserwirtschaft sind die Diskussionen zur Effizienzsteigerung durch Wettbewerb und die damit angestrebte Senkung der Kosten für die Kunden nicht spurlos vorbei gegangen. Gerade die Erfahrungen aus dem Telekommunikations- und Energiesektor verdeutlichen, dass das natürliche Monopol nicht mehr die vollständige Herausnahme der vor- und nachgelagerten Wertschöpfungsketten von jeglichem Wettbewerb rechtfertigen kann.

In Deutschland gehören die Trinkwasserver- und Abwasserentsorgung als zentrale Elemente der öffentlichen Daseinsvorsorge zu den traditionellen Kernaufgaben der Gemeinden und Städte. Als Aufgabe mit örtlichem Bezug unterliegen sie der Selbstverwaltung gemäß Art. 28 Abs. 2 GG.[110] Die deutsche Wasserwirtschaft ist stark durch das im Gemeindewirtschaftsrecht verankerte Örtlichkeitsprinzip geprägt, da kommunale Unternehmen nur innerhalb der Gemeindegrenzen tätig werden dürfen.[111] Aus diesem Grund besteht in Deutschland eine sehr kleinteilige Struktur mit ca. 6.500 Wasserversorgungs- und ca. 7.000 Abwasserbeseitigungsunternehmen.[112] Es gibt weiterhin Gebietsmonopole, auf die die in § 103 GWB a.F.[113] normierte Bereichsausnahme gemäß § 131 Abs. 6 GWB nach wie vor Anwendung findet, so dass Demarkationsverträge, ausschließliche Konzessionsverträge, Preisbindungsverträge und Verbundverträge weiterhin zulässig sind.

Die nationale politische Debatte über eine Liberalisierung des Wassermarktes begann 1995, nachdem eine internationale Preisvergleichsstudie ein sehr hohes Preisniveau der deutschen Wasserversorgung aufgezeigt hatte.[114]

Die Diskussion drehte sich zunächst um die Frage, wie unter Beibehaltung der Versorgungssicherheit und Versorgungsqualität ein Wettbewerb geschaffen werden könne. Zur Debatte standen hierbei die Einführung eines Wettbewerbs im Markt, d.h. um die Verbraucher, sowie die Schaffung eines Wettbewerbs um den Markt, welcher mittels Ausschreibungspflichten herbeigeführt werden sollte. Beendet wurde diese Diskussion mit dem Bundestagsbeschluss, ein zukunftsfähiges Konzept der Wasserwirtschaft mit dem Ziel der Schaffung effizienter, kundenorientierter und wettbewerbsgerechter Dienstleistungsunternehmen zu entwerfen, die sich einer nachhaltigen Wasserwirtschaft verpflichtet fühlen.[115]

---

110 Sogar die Fernwasserversorgung gilt als Angelegenheit der örtlichen Gemeinschaft i.S.d. Art. 28 Abs. 2 S. 1 GG, vgl. BVerwGE 122, 350ff.

111 BVerfGE 8, 122, 134; 79, 127, 147ff.; *Scheps*, S. 15ff.; *Jarass/Pieroth*, Art. 28 Rn 10.

112 Bundesministerium für Wirtschaft und Technologie, Bericht der Bundesregierung zur Modernisierungsstrategie für die deutsche Wasserwirtschaft, in: BMWi (Hrsg.), Schlaglichter der Wirtschaftspolitik, Monatsbericht August 2007, S. 28f.

113 Gesetz gegen Wettbewerbsbeschränkungen in der Fassung vom 20.2.1990, BGBl. I 235.

114 *Briscoe*, GWF – Wasser/Abwasser 136 (1995), 422ff.

115 BT-Drs. 14/7177 und 8564.

Am 16.3.2006 hat die Bundesregierung ihren „Bericht zur Modernisierungsstrategie für die deutsche Wasserwirtschaft und für ein stärkeres internationales Engagement der deutschen Wasserwirtschaft“[116] vorgelegt und sich somit gegen die Liberalisierung und für eine zielgerichtete Modernisierung dieses Sektors ausgesprochen. Kernelemente der Modernisierungsstrategie sind die Einführung eines flächendeckenden und transparenten Benchmarking, die Lockerung des Örtlichkeitsprinzips im Gemeindewirtschaftsrecht, die Übertragung der Abwasserbeseitigungspflicht auf Dritte, die steuerliche Gleichbehandlung von Trink- und Abwasser sowie die Stärkung des internationalen Engagements der deutschen Wasserwirtschaft.[117] Die grundsätzliche Struktur der kommunalen Aufgabenerbringung in der Wasserwirtschaft soll aber erhalten bleiben.[118]

Auf europäischer Ebene sind die Liberalisierungsvorhaben der Kommission für den Wassersektor durch Bedenken des Europäischen Parlaments gehemmt worden.[119] In dem 2004 vorgelegten Weißbuch zu Dienstleistungen von allgemeinem Interesse wird auf die Verstärkung eines europäischen Binnenmarktes für Wasser nicht weiter eingegangen.[120] Eine sektorspezifische Regelung aus Brüssel existiert anders als für Strom, Gas und Telekommunikation bisher nicht. Dennoch beziehen einige Vorgaben[121] auch den Wassersektor mit ein, so dass weitere Entwicklungen in diesem Bereich zu erwarten sind. Sowohl auf nationaler als auch auf europäischer Ebene ist aber zunächst lediglich eine Modernisierung des Wassermarktes geplant.

Dies ist insbesondere auf die weit reichenden und unüberschaubaren Folgen, die eine Marktöffnung mit sich bringen könnte, zurückzuführen. Wasser ist keine übliche Handelsware, sondern ein ererbtes Gut, das geschützt, verteidigt und entsprechend behandelt werden muss.[122] Anders als bei Strom und Gas kommt

---

116 BT-Drs. 16/1094.

117 Vgl. BT-Drs. 16/1094.

118 Vgl. hierzu *Weiß*, LKV 2008, 200.

119 Das von der Kommission im Mai 2003 vorgelegte Grünbuch zu Dienstleistungen von allgemeinem Interesse, KOM (2003) 270 endg., beinhaltete den Wunsch der Kommission auch für den Wassersektor weiterreichende Regelungen zu treffen. Mit der Entschließung zu dem Grünbuch der Kommission zu Dienstleistungen von allgemeinem Interesse vom 14.01.2004, ABl. EG vom 16.4.2004 Nr. C 92/294; sprach sich das Europäische Parlament gegen eine Liberalisierung des Wassersektors mittels einer sektoralen Richtlinie und lediglich für eine Modernisierung dieses Sektors aus.

120 Mitteilung der Kommission an das Europäische Parlament, den Rat, den Europäischen Wirtschafts- und Sozialausschuss und den Ausschuss der Regionen - Weißbuch zu Dienstleistungen von allgemeinem Interesse KOM (2004) 374 endg.

121 Vgl. hierzu z.B. die RL 2004/17/EG des Europäischen Parlaments und des Rates vom 31.3.2004 zur Koordinierung der Zuschlagserteilung durch Auftraggeber im Bereich der Wasser-, Energie- und Verkehrsversorgung sowie der Postdienste (VergabeRL), ABl. EG vom 30.4.2004 Nr. L 134/1.

122 Vgl. RL 2000/60/EG des Europäischen Parlaments und des Rates vom 23.10.2000 zur Schaffung eines Ordnungsrahmens für Maßnahmen der Gemeinschaft im Bereich der Wasserpolitik (WasserrahmenRL), ABl. EG vom 22.12.2000 Nr. L327/1.

der Qualität des Wassers eine hohe Bedeutung zu. Wasser ist kein homogenes Gut, sondern weist in Abhängigkeit vom Ort seiner Förderung unterschiedliche chemische und biologische Zusammensetzungen auf.[123] Die Vermischung von qualitativ schlechterem mit hochwertigem Trinkwasser könnte gravierende Auswirkungen auf die Gesundheit haben und zu Seuchen führen. Außerdem ist Wasser anders als Strom und Gas verderblich, so dass sich ein langer Transportweg negativ auf die Qualität auswirkt.

III. Der rechtliche Rahmen für das Eigentum an Versorgungsleitungen

1. Die Gesetzeslage

Im Gegensatz zu anderen Rechtsordnungen enthalten weder das deutsche Sachenrecht noch die unterschiedlichen spezialgesetzlichen Vorschriften zum Recht der Versorgungswirtschaft eine spezielle Regelung für das Eigentum an Versorgungsleitungen.[124] Eine spezielle Eigentumszuweisung enthält lediglich der 1998 mit dem Vermögensrechtsbereinigungsgesetz in Kraft getretene § 9 a GBBerG für Versorgungsleitungen, die am 3. Oktober 1990 in dem in Art. 3 des Einigungsvertrages genannten Gebiet genutzt wurden.[125] Mangels einer spezialgesetzlichen Regelung gelten daher für Versorgungsleitungen – wie für alle anderen Sachen auch – die allgemeinen sachenrechtlichen Vorschriften und somit auch die §§ 93ff. BGB.[126] Der Eigentumserwerb durch Verbindung der Leitun-

---

123 So auch *Schmidt, T.*, LKV 2008, 194.

124 *Wilhelm*, Sachenrecht, Rn 55. Vgl. z.B. für die Schweiz Art. 676 ZGB, der folgende Regelung enthält:

„Abs. 1: Leitungen für Wasser, Gas, elektrische Kraft u. dgl., die sich außerhalb des Grundstückes befinden, dem sie dienen, werden, wo es nicht anders geordnet ist, als Zugehör des Werkes, von dem sie ausgehen, und als Eigentum des Werkeigentümers betrachtet.

Abs. 2: Soweit nicht das Nachbarrecht Anwendung findet, erfolgt die dingliche Belastung der fremden Grundstücke mit solchen Leitungen durch die Errichtung einer Dienstbarkeit.

Abs. 3: Die Dienstbarkeit entsteht, wenn die Leitung nicht äußerlich wahrnehmbar ist, mit der Eintragung in das Grundbuch und in den anderen Fällen mit der Erstellung der Leitung."

sowie die österreichische Sondervorschrift für elektrische Anlagen § 22 Abs. 1 des StarkstromwegeG (StWG):

„Elektrische Leitungsanlagen fallen dadurch, dass sie mit einer unbeweglichen Sache in Verbindung gebracht werden (§297 ABGB), nicht in das Eigentum des Grundstückseigentümers."

125 Auf den Anwendungsbereich dieser Spezialvorschrift für einen bestimmten Teil der Versorgungsleitungen wird im weiteren Verlauf der Arbeit eingegangen. Vgl. Teil D Abschnitt III.

126 Ausnahmen hierzu ergeben sich in Hamburg wegen der Regelung in § 4 Abs. 1 S. 6 WHG (vgl. die Ausführungen in Teil D Abschnitt II 1. a.); bei einigen Versorgungsleitungen in den neuen Bundesländern wegen § 9a GBBerG, vgl. hierzu die Ausführungen in Teil D Abschnitt III.

gen mit einem Grundstück ist in § 946 BGB geregelt. Maßgeblich hierfür ist, ob die Leitungen gemäß § 94 Abs. 1 S. 1 BGB wesentlicher Bestandteil des Grundstücks sind, durch das sie verlaufen, oder ob sie gemäß § 95 BGB lediglich Scheinbestandteile sind und ihre Sonderrechtsfähigkeit behalten.

2. Die „Krakenrechtsprechung"

Das erste höchstgerichtliche Urteil betreffend die Zuordnung von Versorgungsleitungen erging im Jahr 1896 noch zum Allgemeinen Preußischen Landrecht (ALR).[127] Das Reichsgericht hatte die Frage zu entscheiden, ob der Kaufpreis, der beim Verkauf einer Gasanstalt auf Gasrohrleitungen entfällt, mit denen eine Gasanstalt den Straßenlaternen und sonstigen Beleuchtungsapparaten eines Gemeindebezirks das Gas zuführt, dem Immobiliarkaufstempel oder dem Mobiliarkaufstempel unterlag. Das Gericht hatte somit zu beurteilen, ob die Rohrleitungen zur Liegenschaft gehören, auf der sich die Gasanstalt befindet. Es bejahte die Zugehörigkeit der Rohrleitungen zum Grundstück der Gasanstalt mit der Begründung, dass die Gasanstalt ansonsten nicht ihrer Bestimmung nachkommen könne und die den Beleuchtungszwecken dienende einheitliche Anlage zerstört würde, wenn man das Rohrnetz von der Gasanstalt abtrennen würde. Dieser Auffassung stünde nicht entgegen, dass die Leitungen in fremdem Grund und Boden verlaufen, da sie rechtlich nicht die Eigenschaft von Bestandteilen der betreffenden fremden Grundstücke hätten, sondern im Eigentum der betreibenden Gasgesellschaft blieben und daher auch als Bestandteil der Gasanstalt mit dieser veräußert werden könnten.[128]

An dieser Rechtsprechung hielt das Reichsgericht auch nach Inkrafttreten des BGB fest und qualifizierte die über fremde Grundstücke verlaufende Leitungen gemäß § 94 BGB als wesentliche Bestandteile des Werkgrundstücks.[129]

Eine Änderung in der Rechtsprechung deutete sich im Jahr 1913 an, als das Reichsgericht erstmals ablehnte, dass die über fremde Grundstücke verlaufenden Elektrizitätsleitungen wesentliche Bestandteile des Grundstücks sind, auf dem der Strom erzeugt wurde.[130] Bei der Verbindung der Leitungen mit dem „Fabrikgebäude" handele es sich um *„eine aus Klemmen und Schrauben bestehende Verbindung, die jederzeit mit Leichtigkeit ohne Verletzung der Schaltanlage und Drähte gelöst werden kann"*, so dass die Leitungsnetze nach der Verkehrsanschauung im Verkehr *„als selbständige Sachen, nicht als Bestanteil des Gebäudes und damit des Grundstücks angesehen werden"*.[131] Im Jahr 1915 hatte das Reichsgericht erneut über die sachenrechtliche Zuordnung von Elektrizitätslei-

---

[127] RGZ 39, 204ff.

[128] RGZ 39, 207f.

[129] RGZ 48, 267f. für das Leitungsnetz eines Elektrizitätswerkes; RGZ 67, 229, 233 das von einem Elektrizitätswerk abgehende Kabel ist Bestandteil des Gesamtwerks.

[130] RGZ 83, 67, 71.

[131] RGZ 83, 69f.

tungen zu entscheiden.[132] Es bestätigte die Rechtsprechungsänderung und verneinte, dass die Leitungen wesentliche Bestandteile des Elektrizitätswerks sind.

Erstmals beschäftigte sich das Gericht in dieser Entscheidung mit der Frage, ob die Leitungen wesentliche Grundstücksbestandteile der fremden Grundstücke sind.[133] Dies lehnte das Gericht mit der Begründung ab, die Leitungen seien gemäß § 95 Abs. 1 S. 1 BGB nur zu einem vorübergehenden Zweck mit dem Grundstück verbunden, so dass sie sonderrechtsfähig blieben und gemäß § 97 BGB als Zubehör des Elektrizitätswerks zu qualifizieren seien. Des Weiteren führte das Gericht aus, dass Leitungen, soweit diese sich auf dem Werkgrundstück selbst befinden und die Trägermasten mit dem Grund und Boden fest verbunden sind, gemäß § 94 BGB Grundstücksbestandteile sind, andernfalls dessen Zubehör.[134] An dieser Auffassung hielt das Reichsgericht im Folgenden fest.[135]

Der BGH übernahm in der „Ruhrschnellwegentscheidung" ausdrücklich diese Rechtsprechung des Reichsgerichts.[136]

Im überwiegenden Teil der Rechtsprechung[137] und Literatur[138] wird hinsichtlich des Eigentums an Versorgungsleitungen – unabhängig davon, welche Verbindung mit dem Erdreich genau besteht – stets die Entscheidung des Reichsgerichts aus dem Jahr 1915[139] sowie die Bestätigung durch den BGH in der „Ruhrschnellwegentscheidung" vom 11.07.1962[140] zitiert. Hiernach soll es sich bei Versorgungsleitungen nicht um wesentliche Bestandteile des Grundstücks, durch welches sie verlaufen, im Sinne des § 94 BGB handeln, so dass sich das Eigentum an dem Grundstück auch nicht gemäß § 946 BGB auf sie erstreckt. Zwar sind die Leitungen gemäß § 94 Abs. 1 S. 1 BGB wesentliche Grundstücksbestandteile, im Regelfall soll aber einer der Ausnahmetatbestände des § 95 Abs. 1 BGB vorliegen. Sie sollen vielmehr gemäß § 97 Abs. 1 S. 1 BGB

---

132 RGZ 87, 43ff.

133 RGZ 87, 43, 50.

134 RGZ 87, 43, 52.

135 RG HRR 1928 Nr. 118 betreffend die Leitungen eines Elektrizitätswerks; RG JW 1936, 673 betreffend die Rohrleitungen eines Fernwärmewerks; RGZ 168, 288, 290 betreffend die Wasserleitungen eines Wasserwerks.

136 BGHZ 37, 353, 356f.

137 BGH NJW 1980, 771f.; NJW-RR 1990, 1172; BGHZ 125, 56ff.; 165, 185, 186f.; OLG Karlsruhe GWF/Recht und Steuern 1979, 46f.; OLG Hamm VersR 1998, 70; OLG Rostock RTkom 1999, 185ff.; OVG Bautzen vom 23.06.2003, Az: 5 BS 304/02; BayVGH vom 14.03.2007, Az: 4 ZB 06.800; LG Chemnitz RdE 1998, 163ff.; LG Freiburg RdE 1982, 66, 68.

138 Schneider/Theobald/*Albrecht*, § 8 Rn 114ff; *Salje*, § 46 Rn 74; Bartsch/Röhling/Salje/Scholz/*Salje*, Kap. 50, Rn 14; Staudinger/*Jickeli/Stieper*, § 94 Rn 11; MüKoBGB/*Holch*, § 94 Rn 18; RGRK/*Kregel*, § 93 Rn 51; Soergel/*Marly*, § 94 Rn 35; *Bartlsperger*, S. 80ff.; Schreiber/*Berger*, Kap. 1, Rn 26; *Seeliger*, S. 73; *Schulze*, RPfleger 1999, 167ff.; *Schenk*, BWGZ 2008, 56.

139 RGZ 87, 43ff.

140 BGHZ 37, 353ff.

Zubehör des Grundstücks sein, auf dem das Gas-, Wasser- oder Elektrizitätswerk betrieben wird.

Diese Rechtsprechung beruht auf der Annahme, dass jedes Kraftwerk seine Leitungen wie „Krakenarme" zu den Abnehmern ausstreckt. Aus diesem Grunde drängt sich die Bezeichnung „Krakenrechtsprechung" geradezu auf.

Die Argumentation des BGH und seiner Befürworter in der Literatur beruht darauf, dass bei Bejahung der Bestandteilseigenschaft kein einheitliches Eigentum bestünde; die Leitungen gehörten dann vielmehr, streckenweise unterteilt, einer Vielzahl von Personen. Ein solches „den Bedürfnissen des Rechtsverkehrs zuwiderlaufendes Ergebnis" ließe sich indessen nur vermeiden, wenn die Voraussetzungen der Bestandteilseigenschaft nicht gegeben sind.[141]

3. Bedürfnis für eine Klärung der Rechtslage

Dass sich die Verhältnisse in der Energiewirtschaft seit 1915 stark verändert haben, wurde bereits aufgezeigt. Ob die Auffassung den heutigen Gegebenheiten entspricht, ist deshalb sehr fraglich.

Der Reichsgerichtsentscheidung lag ein Sachverhalt zugrunde, der in Zeiten moderner Energieversorgungsnetze so nicht mehr vorkommt. In der Urteilsbegründung heißt es z.B.: Die Leitungen sind dazu bestimmt, „den vom Kraftwerk erzeugten Strom aufzunehmen und nach Ortschaften in der Umgebung weiterzuführen."[142] Zwar war bereits seit 1891 dank der Demonstration von Oskar von Müller[143] bekannt, dass elektrischer Strom auch über lange Strecken transportiert werden kann. Die Wirklichkeit – so auch der dem Urteil des Reichsgerichts zugrunde liegenden Sachverhalt – sah aber noch anders aus. Die Überlandwerke konnten zwar den Strom in die nähere Umgebung transportieren, doch der Bau von Großkraftwerken und ein Zusammenschluss der Versorgungsnetze zu Verbundsystemen lagen noch in ferner Zukunft.[144]

Dank technischen Fortschritts und gut ausgebauter Netze ist heutzutage nicht nur der Energietransport quer durch Deutschland, sondern auch in die Nachbarländer alltägliche Praxis.[145] Die Stärkung der europäischen Vernetzung durch den Ausbau der Grenzkuppelstellen und ein verbessertes Engpassmanagement ist eine der zentralen Forderungen der EU-Kommission auf dem Weg zu einem

---

141 Vgl. BGHZ 37, 353, 357; OLG Rostock RTkom 1999, 185f.; *Bartlsperger*, S. 87 bezeichnet das „drohende" Ergebnis als „missliche Konsequenz".

142 RGZ 87, 49.

143 Im Rahmen der Internationalen Elektrizitätsausstellung in Frankfurt am Main wurde Drehstrom über eine Entfernung von knapp 180 km von Lauffen am Neckar nach Frankfurt transportiert.

144 Vgl. hierzu Fischer/*Bohn/Marschall*, S. 110ff.

145 Die deutschen Übertragungsnetzbetreiber sind Mitglieder der UCTE. Diese verfolgt die Ziele, durch eine gemeinsame Vorhaltung von Reserveleistung die Versorgungssicherheit zu erhöhen sowie den notwendigen Aufwand zu minimieren und den Austausch elektrischer Energie zu ermöglichen und zu fördern.

funktionierenden europäischen Binnenmarkt.[146] Die Versorgungsnetze haben inzwischen eine ganz andere Dimension als zu Beginn des zwanzigsten Jahrhunderts. So werden beim Erdgasimport Transportentfernungen von mehr als 6.000 km über Land sowie 1.000 km unter Wasser in Tiefen bis zu 600 m mit Pipelinesystemen überbrückt.[147]

Neben dem Wandel der faktischen Gegebenheiten in der Versorgungswirtschaft haben insbesondere die Regulierungsvorgaben für die liberalisierten Telekommunikations- und Energiemärkte zu Veränderungen geführt, auf die eine Anwendung der „Krakenrechtsprechung" bedenklich erscheint.

Für die Schaffung eines funktionierenden Wettbewerbs ist es notwendig, dass neuen Marktteilnehmern unter diskriminierungsfreien Bedingungen Zugang zu den bestehenden Netzinfrastrukturen der ehemaligen Monopolisten gewährt wird.[148] Eine weitere Änderung, die sich durch das neue Energierecht ergeben hat, ist die Netzanschlussverpflichtung. Netzbetreiber sind hiernach verpflichtet, die Kraftwerke Dritter an ihr Leitungsnetz anzuschließen. Nach der „Krakenrechtsprechung" hätte dies zur Folge, dass die Versorgungsleitungen auch als Zubehör dieses neuen Kraftwerksgrundstücks zu qualifizieren wären.

Die Entflechtungsvorschriften im Energierecht verfolgen das Ziel, auf den dem Transport der Energie vor- und nachgelagerten Märkten Wettbewerb zu ermöglichen, bzw. zu fördern. Ein diskriminierungsfreier Netzzugang ist für einen funktionierenden Binnenmarkt unerlässlich. Eine Grundvoraussetzung hierfür ist es, dass die Netze unabhängig betrieben werden, das heißt losgelöst von den Konzerninteressen vertikal integrierter Energieversorgungsunternehmen. Ob die bisherigen Entflechtungsvorschriften diese notwendige Interessentrennung ausreichend regeln, ist Thema nationaler sowie europäischer Diskussion.[149]

Durch die Entflechtungsregelungen sind die vertikal integrierten Energieversorgungsunternehmen verpflichtet, ihren Netzbetrieb gesellschaftsrechtlich von den anderen Sparten zu trennen, so dass die Anwendung der Grundsätze des Reichsgerichts bereits aus diesem Grund auf Schwierigkeiten stößt. Nach der durchgeführten Entflechtung sind der Energieerzeuger und der Netzbetreiber zwei unter-

---

146 Mitteilung der Kommission - Untersuchung der europäischen Gas- und Elektrizitätssektoren gemäß Artikel 17 der Verordnung (EG) Nr. 1/2003, KOM (2006) 851 endg., S. 7.

147 *Stein*, Leitungsbau, S. 9.

148 Zu den energierechtlichen Vorschriften des Netzzugangs vgl. §§ 20ff. EnWG; zu den telekommunikationsrechtlichen Vorgaben der Zusammenschaltung und des Zugangs vgl. §§ 16ff. TKG.

149 Vgl. hierzu Art. 8 des Vorschlags für eine Richtlinie des Europäischen Parlaments und des Rates zur Änderung der Richtlinie 2003/54/EG über gemeinsame Vorschriften für den Elektrizitätsbinnenmarkt, KOM (2007) 528 endg.; Art. 7 des Vorschlags für eine Richtlinie des Europäischen Parlaments und des Rates zur Änderung der Richtlinie 2003/55/EG über gemeinsame Vorschriften für den Erdgasbinnenmarkt, KOM (2007) 529 endg.

schiedliche Rechtsträger. Sie verfolgen jeweils verschiedene Interessen, die nicht mehr an übergeordneten Konzerninteressen ausgerichtet sein dürfen.

Die Verwendungseinheit des Kraftwerks mit den Versorgungsleitungen nun als Begründung für die Zubehöreigenschaft der Leitungen heranzuziehen, ist nicht mehr zeitgemäß.[150] Das Unbundling hatte zum Ziel, die „Krakenarme" vom „Körper der Krake" zu trennen und die Unabhängigkeit der Netze gegenüber den Erzeugern herzustellen.

Die „Krakenrechtsprechung" des Reichsgerichts wird auch auf Telekommunikationsnetze angewendet.[151] In diesem Zusammenhang stellt sich allerdings die Frage nach einem Werksgrundstück. Anders als bei der Versorgung mit Gütern, wie dies im Bereich der Strom-, Gas- oder auch Wasserversorgung der Fall ist, dienen die Telekommunikationslinien der Übermittlung von Daten und Informationen. So wird z.B. im Festnetz das Gespräch von der „Quelle" als Ursprungsort bis hin zur „Senke", die den Bestimmungsort des Kommunikationsvorgangs markiert, geleitet.[152] Eine Produktionsstätte, wie sie das Reichsgericht in der „Krakenrechtsprechung" in dem Kraftwerksgrundstück sieht, besteht nicht. Des Weiteren werden heute für die Übermittlung von Daten und Informationen Stromleitungen verwendet, so dass eine Leitung teilweise sektorübergreifend genutzt wird.[153]

Die Auffassung des Reichsgerichts ist heute nicht mehr gerechtfertigt. Der BGH argumentiert, dass sich ein den „Bedürfnissen des Rechtsverkehrs zuwider laufendes Ergebnis" angeblich nur vermeiden lasse, wenn die Voraussetzungen der Bestandteilseigenschaft nicht bejaht würden.[154] Heute ist es umgekehrt. Die gesetzliche Rechtslage (Legal Unbundling) gebietet es geradezu, die Bestandteilseigenschaft zu bejahen. Das Auslegungskriterium des „Bedürfnisses des Rechtsverkehrs" ist der juristischen Methodenlehre zudem fremd. Es ist vielmehr die Aufgabe der Gerichte, durch Auslegung zu ermitteln, ob eine Rechtsnorm auf einen bestimmten Sachverhalt anwendbar ist. Kommt die Rechtsprechung mittels der bekannten Auslegungsmethoden[155] nicht zur Anwendbarkeit der Norm, ist es die Aufgabe des Gesetzgebers, zu entscheiden, ob die Gesetze geändert werden müssen.[156]

Die Kollision der „Krakenrechtsprechung" mit den heutigen gesetzlichen und tatsächlichen Gegebenheiten und die Bedeutung der Einhaltung der sachenrechtlichen Vorgaben zeigen, dass es einer erneuten sachenrechtlichen Prüfung bedarf.

---

150 So aber RGZ 87, 43, 49; *Bartelsperger*, S. 87.

151 Vgl. OLG Rostock, RTkom 1999, 158ff.

152 *Klußmann*, S. 877.

153 Vgl. zur Bedeutung der sogenannten Digital Powerline für den Aufbau alternativer Netzstrukturen im Telekommunikationsbereich, *Nienhaus*, S. 20ff.

154 BGHZ 37, 353, 357.

155 Ausführlich zu den Kriterien der Auslegung *Larenz*, S. 320ff.; *Bydlinski*, S. 436ff.

156 *Larenz*, S. 426ff.; *Medicus*, Rn 1193.

IV. Zwischenergebnis

Die Frage nach dem Eigentum an den Netzen stellt sich bei allen leitungsgebundenen Versorgungssystemen. Denn ihnen ist gemein, dass eine flächendeckende Versorgung auf die Benutzung fremder Grundstücke angewiesen ist.

Die leitungsgebundenen Versorgungssysteme weisen eine lange Geschichte auf und unterliegen seit ihren Anfängen dem stetigen technischen Fortschritt. In dieser Zeit haben sich die anfangs regional geprägten Systeme zu einem komplexen Leitungsnetz von internationaler Bedeutung und einer Länge von fast 5 Mio. km Leitungen entwickelt.[157]

Mit der Liberalisierung der Strom-, Gas- und Telekommunikationsmärkte sind insbesondere diese Netzwirtschaften ins Zentrum strenger Regulierungsvorgaben gerückt.[158]

Überwiegend wird bei der Frage des Eigentums an den Versorgungsleitungen auf die „Krakenrechtsprechung"[159] verwiesen, deren Grundsätze auf eine Entscheidung aus dem Jahr 1915 zurückgehen. Diese sind mit den heutigen Gegebenheiten nicht mehr vereinbar.[160]

Von den Gerichten wird je nach Lage des konkreten Falls mit teilweise schwachen Argumenten stets eine Alternative des § 95 BGB bejaht, so dass die Leitungen nicht gemäß § 94 BGB wesentliche Grundstücksbestandteile werden und ihre Sonderrechtsfähigkeit behalten. Da das so erzielte Ergebnis anscheinend allgemein erwünscht ist, wurde diese Praxis bisher kaum hinterfragt oder kritisiert. Sie ist indes rechtlich nicht korrekt.

---

157 Vgl. hierzu die Darstellung in Abschnitt I.

158 Vgl. hierzu die Darstellung in Abschnitt II.

159 Vgl. hierzu die Darstellung in Abschnitt III 2.

160 Vgl. hierzu die Darstellung in Abschnitt III 3.

C. Die Bestandteilslehre und ihre Stellung im Sachenrecht

I. Bedeutung des Eigentums und der sachenrechtlichen Zuordnungsfunktion

Das BGB stellt die Regeln für eine Gesellschaft freier Bürger auf, die privat und autonom ihre persönlichen Verhältnisse durch Rechtsgeschäfte gestalten können. Die klare Zuordnung von Vermögenspositionen ist dabei die entscheidende Voraussetzung für die Funktionsfähigkeit unserer Wirtschaftsordnung.

Sachenrecht ist das für alle Rechtssubjekte geltende Recht, das die Güter zuordnet.[161] Die Zuordnungsfunktion des Sachenrechts bringt es mit sich, dass dingliche Rechte als Unterart der absoluten Rechte gegenüber jedermann wirken, so dass die getroffene Zuordnung allseitig Wirkung entfaltet.[162] Die absolute Wirkung der sachenrechtlichen Eigentumsordnung ist das Gerüst, auf das sich sämtliche wirtschaftlichen Abläufe und Entscheidungen stützen, z.B. die Gewährung von Krediten gegen Kreditsicherheiten, die Haftung für die Gefahren und Risiken von Gegenständen und Grundstücken. Um dieser Zielsetzung gerecht zu werden, ist es erforderlich, dass jedermann die möglichen Zuordnungsarten kennt.[163] Aus diesem Grunde gilt der Numerus Clausus im Sachenrecht, welcher einen geschlossenen Kreis der dinglichen Rechte begründet.[164] Dank dieser Zuordnungsgrundsätze lebt der Rechtsverkehr vom Austausch der Güter, der jeweils einen Wechsel in der absoluten Zuordnung von Eigentum oder der Inhaberschaft an Rechten bedeutet.

Das Vertrauen in die klare Zuordnung des Eigentums und die davon abgespaltenen Rechtspositionen, wie es unsere Gesellschaft heute kennt, wäre ohne die Offenkundigkeit dinglicher Rechte undenkbar.[165] Hiernach darf der Rechtsverkehr aufgrund bestimmter nach Außen erkennbarer tatsächlicher Herrschaftspositionen auf die entsprechenden Rechtspositionen vertrauen. Die hierfür gewählten „Rechtsscheinsträger" Besitz im Recht der beweglichen Sachen (§ 1006 BGB) und das Grundbuch im Immobiliarsachenrecht (§ 891 BGB) sowie die sich aus dem guten Glauben an diese ergebende Risikoverteilung für den Rechtsverkehr[166] ermöglichen die Verkehrsfähigkeit der Güter und das Vertrau-

---

161 Vgl. z.B. *Wieacker*, AcP 148 (1943), 57ff.; *Westermann*, § 2 II; *Füller*, S. 47ff.; *Wilhelm*, Sachenrecht, Rn 3, 43ff.; *Wolf/Wellenhofer*, Rn 2f.

162 *Prütting*, Rn 18f.; *Füller*, S. 50ff.

163 *Larenz/Wolf* § 15 Rn 11; *Prütting*, Rn 20; *Wilhelm*, Sachenrecht, Rn 13f.

164 *Vieweg/Werner*, § 1 Rn 5; *Prütting*, Rn 20.

165 *Westermann*, § 3 2; *Wieling*, Sachenrecht, Bd. I, § 1 II 4 d; vgl. ausführlich zum Publizitätsprinzip *Füller*, S. 247ff.

166 Diese zeigt sich z.B. in der gegenüber Erwerbern unsicheren Position des Berechtigten, wenn sein Recht nicht im Grundbuch eingetragen ist. Deshalb wird er ein Interesse daran haben, das Grundbuch mit der materiellen Rechtslage in Einklang zu bringen.

en der Verkehrsteilnehmer, welches für ein funktionierendes Wirtschaftslebens unerlässlich ist.

Im Immobilienrecht kommt der Einhaltung der sachenrechtlichen Regeln für die Zuordnung dinglicher Rechte eine noch gesteigerte Bedeutung zu, da es sich bei Immobilien regelmäßig um Wirtschaftsgüter von erheblichem Wert handelt.

Da eine arbeitsteilige Wirtschaftsordnung darauf basiert, dass dingliche Rechte an Wirtschaftsgütern übertragbar sind, enthält das Sachenrecht klare Vorschriften für die Begründung und Übertragung dinglicher Rechte. Deren Zuweisungsgehalt ist die Grundlage für die Existenz von marktfähigen Gütern, da ein Gut am Markt nicht handelbar wäre, wenn jeder auf dieses zugreifen könnte.

Dreh- und Angelpunkt dieses Systems ist das Eigentum, das umfassendste Herrschaftsrecht, das die Rechtsordnung an einer Sache zulässt.[167] *Baur* kennzeichnet das Eigentum zutreffend als umfassendes Nutzungs- und Verwertungsrecht an einer Sache[168], dass dem Berechtigten die Befugnis gibt, mit den ihm gehörenden Sachen in der in § 903 BGB beschriebenen Weise zu verfahren.[169]

Der Eigentumsbegriff gibt Aufschluss über die rechtliche Zugehörigkeit einer Sache zu einer Person. Das Eigentum in seiner Funktion als formales Zuordnungsmittel ist unveränderlich[170], da die durch das Eigentum klar zugeordnete Herrschaftsmacht entweder besteht oder nicht. Die konkreten Befugnisse des Eigentümers hinsichtlich der Ausübung seiner Sachherrschaft richten sich nach § 903 BGB und den exklusiven Vorschriften des Sachenrechts. Die klare Zuordnung von Rechtspositionen verlangt zunächst eine ebenso klare Identifizierbarkeit und Bestimmung der Rechtsobjekte. Die Regeln hierzu sind in den §§ 90ff. BGB normiert.

Die §§ 93ff. BGB behandeln die Zuordnung von Bestandteilen, Zubehör und Früchten zu einer Sache. Mittelbar sind dadurch aber auch die Rechte an dieser Sache und somit auch die Zuordnung zu einer Person betroffen.[171] Die Bestandteilslehre der §§ 93ff. BGB mit den klaren Zuordnungsregeln für unterscheidbare Teile einer als Einheit zu betrachtenden Sache ist mithin Teil des sachenrechtlichen Gesamtsystems, das von den Leitgedanken Publizität, Klarheit und Rechtssicherheit getragen wird.

Wegen seiner grundlegenden Bedeutung wird das Eigentum in Art. 14 Abs. 1 S. 1 GG als Grundrecht gewährleistet, um die Basis für die freie Entfaltung des Einzelnen und seine eigenverantwortliche Lebensgestaltung im vermögensrechtlichen Bereich zu sichern.[172] Auch diese Garantie setzt voraus, dass klare Zuordnungsregeln konsequent angewendet und eingehalten werden. Andernfalls

---

167 *Wolf/Wellenhofer*, Rn 31.
168 *Baur*, AcP 176 (1976), 117.
169 So auch *Wieling*, Sachenrecht, Bd. I, § 1 II 3 a.
170 *Wolff/Raiser*, S. 174ff.
171 So auch *Stieper*, S. 65.
172 BVerfGE 50, 290, 339; 68, 193, 222; BVerfG NJW 1992, 36.

besteht die Gefahr, dass die verfassungsrechtliche Eigentumsgarantie willkürlich umgangen wird.

II. Systematik der Bestandteilslehre

Die §§ 93-96 BGB regeln, unter welchen Umständen an Sachteilen keine Sonderrechte bestehen können, so dass sich Eigentum, Pfandrechte oder sonstige dingliche Rechte in diesem Fall nach den Rechtsverhältnissen der Gesamtsache richten. Diese Rechtsfolge sieht § 93 BGB vor, wenn der Sachteil wesentlicher Bestandteil einer anderen Sache bzw. gemäß § 94 BGB eines Grundstücks ist. § 96 BGB regelt die Besonderheit bei Rechten als Bestandteilen von Grundstücken. Eine Durchbrechung der in §§ 93, 94 BGB normierten Akzession enthält § 95 BGB, der so genannte Scheinbestandteile, obwohl die Voraussetzungen objektiv vorliegen, der Rechtsfolge des § 93 BGB entzieht. Es handelt sich hierbei um eine gesetzliche Fiktion, die das Nichtvorliegen der Bestandteilseigenschaft in den Fällen des § 95 BGB fingiert, obwohl die Voraussetzungen der §§ 93, 94 BGB erfüllt sind. Die Eigentumslage selbst wird hingegen in §§ 93 ff. BGB nicht geklärt; die Rechtsfolge einer Verbindung im Sinne der § 93 ff. BGB muss vielmehr den §§ 946-949 BGB entnommen werden.

Diese Regelungen sollen im Interesse der Erhaltung wirtschaftlicher Werte gewährleisten, dass eine Sache und ihre wesentlichen Bestandteile ein möglichst einheitliches rechtliches Schicksal trifft.[173] Der Gesetzgeber wollte hiermit vermeiden, dass es zur Zerstörung bedeutender wirtschaftlicher Werte kommt, wenn durch eine nutzlose Zersplitterung Bestandteile voneinander getrennt werden, die ihren wirtschaftlichen Zweck und damit ihren Wert nur in der von ihnen gebildeten Einheit haben.[174] Teilweise wird hierzu vertreten, dass die Regelungen der §§ 93, 94 BGB außerdem beabsichtigen, einem ansonsten eintretenden Schaden für die Volkswirtschaft zu begegnen.[175] Das gemeinsame Schicksal eines nach der Verkehrsauffassung als einheitliche Sache betrachteten Gegenstandes dient ferner dem Schutz des rechtsgeschäftlichen Verkehrs, indem das Vertrauen Dritter auf eine einheitliche Zuordnung der Teile einer Sacheinheit geschützt wird.[176]

Diese Zielsetzungen sind bei der Anwendung der §§ 93ff. BGB stets zu berücksichtigen, da die Unterscheidung in wesentliche und unwesentliche Bestandteile mehr auf wirtschaftlichen als auf juristischen Gründen beruht. Aus diesem

---

173 Vgl. Mot. III, S. 41; MüKoBGB/*Holch*, § 93 Rn 1; RGRK/*Kregel*, Vor §§ 93-95 Rn 4; Soergel/*Marly*, § 93 Rn 3.

174 RGZ 58, 338, 341; BGHZ 20, 154, 157; 61, 80, 83; 104, 298, 303f.; Bamberger/Roth/*Fritzsche*, § 93 Rn 2; Staudinger/*Jickeli/Stieper*, § 93 Rn 3. A.A. *Kauke*, S. 34ff.

175 Soergel/*Marly*, § 93 Rn 3; so u.a. BGHZ 20, 154, 157.

176 RGZ 152, 91, 98f.; BGHZ 104, 298, 303f.; *Kauke*, S. 34ff. bezeichnet dies als alleinige Rechtfertigung für das Sonderrechtsverbot des § 93 BGB.

Grunde spielt bei der Anwendung der Bestandteilsregeln immer auch der technische Fortschritt eine entscheidende Rolle.

Beispielsweise stellte der Motor eines zu Beginn des 20sten Jahrhunderts in Handarbeit gefertigten Kraftfahrzeuges einen wesentlichen Bestandteil dieses Autos dar. Bei der heutigen Serienproduktion führt eine spätere Trennung weder zu einer Zerstörung noch zu einer Wesensänderung an der Karosserie oder am Motor. Ein serienmäßig gefertigter Motor ist heutzutage jederzeit auswechselbar, so dass er auch nach Einbau in das Fahrzeug in der Regel sonderrechtsfähig bleibt.[177] Mit der Industrialisierung wurden viele Gegenstände, die früher die Eigenschaft eines wesentlichen Bestandteils erfüllten, zu Massenware, die in großer Anzahl hergestellt wird und problemlos austauschbar ist.

III. Geschichtlicher Überblick

Um das Zusammenwirken der §§ 93ff. BGB erfassen und das Eigentum an Versorgungsleitungen überprüfen zu können, ist zunächst ein kurzer Abriss der geschichtlichen Entwicklung der rechtlichen Behandlung von Grundstücksbestandteilen erforderlich.

1. Römisches Recht

Im römischen Recht bestand der Grundsatz „superficies solo cedit".[178] Hiernach wurde eine Sache, die mit dem Gründstück verbunden wurde, durch die Verbindung mit dem Erdreich eine „accessio" der Hauptsache und somit des Bodens. Dies hatte zur Folge, dass sie ihre rechtliche Selbständigkeit verlor. Da Eigentum nach römischem Recht das Vorliegen einer selbständigen Sache erforderte, hatte die Verbindung zur Folge, dass das Eigentum an der Sache erlosch.[179] Grundsätzlich erstreckte sich im römischen Recht das Eigentum am Grundstück nach dem Akzessionsprinzip auch auf die mit ihm verbundenen Sachen.[180]

Für den Eigentumsübergang kraft Akzession nach römischem Recht war eine – in der Regel feste – Verbindung mit dem Grund und Boden erforderlich.[181] Die Dauer und auch der Zweck der Verbindung spielten bei der Beurteilung hingegen keine Rolle.[182]

---

177 BGHZ 18, 226, 229f.; 80, 82ff.; OLG Karlsruhe MDR 1955, 413. Die gleichen Grundsätze gelten auch für die Reifen (OLG Bamberg MDR 1951, 29; OLG Stuttgart NJW 1952, 145) und die Sitze (BayObLG NVwZ 1986, 511) eines serienmäßig hergestellten PKW.

178 Ausführlich dazu *Biermann*, JherJB 34, 169ff.; *Meincke*, ZRG Rom. Abt., Bd. 88 (1971), 136ff.

179 *Holthöfer*, S. 23, 27; *Doutiné*, S. 1.

180 *Doutiné*, S. 2; *Stieper*, S. 15; *Holthöfer*, S. 33ff.

181 *Biermann*, JherJB 34, 172; *Meincke*, ZRG Rom. Abt., Bd. 88 (1971), 144ff.

182 *Herold*, S. 3f.; *Doutiné*, S. 4.; *Stieper*, S. 16.

2. Älteres germanisches Recht

Die römische Rechtsauffassung war dem älteren deutschen Recht völlig fremd. Der deutsche Rechtssatz „wat darane it ertvas und neghelvast, dat höret dar to“[183], welcher auf eine Zusammengehörigkeit kraft Verbindung schließen lässt, hatte nur beschränkte Geltung. Außer der tatsächlichen Einfügung war stets erforderlich, dass die Sache mit dem Grundstück verbunden wurde, um dauernd mit diesem zusammen demselben Zweck zu dienen.[184] Es kam nach dem altdeutschen Recht somit nicht nur auf die rein materielle Verbindung, sondern auf die funktionale Zusammengehörigkeit an.

Da die überwiegende Anzahl der Gebäude damals aus Holz errichtet und im Zeitalter der freien Felderwirtschaft oft beim Wechsel der Felder abgerissen und woanders wieder aufgebaut wurden, galten sie nach dem Grundsatz „Was die Fackel verzehrt, ist Fahrnis“ als Fahrnis. Besondere Bedeutung erlangte der Satz aber erst dadurch, dass an ihm weiter festgehalten wurde, nachdem man dazu übergegangen war, Häuser mit festen Fundamenten und somit fest mit dem Boden verbunden zu errichten.[185]

Der Grundsatz, dass ein übergeordneter Zweck die einheitliche Sache beherrscht, spielte ferner eine erhebliche Rolle in Fällen, in denen die Sache nur zu einem „vorübergehenden Zweck“ oder in „Ausübung eines Rechts an einem fremden Grundstück“ mit dem Boden verbunden war. Alle Sachen, die eigenen und nicht den Zwecken des Grundstücks dienten, galten weder als Bestandteil, noch als Zubehör des Grundstücks. Dienten hingegen sowohl die Einrichtung als auch das Gebäude einem gewerblichen Zweck, so waren die Sachen wesentliche Bestandteile, da sie demselben Zweck unterlagen.[186]

Aus dem altdeutschen Recht entstammen somit die Rechtsgedanken der Scheinbestandteile, die nunmehr in § 95 BGB normiert sind.

3. Gemeines Recht

Die Rezeption des römischen Rechts hatte im gemeinen Recht zu einer Verdrängung deutschrechtlicher Anschauungen geführt. Die Gerichte mussten sich nach der Kammergerichtsordnung Maximilians I. von 1495 bei der Beurteilung von Grundstücksbestandteilen auf das Corpus Iuris Civilis stützen.[187] Wie nach römischem Recht fielen die Aussaat, eingewurzelte Pflanzen und fest mit dem Boden verbundene Bauten in das Eigentum des Grundeigentümers.

---

183 Goslarsche Statuten, hrsg. von Göschen 1840, S. 26, Z. 23; *Stieper*, S. 17, übersetzt diesen Satz mit: „Was damit erd- und nagelfest verbunden ist, gehört dazu“.

184 *Herold*, S. 4; *Doutiné*, S. 5.

185 Vgl. hierzu *Doutiné*, S. 5; *Herold*, S. 4f.

186 Einige Beispiele hierfür sind bei *Herold*, S. 5, und bei *Stieper*, S. 18f., aufgeführt.

187 *Stieper*, S. 19.

Während die Römer mit dem Grundsatz „superficies solo cedit“ zu diesem Ergebnis gelangten, richtete sich die Frage, ob mit dem Grundstück verbundene Sachen wesentliche Bestandteile desselbigen wurden, nach der herrschenden Kulturauffassung, nach den Sitten und Gebräuchen.[188] Dieser Kulturentwicklung entsprach es, dass man Bauwerke, die nur vorübergehend mit dem Grundstück verbunden waren, nicht als wesentliche Bestandteile ansah.[189]

Von anderer Seite wurde wiederum die Festigkeit der Verbindung als wesentliches Entscheidungskriterium vorgebracht.[190]

4. Das preußische Allgemeine Landrecht (ALR)

Das preußische allgemeine Landrecht wich nach der herrschenden Meinung völlig von dem Prinzip des römischen Rechts ab.[191] Es erklärte ein vom Grundstück getrenntes Eigentum an den mit dem Boden organisch und mechanisch verbundenen Sachen für zulässig. So war an Bäumen[192] und Gebäuden[193], die mit dem Grund und Boden fest verbunden waren, Sondereigentum möglich.

Gemäß §§ 327-332 I 9 ALR erlangte der Grundstückseigentümer, wenn ein Fremder ohne sein Wissen auf seinem Grund ein Gebäude errichtet hatte, ein Wahlrecht dahingehend, dass er die Entfernung des Gebäudes verlangen, es selbst erhalten oder mit samt dem Boden dem Bauherrn überlassen konnte. Nach der h.M. stand das Gebäude bis zur Ausübung des Wahlrechts im Eigentum des Erbauers.[194] Dem deutschen Industrialitätsprinzip[195] folgend wurde der Erbauer auf fremden Boden im preußischen Landrecht – wie in keinem anderen Recht – geschützt und damit den Interessen des Verkehrs und der Industrie Rechnung getragen.

5. Der Französische Code civil von 1804 (C.c.)

Der französische Code civil, der in Deutschland überwiegend in den linksrheinischen Gebieten Bedeutung hatte, kannte den römischen Grundsatz „superficies solo cedit“ nur als dispositivrechtliche Regel. Art. 553 C.c. enthielt eine gesetzliche Vermutung zugunsten des Grundstückseigentümers, wonach mangels anderweitiger Vereinbarungen dieser das Eigentum an den mit seinem Grundstück

---

188 OLG Rostock, SeuffArch. Bd. 44, Nr. 164; *Kohler*, JherJb 26, 30ff.; *Doutiné*, S 7.

189 *Biermann*, JherJb 34, 189; vgl. hierzu die Beispiele bei *Stieper*, S. 19f.

190 RGZ 9, 169, 171; OLG Rostock SeuffArch. Bd. 44, Nr. 164.

191 *Doutiné*, S. 7; *Herold*, S. 6; *Stieper*, S. 20; einschränkend *Biermann*, JherJb 34, 219ff.

192 Vgl. §§ 199, 200 I 22 ALR.

193 Vgl. § 98 I 9 ALR.

194 RGZ 1, 178, 180; *Doutiné*, S. 7f., m.w.N. Die Gegenauffassung wendete in diesem Fall den Grundsatz „superficies solo cedit“ an und argumentierte, dass die §§ 327ff. I 9 ALR nur Regeln für eine Auseinandersetzung zwischen dem Erbauer und dem Grundeigentümer aufstelle, vgl. *Biermann*, JherJb 34, 222 m.w.N., der aber zutreffend zugleich auf die mangelnde praktische Relevanz des Streits hinweist.

195 Vgl. hierzu *Herold*, S. 6f.

verbundenen Gegenständen erlangte.[196] Durch vertragliche Vereinbarungen konnte diese Rechtsfolge aber abbedungen werden. Ob eine Sache dauernd, vorübergehend oder in Ausübung eines Rechts eingefügt wurde, war für die rechtliche Würdigung unerheblich.[197]

6. Das Sächsische Bürgerliche Gesetzbuch (SBGB)

Die jüngste deutsche Kodifikation vor Inkrafttreten des BGB war überwiegend von dem Grundsatz „superficies solo cedit" geprägt. Eine Durchbrechung dieses Grundsatzes stellte die Verbindung von einem Berechtigten zu einem vorübergehenden Zweck dar, bei der die rechtlichen Wirkungen der Akzession ausgeschlossen waren.[198] Es wurde aber nicht die Bestandteilseigenschaft an sich, sondern nur der Eigentumserwerb durch den Grundstückseigentümer verneint.

IV. Wesentliche Bestandteile einer Sache gemäß § 93 BGB

§ 93 BGB enthält eine Legaldefinition für den Begriff der wesentlichen Bestandteile. Hiernach ist eine Einheit nur schutzwürdig, wenn die Bestandteile einer Sache voneinander nicht getrennt werden können, ohne dass der eine oder der andere Teil zerstört oder in seinem Wesen verändert wird. Nur für eine derartige Einheit gilt die Rechtsfolge des § 93 BGB, nach der wesentliche Bestandteile sonderrechtsunfähig sind.

1. Der Bestandteilsbegriff

Das Gesetz selbst enthält keine Definition für den Bestandteilsbegriff. Er wurde vom Gesetzgeber vielmehr als allgemeinverständlich vorausgesetzt.[199] Das OLG Saarbrücken geht davon aus, dass sich das natürliche Verständnis des Begriffs „Bestandteil" mit dem des § 93 BGB deckt.[200] Der Brockhaus definiert Bestandteile als „Teile einer Sache, die bei unbefangener Betrachtungsweise als Teile eines größeren Ganzen und nicht als selbständige Sachen zu gelten haben."[201] In der Kommentarliteratur und von den Gerichten wird überwiegend auf eine Definition des Reichsgerichts aus dem Jahre 1906[202] Bezug genommen.[203] Hiernach

196 Art. 553 C.c.: „Toutes constructions (...) sont présumés (...) lui appartenir, si le contraire n'est prouvé."

197 *Doutiné*, S. 9.

198 § 284 SBGB lautet wie folgt: „Wird mit einer unbeweglichen Sache eine bewegliche Sache dergestalt verbunden, dass sie ein Bestandtheil der ersteren wird, so erwirbt der Eigenthümer der unbeweglichen Sache das Eigentum an dem Bestandtheile durch die Verbindung, ausgenommen wenn die Verbindung zu einem blos vorübergehenden Zweck von einem dazu berechtigten Anderen vorgenommen worden ist."

199 *Stieper*, S. 22; Soergel/*Marly*, § 93 Rn 2; *Bernhard*, S. 23.

200 OLG Saarbrücken, VersR 1996, 97; so auch Bamberger/Roth/*Fritzsche*, § 93 Rn 4.

201 Brockhaus Enzyklopädie, Band 3, S. 741

202 RGZ 63, 171ff.

sind Bestandteile diejenigen körperlichen Gegenstände, die „entweder von Natur aus eine Einheit bilden oder durch Verbindung miteinander ihre Selbständigkeit dergestalt verloren haben, dass sie fortan, solange die Verbindung dauert, als ein Ganzes, als eine einheitliche Sache, erscheinen".[204]

Eine Außenseitermeinung[205] kritisierte diese Definition und differenzierte zwischen den Begriffen „Sache" und „Bestandteil". Sachen seien gemäß § 90 BGB körperliche Gegenstände und somit real. Der Begriff des Bestandteils beziehe sich hingegen nicht auf reale Gegenstände, sondern auf ihre Beziehung untereinander. Diese Ansicht kommt zu dem Ergebnis, dass „Bestandteil" ein Relationsbegriff wie „groß", „klein", „eng" oder „breit" ist. Mit dieser Auffassung vom Bestandteilsbegriff begründet *Siebenhaar*, dass die §§ 93ff. BGB gegenstandslos seien und die Bestandteilslehre selbst als nicht vorhanden angesehen werden müsse. Die gewünschte rechtliche Einheit ergebe sich bereits aus dem Begriff „Sache", so dass auf die §§ 93ff. BGB verzichtet werden könne.[206]

Diese Auffassung verlagert die Abwägungsfrage entgegen den gesetzlichen Vorgaben in den Sachbegriff. Sie widerspricht damit dem Bestandteilsbegriff und verkennt, dass viele zusammengesetzte Sachen wie Autos und Computer von der Verkehrsauffassung als eine Sache angesehen werden. Eine bloße Unterscheidung nach körperlichen Gesichtspunkten rechtfertigt die unterschiedliche Rechtsfolge gemäß §§ 93ff. BGB – insbesondere den Ausschluss von Sonderrechten – nicht. Es bedarf vielmehr weitergehender Kriterien, die zu einer unterschiedlichen Wertung führen und so die Entscheidung ermöglichen, welche dieser zusammengesetzten Sachen ein einheitliches Schicksal teilen sollen und welcher Sache diese zwingende Einheit zu verwehren ist.

Eine Rechtfertigung für die unterschiedlichen Rechtsfolgen bietet die Bestandteilslehre. Unter den Begriff des Bestandteils fallen zunächst alle Stoffteile, aus denen sich ein äußerlich als Einheit erscheinendes Sachganzes zusammensetzt. Da die Bestandteilslehre dazu dient, das Schicksal der Teile einer Sache im Rechtsverkehr zu bestimmen, muss der Bestandteil auch mit Hilfe der menschlichen Sinne wahrgenommen werden können. Elementarteilchen, aus denen nach den Erkenntnissen der Physik jede Materie besteht, sind daher keine Bestandteile im rechtlichen Sinne.

Der Begriff Bestandteil setzt mithin die Körperlichkeit voraus. Eine Ausnahme von der Regel, dass nur körperliche Gegenstände Bestandteile sein können, normiert § 96 BGB, wonach Rechte als unkörperliche Gegenstände unter bestimmten Voraussetzungen als Grundstücksbestandteile fingiert werden.

---

203 RGZ 63, 416, 418; Bamberger/Roth/*Fritzsche,* § 93 Rn 4; Staudinger/*Jickeli/Stieper*, § 93 Rn 7; Soergel/*Marly,* § 93 Rn 4; *Stieper* S. 22.

204 RGZ 63, 171, 173.

205 *Siebenhaar,* AcP 160 (1961), 156, 157f.

206 *Siebenhaar*, AcP 160 (1961), 158.

Die Bestandteile lassen sich in zwei Gruppen unterteilen; von Natur aus einheitliche Sachen[207] und zusammengesetzte Sachen, die durch Verbindung ihre Selbständigkeit verloren haben. Da diese Arbeit die Bestandteilseigenschaft von Versorgungsleitungen untersucht und es sich hierbei um zusammengesetzte Sachen handelt, beschränken sich die Ausführungen auf die letztgenannte Gruppe.

Sache im Sinne des § 93 BGB ist jeder körperliche Gegenstand, der unter die Begriffsbestimmung des § 90 BGB fällt[208], nicht aber eine Sachgesamtheit, d.h. eine Mehrheit selbständiger Sachen, die zwar im Verkehrsleben eine einheitliche Bezeichnung führen und als Einheit erscheinen, für die aber dennoch der Spezialitätsgrundsatz gilt, so dass sie selbständige Sachen bleiben und als solche Gegenstand verschiedener besonderer Rechte sein können.[209] Für die Abgrenzung zwischen einheitlichen Sachen und Sachgesamtheiten ist die Verkehrsanschauung maßgeblich, welche sich überwiegend nach der Eignung der Sache für einen bestimmten Zweck oder Gebrauch richtet.[210] Die Verkehrsanschauung kann zwar regional unterschiedlich sein, muss sich aber stets bei allen am Verkehrsleben beteiligten Kreisen als einheitliche Anschauung herausgebildet haben. Es genügt nicht, dass nur bestimmte Beteiligte oder aus dem entsprechenden Kreise stammende Sachverständige die Ansicht teilen.[211]

Die 32 Karten eines Skatspiels stellen beispielsweise nach der Verkehrsauffassung eine einheitliche Sache dar, da nur alle 32 Karten zusammen ein vollständiges Skatblatt, wie es für das Spiel benötigt wird, bilden. Eine einzelne Karte kann diese Anforderungen nicht erfüllen und wird deshalb von der Verkehrsanschauung auch nicht als Skatblatt, sondern allenfalls als ein Teil dessen angesehen.

Besteht eine Verkehrsanschauung nicht oder ist diese nicht feststellbar, so ist auf die „allgemeine natürliche Anschauung“ abzustellen.[212] Diese muss ebenfalls in den Verkehrskreisen allgemein verbreitet ist.[213] Wenn anzunehmen ist, dass die Auffassung überwiegend besteht, dürfte es sich aber bereits um eine Verkehrsanschauung handeln. Ist dies nicht der Fall, so ließe sich die allgemeine natürliche Anschauung wohl nur mittels einer Meinungsumfrage ermitteln. Diese Methode ist deshalb nicht praktikabel.

In der Praxis wird, wenn keine Verkehrsanschauung besteht, auf die natürliche Betrachtungsweise eines verständigen Beobachters abgestellt. Diese kann sich

---

207 Oft genannte Beispiele hierfür sind Pflanzen. So z.B. Bamberger/Roth/*Fritzsche,* § 93 Rn 5.

208 RGRK/*Kregel*, § 93 Rn 2.

209 Als typische Beispiele für Sachgesamtheiten werden stets Bibliotheken und Warenlager genannt; so z.B. bei *Baur/Stürner,* § 24 Rn 4; *Larenz/Wolf,* § 20 Rn 37.

210 RGRK/*Kregel*, § 93 Rn 9ff.; Staudinger/*Jickeli/Stieper*, § 93 Rn 8ff.; MüKoBGB/*Holch,* § 93 Rn 6.

211 RGZ 69, 150, 153.

212 Vgl. hierzu RGRK/*Kregel,* § 93 Rn 9f.; OLG Karlsruhe NJW-RR 1986, 19f.

213 RGZ 158, 362, 370.

insbesondere auch an technisch-wirtschaftlichen Zusammenhängen orientieren.[214] Obwohl betont wird, dass die Verkehrsanschauung maßgeblich sei, wird ihr Vorliegen im Einzelnen oft nicht begründet.[215]

Trotz der sehr weichen Kriterien haben sich im Laufe der Zeit Anhaltspunkte für das Vorliegen einer Sacheinheit herausgebildet. Maßgeblich sind hiernach eine einheitliche Bezeichnung, ein gemeinsamer Zweck und ein gewisser körperlicher Zusammenhang der Teile. Anders als beim Zubehör gemäß § 97 BGB genügt für den Bestandteilsbegriff ein bloßes räumliches Verhältnis nicht.[216] Ein körperlicher Zusammenhang ist stets Voraussetzung der Bestandteilseigenschaft[217], doch braucht die körperliche Verbindung nicht notwendig eine feste zu sein.[218]

2. Die Wesentlichkeit der Bestandteilseigenschaft

§ 93 BGB ordnet die Sonderrechtsunfähigkeit nur für die wesentlichen Bestandteile an. Nach der Legaldefinition des § 93 BGB sind die Bestandteile einer Sache wesentlich, wenn sie voneinander nicht getrennt werden können, ohne dass der eine oder der andere Teil zerstört oder in seinem Wesen verändert wird. Sind diese Voraussetzungen nicht gegeben, so handelt es sich um einfache bzw. unwesentliche Bestandteile[219], und die Rechtsfolge des § 93 BGB tritt nicht ein, so dass die Sachteile ihre Sonderrechtsfähigkeit behalten.

„Wesentlich" im Sinne des § 93 BGB bedeutet nicht – entgegen dem weit verbreiteten Verständnis dieses Begriffs im allgemeinen Sprachgebrauch –, dass die Teile für die Sache eine besondere Bedeutung haben. Der Begriff bezieht sich

---

214 Vgl. Enneccerus/*Nipperdey,* S. 795; RGZ 158, 362, 370; BGHZ 20, 154, 157.

215 So z.B. RGZ 83, 67, 69f.; 87, 43, 47.

216 RGZ 58, 338, 342; 63, 171, 173; 69, 150, 152; *Tobias,* AcP 94 (1903), S. 381.

217 Vgl. hierzu *Tobias,* AcP 94 (1903), S. 381ff.; MüKoBGB/*Holch,* § 93 Rn 5.

218 RGZ 58, 338, 342; 63, 171, 173; 67, 34; Palandt/*Ellenberger,* § 93 Rn 2; Staudinger/*Jickeli/Stieper,* § 93 Rn 9.

219 Das Gesetz enthält zwar keine Regelung für einfache Bestandteile, doch die überwiegende Ansicht in Rechtsprechung und Literatur hat aus dem Umkehrschluss der in § 93 BGB vorgenommenen Differenzierung für Sachteile gefolgert, dass es neben den wesentlichen Bestandteilen auch solche Sachteile gibt, die die Voraussetzungen des § 93 BGB nicht erfüllen. So bereits RGZ 69, 120; 74, 401, 402; Enneccerus/*Nipperdey,* S. 807f.; Staudinger/*Jickeli/Stieper,* § 93 Rn 38f; a.A. *Wieacker,* AcP 148 (1943), 81; *Spyridakis,* S. 92.
Eine gesonderte Normierung ist auch nicht erforderlich, da einfache Bestandteile keine gesonderte Rechtsfolge trifft. Die einzelnen Sachteile bleiben vielmehr – obwohl sie nach der Verkehrsauffassung nur einen Bestandteil einer einheitlichen Sache bilden – sonderrechtsfähig. Besteht an ihnen allerdings kein Sonderrecht, so teilen sie regelmäßig auch das Schicksal der Hauptsache, vgl. RGRK/*Kregel,* § 93 Rn 48f.

allein auf das Wesen des Bestandteils.[220] Aus diesem Grund wird die Formulierung des § 93 BGB zum Teil als ungeschickt oder unzutreffend bezeichnet.[221]

In der Vergangenheit war umstritten, ob § 93 BGB die Gesamtsache oder die einzelnen Sachteile schützen soll. So wurde vom Reichsgericht sowie Teilen der Literatur zunächst auf die Integrität der Gesamtsache abgestellt.[222] Nachdem zunächst der fünfte Senat 1907 die „Ganzheitslehre" aufgab[223], änderte 1911 schließlich auch der siebte Senat seine Auffassung.[224]

Eine Auflösung in die Bestandteile hat regelmäßig eine Zerstörung der Gesamtsache zur Folge. Maßgeblich ist deshalb nicht der Einfluss der Trennung auf die Gesamtsache, sondern die Frage, ob der eine oder der andere Bestandteil danach noch in der bisherigen Art wirtschaftlich genutzt werden kann, auch wenn er hierfür mit einer anderen Sache verbunden werden muss.[225]

a. Zerstörung

Es handelt sich um einen wesentlichen Bestandteil, wenn bei der Trennung einer der beiden Teile zerstört wird. Die Zerstörung ist ein Unterfall der Wesensveränderung, da durch die Zerstörung das Wesen des Bestandteils existenziell verändert wird. Unter Zerstörung ist zunächst die physische Vernichtung zu verstehen, also der substantielle Untergang des Bestandteils.[226] Bei der Zerstörung handelt es sich um einen mechanischen Vorgang, so dass weder die Bedeutung des Begriffs noch die Feststellung des Eintritts einer Zerstörung große Schwierigkeiten aufwerfen.

Teilweise[227] wird allerdings vertreten, dass bereits bei einer starken Beschädigung eine Zerstörung zu bejahen sei. Im Rahmen der Prüfung des § 93 BGB gelangt diese Ansicht allerdings zu keinem anderen Ergebnis, da eine Beschädigung – wie sogleich aufgezeigt wird – in jedem Fall eine Wesensveränderung

---

220 BGHZ 18, 226, 229; 29, 154, 157; BGH NJW 1956, 788; Enneccerus/*Nipperdey*, S. 796; MüKoBGB/*Holch*, § 93 Rn 11; Staudinger/*Jickeli/Stieper*, § 93 Rn 14.

221 So z.B. *Bernhard*, S. 28; Enneccerus/*Nipperdey*, S. 796, welcher die Bezeichnung „sonderrechtsunfähige Bestandteile" präziser findet; Soergel/*Marly*, § 93 Rn 3.

222 RGZ 50, 241, 242f. In dieser Entscheidung stellt das Gericht dem Wortlaut nach zwar auf die Teile ab, geht aber doch von der Gesamtsache aus. In der Entscheidung geht es um die Frage, ob eine Maschine, die ohne Beschädigung ihrer selbst oder des Gebäudes entfernt werden kann, wesentlicher Bestandteil eines Fabrikgebäudes geworden ist. Dies wurde mit der erheblichen Bedeutung der Maschine für den Betrieb verneint. Ferner RGZ 62, 406, 410; 69, 150, 158. Die „Ganzheitslehre" wurde auch von Stimmen in der Literatur vertreten. Vgl. *Tobias*, AcP 94 (1903), 378f.; *Michaelis*, FS Nipperdey, S. 560ff., der diese mit wirtschaftlichen Erwägungen begründet.

223 RGZ 67, 30, 32ff.

224 RG JW 1911, 317 Nr. 1.

225 BGHZ 18, 226, 229f.; 61, 80, 82.

226 BGHZ 20, 154, 157; Staudinger*Jickeli/Stieper*, § 93 Rn 16; MüKoBGB/*Holch*, § 93 Rn 12; Soergel/*Marly*, § 93 Rn 8; *Tobias*, AcP 94 (1903), 374f.

227 Enneccerus/*Nipperdey*, S. 796; *Wieling*, Sachenrecht, S. 30.

darstellt.[228] Umstritten ist ferner, ob eine Zerstörung auch bei vollständigem Verlust des wirtschaftlichen Wertes vorliegt.[229] Aber auch dieser Fall wird bereits von dem weiten Tatbestand der Wesensveränderung erfasst.

Die Zerstörungsvariante des § 93 BGB hat in Zeiten moderner Massenproduktion an Bedeutung verloren. Die Möglichkeit, Ersatzteile kostengünstig und ohne jegliche Beschädigung auszuwechseln, ist inzwischen ein entscheidender Faktor der Produktentwicklung.

b. Wesensveränderung des abgetrennten Teils oder des verbleibenden Rests

Eine Wesensveränderung ist zu bejahen, wenn der abgetrennte oder der verbleibende Teil in seinem „Wesen" verändert wird. Die Frage nach dem „Wesen" der Sache ist keine philosophische, sondern eine wirtschaftliche.[230] Da der Zweck des § 93 BGB in der Erhaltung wirtschaftlicher Werte liegt, beurteilt sich die Frage nach einer durch die Trennung verursachten Wesensveränderung nach wirtschaftlichen Kriterien.[231]

Unter einer Wesensveränderung wird die Aufhebung oder Minderung der zweckbestimmenden Eigenschaften oder der wirtschaftlichen Bedeutung des Bestandteils verstanden.[232] Diese ist nicht gegeben, wenn der Sachteil nach der Trennung in vergleichbarer Weise wirtschaftlich genutzt werden kann, auch wenn hierfür die Verbindung mit einem neuen Gegenstand erforderlich ist.[233] Das Wesen des Bestandteils ist demnach wirtschaftlich und anhand der konkreten Funktion des Bestandteils zu bestimmen.[234] Hierbei darf nicht auf die konkrete Rolle des Sachteils für denjenigen, in dessen Hand sich die Sache befindet, abgestellt werden. Entscheidend ist die objektive wirtschaftliche Funktion der Sache.[235]

Führt die Trennung allerdings zu einer erheblichen Beschädigung des Bestandteils, wird dieser nicht mehr in vergleichbarer wirtschaftlicher Weise genutzt werden können, da die Beschädigung im Vergleich zum vorherigen Zustand eine starke wirtschaftliche Einbuße darstellt. Insbesondere Bestandteile, die nach ihrer Trennung nicht wieder ihrem Wesen gemäß verwendbar sind und somit

---

228 So auch *Stieper,* S. 23.

229 So Staudinger 13. Bearbeitung/*Dilcher,* § 93 Rn 15.

230 *Otte*, JuS 1970, 154f.

231 BGHZ 18, 226ff.; 20, 154, 157; 61, 80, 82; BGH NJW-RR 1990, 586, 587; *Tobias*, AcP 94 (1903), 374; Staudinger/*Jickeli/Stieper,* § 93 Rn 17; Bamberger/Roth/*Fritzsche,* § 93 Rn 12; Palandt/*Ellenberger,* § 93 Rn 3; *Jauernig*, § 93 Rn 3.

232 MüKoBGB/*Holch,* § 93 Rn 12; Staudinger/*Jickeli/Stieper,* § 93 Rn 17; Soergel/*Marly,* § 93 Rn 8.

233 BGHZ 20, 159, 162.

234 *Bernhard,* S. 38.

235 BGHZ 61, 80, 82.

nur noch einen Schrottwert haben, sind folglich „wesentlich" im Sinne des § 93 BGB.[236]

Ein weiterer Fall der Wesensveränderung liegt vor, wenn die Abtrennung des Bestandteils höhere Kosten verursacht, als es in Relation zum verbleibenden Wert vertretbar erscheint. Hierbei ist unerheblich, wen die Kosten treffen. Die Abtrennung eines wesentlichen Bestandteils muss ohne Verursachung besonderer Kosten möglich sein.[237] Dieser in § 948 Abs. 2 BGB normierte Grundsatz gilt bei der Frage der Trennbarkeit gemäß § 93 BGB entsprechend.[238] Die Trennbarkeit im Sinne des § 93 BGB ist nach wirtschaftlichen Gesichtspunkten zu entscheiden. In § 948 Abs. 2 BGB hat der Gesetzgeber die wirtschaftlich unsinnige Trennbarkeit mit der tatsächlichen Untrennbarkeit gleichgestellt. Da § 93 BGB der Erhaltung wirtschaftlicher Werte dient und die wirtschaftliche Betrachtung bei der Frage nach dem Vorliegen einer Wesensveränderung maßgeblich ist, kann hier nichts anderes gelten.

Heute besteht für viele Bestandteile ohne größeren Aufwand und ohne Folgen für das Wesen der Gesamtsache die Möglichkeit, sie gegen Ersatzteile auszutauschen, so dass auch die nach der Trennung verbleibende Restsache häufig in wirtschaftlich vergleichbarer Weise genutzt werden kann und in der Regel nicht mehr als wesentlicher Bestandteil anzusehen ist. Aus diesem Grund sind Autoreifen[239] und der serienmäßige Kraftfahrzeugmotor[240] keine wesentlichen Bestandteile. Die Rechtsprechung stellt in diesem Fall auf die Ersetzbarkeit und Weiterverwendbarkeit der Teile ab.[241]

Die aufgezeigten Voraussetzungen bieten Anhaltspunkte für das Vorliegen wesentlicher Bestandteile, die tatsächliche Entscheidung richtet sich aber stets nach den konkreten Gegebenheiten des Einzelfalls. Aus diesem Grunde lassen sich bei einem Rückblick auf die ergangenen Entscheidungen viele Uneinheitlichkeiten entdecken. Diese sind zum Teil auf die technischen Entwicklungen zurückzuführen, teilweise sind sie aber auch Ausdruck des weiten richterlichen Entscheidungsspielraums, den die allgemein gehaltenen Regeln der §§ 93ff. BGB eröffnen.

---

236 BGHZ 20, 159, 162. In diesem Fall ging es um das Gehäuse eines elektromedizinischen und –technischen Hochfrequenzgerätes. Einen wirtschaftlichen Wert der getrennten Gegenstände verneint der BGH auch dann, wenn die Sache zwar bei der Trennung nicht beschädigt wird, getrennt aber nur noch einen Schrottwert hat, da eine Weiterverwendung nicht in Frage kommt. Bamberger/Roth/*Fritzsche,* § 93 Rn 12; RGRK/*Kregel,* § 93 Rn 27; Soergel/*Marly,* § 93 Rn 8; Staudinger/*Jickeli/Stieper,* § 93 Rn 17.

237 RGZ 158, 362, 374f.; BGHZ 61, 80, 82; Staudinger/*Jickeli/Stieper,* § 93 Rn 17.

238 Vgl. hierzu *Medicus*, Rn 1189; *Larenz/Wolf,* § 20 Rn 47; *Stieper,* S. 23; *Wieling*, Sachenrecht, S. 31; a.A. Staudinger 13. Bearbeitung/*Dilcher,* § 93 Rn 15, der diesen Fall mit der Zerstörungsvariante erfassen möchte.

239 BayObLG NVwZ 1986, 511.

240 BGHZ 18, 22, 29.

241 BGHZ 61, 80, 82; OLG Schleswig NJW-RR 1988, 1459, 1460.

V. Wesentliche Bestandteile eines Grundstücks gemäß § 94 BGB

Eine Sonderregelung für wesentliche Bestandteile von Grundstücken und Gebäuden enthält § 94 BGB. Der Zweck dieser Norm deckt sich teilweise mit dem des § 93 BGB. Auch hier werden im Interesse der Erhaltung wirtschaftlicher Werte bestimmte Sachen zu wesentlichen Grundstücks- oder Gebäudebestandteilen erklärt.[242] Ferner ist § 94 BGB i.V.m. § 946 BGB Ausdruck des im Sachenrecht herrschenden Publizitätsgrundsatzes.[243] Die Vorschrift dient der Schaffung klarer Verhältnisse und somit der Sicherheit des Rechtsverkehrs.[244]

§ 94 BGB normiert für das Immobiliarsachenrecht den Grundsatz des horizontal einheitlichen Eigentums an Gebäuden und Grundstücken.[245] Zugunsten der Rechtssicherheit soll ein potentieller Erwerber nach einem Blick ins Grundbuch darauf vertrauen dürfen, dass sich die aus diesem ergebende Eigentümerstellung auf alle mit dem Grundstück fest verbundenen Gegenstände erstreckt.[246]

§ 94 BGB enthält deshalb eine Sonderregelung für Grundstücke und Gebäude. Die allgemeine Auffassung[247] geht davon aus, dass zu den wesentlichen Bestandteilen eines Grundstückes die in § 94 BGB genannten Sachen ohne Rücksicht darauf gehören, ob auf sie die Voraussetzungen des § 93 BGB zutreffen. § 94 BGB enthält keine Beispiele zu § 93 BGB, sondern erweitert den Kreis der wesentlichen Bestandteile in doppelter Hinsicht. § 94 BGB erklärt die mit dem Grund und Boden fest verbundenen sowie die zur Herstellung in ein Gebäude eingefügten Sachen zu wesentlichen Bestandteilen. Die Vorschrift normiert damit zugleich, dass diese überhaupt Bestandteile sind.[248] Eine Prüfung des § 93

---

242 Staudinger/*Jickeli/Stieper*, § 94 Rn 3; MüKoBGB/*Holch*, § 94 Rn 1.

243 So auch *Kauke*, S. 33ff.; vgl. ausführlich zum Publizitätsgrundsatz *Füller*, S. 247ff.

244 BGHZ 26, 225, 228; 104, 298, 303; OLG Hamm VersR 1983, 285; Bamberger/Roth/*Fritzsche*, § 94 Rn 1; MüKoBGB/*Holch*, § 94 Rn 1; Soergel/*Marly*, § 94 Rn 2.

245 Eine Durchbrechung dieses Grundsatzes stellt das Erbbaurecht dar, welches seit 1919 im ErbbauRG (ehemals ErbbauVO) geregelt ist. Das Erbbaurecht ist „das veräußerliche und vererbliche Recht, auf oder unter der Erdoberfläche des Grundstücks ein Bauwerk zu haben" (§ 1 Abs. 1 ErbbauRG). Aufgrund der Pflicht zur Eintragung gemäß § 14 ErbbauRG wird der Publizitätsgrundsatz gewahrt. Auch das Wohnungseigentum stellt eine teilweise Durchbrechung der Einheit des Eigentums am Grundstück und Gebäude dar. Dieses 1951 eingeführte Recht ist eine Verbindung von Miteigentum nach Bruchteilen am gemeinschaftlichen Grundstück und dem Sondereigentum an der Wohnung (§ 1 WEG). Auch die Einräumung von Wohnungseigentum ist eine eintragungspflichtige und mithin offenkundige rechtliche Tatsache (§ 4 Abs. 1, 7 WEG).

246 So auch Mot. III, S. 43; BGH NJW 1987, 774, 775; Soergel/*Marly*, § 94 Rn 2; Palandt/*Ellenberger*, § 94 Rn 1.

247 RGZ 63, 171, 173; 416, 418; 90, 198, 201; 150, 22, 26; *Doutiné*, S. 10; Staudinger/*Jickeli/Stieper*, § 94 Rn 2; MüKoBGB/*Holch*, § 94 Rn 1; Soergel/*Marly*, § 94 Rn 1; RGRK/*Kregel*, Vor §§ 93-95 Rn 8; *Bernhard*, S. 109; teilweise abweichend *Knütel*, FS Medicus, S. 259, 266 ff.

248 RGRK/*Kregel*, Vor §§ 93-95 Rn 8.

BGB erübrigt sich in diesen Fällen.[249] Die Rechtsfolge ist, dass an einer Sache, die zu einem wesentlichen Bestandteil eines Grundstücks oder eines Gebäudes geworden ist, gemäß § 93 BGB keine besonderen Rechte begründet werden können. Bereits in den Motiven zum Bürgerlichen Gesetzbuch ist die selbständige Bedeutung des § 94 BGB hervorgehoben und auf diese Rechtsfolge ausdrücklich hingewiesen worden.[250]

Mit der Verbindung, dem Aussäen und Einpflanzen (Abs. 1) sowie mit dem Einfügen in das Gebäude (Abs. 2) werden die Sachen zu wesentlichen Bestandteilen des Grundstücks oder Gebäudes und können mithin nicht mehr Gegenstand besonderer Rechte sein. Ebenso wenig wie bei § 93 BGB spielt für diese Rechtsfolge der Wille desjenigen, der die Verbindung vornimmt, oder jener des Grundstückseigentümers eine Rolle.[251]

1. Die fest mit dem Grund und Boden verbundenen Sachen

§ 94 Abs. 1 S. 1 BGB normiert, dass die mit dem Grund und Boden fest verbundenen Sachen zu den wesentlichen Bestandteilen gehören und hebt gleichzeitig Gebäude als wesentliche Bestandteile hervor. Für die Frage nach der Festigkeit der Verbindung ist ebenso wie bei § 93 BGB auf die Verkehrsanschauung[252] abzustellen. Hierbei ist aber eine Zerstörung oder Wesensveränderung nicht zwingend erforderlich.

Der Anwendungsbereich des § 94 BGB ist weiter gefasst als der des § 93 BGB. Dies ist auf die Notwendigkeit der Rechtssicherheit im Grundstücksverkehr zurückzuführen. Die Anhaltspunkte für das Vorliegen einer festen Verbindung sind jenen für das Vorliegen einer Zerstörung oder Wesensveränderung im Sinne des § 93 BGB zwar ähnlich. Sie können mit ihnen aber nicht unbedingt gleich gesetzt werden.

Eine feste Verbindung ist anzunehmen, wenn eine Trennung nicht leicht und in der Regel nicht ohne Beschädigung möglich ist.[253] Die rein mechanische Verbindung der Sache mit dem Grundstück genügt hingegen in der Regel nicht.

249 So u.a auch. RGZ 63, 416, 418; 150, 22, 26; MüKoBGB/*Holch*, § 94 Rn 1, Staudinger-*Jickeli/Stieper*, § 94 Rn 2, a.A. *Tobias*, AcP 94 (1903), 385f., dieser vertritt die Auffassung, dass auf Sachen, die nicht ohne völlige Zerstörung vom Grundstück getrennt werden könnten, allein § 93 BGB Anwendung fände. Dies hätte zur Folge, dass sie nicht unter die Ausnahmeregelung des § 95 BGB fallen würden.

250 Vgl. Mot. III, S. 43.

251 Palandt/*Ellenberger*, § 94 Rn 1; Soergel/*Marly*, § 94 Rn 1. Auf den Parteiwillen kann es allerdings im Zusammenhang mit einer Zweckbestimmung im Sinne des § 95 BGB ankommen.

252 Palandt/*Ellenberger*, § 94 Rn 2; Soergel/*Marly*, § 94 Rn 3; Staudinger/*Jickeli/Stieper*, § 94 Rn 7; a.A. *Tobias*, AcP 94 (1903), 389; *Bernhard*, S. 114ff., welche die Prüfung einer festen Verbindung nach rein objektiven Kriterien vornehmen möchten und einen Verweis auf die Verkehrsanschauung ablehnen.

253 Soergel/*Marly*, § 94 Rn 3; *Stieper*, S. 24.

Maschinen, die lediglich aus Gründen der Standhaftigkeit mit dem Boden verschraubt werden, stellen deshalb keine wesentlichen Bestandteile dar.[254]

Ebenso wie bei § 93 BGB muss auch im Rahmen des § 94 BGB die physische Untrennbarkeit mit der wirtschaftlichen Untrennbarkeit gleichgesetzt werden. Da bei der Frage nach dem Vorliegen einer festen Verbindung ebenfalls wirtschaftliche Aspekte zu berücksichtigen sind, muss auch hier der Rechtsgedanke des § 948 Abs. 2 BGB entsprechend gelten. Deshalb ist eine feste Verbindung abzulehnen, wenn die Sache entfernt und anschließend wieder wirtschaftlich verwendet werden kann.[255] Sie ist hingegen zu bejahen, wenn für die Trennung unverhältnismäßig hohe Kosten im Verhältnis zum Wert des Bestandteils aufgebracht werden müssen.[256]

Nicht jeder Holzschuppen ist ein Gebäude im Sinne des § 94 Abs. 1 S. 1 BGB und somit wesentlicher Bestandteil des Grundstücks. Auch die Bestandteilseigenschaft eines Gebäudes richtet sich nach der Festigkeit der Verbindung mit dem Grund und Boden. Ausschlaggebend ist, ob ein festes Fundament im Erdreich verankert ist. Ist dies der Fall, so hat die Rechtsprechung regelmäßig angenommen, dass es sich um einen wesentlichen Bestandteil gemäß § 94 Abs. 1 S. 1 BGB handelt.[257]

Aber auch bei Gebäuden ohne festes Fundament im Boden wird von einem wesentlichen Bestandteil ausgegangen, wenn die Trennung aufgrund des Eigengewichts mit erheblichen Schwierigkeiten verbunden ist, und deshalb diese Intensität der Verbindung mit einem Fundament im Boden gleichzusetzen ist.[258] Das Eigengewicht muss in diesen Fällen so hoch sein, dass die Trennung zur Zerstörung führt oder bei einer Zerlegung in kleinere Teile unverhältnismäßig hohe Kosten entstehen.[259] Dass dieses Merkmal immer wieder unterschiedlich ange-

---

254 Bereits RG JW 1906, 417, 418; 1909, 485; RGRK/*Kregel,* § 94 Rn 4.

255 LG Gießen NJW-RR 1999, 1538.

256 MüKoBGB/*Holch,* § 94 Rn 4; RGZ 158, 362, 374f.; LG Landshut NJW-RR 1990, 1037; LG Flensburg WM 2000, 2112, 2113, welches den Grundsatz zwar erkennt und darstellt, ihn aber anschließend fehlerhaft anwendet; kritisch zu dieser Entscheidung *Ganter,* WM 2002, 106. Stimmen in der Literatur genügt im Rahmen des § 94 BGB, dass eine Trennung des wesentlichen Bestandteils wirtschaftlich nicht sinnvoll ist für die Annahme einer festen Verbindung, vgl. hierzu *Wieling,* Sachenrecht, § 2 III 4 a.

257 Vgl. BGH NJW 1978, 1311, für einen Pavillon mit Höckerfundamenten; NJW 1983, 567, 568, für ein durch einen Magerbetonkranz in das Erdreich eingebundenes Schwimmbecken; LG Hannover NJW-RR 1987, 208f., für einen 80 cm in das Erdreich eingelassenen Sichtschutzzaun; BGHZ 104, 298, 300, für ein Blockhaus mit Fundament. Vgl. ausführlich zu der Bestandteilseigenschaft in Grund und Boden verankerter Fundamente *Ganter,* WM 2002, 105

258 BFH NJW 1979, 392; LG Konstanz ZIP 1981, 512ff.; LG Berlin NJW-RR 2004, 635f.; Palandt/*Ellenberger,* § 94 Rn 2; a.A. *Tobias,* AcP 94 (1903), 389f., welcher die feste Verbindung allein nach objektiven Kriterien bestimmt; kritisch auch MüKoBGB/*Holch,* § 94 Rn 6.

259 FG Bremen NJW 1977, 600; Soergel/*Marly,* § 94 Rn 8; eine andere Auffassung äußert das OLG Düsseldorf in BauR 1982, 164, 165, die bloße Schwerkraft als Verbindung

wendet wird, zeigt sich an den ergangenen Entscheidungen zu Garagen oder Fertighäusern.[260] In der Regel dürfte auch beim Einsatz moderner technischer Geräte die Entfernung von Gegenständen mit hohem Eigengewicht und eingeschränkter Mobilität einen großen Transportaufwand mit sich bringen, der die Kosten des Material- oder Objektwertes erheblich übersteigt.[261]

Ähnlich wie bei § 93 BGB ist auch im Rahmen einer Prüfung der Bestandteilseigenschaft gemäß § 94 Abs. 1 BGB auf die Umstände des konkreten Falls abzustellen. Die zahlreichen hierzu ergangenen Gerichtsurteile können deshalb nicht ohne weitere Prüfung direkt herangezogen werden, sondern bieten lediglich Anhaltspunkte für die konkrete Entscheidung.

2. Wesentliche Bestandteile gemäß § 94 Abs. 2 BGB

§ 94 Abs. 2 BGB erweitert den Anwendungsbereich der wesentlichen Bestandteile erheblich. Hiernach gilt die Sonderrechtsunfähigkeit auch für Sachen, die zur Herstellung in ein Gebäude eingefügt wurden. Maßgeblich ist allein der Zweck der Verbindung. Auf die Festigkeit kommt es nicht an.[262] Die Aufnahme dieser Sonderregelung für Gebäude ins BGB beruht auf volkswirtschaftlichen Gründen.[263]

§ 94 findet auf Bauwerke aller Art Anwendung.[264] Es ist nicht auf die Nutzung, sondern auf die körperliche bautechnische Beschaffenheit abzustellen. Der BGH hat den Begriff des Bauwerks im Rahmen des heutigen § 634a Abs. 1 Nr. 2 BGB als eine unbewegliche, durch Verwendung von Arbeit und Material in Verbindung mit dem Boden hergestellte Sache definiert.[265] Dieser Begriff geht weiter als der allgemeine Gebäudebegriff, der nur Bauwerke umfasst, die durch räumliche Umfriedung Schutz gewähren und den Eintritt von Menschen gestat-

---

ausreichen zu lassen stelle eine unzulässige Ausweitung des Wortlautes des § 94 BGB dar und es werde auf jedes sichere objektive Kriterium zur Abgrenzung gegenüber beliebigen, bloß auf den Boden gestellten Sachen verzichtet, vgl. hierzu MüKoBGB/*Holch*, § 94 Rn 6 m.w.N.

260 BayObLG WuM 1989, 93 (eine Fertiggarage aus Beton ist wesentlicher Bestandteil des Grundstücks); OLG Düsseldorf WM 1992, 111f. (ein demontierbares hölzernes Bürogebäude ist sonderrechtsfähig); FG Bremen NJW 1977, 600 (Fertiggaragen sind keine wesentlichen Bestandteile).

261 Dass der technische Fortschritt zu erhöhter Mobilität führt, aber zwangsläufig mit höheren Kosten verbunden ist, zeigt beispielhaft der Umzug des „Kaisersaals" in Berlin im Sommer 1996. Hierbei wurde das denkmalgeschützte Gebäude über eine Strecke von mehreren hundert Metern durch eine Hydraulik- und Schienenkonstruktion verschoben. Die technische Realisierung erforderte dabei jedoch einen Aufwand von mehreren Millionen DM.

262 Palandt/*Ellenberger*, § 94 Rn 6; Soergel/*Marly*, § 94 Rn 20; Bamberger/Roth/*Fritzsche*, § 94 Rn 19; *Stieper*, S. 26.

263 Mot. III, S. 44.

264 Soergel/*Marly*, § 94 Rn 22; MüKoBGB/*Holch*, § 94 Rn 21; Staudinger/*Jickeli/Stieper*, § 94 Rn 23.

265 BGHZ 57, 60, 61.

ten. So fallen unter diesen weiten Gebäudebegriff z.B. auch Brücken[266] und Windkraftanlagen[267].

Eine Sache ist in das Gebäude eingefügt, wenn zwischen ihr und dem Gebäude ein räumlicher Zusammenhang geschaffen wird.[268] Zur Herstellung sind alle Sachen eingefügt, ohne die das Gebäude nicht fertig gestellt ist.[269] Dies setzt nicht voraus, dass bereits ein Gebäude besteht, sondern auch die zur Errichtung eingefügten Sachen werden von § 94 Abs. 2 BGB erfasst.[270] Da der Zweck der Verbindung maßgeblich ist, fallen nicht nur alle zur Fertigstellung notwendigen Sachen, sondern auch Gegenstände, die dem Gebäude ein bestimmtes Gepräge oder eine besondere Eigenart geben, unter § 94 Abs. 2 BGB.[271] Auch bei der Frage, ob eine Sache zur Herstellung in ein Gebäude eingefügt ist, kommt es auf die Verkehrsanschauung an.[272] Die unterschiedlichen Entscheidungen zu Einbauküchen als wesentliche Bestandteile von Wohngebäuden zeigen, dass diese regional unterschiedlich sein kann.[273]

VI. Rechtsfolge der Bestandteilseigenschaft

Wesentliche Bestandteile können von Gesetzes wegen nicht Gegenstand besonderer dinglicher Rechte sein, sondern teilen vielmehr das rechtliche Schicksal der Hauptsache (§§ 946f. BGB). Diese Rechtsfolge ist zwingend und unabhängig davon, ob die Sache durch Zufall oder willentlich zum wesentlichen Bestandteil einer anderen geworden ist.[274]

Bei Grundstücken erstreckt sich gemäß § 946 BGB das Eigentum an dem Grundstück auf dessen wesentliche Bestandteile. Hat die Verbindung beweglicher Sachen zur Folge, dass diese wesentlicher Bestandteil einer einheitlichen Sache werden, so erlangen die ursprünglichen Eigentümer in der Regel gemäß § 947 Abs. 1 BGB an der einheitlichen Sache Miteigentum. Der Miteigentumsanteil richtet sich nach dem wirtschaftlichen Wert der Einzelsachen vor der Ver-

---

266 OLG Karlsruhe NJW 1991, 926.

267 *OVG Münster* BRS 63 (2000), 669, 672; *Ganter* WM 2002, 106.

268 MüKoBGB/*Holch,* § 94 Rn 22; Staudinger/*Jickeli/Stieper,* § 94 Rn 24.

269 RGZ 90, 198, 200f.; 150, 22, 26f.; BGH NJW 1979, 712; 1984, 2277, 2278.

270 BGH NJW 1978, 1311.

271 RGZ 150, 22, 26; BGHZ 53, 324, 325; BGH NJW 1984, 2277, 2278; 1987, 3178.

272 RGZ 90, 198, 201; 150, 22, 26; BGH NJW 1984, 2278; Erman/*Michalski,* § 94 Rn 9.

273 Vgl. BGH NJW-RR 1990, 586, 587 zur Berücksichtigung unterschiedlicher Verkehrsanschauungen. So wird in Norddeutschland teilweise angenommen, dass ein Wohngebäude erst nach Einfügen der Einbauküche als fertig gestellt gilt, vgl. z.B. OLG Hamburg MDR 1978, 138f.; OLG Braunschweig ZMR 1956, 80. In anderen Regionen wird dies hingegen verneint, vgl. z.B. OLG Hamm NJW-RR 1989, 333; OLG Karlsruhe NJW-RR 1986, 19f.; 1988, 459, 460.

274 Der Eintritt der Sonderrechtsunfähigkeit kollidiert oft mit einem rechtsgeschäftlich vereinbarten Eigentumsvorbehalt und hat gleichwohl zur Folge, dass dieser erlischt, sobald die Sache zum wesentlichen Bestandteil wird. Vgl. Staudinger/*Jickeli/Stieper,* § 93 Rn 26 m.w.N.

bindung. Ist eine der Sachen als Hauptsache anzusehen, gilt § 947 Abs. 2 BGB, wonach ihr Eigentümer das Alleineigentum an der Gesamtsache erwirbt.

Mit dem Verlust des Eigentums an der Teilsache erlöschen gemäß § 949 BGB auch die an ihr bestehenden Rechte. Eine Ausnahme hierzu bildet § 949 S. 2 BGB. Danach setzen sich beschränkte dingliche Rechte im Fall des § 947 Abs. 1 BGB an dem ideellen Miteigentumsanteil fort. Dieser in § 949 BGB normierte Rechtsverlust ist endgültig. Die verlorenen Rechte leben auch nach einer späteren Trennung nicht wieder auf. Vielmehr steht das Eigentum an dem abgetrennten Bestandteil gemäß § 953 BGB dem Eigentümer der Hauptsache zu.[275] § 951 BGB gewährt einen schuldrechtlichen Ausgleichsanspruch für die infolge der §§ 946ff. BGB erlittenen Rechtsverluste.

Der Erwerb von (Sonder-) Eigentum an ungetrennten wesentlichen Bestandteilen ist weder durch Rechtsgeschäft noch durch Hoheitsakt möglich.[276] Dagegen erfasst eine Verfügung über die Sache oder deren Pfändung auch den wesentlichen Bestandteil, ohne dass es hierfür auf einen Willen der Beteiligten ankommt.[277] Eine entgegenstehende Vereinbarung ist auf rechtlich Unmögliches gerichtet und deshalb nichtig.[278]

Auch durch den Zuschlag in der Zwangsversteigerung erwirbt der Ersteher des Grundstücks zugleich das Eigentum an dessen wesentlichen Bestandteilen. Folgerichtig kann in der Mobiliarzwangsvollstreckung auch nicht das Eigentum an ungetrennten wesentlichen Bestandteilen eines Grundstücks übertragen werden.[279] Hier überwiegt die vom Gesetzgeber mit § 93 BGB getroffene Entscheidung zum Schutz der wirtschaftlichen Werte und der Rechtssicherheit im Grundstücksrecht gegenüber dem von der Rechtsprechung[280] entwickelten Grundsatz, dass rechtsgestaltende hoheitliche Akte, zu denen auch die Maßnahmen der Vollstreckungs-behörden gehören, im Interesse der Rechtssicherheit zu beachten sind.

Etwas Entgegenstehendes kann auch nicht in den Versteigerungsbedingungen geregelt werden. Falsche Rechtsauskünfte oder Angaben zu dem Versteige-

---

275 Die Trennung wesentlicher Bestandteile ist keine Ausnahme, sondern die §§ 539 Abs. 2, 997 Abs. 1 S. 1, 1049 Abs. 2, 2125 Abs. 2 BGB gehen von diesem Fall gerade aus.

276 BGHZ 104, 298, 302ff; Staudinger/*Jickeli/Stieper,* § 93 Rn 33; a.A. *Gaul,* NJW 1989, 2514, der einen hoheitlichen Eigentumserwerb wesentlicher Bestandteile im Sinne des § 94 Abs. 1 BGB zulässt, da die Klärung, ob es sich im Einzelfall um einen wesentlichen Bestandteil i.S.d. § 94 Abs. 1 BGB oder um einen Scheinbestandteil gem. § 95 BGB handele, eine sehr schwierige Auslegungs- und Subsumtionsfrage darstelle, deren fehlerhafte Entscheidung nicht die Nichtigkeit des vollstreckungsrechtlichen Eigentumsübertragungsaktes zur Folge haben könne.

277 RGZ 63, 416, 421; 164, 196, 199f.

278 BGHZ 104, 298, 303; MüKoBGB/*Holch,* § 93 Rn 18.

279 BGHZ 104, 298, 303; Staudinger/*Wolfsteiner,* § 1120, Rn 16; *Stieper*, S. 68ff.

280 BGHZ 30, 173ff.; 66, 79ff.; 104, 298, 303f.

rungsobjekt, die wegen § 93 BGB nicht realisierbar sind, können allenfalls einen schuldrechtlichen Herausgabeanspruch gegen den Ersteher hervorrufen.[281]

Die Sonderrechtsunfähigkeit schließt ferner die Möglichkeit aus, an wesentlichen Bestandteilen besondere dingliche Rechte zu begründen. Der Begründung obligatorischer Rechte an dem wesentlichen Bestandteil steht § 93 BGB allerdings nicht entgegen.[282] Insoweit gilt die Vertragsfreiheit im Schuldrecht. Regelmäßig werden diese allerdings erst nach erfolgter Trennung durchgesetzt werden können.

VII. Die Scheinbestandteile gemäß § 95 BGB

§ 95 BGB enthält eine Ausnahmevorschrift für die mit Grundstücken verbundene Sachen gegenüber den §§ 93, 94 BGB. Bei Vorliegen der in § 95 BGB normierten Voraussetzungen sind die Sachen keine Bestandteile und somit von der Rechtsfolge des § 93 BGB ausgeschlossen.[283]

Die Norm schränkt den Kreis der wesentlichen Bestandteile in den Fällen ein, in denen ein Festhalten an der Bestandteilseigenschaft zu einer ungerechtfertigten Verletzung erheblicher Interessen führen würde. Diese Sachteile wirken zwar äußerlich wie wesentliche Bestandteile, doch den Interessen des Bestandteilseigentümers wird gegenüber denen des Grundeigentümers der Vorzug eingeräumt. Es handelt sich bei der Regelung des § 95 BGB um eine Fiktion, da die Voraussetzungen für das Vorliegen wesentlicher Bestandteile gemäß §§ 93, 94 BGB objektiv gegeben sind. Aus diesem Grunde hat sich die Bezeichnung „Scheinbestandteile" durchgesetzt.[284]

Keine Bestandteile sind gemäß § 95 Abs. 1 S. 1 und § 95 Abs. 2 BGB solche Gegenstände, die nur zu einem vorübergehenden Zweck mit einem Grundstück verbunden oder in ein Gebäude eingefügt worden sind. Anders als bei den §§ 93, 94 BGB, bei denen die Festigkeit der Verbindung entscheidend ist, steht bei § 95 BGB die wirtschaftliche Zusammengehörigkeit der Sachen im Vordergrund. Dieses dem germanischen Recht[285] entstammende Kriterium findet sich des Weiteren bei den Regelungen des Zubehörs, insbesondere in § 97 Abs. 2 BGB. § 95 BGB enthält mithin eine Regelung, die teils dem römischen, teils dem germanischen Recht entspringt. Dass in der Vorschrift diese beiden unter-

---

281 RGZ 150, 22, 24; zu Bestandteilen in der Zwangsversteigerung vgl. *Dorn,* RPfleger 1987, 143ff.

282 BGH NJW 2000, 504, 505.

283 Früher wurde teilweise vertreten, dass § 95 BGB nicht auf wesentliche Bestandteile gemäß § 93 BGB anwendbar sei. Vgl. hierzu *Tobias,* AcP 94 (1903), 385f. Da oftmals neben den Voraussetzungen des § 94 BGB auch die des § 93 BGB gegeben sind, würde die Ausnahmeregel des § 95 BGB aber vielfach leer laufen.

284 RGRK/*Kregel,* § 95 Rn 43; Soergel/*Marly,* § 95 Rn 1; *Wilhelm,* Sachenrecht, S. 20f.; *Wieling,* Sachenrecht, S. 32f.

285 Das Merkmal der Verbindung zu einem vorübergehenden Zweck findet sich erstmals in § 284 Sächsisches BGB.

schiedlichen Rechtsgedanken zur Begründung der dinglichen Selbständigkeit enthalten sind, hat das in der Scheinbestandteilsregelung enthaltene Diskussionspotenzial[286] noch verschärft.

Gemäß § 95 Abs. 1 S. 2 BGB handelt es sich bei Sachen, die ein Berechtigter in Ausübung eines Rechts an einem Grundstück mit diesem verbunden hat, um Scheinbestandteile. Bei dieser Regelung kommt es im Gegensatz zur „Verbindung zu einem vorübergehenden Zweck" nicht auf die Dauer der Verbindung oder auf die Absicht der Dauerhaftigkeit der Verbindung an.

Die Ausnahme dieser Fallgruppen von der Rechtsfolge des § 93 BGB beruht auf der fehlenden inneren Zusammengehörigkeit der verbundenen Gegenstände mit dem Grundstück.[287] Bei einer nur vorübergehenden Verbindung mangelt es an der Dauerhaftigkeit der Zusammengehörigkeit. Bei den Verbindungen in Ausübung eines fremden Rechts besteht eher ein Zusammenhang mit dem Recht und nicht mit dem Grundstück.

§ 95 BGB schließt somit die Bestandteilseigenschaft in bestimmten Fällen aus. Da es sich bei der Variante des § 95 Abs. 1 S. 2 BGB nicht um einen Fall der Verbindung zu einem vorübergehenden Zweck handelt, ist die durch das Schuldrechtsmodernisierungsgesetz eingefügte amtliche Überschrift unpräzise und daher irreführend.

1. Scheinbestandteile gemäß § 95 Abs. 1 S. 1 BGB und § 95 Abs. 2 BGB

Die erste Variante des § 95 Abs. 1 BGB erklärt Sachen zu Scheinbestandteilen eines Grundstücks, wenn sie nur zu einem vorübergehenden Zweck mit diesem verbunden worden sind. Abs. 2 normiert die gleiche Regel für Gegenstände, die gemäß § 94 Abs. 2 BGB wesentliche Bestandteile von Gebäuden sind. In beiden Fällen kommt es nicht auf die Dauer, sondern auf die vorübergehende Natur der Verbindung an. Entscheidend ist, dass die Dauer der Verbindung zeitlich begrenzt ist.[288]

Welche Umstände das Merkmal der Verbindung zu einem vorübergehenden Zweck erfüllen, ist viel diskutiert worden.

a. Der vorübergehende Zweck

Teilweise wurde eine Zweckbestimmung nach rein subjektiven Kriterien angenommen.[289] In den Motiven ist von der „beabsichtigten Zusammengehörigkeit"

---

286 Vgl. die zahlreichen Dissertationen zu § 95 BGB. Z.B. *Stieper*, Die Scheinbestandteile, Kiel 2001; *Spyridakis*, Zur Problematik der Scheinbestandteile, Tübingen 1966; *Doutiné*, Die Scheinbestandteile des § 95 BGB, Hamburg 1937; *Herold*, Die Sachen des § 95 BGB, Erlangen 1910.

287 Mot. III, S. 47f.

288 Wobei sich die Zeitspanne der Verbindung auch über Jahre erstrecken kann, vgl. hierzu RGZ 66, 88, 89; BGHZ 131, 368ff.

289 RGZ 47, 197, *Tobias*, AcP 94 (1903), 399; *Herold*, S. 23.

die Rede.[290] Da die subjektive Absicht schwer zu ermitteln ist und Nachprüfungen faktisch nicht möglich sind, wurden vermehrt objektive Aspekte bei der Zweckermittlung berücksichtigt.[291]

Seit einer Reichsgerichtsentscheidung aus dem Jahre 1937[292] wird fast ausschließlich auf die vom erkennenden Senat dort verwendeten Maßstäbe verwiesen.[293] Hiernach ist in erster Reihe die „innere Willensrichtung des Einfügenden" maßgebend.[294] Sie ist allerdings nur rechtlich ausschlaggebend, wenn sie „mit dem nach Außen in Erscheinung tretenden Sachverhalt vereinbar ist".[295]

Regelmäßig werden die objektiven Gegebenheiten des Einzelfalls zur Ermittlung des inneren Willens herangezogen. In der Praxis wird oft von dem geäußerten Willen ausgegangen. Dabei ist es freilich schwierig zu ermitteln, ob dieser tatsächlich dem inneren Willen entspricht. Die Anwendung der vom Reichsgericht aufgestellten Grundsätze führt in der Praxis zu teilweise sehr unterschiedlichen Entscheidungen, welche insbesondere auf eine uneinheitliche Subsumtion unter die aufgestellten Grundsätze zurück zu führen sind.[296]

Dass der Wille des Einfügenden – ob er nun ausdrücklich geäußert oder als innerer Wille ermittelt wurde – mit dem objektiven Sachverhalt in Einklang stehen muss, ergibt sich ferner aus der Systematik des Gesetzes. Wie bereits aufgezeigt, dient § 94 BGB unter anderem der Stärkung des Publizitätsgrundsatzes im Sachenrecht. Da sich der Anwendungsbereich des § 95 BGB auf die wesentlichen Grundstücksbestandteile beschränkt, müssen die Publizitätsregeln gerade hier Berücksichtigung finden. Ein Wille, der den sichtbaren objektiven Umständen widerspricht, kann deshalb im Rahmen des § 95 Abs. 1 S. 1 oder des § 95 Abs. 2 BGB kein maßgebliches Kriterium darstellen. In den neueren Entscheidungen wird nunmehr auf den objektivierbaren, dem normalen Verlauf der Dinge entsprechenden inneren Willen im Zeitpunkt der Verbindung abgestellt.[297]

Ein vorübergehender Zweck ist anzunehmen, wenn die Absicht einer späteren Trennung ausdrücklich geäußert oder vereinbart worden ist. Ist die spätere Aufhebung der Verbindung nur bedingt vorgesehen oder noch nicht entschieden, so findet § 95 Abs. 1 S. 1 BGB keine Anwendung.[298]

So steht z.B. eine Vereinbarung, aus der hervorgeht, dass der unter Eigentumsvorbehalt gelieferte Gegenstand nur zu einem vorübergehenden Zweck einge-

---

290 Mot. III, S. 48.

291 OLG Dresden, OLGRspr. 13, 311, 312; am weitesten ging hierbei das BayObLG, Recht 1903, 337, das in erster Linie die objektiven Verhältnisse als ausschlaggebend wertete.

292 RGZ 153, 231ff.

293 BGHZ 54, 208, 210; MüKoBGB/*Holch*, § 95 Rn 2; Staudinger/*Jickeli/Stieper*, § 95 Rn 6; Palandt/*Ellenberger*, § 95 Rn 2; Enneccerus/*Nipperdey*, S. 800.

294 RGZ 153, 231, 235f.

295 RGZ 153, 231, 236.

296 Vgl. hierzu die Beispiele bei *Stieper*, S. 42ff.

297 So z.B. BGH ZIP 1999, 75.

298 RGZ 62, 410, 411; 63, 416, 422; BGH ZIP 1999, 75.

baut wird, mit dem nach Außen ersichtlichen Sachverhalt nicht im Einklang. Die Parteien haben das Rechtsgeschäft ja gerade so abgeschlossen, weil sie annehmen, dass beide Vertragsparteien bei normalem Verlauf der Dinge ihren Pflichten nachkommen.[299] Der Eigentumsvorbehaltsverkäufer geht davon aus, dass der Käufer ihn bezahlt und die Sache ins Eigentum des Käufers übergeht. Er hat somit keine Trennungsabsicht, so dass es sich nicht um eine Verbindung zu einem vorübergehenden Zweck handelt. Andernfalls hätte er das Geschäft in dieser Form nicht abgeschlossen. Nur bei nicht normalem Verlauf, nämlich wenn der Käufer aus irgendwelchen Gründen seiner Zahlungspflicht nicht nachkommt, soll die Sache an den Verkäufer zurückgehen. Wie bereits dargestellt, genügt eine bedingte Trennungsabsicht für die Annahme eines vorübergehenden Zwecks eben nicht.[300]

Auch wenn ein Endpunkt der Verbindung begrifflich nicht feststeht oder schlicht nicht bedacht wurde, fehlt es an dem vorübergehenden Charakter, der die Scheinbestandteilseigenschaft begründet.[301]

Einfügender ist derjenige, der die Verbindung der Sache mit dem Grundstück oder dem Gebäude vornimmt. Wer das ist und ob derjenige hierzu befugt ist oder nicht, ist für die Regelung des § 95 Abs. 1 S. 1 BGB unerheblich.[302] Wird die Verbindung allerdings vom Eigentümer vorgenommen, liegt die Vermutung nahe, dass sie auf Dauer gewollt ist. Für den Willen, dass es sich um eine Verbindung nur zu einem vorübergehenden Zweck handelt, müssen deshalb objektive Anhaltspunkte vorliegen.[303]

b. Die Vermutung zugunsten des vorübergehenden Zwecks

Die Rechtsprechung hat im Laufe der Zeit den Sonderfall der Verbindung durch schuldrechtlich Berechtigte herausgearbeitet und eine tatsächliche Vermutung für das Vorliegen einer Trennungsabsicht nach dem Ablauf des schuldrechtlichen Nutzungsverhältnisses entwickelt.[304] Aufgrund allgemeiner Lebenserfahrung könne davon ausgegangen werden, dass schuldrechtlich Berechtigte, die aufgrund ihres Gebrauchsrechts eine Verbindung vornehmen, die Sache nur zu einem vorübergehenden Zweck einfügen.[305]

Hierfür spricht auch die obligatorische Verpflichtung, die Sache nach Ablauf der Mietdauer gemäß § 546 BGB bzw. nach Ablauf der Pachtzeit gemäß § 581 Abs. 2 i.V.m. § 546 BGB ordnungsgemäß zurück zu geben. Ein Mieter,

---

299 RGZ 63, 416, 421f.; BGH NJW 1959, 1487, 1488; NJW 1970, 895, 896; BGHZ 92, 70ff.; *Kinzelbach*, S. 33; a.A. *Moog*, NJW 1962, 381, 382.

300 RGZ 62, 410, 411; 63, 416, 422; BGH ZIP 1999, 75.

301 RGZ 61, 188, 191f.

302 RGZ 106, 49; a.A. *Giesen*, AcP 202 (2002), 706.

303 Diese wurden z.B. für die Baumschulbestände einer Gärtnerei bejaht, vgl. RGZ 66, 88, 90; 105, 213, 215.

304 BGHZ 8, 1, 5; 92, 70, 73f.; 104, 298, 301; 131, 368ff.; BGH NJW 1959, 1487, 1488.

305 BGH NJW 1984, 2878; BGHZ 131, 368ff.; LG Berlin VIZ 1995, 425, 426.

Pächter oder sonst schuldrechtlich berechtigter Nutzer eines Grundstücks hat grundsätzlich kein Interesse daran mit der Verbindung den Wert des Grundstücks zu steigern. In der Regel kann deshalb davon ausgegangen werden, dass die Bereicherung gerade nur für den Nutzungszeitraum und im eigenen Interesse gedacht ist. Die Vermutung entfällt auch nicht bereits bei langer Dauer der Verbindung oder massiver Bauart. Es muss aber stets überprüft werden, ob diese Vermutung mit den tatsächlichen Verhältnissen des Einzelfalls zu vereinbaren ist.[306]

Diese Rechtsprechung hat zur Folge, dass von Gerichten und in der Literatur oft die Verbindung durch schuldrechtlich Berechtigte als Regelfall des § 95 Abs. 1 S. 1 BGB aufgeführt wird.[307]

Nicht hierunter fallen aber schuldrechtliche Verträge, in denen vorgesehen ist, dass die eingefügte Sache nach Ablauf des Vertrages an den Grundstücks- oder Gebäudeeigentümer fallen soll.[308] Das gleiche gilt bei Vertragsklauseln, die ein Vorkaufsrecht für den Grundstückseigentümer enthalten oder bei denen eben gezielt offen gelassen wurde, was nach dem Ablauf der Nutzungsberechtigung mit den Sachen, insbesondere den Bauwerken geschehen soll.[309]

Genauso wenig kann ein vorübergehender Zweck bejaht werden, wenn die Nutzungsdauer und die damit einhergehende Dauer der Verbindung der tatsächlichen Lebensdauer der Sache entspricht oder diese nur geringfügig unterschreitet.[310] Sobald die Sache allein in Verbindung mit dem Gebäude oder Grundstück existiert, kann der Zweck der Verbindung nicht mehr ein vorübergehender sein. Er muss vielmehr als dauernd angesehen werden, da die Sache nach der Trennung „verbraucht" ist. Unbeachtlich ist in diesem Zusammenhang, ob es sich um eine kurze oder lange Lebensdauer der Sache handelt. Allein das Verhältnis zur Nutzungsdauer ist entscheidend. Es muss zumindest die realistische Möglichkeit bestehen, dass der Gegenstand im Anschluss allein oder in Verbindung mit einer anderen Sache oder einem anderen Grundstück weiter besteht. Der wirtschaftliche Wert erschöpft sich sonst vollkommen in der zusammengesetzten Einheit. Dies ist typisch für eine dauerhafte Verbindung. Die verbleibende Lebensdauer muss also so bemessen sein, dass sich eine Weiterbenutzung wirtschaftlich noch lohnt. Andernfalls ist die Beibehaltung der Sonderrechtsfähigkeit, welche § 95 BGB für Scheinbestandteile normiert, nicht gerechtfertigt.

In der Regel kann auf das Fehlen einer Trennungsabsicht geschlossen werden, wenn die Verbindung nur unter Zerstörung oder erheblicher Beschädigung ge-

---

306 So auch BGH NJW 1968, 2331, 2332.

307 Vgl. die Grundsatzentscheidung RGZ 153, 231; Soergel/*Marly*, § 95 Rn 10; MüKoBGB/*Holch*, § 95 Rn 7; RGRK/*Kregel*, § 95 Rn 23; Ennecerus/*Nipperdey*, S. 801; *Stieper*, S. 42ff.

308 BGH MDR 1958, 418f.; BGH MDR 1971, 748; *Stieper*, S. 45f.

309 BGHZ 104, 298ff.; BGH DNotZ 1973, 471, 472.

310 BFHE 101, 5, 8; OLG Köln NJW 1961, 461, 462; *Stieper*, S. 32f.; *Goecke/Gamon*, WM 2000, 1311; *Ganter*, WM 2002, 107.

löst werden kann.[311] Auch in diesem Fall hat sich die wirtschaftliche Bedeutung der Sache allein in der zusammengesetzten Einheit erschöpft. Eine erheblich beschädigte oder zerstörte Sache muss diesbezüglich einer „verbrauchten" Sache gleichgesetzt werden. Wenn von vornherein vorgesehen ist, dass die spätere Trennung zur Zerstörung führen wird, kann von einem vorübergehenden Zweck nicht die Rede sein.

c. Nachträgliche Änderung der Zweckbestimmung

Grundsätzlich ist für die Zweckbestimmung der Zeitpunkt der Verbindung maßgeblich. Der Einfügende muss bereits zum Zeitpunkt der Vornahme der Verbindung die spätere Trennung beabsichtigt haben.[312] Maßgeblich ist, ob er beim normalen Verlauf der Dinge, so wie er bei der Zusammensetzung zu erwarten ist, von der späteren Trennung ausgeht.[313]

Teilweise wird allerdings vertreten, dass auch eine spätere Zweckänderung im Rahmen des § 95 BGB Berücksichtigung finden muss und somit Einfluss auf die Bestandteilseigenschaft hat.

aa. Zweckänderung von „vorübergehend" zu „dauernd"

Bei einer späteren Willensänderung, so dass die ursprünglich für einen vorübergehenden Zweck vorgenommene Verbindung später eine dauerhafte sein soll, entfiele mit der Willensänderung die Voraussetzung des § 95 Abs. 1 S. 1 BGB, so dass die Sache nachträglich zum wesentlichen Grundstücksbestandteil würde.[314] Diese Auffassung widerspricht allerdings den sachenrechtlich normierten Grundsätzen. Eine nur zu einem vorübergehenden Zweck mit einem Grundstück verbundene Sache wird gemäß § 95 BGB gerade nicht zum Bestandteil, so dass sie ihre Sonderrechtsfähigkeit behält und Verfügungen über die Sache gemäß §§ 929ff. BGB möglich sind und die dort statuierten Voraussetzungen erfüllen müssen.

Dass eine bloße einseitige Willensbetätigung die Rechtsfolge des § 93 BGB zur Folge haben soll, ist mit den Grundsätzen der Klarheit und Publizität nicht vereinbar und stellt eine Durchbrechung der sachenrechtlichen Regeln dar. Zwar ist auch im Rahmen des § 95 Abs. 1 S. 1 BGB auf den inneren Willen des die Verbindung Vornehmenden abzustellen, im Vordergrund der Bestandteilsregelungen steht aber immer die nach Außen erkennbare Verbindungshandlung. Die

---

311 BFHE 101, 5, 8; Hamburg MDR 1950, 285; OLG Köln NJW 1961, 461, 462; Staudinger/*Jickeli/Stieper*, § 95 Rn 12.

312 RGZ 63, 70, 73; 104, 298, 301; MüKoBGB/*Holch*, § 95 Rn 3.

313 Staudinger/*Jickeli/Stieper*, § 95 Rn 7; Soergel/*Marly*, § 95 Rn 3.

314 Ermann/*Michalski*, § 95 Rn 9; *Tobias*, AcP 94 (1903), 414f; *Herold*, S. 44f; *Doutiné*, S. 19; *Wieling*, Sachenrecht, Bd. I, S. 91f.; LG Köln, ZMR 1957, 264; *Wicke*, DNotZ 2006, 252ff.; *Giesen*, AcP 202 (2002), 715ff., der allerdings für die Beendigung des Ausnahmetatbestands eine Berechtigung am Bestandteil fordert.

bloße, für den Rechtsverkehr nicht erkennbare Willensänderung hätte nicht nur einen Eigentumswechsel gemäß § 946 BGB zur Folge, sondern auch den Verlust von Rechten Dritter, die an der Sache bestehen. Richtigerweise ist deshalb mit der herrschenden Meinung[315] davon auszugehen, dass eine einseitige nachträgliche Zweckänderung von vorübergehend zu dauernd keinen Einfluss auf die Bestandteilseigenschaft der Sache haben kann.

Auch die Auffassung, dass die Begründung der Bestandteilseigenschaft in diesem Fall nachträglich mittels Anwendung der §§ 929ff. BGB in abgewandelter Form möglich sei[316], weist erhebliche Schwächen auf. Diese zeigen sich in Fallkonstellationen, in denen an den Scheinbestandteilen Rechte Dritte bestehen. Die Vorschriften des gutgläubigen Erwerbs bei beweglichen Sachen gehen von der Sonderrechtsfähigkeit auch nach der Übereignung aus. An wesentlichen Bestandteilen erlöschen hingegen gemäß § 949 S. 1 BGB zwingend sämtliche Rechte.

bb. Zweckänderung von „dauerhaft" zu „vorübergehend"

Des Weiteren wird vertreten, dass auch nach der Verbindung die Umwandlung von einem wesentlichen Bestandteil in einen Scheinbestandteil durch eine Neubestimmung des Zwecks im Wege einer Einigung mit dem Grundstückseigentümer möglich sein soll.[317] Dass eine ursprünglich auf Dauer vorgenommene Verbindung, durch die eine Sache gemäß §§ 93, 94 BGB sonderrechtsunfähig wird durch eine spätere Zweckänderung im Nachhinein zu einer Verbindung zu einem vorübergehenden Zweck gemäß § 95 BGB und dadurch wieder zu einer selbständigen beweglichen Sache werden soll, missachtet die zwingenden gesetzlichen Vorgaben der Bestandteilslehre.

Gemäß § 93 BGB können wesentliche Bestandteile nicht Gegenstand gesonderter Rechte sein. § 946 BGB normiert, dass sich das Eigentum an einem Grundstück auf die mit diesem verbundenen wesentlichen Bestandteile zwingend erstreckt. Mit dem gesetzlichen Eigentumsübergang geht die vollkommene Herrschaftsbefugnis auf den Grundstückseigentümer über und der bisherige Eigentümer verliert gemäß § 949 S. 1 BGB sämtliche Rechte an der Sache. Dass nunmehr im Nachhinein eine Willensänderung desjenigen, der infolge dieser Regelung einen Rechtsverlust erlitten hat, beachtlich sein soll, ist nicht haltbar.

§ 93 BGB normiert für wesentliche Bestandteile den Verlust der Sonderrechtsfähigkeit. Es liegt mithin keine Sache mehr vor, an der ein gesondertes Recht

---

315 BGHZ 23, 57, 60f.; 157, 301ff.; BGH NJW 1987, 774; MüKoBGB/*Holch*, § 95 Rn 10; RGRK/*Kregel*, § 95 Rn 25; Staudinger/*Jickeli/Stieper*, § 95 Rn 14; *Brüning*, VIZ 1997, 401; *Münch*, VIZ 2004, 208.

316 MüKoBGB/*Holch*, § 95 Rn 11.

317 BGHZ 165, 184, 188ff.; *Wicke*, DNotZ 2006, 252ff.; *Brüning*, VIZ 1997, 403; *Münch*, VIZ 2004, 208, 212. Ablehnend hingegen: Staudinger/*Jickeli/Stieper*, § 95 Rn 15; *Wieling*, Sachenrecht S. 33.

bestehen kann, so dass eine Einigung bezogen auf den wesentlichen Grundstücksbestandteil nicht möglich ist. Die mit der Bestandteilslehre angestrebte Einheit hat zur Folge, dass lediglich Rechte an dem Grundstück mitsamt dessen wesentlichen Bestandteilen begründet werden können.

Das BGB enthält ferner in den §§ 953ff. BGB Regelungen darüber, ob und unter welchen Voraussetzungen wesentliche Bestandteile nach der Verbindung wieder sonderrechtsfähig werden. Der Publizitätsgrundsatz erfordert hierfür die Trennung als nach Außen erkennbaren Akt. Die Annahme, eine Willensänderung oder eine dahingehende Einigung könne die Bestandteilseigenschaft aufheben, widerspricht somit den zwingenden sachenrechtlichen Vorgaben.

Eine derartige Annahme hätte zudem eine erhebliche Gefährdung der Rechtssicherheit zur Folge. Die Bestandteilsregeln sollen einem Eigentümer oder Gläubiger den Wert des Grundstücks dadurch erhalten, dass sich seine Rechtsposition auch auf die wesentlichen Bestandteile erstreckt und besondere Rechte an ihnen ausgeschlossen sind. Für den Fall der Trennung sieht § 1120 BGB deshalb vor, dass auch vom Grundstück getrennte Bestandteile grundsätzlich weiterhin der Hypothekenhaftung unterliegen.

Würde hingegen für das Wiederaufleben der Sonderrechtsfähigkeit eine den Publizitätsansprüchen im Sachenrecht nicht entsprechende Willensbetätigung genügen, könnten Gebäude skelettiert[318] und andere wertvolle Grundstücksbestandteile unbemerkt der Haftungsmasse entzogen werden. Eine derartige Aufweichung der Voraussetzungen des § 95 BGB ermöglicht eine Umgehung der zwingenden Regeln des Immobiliarsachenrechts.[319] Das Vertrauen in die Wertigkeit von Immobilien stünde auf dem Spiel.

2. Die Scheinbestandteile gemäß § 95 Abs. 1 S. 2 BGB

Nach der Ausnahmeregelung des § 95 Abs. 1 S. 2 BGB sind Gebäude und andere Werke, die in Ausübung eines Rechts an einem fremden Grundstück vom Berechtigten mit dem Grundstück verbunden sind, keine Bestandteile.

Im Gegensatz zu der Regelung des § 95 Abs. 1 S. 1 BGB gilt die Ausnahmebestimmung des § 95 Abs. 1 S. 2 BGB nur für Gebäude und andere Werke.

Das Gebäude umfasst dabei den Baukörper mit allen seinen wesentlichen und unwesentlichen Bestandteilen.[320] Werke im Sinne dieser Vorschrift sind einem

---

318 So *Wieling*, Sachenrecht, S. 33.

319 Das OLG Celle, ZMR 2007, 690f. hat bezugnehmend auf die Entscheidung BGHZ 165, 184ff. die Voraussetzungen des § 95 Abs. 1 S. 2 BGB für ein 1910 errichtetes Backhaus, das nunmehr als Wochenendhaus auf einem gepachteten Grundstück genutzt wird, bejaht. Im Ergebnis hat diese Entscheidung zur Folge, dass es sich bei dem Wochenendhaus um einen sonderrechtsfähigen Scheinbestandteil gemäß § 95 BGB handelt, so dass der hierüber geschlossene Kaufvertrag auch ohne notarielle Beurkundung wirksam ist.

320 Soergel/*Marly*, § 95 Rn 20; MüKoBGB/*Holch*, § 95 Rn 30.

bestimmten Zweck dienende, nach gewissen Regeln der Kunst oder der Erfahrung unter Verbindung mit dem Erdkörper hergestellte Gegenstände.[321] Diese Formulierung schließt z. B. Samen und Pflanzen, die gemäß § 94 Abs. 1 S. 2 BGB wesentlicher Grundstücksbestandteil werden, aus dem Anwendungsbereich des § 95 Abs. 1 S. 2 BGB aus. Erfasst werden demnach alle nicht organisch wachsenden, künstlich mit dem Boden verbundenen Körper und Gebilde jeglicher Art.[322]

a. Rechte an einem fremden Grundstück

Die Frage nach der Bedeutung des Begriffs „Recht an einem fremden Grundstück" ist umstritten, weil eine genauere Bezeichnung, welche Rechte erfasst sein sollen, vom Gesetzgeber nicht vorgenommen wurde.

aa. Schuldrechtliche Nutzungsrechte

Früher wurde im Wege einer ausdehnenden Auslegung des § 95 Abs. 1 S. 2 BGB der Anwendungsbereich auf die Bauten eines Mieters oder Pächters und somit auf schuldrechtliche Nutzungsrechte ausgedehnt.[323] Die Vertreter dieser Ansicht argumentierten, dass nach dem Gedanken des § 95 Abs. 1 S. 2 BGB nur solche Vorrichtungen keine rechtliche Verbindung mit dem Grundstück eingehen sollen, die nicht dem Grundstück zu dienen bestimmt sind. Da die Beziehung eines nur schuldrechtlich Berechtigten zu dem Grundstück nicht so intensiv sei wie die eines dinglichen Berechtigten, ergebe sich aus dem Erst-Recht-Schluss, dass diese Vorschrift auch auf obligatorische Nutzungsrechte anzuwenden sei.[324] Des Weiteren wird das praktische Bedürfnis für die Einbeziehung schuldrechtlich Berechtigter in den Anwendungsbereich des § 95 Abs. 1 S. 2 BGB angeführt, da dieser Personenkreis andernfalls ungenügend geschützt werde.[325]

Das erstgenannte Argument für die Einbeziehung obligatorischer Rechte in den Kreis der „Rechte an einem fremden Grundstück" im Sinne des § 95 Abs. 1 S. 2 BGB ist nicht haltbar, sondern stellt eine „völlige Verkennung des dem Accessionsprinzip zu Grunde liegenden Gedankens"[326] dar. Die konsequente Anwendung des vorgetragenen Gedankens hätte zur Folge, dass sogar der bösgläubige Besitzer, der in keiner Beziehung zu dem Grundstück steht, in den Genuss der Ausnahmeregelung des § 95 Abs. 1 S. 2 BGB käme. Eine derart weite Auslegung könnte somit zur Umgehung der gesetzlich normierten Grundsätze der §§ 93, 94 BGB führen.

---

321 So die h.M. RGZ 60, 138, 139; 76, 260, 261; RGRK/*Kregel*, § 95 Rn 28; Soergel/*Marly*, § 95 Rn 21; Staudinger/*Jickeli/Stieper*, § 95 Rn 17; a.A. *Herold*, S. 15ff.

322 *Tobias*, AcP 94 (1903), 402.

323 So z.B. OLG Stuttgart, SeuffArch. 64, 227, 229; *Herold*, S. 27ff.

324 So auch OLG Stuttgart, SeuffArch. 64, 227, 229.

325 Vgl. ausführlich zu dieser Argumentation *Herold*, S. 27ff.

326 So überzeugend *Tobias*, AcP 94 (103), 404.

Auch der mangelnde Schutz schuldrechtlich Berechtigter vermag nicht zu überzeugen. Da bei Miet- und Pachtverhältnissen häufig der Anwendungsbereich des § 95 Abs. 1 S. 1, Abs. 2 BGB erfüllt ist, wird in dieser Regelung den schutzwürdigen Interessen der obligatorisch berechtigten Grundstücksnutzer Rechnung getragen. Für diejenigen Werke, die nach der Absicht des die Verbindung Vornehmenden über die Pacht- und Mietdauer hinaus mit dem Grundstück verbunden bleiben sollen, besteht kein Bedürfnis, die Sonderrechtsfähigkeit zu erhalten. Sollte sich dessen Absicht, die Sache über die Mietdauer hinaus auf dem Grundstück zu belassen, im Nachhinein geändert haben, steht ihm das Wegnahmerecht gemäß § 539 Abs. 2, 258 BGB bzw. §§ 581 Abs. 2, 539 Abs. 2, 258 BGB zu.[327] Es besteht somit kein Grund, diesen Anlagen entgegen dem Wortlaut des Gesetzes die auf Ausnahmefälle beschränkte Beibehaltung der Sonderrechtsfähigkeit zuzusprechen.[328]

bb. Dingliche Rechte

Nach herrschender Auffassung kommen als Rechte im Sinne des § 95 Abs. 1 S. 2 BGB nach Wortlaut und Entstehungsgeschichte nur dingliche Rechte in Betracht.[329] Auch die Motive[330] und Protokolle[331] weisen in ihren Erläuterungen ausschließlich auf dingliche Rechte hin.

Die Korrektheit dieser Ansicht lässt sich auf den Publizitätsgedanken zurückführen, der, anders als im Recht der beweglichen Sachen, im Liegenschaftsrecht unangefochten gilt.[332] Anknüpfungspunkte für den Publizitätsakt sind im Recht der beweglichen Sachen der Besitz und im Immobiliarsachenrecht die Eintragung ins Grundbuch. Da beschränkt dingliche Nutzungsrechte im Grundbuch eingetragen sind, ist für jedermann ersichtlich, dass es sich bei dem Bauwerk um einen Scheinbestandteil gemäß § 95 Abs. 1 S. 2 BGB handeln kann, so dass die Anforderungen an die Publizität gewahrt sind. Ferner ist für die Aufhebung eines Rechts an einem Grundstück gemäß § 875 Abs. 1 BGB die von dem Berechtigten erklärte Löschung im Grundbuch vorgesehen, so dass auch die Beendigung des Rechts an einem Grundstück offenkundig erfolgt.

---

327 MüKoBGB/*Bieber*, § 539 Rn 15; OLG Düsseldorf NZM 1999, 668.

328 So auch *Tobias*, AcP 94 (103), 405; *Doutiné*, S. 26f.

329 Das BGB spricht auch in §§ 873, 875 von „Rechten“ und bezieht sich damit auf dingliche Rechte. *Wieling*, Sachenrecht, Bd. I, § 1 II 2; *Larenz/Wolf*, § 20 Rn 62; Staudinger/*Jickeli/Stieper*, § 95 Rn 18; MüKoBGB/*Holch*, § 95 Rn 21; Enneccerus/*Nipperdey*, S. 802; *Bernhard*, S. 157f.; *Tobias*, AcP 94 (1903), 404ff.

330 Vgl. Mot. III, S. 48: *„§ 785 ist deshalb in seinem zweiten Theile so gefasst, daß seine Tragweite auf alle dinglichen Nutzungsrechte sich erstrecken kann.“*

331 Vgl. Prot. III, S. 3295:
„(...) daß der zweite Theil des § 785, welcher sich auf die Verbindung von Sachen mit einem Grundstück durch einen dinglich Berechtigten bezieht (...)“

332 Anders als im Recht der beweglichen Sachen, wo die Entwicklung von Rechtsinstituten wie der Sicherungsübereignung zur Einschränkung des Publizitätsgrundsatzes führen, bestehen im Immobiliarsachenrecht keine vergleichbaren praktischen Entwicklungen.

Für diese Annahme spricht ferner die Systematik des Gesetzes. § 95 BGB stellt eine Ausnahmevorschrift zu §§ 93 und 94 BGB dar. Sie ist in der Regel restriktiv auszulegen. Die Systematik der Bestandteilslehre sieht vor, dass nur solche Einheiten kein einheitliches Schicksal teilen, deren Verbindung erkennbar nicht zur Einheit führen soll. Dies ist bei Verbindungen zu einem vorübergehenden Zweck regelmäßig der Fall, da die Verbindung oft eine leicht zu lösende ist und deshalb gar nicht erst den Eindruck entstehen lässt, dass es sich um eine rechtliche Einheit handeln könnte. Auch dingliche Rechte stehen diesem Eindruck entgegen, da sie aufgrund ihrer Grundbucheintragung für jedermann erkenntlich sind.

Rein schuldrechtliche Nutzungsrechte sind für Außenstehende hingegen nicht offenkundig. Eine Ausweitung des Anwendungsbereichs des § 95 Abs. 1 S. 2 BGB auf diese würde erhebliche Rechtsunsicherheiten mit sich bringen. Die grundlegenden und zwingenden gesetzlichen Vorgaben der §§ 93, 94 BGB würden unterlaufen, wenn jeder schuldrechtlich Berechtigte gemäß § 95 Abs. 1 S. 2 BGB selbst bei dauerhafter Verbindung mit dem Grundstück Eigentümer der von ihm errichteten Werke bliebe.

Wie bei einer Verbindung zu einem vorübergehenden Zweck mangelt es auch bei in Ausübung eines dinglichen Rechts errichteten Werken für den Rechtsverkehr ersichtlich an der – die einheitliche sachenrechtliche Betrachtung rechtfertigenden – engen Beziehung zu dem Grundstück. Da das Werk in Ausübung eines dinglichen Rechts, welches ja gerade das Eigentum an dem Grundstück einschränkt, errichtet wurde, besteht erkennbar eine größere Nähe zu dem fremden Recht als zu dem Grundstück. Derjenige, der in Ausübung seines Rechts ein Bauwerk mit einem Grundstück verbindet, will gerade nicht das Grundstück bereichern, sondern vielmehr nur von seinem Nutzungsrecht Gebrauch machen.[333] Der aufgrund eines dinglichen Rechts Nutzungsberechtigte soll sich darauf verlassen können, dass ein von ihm errichtetes Bauwerk nicht das gleiche Schicksal wie das Grundstück teilen soll, wie es bei wesentlichen Bestandteilen gemäß § 94 Abs. 1 BGB der Fall ist.

In den Motiven zum BGB findet sich hierzu das Beispiel von Wasserleitungen, die in Ausübung einer Dienstbarkeit auf einem fremden Grundstück errichtet wurden.[334] Der Inhaber einer Dienstbarkeit ist nach dem Wesen der Dienstbarkeit dazu berechtigt, das Grundstück in einer bestimmten Weise zu nutzen und die dazu nötigen Anlagen zu errichten. Es besteht folglich ein Zusammenhang zwischen der durch die Dienstbarkeit gestatteten Nutzung und den deshalb errichteten Werken, der aufgrund der Eintragung im Grundbuch offenkundig ist, so dass die Ausnahme von der grundsätzlichen Regelung der §§ 93, 94 BGB gerechtfertigt ist.

---

333 Vgl. hierzu ausführlich *Wieling*, Sachenrecht, Bd. I, S. 92f.
334 Mot. III, S. 48.

Aus den genannten Gründen ist die Beschränkung des Anwendungsbereichs des § 95 Abs. 1 S. 2 BGB auf dingliche Rechte zwingend.

Von den dinglichen Rechten kommen als Recht an einem fremden Grundstück im Sinne des § 95 BGB nur diejenigen in Betracht, die eine Verbindung eines Bauwerks mit einem Grundstück zulassen.[335] Diese Einschränkung ergibt sich aus der ratio legis der Ausnahmeregelung des § 95 Abs. 1 S. 2 BGB, da diese auf dem Gedanken beruht, dass die Verbindung in Ausübung des beschränkten dinglichen Rechts vorgenommen wurde. Dem Inhaber eines beschränkten dinglichen Rechts steht allerdings im Gegensatz zum Eigentümer nicht die umfassende Herrschaftsmacht, sondern lediglich die durch das Recht eingeräumte Rechtsposition zu. Sein Handeln soll deshalb nur dann gemäß § 95 Abs. 1 S. 2 BGB privilegiert werden, wenn es sich im Rahmen der eingeräumten Rechtsposition bewegt. Der Inhalt des Rechts muss nicht gerade auf die Verbindung eines Gebäudes oder Werks mit dem Grundstück gerichtet sein, sondern diese Nutzungsmöglichkeit zulassen.

Folglich gilt § 95 Abs. 1 S. 2 BGB für alle dinglichen Nutzungsrechte, also für Grunddienstbarkeiten (§§ 1018ff. BGB), beschränkt persönliche Dienstbarkeiten (§§ 1090ff. BGB) und den Nießbrauch (§§ 1030ff. BGB).

Allgemein anerkannt ist, dass auch das Erbbaurecht ein fremdes Recht im Sinne des § 95 Abs. 1 S. 2 BGB darstellt.[336] Im Ergebnis kann dies aber offen bleiben, da ein aufgrund eines Erbbaurechts mit dem Grundstück verbundenes Werk bereits nach der spezielleren Regelung des § 12 Abs. 2 ErbbauRG nicht wesentlicher Bestandteil des Grundstücks, sondern gemäß § 12 Abs. 1 S. 1 ErbbauRG wesentlicher Bestandteil des Erbbaurechts wird. § 12 Abs. 1 S. 2 ErbbauRG erweitert diese Rechtsfolge auf bereits bei Bestellung des Erbbaurechts bestehende Bauwerke. Erst nach Erlöschen des Erbbaurechts werden dessen Bestandteile gemäß § 12 Abs. 3 ErbbauRG zu Bestandteilen des Grundstücks.

Eine vergleichbare Regelung enthält § 9 Abs. 1 BBergG, wonach Schacht- und ähnliche Anlagen Bestandteil des Bergwerkeigentums sind. Ebenso werden Bestandteile von Räumen, die zum Wohnungseigentum gehören, nicht Grundstücksbestandteile, sondern gemäß § 5 Abs. 1 WEG solche des Wohnungseigentums.[337]

---

335 Soergel/*Marly*, § 95 Rn 19; MüKoBGB/*Holch*, § 95 Rn 21, 31; *Wieling*, Sachenrecht, Bd. I, § 2 III 6 b; a.A. *Spyridakis*, S. 22.

336 Staudinger/*Jickeli/Stieper*, § 95 Rn 18; MüKoBGB/*Holch*, § 95 Rn 23; Soergel/*Marly*, § 95 Rn 19; Palandt/*Ellenberger*, § 95 Rn 5.

337 § 5 Abs. 1 WEG lautet wie folgt: „Gegenstand des Sondereigentums sind die gemäß § 3 Abs. 1 bestimmten Räume sowie die zu diesen Räumen gehörenden Bestandteile des Gebäudes, die verändert, beseitigt oder eingefügt werden können, ohne daß dadurch das gemeinschaftliche Eigentum oder ein auf Sondereigentum beruhendes Recht eines anderen Wohnungseigentümers über das nach § 14 zulässige Maß hinaus beeinträchtigt oder die äußere Gestaltung des Gebäudes verändert wird."

cc. Öffentlich-rechtliche Rechte

Obwohl weitgehend Einigkeit besteht, dass Rechte an einem fremden Grundstück im Sinne des § 95 Abs. 1 S. 2 BGB nur dingliche Rechte sind[338], wird dieser Grundsatz teilweise für öffentlich-rechtlich gewährte Rechte durchbrochen.[339] Der BGH hat in der „Ruhrschnellwegentscheidung" zur Begründung dieser Auffassung ausgeführt, dass es sich um ein Benutzungsrecht besonderer Art handele, das unmittelbar aus Art. 90 Abs. 1 GG erwachsen sei und wegen des öffentlich-rechtlichen Ursprungs seiner Entstehung nicht der Eintragung ins Grundbuch bedürfe.[340] Diese Entscheidung ist weniger wegen des Ergebnisses als wegen der Begründung kritisiert worden.[341] Die Begründung lässt erkennen, dass das Gericht von einem gewünschten Ergebnis ausgegangen ist und anschließend die Tatbestandsvoraussetzungen der angewendeten Rechtsvorschrift diesem angepasst hat. Hervorzuheben ist aus den Kritikpunkten, dass das Urteil den Numerus Clausus der dinglichen Rechte und ihre Offenkundigkeit dank Grundbucheintragung außer Acht lässt. Der Kreis der Sachenrechte ist ein geschlossener, und ihr Erwerb ist erschöpfend geregelt.[342]

Gegen diese weite Auslegung des Begriffs „Recht an einem fremden Grundstück" sprechen im Wesentlichen dieselben Argumente, die bereits einer Einbeziehung der schuldrechtlichen Nutzungsrechte in den Anwendungsbereich des § 95 Abs. 1 S. 2 BGB entgegenstehen. Ferner ergibt sich aus dem Wortlaut der Vorschrift, dass Rechte im Sinne des § 95 Abs. 1 S. 2 BGB nach der Terminologie des BGB nur dingliche Rechte sind.

Des Weiteren stellt auch die Einbeziehung öffentlich-rechtlich eingeräumter Rechte in den Anwendungsbereich des § 95 Abs. 1 S. 2 BGB eine Gefährdung des Rechtsverkehrs dar. Das Sachenrecht als Zuordnungsrecht schafft die Möglichkeit, sich im Rechtsverkehr zu vergewissern, wer Eigentümer einer Sache ist. Im Grundstücksrecht ist die sichere Feststellung des Eigentümers von großer Bedeutung, da Immobilien in der Regel einen viel höheren Wert als die meisten

---

338 *Wieling*, Sachenrecht, S. 34; *Wilhelm*, FS Wiegand, S. 691; Soergel/*Marly*, § 95 Rn 19; Staudinger/*Jickeli/Stieper*, § 95 Rn 18; RGRK/*Kregel*, § 95 Rn 34; *Salje*, § 46 Rn 75; *Spyridakis*, S. 20;

339 BGHZ 125, 56ff.; MüKoBGB/*Holch*, § 95 Rn 24ff.; Staudinger/*Jickeli/Stieper*, § 95 Rn 19; Soergel/*Marly*, § 95 Rn 19; *Heun*, Kap. F Rn 38; *Salje*, § 46 Rn 77; *Lauer*, MDR 1986, 890; *Münch*, VIZ 2004, 208; *Brüning*, VIZ 1997, 399; a.A. *Wilhelm*, FS Wiegand, S. 691; *Spyridakis*, S. 22; *Doutiné*, S. 28ff. Der BGH hat diese Einordnung allerdings auch wiederholt abgelehnt. Vgl. BGH BB 1955, 335; WM 1971, 940, 941; NJW 1960, 1003 (die in § 1 Abs. 2 ReichsluftschutzG i.d.F. vom 31. 8. 1943 (RGBl. I 500) dem RMin. der Luftfahrt gewährte Befugnis, sich bei der Durchführung des Luftschutzes der Dienststellen und Einrichtungen der Länder, Gemeinden usw. zu bedienen, kann nicht einem Recht i.S.d. § 95 BGB gleichgestellt werden).

340 BGHZ 37, 353, 362.

341 Vgl. ausführlich zu dieser Kritik *Schröer*, NJW 1964, 186ff.

342 Vgl. hierzu *Westermann*, S. 36; *Vieweg/Werner*, § 1 Rn 5.

Mobilien haben.[343] Aus diesem Grund gibt das Grundbuch die authentische und sichere Auskunft darüber, wer Eigentümer des Grundstücks ist. Auch die an einem Grundstück bestehenden dinglichen Rechte sowie deren Inhaber lassen sich verlässlich dem Grundbuch entnehmen.

Im Gegensatz zu den dinglichen Rechten werden die öffentlich-rechtlich gewährten Nutzungsrechte nicht ins Grundbuch eingetragen. Gerade die Erkennbarkeit für den Rechtsverkehr rechtfertigt die Ausnahme für die in § 95 Abs. 1 S. 2 BGB normierten Scheinbestandteile von dem grundsätzlich für wesentliche Bestandteile vorgesehenen Rechtsverlust gemäß §§ 93, 94, 946, 949 BGB. Wenn im Grundbuch ein dingliches Recht für einen Dritten eingetragen ist, so erhält ein Erwerbsinteressent den Hinweis, dass auf dem Grundstück errichtete Bauwerke möglicherweise nicht dessen wesentliche Bestandteile sind. Der Erwerber kann sich bei dem Grundstückseigentümer vergewissern, ob die Bauwerke von dem Inhaber des dinglichen Rechts in Ausübung dieses Rechts errichtet wurden. Somit ist die Offenkundigkeit der sachenrechtlichen Zuordnung der mit dem Grundstück verbundenen Sachen für den Rechtsverkehr gewahrt.[344]

Eine vergleichbare Offenkundigkeit weisen allenfalls eintragungspflichtige öffentlich-rechtliche Nutzungsrechte auf. Öffentliche Lasten werden gemäß § 54 GBO nicht ins Grundbuch eingetragen. Das von der Bauaufsichtsbehörde geführte Baulastenverzeichnis gibt Auskunft über die an einem Grundstück bestehenden Baulasten. Die Baulast ist eine baurechtliche und somit öffentlich-rechtliche Verpflichtung des Grundstückseigentümers gegenüber der Baubehörde zu einem auf ein Grundstück bezogenen Tun, Dulden oder Unterlassen, das sich nicht schon aus öffentlich-rechtlichen Vorschriften ergibt.[345] Die Baulast stellt kein dingliches Recht dar.[346] Da das Baulastenverzeichnis bei berechtigtem Interesse einsehbar ist[347], sind die Offenkundigkeitsanforderungen des § 95 Abs. 1 S. 2 BGB auch bei öffentlich-rechtlichen Baulasten erfüllt.

Gegen die Einbeziehung öffentlich-rechtlicher Baulasten in den Anwendungsbereich des § 95 Abs. 1 S. 2 BGB könnte allerdings die ratio legis dieser Vorschrift sprechen. Die Ausnahme beruht auf dem Gedanken, dass die Verbindung durch den Berechtigten in Ausübung seines Rechts vorgenommen wird.

Inhaber des öffentlich-rechtlichen Anspruchs aus der Baulast ist aber nicht der Baulastbegünstigte, sondern die Baubehörde. Die Baulast dient allein dem öffentlichen Interesse an der Aufrechterhaltung baurechtsgemäßer Zustände und gewährt dem Baulastbegünstigten grundsätzlich kein Recht gegenüber dem Bau-

---

343 So auch MüKoBGB/*Wacke*, § 892 Rn 1.

344 So auch *Klempt*, JZ 1969, 225; *Stieper*, S. 67.

345 Vgl. § 83 Abs. 1 S. 1 MBO 2002. Eine entsprechende Regelung enthalten mit Ausnahmen von Bayern und Brandenburg die Landesbauordnungen der Länder.

346 BGHZ 88, 97ff.; *Lorenz*, NJW 1996, 2614.

347 Vgl. § 83 Abs. 5 MBO.

lastverpflichteten.[348] Wenn die Parteien über die Grundstücksnutzung keine anderweitige Vereinbarung getroffen haben, steht dem Baulastbegünstigten allein aufgrund der Baulast kein Besitz- oder Nutzungsrecht zu.[349] Der Baulastübernehmende ist die öffentlich-rechtliche Verpflichtung nur gegenüber der Baubehörde eingegangen. Die Baubehörde entscheidet allein nach den öffentlich-rechtlichen Gesichtspunkten, ob und in welchem Umfang sie die Erfüllung der Verpflichtung aus der Baulast verlangen will. Die Baubehörde nutzt aber nicht selber die fremden Grundstücke, indem sie etwa Bauwerke auf diesen errichtet. Ihre Aufgabe ist es, die öffentlich-rechtlichen Vorkehrungen zu treffen um baurechtmäßige Nutzungen zu ermöglichen.

Es fehlt mithin an der für die Anwendung des § 95 Abs. 1 S. 2 BGB erforderlichen Rechtsposition in dessen Ausübung der Inhaber des Rechts die Verbindung vornimmt.[350]

Ebenso wenig wie obligatorische Nutzungsrechte genügen nicht eintragungsbedürftige öffentlich-rechtlich gewährte Rechte den im Immobiliarsachenrecht geltenden Anforderungen an die Publizität. Ob und zu wessen Gunsten an einem Grundstück ein öffentlich-rechtlich gewährtes Nutzungsrecht besteht, ist für den Rechtsverkehr nicht ersichtlich.

Die Ansicht *Stiepers*[351], dass die Publizitätsanforderungen auch bei öffentlich-rechtlich gewährten Sondernutzungsrechten gewährt seien, da diese wegen des Gesetzesvorbehalts des Art. 20 Abs. 3 GG einer gesetzlichen Grundlage bedürften, überzeugt nicht. Die Gesetze geben keine Auskunft darüber, wo „katastergenau“ solche Rechte bestehen und wer der Inhaber des Nutzungsrechts ist. Sie müssen bereits aus diesem Grunde als Rechtsscheinsträger ausscheiden. Weder die Begründung, noch die Aufhebung öffentlich-rechtlich eingeräumter Nutzungsrechte sind für den Rechtsverkehr offenkundig.

Der Gesetzgeber hat sich für den Besitz bei beweglichen Sachen und die Grundbucheintragung bei Grundstücken als Publizitätsträger entschieden.[352] Die sich aus dem Publizitätsprinzip ergebenden Wirkungen der §§ 891, 1006 BGB sind auf diese Rechtsscheinträger begrenzt. Eine Ausweitung auf andere Anhaltspunkte, die ungleich weniger offenkundig oder zweifelsfrei feststellbar sind, würde die gesetzlich strenge Ausgestaltung des Publizitätsprinzips unterlaufen

---

348 BGHZ 88, 97ff.; 94, 160, 165; *Weirich*, Rn 1016; *Masloh*, NJW 1995, 1995f.; *Lorenz*, NJW 1996, 2613; *Meendermann*, S. 17ff.

349 Vgl. ausführlich hierzu *Lorenz*, NJW 1996, 2613f.

350 Diese Gründe sprechen auch gegen eine analoge Anwendung des § 95 Abs. 1 S. 2 BGB. Vgl. zur Zulässigkeit einer Analogie dieser Vorschrift ausführlich unten Teil D Abschnitt II 2. b.

351 *Stieper*, S. 67f.

352 Die Verfasser des BGB sind davon ausgegangen, dass sich eine einheitliche Gestaltung des Immobilienrechts nur auf Grundlage öffentlicher Grundbücher erreichen ließe, vgl. Mot. III, S. 9ff., 16.

und zugleich das Vertrauen in den sicheren Wirkungsgrad der Regelungen des Sachenrechts beeinträchtigen.

Da weder schuldrechtlich noch öffentlich-rechtlich eingeräumte Nutzungsrechte den Publizitätsanforderungen des § 95 Abs. 1 S. 2 BGB genügen, liegt kein Grund vor, den öffentlich-rechtlich Berechtigten einen größeren Schutz zu gewähren als dem Mieter oder Pächter. Die einen Interessen dürfen nicht höher gewertet werden als die anderen, da für beide die allgemeinen Vorschriften der Bestandteilslehre gelten. Eine hiervon abweichende Differenzierung müsste vom Gesetzgeber getroffen werden.

Schließlich darf bei der Auslegung des „Rechts an einem fremden Grundstück" im Sinne des § 95 BGB nicht unberücksichtigt bleiben, dass es den öffentlich-rechtlich eingeräumten Nutzungsrechten anders als den beschränkt dinglichen Rechten an einem Bezug zum Sachenrecht mangelt. Auch beschränkt dinglichen Rechten kommt im Sachenrecht eine Zuordnungsfunktion zu. Sie bezeichnen nämlich die Herrschaftsposition an der Sache, die das jeweilige dingliche Recht aufgrund der Typenfixierung begründet und ordnen sie eindeutig einer bestimmten – berechtigten – Person zu.

Öffentlich-rechtlich eingeräumte Nutzungsrechte weisen hingegen eine andere Zielsetzung auf. Die korrespondierenden gesetzlich normierten Duldungspflichten der Grundstückseigentümer schränken die Herrschaftsposition des Eigentümers zugunsten eines dem Allgemeinwohl dienenden Zwecks ein. Ratio legis dieser Regelungen ist mithin die Verwirklichung eines dem Gemeinwohl dienenden Zwecks, für dessen Erreichung die Festsetzung von allgemeinen Duldungspflichten erforderlich ist.[353] Eine sachenrechtliche Zuordnung von Wirtschaftsgütern ist hingegen nicht beabsichtigt.

Dieser systematische Unterschied zwischen dinglichen und öffentlich-rechtlichen Rechten wird mit der Anwendung des § 95 Abs. 1 S. 2 BGB auf öffentlich-rechtliche Rechte missachtet.

Für den Erhalt der Sonderrechtsfähigkeit an Werken, die aufgrund öffentlich-rechtlicher Nutzungsrechte mit einem Grundstück verbundenen sind, bedarf es einer spezialgesetzlichen Regelung. Die allgemeinen Vorschriften der §§ 93ff. BGB rechtfertigen keine Ausnahme von den dort normierten Grundsätzen.

Dieses Ergebnis unterstreicht ferner der Umstand, dass der Gesetzgeber die Fälle, in denen mittels Gesetz eine sachenrechtliche Zuordnung erfolgen sollte, regelmäßig normiert hat. Eine derartige Vorschrift enthält z.B. § 3 Abs. 2 S. 2

---

353 So heißt es z.B. in der Begründung zum TKG 2004, BT-Drs. 15/2316, S. 83, das in §§ 68ff. TKG normierte Wegerecht sei „ein unverzichtbares Mittel für den Bund zur Erfüllung seiner Pflicht eine flächendeckende Versorgung zu gewährleisten". Erforderlich für das Erreichen dieses Zwecks ist, dass die Maßnahmen nicht durch die Abwehransprüche aus §§ 1004 oder 862 BGB verhindert werden können. Eine weitergehende Einschränkung der Rechtsposition des Grundstückseigentümers ist hingegen nicht bezweckt. So auch Hoeren/*Bornhofen*, Kap. 4.3. Rn 28ff.

BBergG. Danach erstreckt sich das Eigentum an einem Grundstück nicht auf bergfreie Bodenschätze. Diese Regelung entspricht auch dem sachenrechtlichen Publizitätsgrundsatz, da § 17 Abs. 3 BBergG die Eintragung des Bergwerkseigentums ins Grundbuch vorsieht.

Zusammenfassend ist festzustellen, dass „Rechte an einem fremden Grundstück" im Sinne des § 95 Abs. 1 S. 2 BGB ausschließlich dingliche Rechte sind.

b. Die weiteren Voraussetzungen des § 95 Abs. 1 S. 2 BGB

Dem Wortlaut des § 95 Abs. 1 S. 2 BGB lässt sich ferner entnehmen, dass diese Regelung anders als die Regelung des § 95 Abs. 1 S. 1 BGB nur bei Verbindungen mit fremden Grundstücken zur Anwendung gelangen kann.[354] Deshalb werden Gebäude oder Werke, die mit dem eigenen Grundstück verbunden werden, regelmäßig wesentliche Bestandteile des Grundstücks, soweit sie nicht gemäß § 95 Abs. 1 S. 1 BGB nach den konkreten Umständen nur zu einem vorübergehenden Zweck mit diesem verbunden sind.

Für die Ausübung des Rechts an einem fremden Grundstück ist es ferner erforderlich, dass die Verbindung von dem durch das Recht Berechtigten, zumindest aber durch einen von ihm hierzu Ermächtigten, vorgenommen wird.[355] Es genügt nicht, dass der Verbindende meint, Inhaber eines dinglichen Rechts zu sein. Da die Verbindung in Ausübung des Rechts erfolgen muss, setzt § 95 Abs. 1 S. 2 BGB voraus, dass das Recht zum Zeitpunkt der Verbindungshandlung bereits besteht.[356]

VIII. Zwischenergebnis

Die Funktionsfähigkeit einer freien Wirtschaftsordnung beruht auf der eindeutigen Zuordnung von Rechtsobjekten zu Rechtssubjekten. Die §§ 93ff. BGB enthalten klare Regeln für die Beziehung einer Sache zu einer anderen Sache, die zwingende Folgen für die an der Sache bestehenden Rechte haben. Gemäß § 93 BGB können wesentliche Bestandteile nicht Gegenstand besonderer Rechte sein. Deshalb erstreckt sich gemäß § 946 BGB das Eigentum an einem Grundstück auf dessen wesentliche Bestandteile und sonstige Rechte Dritter an diesen erlöschen gemäß § 949 S. 1 BGB.

---

354 *Doutiné*, S. 25; Soergel/*Marly*, § 95 Rn 19.

355 Zu dem Streit, ob hier die Regeln der Stellvertretung Anwendung finden, vgl. *Tobias*, AcP 94 (1903), S. 411f., welcher sich für eine entsprechende Anwendung der Stellvertreterregeln ausspricht, da nur so der Regelfall, in dem das Werk durch Handwerker errichtete wird, erfasst werden könne. Nach der heute herrschenden Auffassung ist darauf abzustellen, ob eine Ermächtigung seitens des Inhabers des Rechts vorliegt oder ob das Recht z.B. gemäß § 1059 S. 1 BGB übertragen wurde, vgl. Staudinger/*Jickeli/Stieper*, § 95 Rn 22; MüKoBGB/*Holch*, § 95 Rn 32; *Spyridakis*, S. 23f.; Palandt/*Ellenberger*, § 95 Rn 5.

356 *Stieper*, S. 67; MüKoBGB/*Holch*, § 95 Rn 31;

Die Bestandteilslehre verbindet den aus dem römischen Recht stammenden Grundsatz „superficies solo cedit“, der auf die objektive Natur der Verbindung abstellt, mit dem aus den partikularrechtlichen Regelungen stammenden Element der Zweckbestimmung.

Nach §§ 93, 94 BGB werden mit einer Sache bzw. einem Grundstück fest verbundene Gegenstände zu dessen wesentlichen Bestandteilen. Eine Ausnahme zur Regelung des § 94 BGB enthält § 95 BGB, wonach Scheinbestandteile ihre Sonderrechtsfähigkeit behalten.

Die Bestandteilslehre ist ein elementarer Baustein des sachenrechtlichen Gesamtgefüges, so dass den im Sachenrecht geltenden Grundsätzen auch im Rahmen des § 95 BGB eine gehobene Bedeutung zukommt.

Eine Verbindung zu einem vorübergehenden Zweck im Sinne des § 95 Abs. 1 S. 1 BGB liegt nur vor, wenn der Einfügende zum Zeitpunkt der Vornahme der Verbindung den Willen hat, diese später wieder aufzuheben und eine spätere Trennung dem zu erwartenden Verlauf der Dinge entspricht. Eine Absicht, die den objektiven, für den Rechtsverkehr erkennbaren Gegebenheiten widerspricht, erfüllt die normierten Voraussetzungen deshalb nicht.

Gemäß § 95 Abs. 1 S. 2 BGB handelt es sich ferner um Scheinbestandteile, wenn die Verbindung in Ausübung eines dinglichen Rechts an einem fremden Grundstück vorgenommen wurde. Diese Ausnahmeregelung rechtfertigt sich mit der Eintragung dinglicher Rechte ins Grundbuch und der daraus resultierenden Offenkundigkeit für den Rechtsverkehr. Obligatorische oder öffentlich-rechtliche Nutzungsrechte erfüllen die Anforderungen des § 95 Abs. 1 S. 2 BGB nicht.

D. Eigentum an Versorgungsleitungen

Insgesamt umfasst das Netz der Versorgungsleitungen in Deutschland, wie eingangs dargestellt, fast 5 Mio. km Leitungen.

Bei der Frage nach dem Eigentum der Leitungen kommt es zunächst auf die Art und Weise der Verbindung dieser mit dem Grund und Boden an. In der Literatur und Rechtsprechung wird bei der Frage nach dem Eigentum regelmäßig eine allgemeine Aussage für alle Versorgungsleitungen getroffen, bei der die Besonderheiten der jeweiligen Leitungsart außer Acht bleiben.[357]

Die Frage, ob es sich bei den unterschiedlichen Versorgungsleitungen – wie überwiegend angenommen – um Scheinbestandteile des Grundstücks gemäß § 95 BGB handelt, stellt sich allerdings erst, nachdem die Voraussetzungen wesentlicher Bestandteile gemäß § 94 BGB bejaht wurden. Nur bei wesentlichen Grundstücksbestandteilen muss eine Alternative des § 95 BGB vorliegen, damit ausnahmsweise die Sonderrechtsfähigkeit bestehen bleibt.

Denn nur dann, wenn die Versorgungsleitungen wesentliche Bestandteile des Grundstücks sind, „droht" die Rechtsfolge des § 93 BGB und der gesetzliche Eigentumsübergang gemäß § 946 BGB, so dass das Eigentum an den Kabeln, Rohrleitungen und Gründungen der Trassen mit ihrem Einbau in das Eigentum des Grundstückseigentümers übergehen.

Die in § 950 Abs. 1 S. 1 BGB normierte Herstellerklausel gelangt im Immobiliarsachenrecht nicht zur Anwendung. Gegenstand einer Verarbeitung im Sinne dieser Vorschrift können nur bewegliche Sachen sein. Grundstücke können miteinander oder mit beweglichen Sachen nicht verarbeitet werden, so dass in diesem Fall ausschließlich § 946 anwendbar ist.[358]

I. Versorgungsleitungen als wesentliche Grundstücksbestandteile gemäß § 94 BGB

Versorgungsleitungen werden nur dann wesentliche Grundstücksbestandteile gemäß § 94 BGB, wenn sie eine feste Verbindung mit dem Grund und Boden aufweisen.

Für die Frage nach der Verbindung der Versorgungsleitungen mit dem Grund und Boden kommt es maßgeblich auf die Leitungstypen und die jeweilige Art der Verlegung an. Diese sind in den einzelnen Versorgungsbranchen verschieden. Die Unterschiede ergeben sich allerdings nicht aus dem Transportgut an

---

357 So z.B. der BGH in der stets zitierten „Ruhrschnellwegentscheidung" BGHZ 37, 353ff.; BayVGH vom 13.04.2007, Az: 4 ZB 06.800; OLG Rostock RTkom 1999, 185ff.; LG Freiburg RdE 1982, 68; Staudinger/*Jickeli/Stieper*, § 94 Rn 11; RGRK/*Kregel*, § 94 Rn 8; Schneider/Theobald/*Albrecht*, § 8 Rn 114ff.; *Schulze*, RPfleger 1999, 167ff.

358 Baur/*Stürner*, § 53 Rn 16; MüKoBGB/*Füller*, § 950 Rn 4; Bamberger/Roth/*Kindl*, § 950 Rn 2.

sich, sondern aus dem dafür verwendeten Leitungssystem. Andererseits lassen sich unabhängig von dem zu transportierenden Medium Gemeinsamkeiten finden, die die Versorgungsnetze der unterschiedlichen Sektoren kennzeichnen.

Oberirdisch verlaufende Leitungen weisen zum Beispiel eine grundlegend andere Verbindung zu dem Grundstück auf als unterirdisch verlegte Versorgungsnetze. Andererseits zeigen sich Gemeinsamkeiten bei Rohrleitungssystemen, wie sie für den Transport von Gas, Fernwärme, Trink- sowie Abwasser verwendet werden; auch Kabel, die sowohl im Bereich der Elektrizitätsversorgung, als auch für die Übermittlung von Daten und Informationen zum Einsatz kommen, weisen einen vergleichbaren Kontakt zum jeweiligen Grundstück auf.

1. Unterirdisch verlaufende Produktrohrleitungssysteme

Sowohl Gas als auch Trink- und Abwasser werden mittels unterirdisch verlaufender Rohrleitungen transportiert. Im Bereich der Fernwärmeversorgung wird Wasser bzw. in einigen alten städtischen Fernwärmenetzen noch Dampf als Wärmetransportmittel ebenfalls durch Rohrleitungen befördert.

Bei der Wahl des Materials sowie der Frage, für welche Kapazität das Rohrleitungsprojekt ausgelegt ist, sind örtliche, organisatorische, wirtschaftliche und technische Gesichtspunkte zu berücksichtigen.

In der Gasrohrleitungstechnik werden für die drucktragenden Rohre ausschließlich Stahl, duktiles Gusseisen und Kunststoff[359] verwendet. Während Stahl für alle in der Gasrohrleitungstechnik üblichen Rohrdurchmesser von DN 50 bis DN 1600 verwendet wird, ist der Einsatz von duktilem Gusseisen auf die üblicherweise in der Praxis verwendeten Rohre bis zu DN 600 bzw. von Kunststoff bis zu DN 225 beschränkt.[360] Gasfernleitungen bestehen deshalb in der Regel aus Stahl.

Auch im Bereich der Trinkwasserversorgung und der Abwasserbeseitigung werden für den Leitungs- bzw. Kanalbau oft Stahlrohre verwendet.[361] Die einzelnen in Trinkwasserversorgungsnetzen noch anzutreffenden Bleirohre werden nach und nach ausgewechselt. Beim Bau der Abwasserkanalisation gelangt neben Stahl überwiegend Beton sowie Steinzeug zum Einsatz.[362]

Die Rohre für den Transport von Fernwärme bestanden früher ebenfalls fast ausschließlich aus Stahl. Inzwischen sind Kunststoffmantelrohre in Verbundbauweise am Weitesten verbreitet.[363] Hierbei handelt es sich um Verbundrohre,

---

359 Anstelle des früher verwendeten PVC wird heute größtenteils PE-HD benutzt.

360 Vgl. hierzu das Kapitel Materialauswahl, in: Eberhard/Volz/*Volk/Raffenberg/Beck*, S. 202ff.

361 *Stein*, Leitungsbau, S. 6, S. 30.

362 Vgl. die Darstellung bei *Stein*, Leitungsbau, S. 30. Seltener werden als Werkstoff Guss bzw. Stahl, Kunststoff, Mauerwerk und Faserzement verwendet. Ausführlich hierzu *Grombach/Haberer/Merkl/Trüeb*, S. 1057ff.

363 Vgl. hierzu *Stein*, Leitungsbau, S. 13f.

die aus einem Mediumrohr, das dem Transport des Wärmeträgers Wasser dient, einem Dämmstoff, der die Wärmeverluste reduzieren soll, sowie aus einem Mantelrohr besteht, das den Dämmstoff und das Mediumrohr vor Grundwasser, Feuchtigkeit und mechanischer Beschädigung schützen soll.[364] Diese Leitungen sind aus unterschiedlichen Materialien zusammengesetzt.[365] Sie sind aneinander angepasst und fest miteinander verbunden, so dass sie als Einheit betrachtet werden müssen und folglich eine einheitliche Sache im Sinne des § 90 BGB darstellen.

Für die Festigkeit der Verbindung der Rohrleitungen mit dem Grund und Boden ist ausschlaggebend, wie tief diese ins Erdreich eingelassen werden und ob sie einen direkten Kontakt zum Grund und Boden aufweisen. So wurden z.B. früher Fernwärmerohre häufig in Beton- oder Stahlbetonkonstruktionen in Hauben-, U- oder Winkelplattenbauweise verlegt.[366] Diese Verlegungsmethode wird zwar aufgrund der hohen Bau-, Betriebs- und Wartungskosten nur noch in Sonderfällen gewählt, soll allerdings ebenso berücksichtigt werden, wie die Verwendung von Schutzkonstruktionen bei der Verlegung von Gas- und Wasserrohrleitungen. Folglich ist im Wege der weiteren sachenrechtlichen Prüfung zu differenzieren, ob die Produktrohrleitung direkt ins Erdreich verlegt oder mit einer Schutzkonstruktion versehen wird.

a. Direkt ins Erdreich verlegte Rohrleitungen

Insbesondere im Bereich der Gas- und Wasserversorgung sowie in der Abwasserbeseitigung werden die Rohrleitungsnetze im Regelfall ohne eine weitere Schutzvorrichtung direkt ins Erdreich verlegt. Auch bei der Fernwärmeversorgung gibt es Verlegeverfahren, die eine direkte Einbringung der Rohrleitung in den Grund und Boden vorsehen.[367]

Für die Prüfung des § 94 BGB ist entscheidend, in welcher Tiefe die Rohrleitungen ins Grundstück eingelassen werden. *Joachim* geht von einer grundsätzlichen Erddeckung von 1 m bei Versorgungsleitungen aus.[368] Es ist allerdings vorzugswürdig, in diesem Zusammenhang auf die anerkannten Regeln der Technik bzw. auf die technischen Ausführungen zurückzugreifen.

Für Gasrohrleitungen enthält das DVGW-Regelwerk hierzu folgende Angaben:

„Die Höhe der Rohrdeckung muss den örtlichen Verhältnissen angepasst sein. Die Gasleitung soll 0,8-1,0 m hoch überdeckt sein. Die Überdeckung soll aber

---

364 Vgl. z.B. DIN EN 253: Werkmäßig gedämmte Verbundmantelrohrsysteme für erdverlegte Fernwärmenetze (02.2006).

365 Zu unterscheiden ist hinsichtlich: Kunststoffmantelrohren, Stahlmantelrohren, Metallmediumrohren, Kunststoffmediumrohren. Vgl. hierzu ausführlich: *Stein*, Leitungsbau, S. 12ff.

366 *Sauer/Zeise*, S. 146f.

367 *Stein*, Leitungsbau, S. 12ff.

368 *Joachim*, NJW 1969, 2176.

auch ohne besonderen Grund 2,00 m nicht überschreiten. In Ausnahmefällen, insbesondere aus planungs- und bautechnischen Gründen, kann die Rohrdeckung von 0,8 m unterschritten werden. In der Anzeige nach § 5 Abs. 1 der Verordnung über Gashochdruckleitungen ist eine Unterschreitung dieser Rohrdeckung zu begründen. "[369]

Für die Verlegung von Wasserversorgungsleitungen normiert DIN 1998 eine Überdeckungshöhe von 1 bis 1,8 m.[370] Bei Abwasserkanälen wird eine Mindestverlegetiefe von 1,60 m vorgeschlagen.[371] Bei der zunehmenden kanalfreien unterirdischen Verlegung von Fernwärmeleitungen werden die Rohre üblicherweise 1 bis 6 m tief in den Boden verlegt[372], wobei DIN 1998 eine durchschnittliche Überdeckung von 1,2 m normiert.

Die Produktrohrleitungen sind mithin vollkommen vom Erdreich umschlossen und in der Regel mindestens 80 cm tief ins Erdreich eingelassen. Die Rechtsprechung hat wiederholt betont, dass Fundamente oder andere tief ins Erdreich einbezogene Gegenstände regelmäßig die Voraussetzungen des § 94 Abs. 1 S. 1 BGB erfüllen.[373]

Die Entfernung der Rohrleitungen von den Grundstücken ist nur durch Aufriss der Grundstücksoberfläche möglich. Hierdurch werden zwar die Rohrleitungen nicht notwendigerweise zerstört, aber eine starke Beschädigung des Grund und Bodens und eventueller Aufbauten oder des Bewuchses ist unvermeidlich. Folglich kann die feste Verbindung bereits aufgrund der sich aus einer Trennung ergebenden physischen Beschädigung der Grundstücksoberfläche bejaht werden. Unterirdisch verlaufende Rohrleitungssysteme weisen bei einer direkten Verlegung ins Erdreich deshalb eine feste Verbindung mit dem Grundstück auf, so dass sie gemäß § 94 BGB wesentlicher Grundstücksbestandteil werden.

b. Mittels Schutzkonstruktionen ins Erdreich verlegte Rohrleitungen

Zwar wird auch im Bereich der Fernwärmeversorgung die Verlegung der Leitung in Schutzkonstruktionen nur noch in Ausnahmefällen gewählt[374], es war aber lange Zeit die übliche Art der Leitungsverlegung.[375]

---

369 Vgl. G 463, Ziff. 4.3 des DVGW-Regelwerkes sowie den vom VG Minden, GWF/Recht und Steuern 2004, 11ff. zu entscheidenden Fall, in dem die Erdgasleitung mit einer Tiefe von ca. 1 m verlegt war.

370 DIN 1998: Unterbringung von Leitungen und Anlagen in öffentlichen Flächen; Richtlinien für die Planung (05.1978).

371 *Stein*, Leitungsbau, S. 70.

372 *Hakansson*, S. 263.

373 BGH NJW 1978, 1311 (für 80 cm tief in den Boden eingegrabene Betonfundamente eines Pavillons); BGH WM 1974, 126 (für 80 cm tief eingegrabene Fundamente eines Gewächshauses).

374 *Stein*, Leitungsbau, S. 13f.

375 Vgl. hierzu *Sauer/Zeise*, S. 142; *Hakansson*, S. 234.

Wenn die Rohrleitungen extremen Belastungen ausgesetzt sind, wie dies unter großen Kreuzungen und in dicht belegten Straßenabschnitten in Großstädten teilweise der Fall ist, werden die Transportleitungen in einem Schutzrohr verlegt. Bei Wasserleitungen kann diese Methode gewählt werden, um im Falle eines Rohrbruchs ein Unterspülen des Verkehrsweges durch austretendes Wasser zu verhindern. Auch Abwasserkanäle verlaufen teilweise in einem weiteren wasserdichten Schutzrohr, wenn das Gefährdungspotential des exfiltrierenden Abwassers für die Umwelt sehr hoch ist; dies ist z.B. in Wassergewinnungsgebieten der Fall.[376]

Für die Festigkeit der Verbindung der Schutzrohre mit dem Erdreich gilt das zu den direkt in den Boden verlegten Produktrohren Gesagte entsprechend. Auch die Schutzrohre sind direkt ins Erdreich eingelassen und weisen somit eine feste Verbindung gemäß § 94 Abs. 1 BGB mit dem Grund und Boden auf, da ihre Entfernung zumindest eine starke physische Beschädigung des überliegenden Erdreichs zur Folge hat. Mithin stellen die Schutzrohre bzw. -kanäle regelmäßig wesentliche Grundstücksbestandteile dar.

Etwas anderes könnte sich für die in den Schutzrohren verlaufenden Produktrohre ergeben. Diese sind ebenfalls mit dem Grundstück im Sinne des § 94 Abs. 1 BGB fest verbunden, wenn ihre Entfernung technisch nur in offener Bauweise erfolgen kann, da auch diese Prozedur eine Beschädigung des überliegenden und umliegenden Erdreichs zur Folge hat.

Ist die Entfernung des Produktrohrs hingegen in geschlossener Bauweise ohne einen Aufriss des Grundstücks möglich, so ist danach zu differenzieren, ob eine derartige Trennung ohne eine Beschädigung des Produktrohrs erfolgen kann oder nicht. Wenn dies nicht möglich ist, liegt eine feste Verbindung aufgrund der zu erwartenden Beschädigung des Produktrohres bei der Trennung vor.

Ist hingegen die Entfernung des Produktrohres vom Grundstück ohne eine Beschädigung der Schutzkonstruktion oder des Produktrohres selbst möglich, so stellt sich die Frage, ob trotz dieser faktischen Lösbarkeit nicht gleichwohl eine feste Verbindung aufgrund der wirtschaftlichen Betrachtung angenommen werden muss. Wie bereits ausgeführt, ist die Bestandteilslehre stark durch die wirtschaftlichen Aspekte geprägt, so dass eine tatsächliche Untrennbarkeit mit der wirtschaftlichen gleichzustellen ist.[377]

Die Kosten für eine Entfernung der Produktrohre ohne eine Beschädigung derselben oder der Schutzrohre in geschlossener Bauweise stehen in jedem Fall in einem Missverhältnis zu dem Wert der Schutzrohre, so dass zumindest die wirtschaftliche Untrennbarkeit der Rohre zu bejahen ist. Sowohl die Schutzrohre als

---

376 Vgl. DIN EN 1610: Verlegung und Prüfung von Abwasserleitungen und -kanälen und ATV-DVWK-A 139 Einbau und Prüfung von Abwasserleitungen und -kanälen (01.2002), Ziff. 8.6.2.

377 Vgl. oben Teil C Abschnitt IV 2.

auch die Produktrohre sind danach gemäß § 94 Abs. 1 BGB wesentliche Bestandteile des Grundstücks, in welchem sie verlegt sind.

2. Unterirdisch verlaufende Kabelleitungen

Sowohl für den Transport von Elektrizität als auch für die Übermittlung von Daten und Informationen werden Kabelleitungen verwendet. Diese verlaufen insbesondere im städtischen Bereich aber auch zunehmend in ländlichen Gebieten unter der Erde.

Das im Boden verlegte Stromkabel besteht je nach Bauart aus mehreren Schichten und unterschiedlichen Materialien, die jeweils verschiedenen Zwecken dienen. Im Zentrum des Stromkabels befindet sich der Stromleiter aus weichem Elektrolytkupfer oder reinem Aluminium.[378] Es ist zwischen neueren Kunststoff- und den über Jahrzehnten hinweg eingesetzten Papiermassekabeln zu unterscheiden. Die Differenzierung beruht auf den verschiedenen Isolierungsmaterialien und den sich daraus ergebenden Verlegungsverfahren. Bis etwa 1940 wurde fast ausschließlich ölimprägniertes Papier für die Isolierung von Starkstromkabeln verwendet, so dass für diese Kabel inzwischen jahrzehntelange Betriebserfahrungen vorliegen. Die Entwicklung auf dem Gebiet der Polymerchemie hatte eine zunehmende Verwendung von Kunststoffen bei der Kabelisolierung zur Folge, die Vorteile bei der Kabellegung und -montage aufweisen. Ferner benötigen die meisten Kunststoffkabel anders als die herkömmlichen Massekabel keinen metallenen Schutzmantel.[379] Im Bereich der Niederspannung hat sich die Kunststoffisolierung inzwischen durchgesetzt. Papierisolierte Niederspannungskabel werden in Deutschland nicht mehr gefertigt.[380] Im Mittelspannungsbereich überwiegt inzwischen ebenso die Produktion von Kunststoffkabeln. Beispielsweise bei 20- und 30-kV-Kabeln werden mit 97% fast ausschließlich VPE-isolierte Kabel gefertigt.[381] Im Hoch- und Höchstspannungsbereich ist die Kabellegung bisher zwar nicht so verbreitet[382], in diesem Bereich werden aber weiterhin papierisolierte, d.h. Niederdruck-Öl-, Gasinnendruck- sowie Gasaußendruckkabel verwendet.

Die Telekommunikationskabel unterteilen sich in Kabel mit Kupferleitern und Kabel mit Lichtwellenleitern (LWL-Kabel), auch Glasfaserkabel genannt.[383] In einem Kabel sind regelmäßig mehrere Aderpaare untergebracht, da sich so die

---

378 VDEW (Hrsg.), Kabelhandbuch, S. 19f.

379 VDEW (Hrsg.), Kabelhandbuch, S. 27, 41.

380 VDEW (Hrsg.), Kabelhandbuch, S. 46.

381 VDEW (Hrsg.), Kabelhandbuch, S. 48.

382 Aber auch in diesen Spannungsbereichen ist mit der Zunahme von Erdverkabelungen zu rechnen. Vgl. Niedersächsisches Erdkabelgesetz vom 13.12.2007, Nds. GVBl. Nr. 40/2007 vom 18.12.2007; Gesetz zur Beschleunigung des Ausbaus der Höchstspannungsnetze, BT-Drs.16/12898.

383 *Stein*, Leitungsgang, S. 206.

Kapazität der Datenübertragung erhöhen lässt.[384] Unter einer Ader versteht man einen Leiter mit Isolierhülle. Als Leiter werden zumeist verdrillte Kupferkabel, Koaxialkabel und LWL-Kabel verwendet. Inzwischen sind auch sogenannte Hybrid-Netzstrukturen entstanden, in denen LWL- und Kupferkabel gemeinsam für die Datenübertragung genutzt werden.[385] In Ortsnetzen werden weiterhin überwiegend Kupferkabel als Übertragungsmedium verwendet, wobei auch diese nach und nach durch LWL-Kabel ersetzt werden. Im regionalen und überregionalen Fernnetz wurden bis 1983 Koaxialkabel, anschließend ausschließlich Glasfaserkabel eingesetzt.[386]

Bei Kabeln mit Kupferleiter werden die Leiterbündel von einem Schirm zur Erhöhung der Störfestigkeit gegenüber elektromagnetischer Ein- oder Abstrahlungen und einem Mantel zum Schutz vor mechanischen und thermischen Einwirkungen sowie einer weiteren Schutzhülle umgeben.[387]

Der Lichtwellenleiter (LWL) wird in DIN VDE 0888-1[388] wie folgt definiert:

„Der LWL ist ein dielektrischer Wellenleiter, dessen Kern aus optisch transparentem Material geringer Dämpfung und dessen Mantel aus optisch transparentem Material niedrigerer Brechzahl als der des Kerns besteht. Er dient zur Übertragung von Signalen mit Hilfe elektromagnetischer Wellen im Bereich optischer Frequenzen.“

In einem Arbeitsgang werden der Kern, der Mantel und der Oberflächenschutz zum Lichtwellenleiter, der eigentlichen Glasfaser, verarbeitet. Der Durchmesser einer einzelnen Glasfaser beträgt ca. 250 µm.[389] Der Aufbau der unterschiedlichen LWL-Kabel ist sehr vielfältig. Regelmäßig verläuft mittig ein Stütz- bzw. Zugelement um das die Adern verseilt sind. Diese sind von einem Kunststoffmantel und mindesten einer weiteren Schutzhülle umgeben.[390]

Im Rahmen einer sachenrechtlichen Beurteilung des Eigentums an den Kabeln ergeben sich aus der unterschiedlichen Zusammensetzung jedoch keine Besonderheiten. Das Kabel an sich besteht je nach Typ aus unterschiedlichen Schichten. Bei Stromkabeln verläuft in der Mitte der größtenteils mehrdrahtige Leiter, welcher von der jeweiligen Isolierung umgeben ist. Je nach Kabelbauart sind diese mit weiteren Polsterungen, Schutzhüllen und ggf. einem Metallmantel

---

384 Vgl. die Ausführungen zum so genannten Raummultiplex bei *Meyer*, S. 405. Der Aufbau der Telekommunikationskabel und die entsprechenden Bezeichnungen sind in DIN VDE 0815: Installationskabel und -leitungen für Fernmelde- und Informationsverarbeitungsanlagen (09.1985) sowie DIN VDE 0815/A1: Installationskabel und -leitungen für Fernmelde- und Informationsverarbeitungsanlagen; Änderung 1 (05.1988) festgelegt.

385 *Stein*, Leitungsbau, S. 47.

386 Vgl. *Rauh*, S. 57.

387 Vgl. die Darstellung bei *Stein*, Leitungsbau, S. 48ff.

388 DIN VDE 0888: Lichtwellenleiter-Kabel für Fernmelde- und Informationsverarbeitungsanlagen (10.1999).

389 Vgl. hierzu die Ausführungen zum LWL-Kabel bei *Stein*, Leitungsbau, S. 51.

390 Vgl. ausführlich die Angaben bei *Stein*, Leitungsbau, S. 52ff.

umgeben.[391] Diese unterschiedlichen Materialien sind fest miteinander verbunden und aneinander angepasst, so dass es der Verkehrsauffassung widersprechen würde, sie nicht als Einheit zu betrachten. Auch bei den Telekommunikationskabeln sind die unterschiedlichen Materialien derart aneinander angepasst und verbunden, dass sie als eine einheitliche Sachen im Sinne des § 90 BGB anzusehen sind.

Anders beurteilt sich eventuell der Fall, wenn die Kabel aufgrund besonderer örtlicher Gegebenheiten in einem Schutzrohr aus Stahl verlegt werden. Dies bietet sich für den mechanischen Schutz der Kabel insbesondere in Städten, Industrieanlagen, Brücken, Bergsenkungsgebieten und Wäldern an.

Teilweise werden auch bei allgemein anfallenden Tiefbauarbeiten so genannte Durchzüge in Form von Schutzrohren oder Kabelformsteinen eingebaut, so dass beim späteren Verlegen von Kabeln neue Baumaßnahmen vermieden werden können und der öffentliche Verkehr nicht gesperrt werden muss.[392] Hierdurch kann ferner der Aufbruch und die Wiederherstellung von besonders teuren Oberflächen vermieden werden und das Gesamtbild der Oberfläche wird nicht durch Reparaturstellen beeinträchtigt.

Des Weiteren gibt es mehrere Verfahren, die eine grabenlose Rohrverlegung ermöglichen. Ferner werden Telekommunikationsleitungen inzwischen vielfach in schon bestehende Leitungssysteme, wie z.B. in Abwasserkanäle oder Gasrohrleitungen eingebaut.[393]

In den dargestellten Fallkonstellationen kommt es – wie von der Rechtssprechung bisher überwiegend nicht berücksichtigt – bei der Prüfung der Eigentumslage zunächst auf die Verbindung der Rohre mit dem Grund und Boden und im zweiten Schritt auf die Verbindung der Kabel mit den Rohren an.[394] Es handelt sich sowohl bei den Schutzrohren als auch bei den darin verlaufenden Kabeln zunächst um eigenständige bewegliche Sachen.

a. Direkt ins Erdreich verlegte Kabel

DIN 1998 sieht für Elektrizitätskabel eine Überdeckung von 0,6 bis 1,6 m vor.[395] Bei Hoch- und Höchstspannungskabeln liegen die durchschnittlichen Legetiefen in Großstädten bei 1,5 m. Wenn andere Versorgungsanlagen unterfah-

---

391 Vgl. ausführlich hierzu das Kapitel „Kabelbauarten" in: VDEW (Hrsg.), Kabelhandbuch, S. 44ff.

392 VDEW (Hrsg.), Kabelhandbuch, S.120.

393 *Stein*, Leitungsbau, S. 118ff.

394 Lediglich das OLG Naumburg, Az: 11 U 187/98, hat eine derartige Unterscheidung in seiner Entscheidung vom 08.12.1998 zu Telekommunikationsleitungen vorgenommen. Die Entscheidung im ersten Rechtszug des LG Dessau (unveröffentlicht) wurde hierdurch bestätigt. Vgl. zu den Entscheidungen *Münch*, VIZ 2004, 210f.

395 DIN 1998: Unterbringung von Leitungen und Anlagen in öffentlichen Flächen (05.1978).

ren werden müssen, ergeben sich schnell Tiefen von 3 m und mehr.[396] Auch wenn es sich heutzutage bei Höchstspannungskabelanlagen noch um Ausnahmefälle handelt[397], dürfen diese Leitungsanlagen angesichts der Zunahme von Erdverkabelungen[398] nicht unberücksichtigt bleiben.

Für Telekommunikationslinien, die direkt ins Erdreich verlegt werden, ist in DIN 1998 eine Überdeckung von 0,6 m vorgesehen. Die Musterverträge sehen eine Einbettung der unterirdischen Telekommunikationslinien von etwa 90 cm vor.[399]

Auch die unterirdisch verlaufenden Kabelleitungen sind ein typisches Beispiel für eine feste Verbindung mit dem Grundstück gemäß § 94 Abs. 1 BGB. Die verlegten Kabel sind rundum mit dem Erdreich umgeben, eine spätere Trennung ist ohne einen Aufriss der Grundstücksoberfläche und somit ohne eine Beschädigung des Grundstücks nicht möglich.

Auch *Lenz* gelangt zu diesem Ergebnis, begründet dies allerdings damit, dass die Entfernung der Anschlussleitung wegen der nötigen Grabarbeiten mehr kosten würde, als der Anschluss wert sei. Insbesondere müsse hierbei die Wertminderung der Anschlüsse durch Zeitablauf berücksichtigt werden.[400] Da die tatsächliche Untrennbarkeit mit der wirtschaftlichen Sinnlosigkeit einer Trennung gleichzustellen ist, gelangt auch diese Argumentation zum gleichen Ergebnis. Direkt ins Erdreich verlegte Kabelleitungen werden mithin wesentliche Grundstücksbestandteile gemäß § 94 Abs. 1 BGB.

b. In unterirdisch verlegten Schutzrohren verlaufende Kabelleitungen

Die Schutzrohre bestehen regelmäßig aus Beton, Stahl oder Kunststoff und werden gemäß DIN 1998 mit einer Überdeckung von mindestens 0,5 m ins Erdreich verlegt. *Stein* empfiehlt eine generelle Mindestüberdeckung von 0,7 m.[401] Die Schutzrohre dürfen das 1,5 fache des Kabeldurchmessers nicht unterschreiten und innen keine scharfen Kanten aufweisen.[402] Stahl- und Betonrohre dienen vor

---

396 Vgl. VDEW (Hrsg.), Kabelhandbuch, S. 161f.; auch *Lenz* spricht bereits bei Hausanschlüssen von einer Verlegetiefe von über einem Meter, DB 1967, 1973.

397 Z.B. die 1994 in Berlin in Betrieb genommene 7,6 km lange 400-kV-Kabelanlage, die die Schaltanlage „Teufelsbruch“ mit der Umspannstation „Reuter“ verbindet.

398 Vgl. Niedersächsisches Erdkabelgesetz vom 13.12.2007, Nds. GVBl. Nr. 40/2007 vom 18.12.2007; Gesetz zur Beschleunigung des Ausbaus der Höchstspannungsnetze, BT-Drs. 16/12898.

399 Vgl. z.B. § 2 Abs. 1 des bei *Heun*, Kap. F Anhang, S. 561 abgedruckten Mustervertrag für die Benutzung von Grundstücken im kommunalen Eigentum.

400 *Lenz*, DB 1967, 1973.

401 Vgl. die Angaben zur empfohlenen Minimalüberdeckung bei *Stein*, Leitungsbau, S. 70. In einem vom BGH zu entscheidenden Fall waren die Fernmeldekabel 2 oder 2,3 m tief in den Boden verlegt, vgl. BGHZ 125, 56, 57.

402 Vgl. hierzu VDEW (Hrsg.), Kabelhandbuch, S. 120.

allem dem Schutz der Kabel vor äußeren Einwirkungen. Kunststoffrohre werden hingegen regelmäßig als Leerrohre für eine spätere Verkabelung verlegt.

Zwischen den so genannten Durchzügen und dem darin verlaufenden Kabel besteht keine feste Verbindung. Die Rohre sind auch nicht an das jeweilige Kabel angepasst, sondern werden unabhängig von der später zu verlegenden Leitung zunächst ins Erdreich eingebaut. Sie werden in gleicher Weise wie die bereits erwähnten Rohrleitungen und Schutzrohre direkt in den Boden gelegt, wobei sie ebenso in Sand oder auf steinfreien Untergrund gebettet werden müssen. Das Kabel wird dann ohne eine weitere Befestigung mit dem Rohr in dieses eingeschoben. Die Rohre dienen dem Schutz der empfindlichen Kabel und eröffnen die Möglichkeit die Leitungen ohne weitere Tiefbauarbeiten auszuwechseln. Auch lassen sich die Kabel bei einem Kapazitätszuwachs nachträglich verlegen oder aufstocken.

Die Schutzrohre weisen, da sie mindestens 0,5 m tief ins Erdreich eingelassen sind, eine feste Verbindung mit dem Boden auf. Da sie ebenso wie die Rohrleitungen von allen Seiten mit Erde umgeben sind, ist eine Trennung von dem Grundstück ohne eine Beschädigung der Grundstücksoberfläche nicht möglich.

Fraglich ist allerdings die Bestandteilseigenschaft der Kabelleitungen. Denn diese Kabel weisen keine feste Verbindung zu den Schutzrohren auf. Es ist gerade Sinn und Zweck dieser Verlegung, dass die Kabel unproblematisch eingeführt und ausgewechselt werden können. Die Verlegung in Rohren ermöglicht in der Praxis z.B. ein unkompliziertes Aufstocken der Kabel, wenn aufgrund gestiegenen Stromverbrauchs oder gestiegener Nachfrage bei der Übermittlung von Daten eine Überlastung der vorhandenen Kabelleitungen droht. Bei der Auswechslung oder Aufstockung dieser Kabelleitungen entfallen hierdurch die besonders kostenintensiven Tiefbauarbeiten.

Gleichwohl sind die Gesichtspunkte der Untrennbarkeit aus wirtschaftlichen Gründen zu beachten. Eine feste Verbindung ist auch dann anzunehmen, wenn die Sachen nach ihrer Trennung nicht mehr in vergleichbarer Weise wirtschaftlich genutzt werden können, insbesondere, wenn sie nur noch einen Schrottwert aufweisen.[403]

Bei der Entfernung der Kabel aus den Schutzrohren werden diese an einer Öffnung aus dem Rohr gezogen, wobei sie sehr hohen Belastungen ausgesetzt sind.

Insbesondere hohe Zug-, Druck- oder Verdrehungsbeanspruchungen und die schnell daraus resultierende Beschädigung der Isolation können zu Kabelfehlern führen, so dass spezielle Anforderungen an die Handhabung vor und während der Kabelverlegung gestellt werden.[404] Die Entfernung der verlegten Kabel aus

---

403 Vgl. hierzu die Ausführungen in Teil C Abschnitte IV und V.

404 Vgl. hierzu für Elektrizitätskabel das Kapitel „Behandlung der Kabel bei der Legung", in: VDEW (Hrsg.), Kabelhandbuch, S. 121ff. Für Telekommunikationsleitungen vgl. *Meyer*, S. 412.

den Schutzrohren bringt aber gerade diese Belastungen mit sich, so dass ein hohes Risiko besteht, dass die Kabel anschließend nicht mehr voll funktionstüchtig sind.

Dieselbe Kabelleitung im Anschluss erneut zu verlegen, stellt mithin ein erhebliches Risiko bezüglich der Sicherheit und Zuverlässigkeit des Netzbetriebes dar. Ferner sprechen auch wirtschaftliche Aspekte gegen eine Weiterverwendung der gebrauchten Kabel. Nach den Belastungen der vorherigen Verlegung und Entfernung sind diese anfälliger für Fehler als neue Kabelleitungen. Auch wenn die Verlegung in Schutzrohre grabenlos möglich ist, ist das Einziehen der Leitungen mit einem erheblichen Kosteneinsatz verbunden. Dieser wird von einem wirtschaftlich Handelnden nur vorgenommen, wenn die Amortisation durch eine möglichst lange Nutzung der verlegten Leitung wahrscheinlich ist. Dies ist bei gebrauchten Kabelleitungen, die bereits starken Belastungen ausgesetzt waren, nicht mehr der Fall.

Der Einsatz gebrauchter Kabel würde die Sicherheit und Zuverlässigkeit des Elektrizitätsversorgungsnetzes gefährden. Die Betreiber von Elektrizitätsversorgungsnetzen würden deshalb gegen die in § 11 Abs. 1 EnWG normierte Pflicht verstoßen, ein sicheres, zuverlässiges und leistungsfähiges Energieversorgungsnetz zu betreiben.[405]

Da eine anschließende wirtschaftliche Weiterverwendung der Kabel bereits aus Sicherheitsgründen nicht in Betracht kommt, haben die Kabel nach der Entfernung aus den Schutzrohren nur noch einen Schrottwert.[406] Die wirtschaftliche Betrachtung gelangt somit auch in diesem Fall zur Annahme einer festen Verbindung, so dass die Kabel wesentliche Grundstücksbestandteile gemäß § 94 Abs. 1 BGB darstellen.

3. Freileitungen

Im Strom- und Telekommunikationsbereich verlaufen die Kabelleitungen vielfach überirdisch in Form von Freileitungen. Ferner werden bestehende Stromfreileitungen oft durch das zusätzliche Verlegen von LWL-Leitern zu Telekommunikationsleitungen erweitert. Zu diesem Zweck werden kombinierte Erdungs- und Lichtwellenleiterkabel verwendet, die anstelle von Erdungskabeln an der Spitze von Hochspannungsmasten befestigt werden und sowohl der Erdung der Hochspannungsleitungen als auch der Datenübertragung dienen.[407]

Generell ist bei der Frage nach dem Eigentum an Freileitungen zwischen den verschiedenen Komponenten zu unterscheiden, namentlich den Gründungskörpern, den Masten und den an ihnen befestigten Leitern.

---

405 Diese Pflicht ergibt sich ferner aus Art. 14 Abs. 1 ElektrizitätsRL, welche der deutsche Gesetzgeber in § 11 EnWG normiert hat.

406 Zu diesem Ergebnis gelangt auch *Schulze,* Rpfleger 1999, 170; a.A. *Heun*, Kap. F, Rn 267.

407 Vgl. *Nienhaus*, S. 19.

a. Gründungen

Zunächst ist die Verbindung der Gründungen der Strommasten mit dem Grund und Boden zu untersuchen.

Bei der Wahl der Gründung stellen die Ergebnisse der Baugrunderkundung eine wesentliche Konstruktionsgrundlage dar. Ferner sind die Größe und Art der Belastung, die örtlichen Gegebenheiten und die Größe des Mastes entscheidend.[408] Die Mastfundamente müssen in der Lage sein, die aus den Lastfällen resultierenden Bauwerkslasten mit ausreichender Sicherheit in den vorhandenen Baugrund einzuleiten, wobei keine unzulässigen Bewegungen der Gründungskörper auftreten dürfen.

Bei Freileitungen lassen sich die verschiedenen Gründungen im Wesentlichen in zwei Gruppen unterteilen. Kompaktgründungen sind dadurch gekennzeichnet, dass der Mastschaft in einem einzigen Fundament verankert ist. Bei aufgeteilten Gründungen sind die Eckstiele in getrennten Fundamenten verankert.[409] Die Kompaktgründungen lassen sich wiederum in tiefer ins Erdreich hinein ragende Einblockgründungen sowie in geringerer Tiefe verlegte Plattengründungen unterteilen.[410] Aufgeteilte Gründungen sind oft Stufen-, Bohr- oder Pfahlfundamente.[411] Diese bestehen überwiegend aus Beton.[412] Vereinzelt werden aber auch Schwellen-Plattengründungen verwendet, deren einzelne Schwellen aus Hartholz oder aus Stahlprofilen bestehen.[413] Einstielige Holzmasten können auch ohne Gründung direkt in tragfähigem Baugrund eingesetzt werden, wobei sie auf mindestens 1/6 ihrer Gesamtlänge, mindestens aber 1,6 m tief eingegraben werden müssen.[414]

Die konkrete Größe der Gründungen sowie die Tiefe, in der sie ins Erdreich hinein gelassen werden, sind von vielen Parametern des konkreten Falls abhängig, so dass eine allgemeine Aussage über die Tiefe der ins Erdreich gelassenen Gründungen schwer möglich ist. In Anbetracht der zu tragenden Lasten und gängigen Masthöhen von 60 m bis 70 m[415] kann davon ausgegangen werden, dass sie meistens mehrere Meter tief in den Boden eingebracht sind.[416] *Schulze*

---

408 Vgl. hierzu das Kapitel „Entwurf und Bemessung der Gründungen“ in: *Kießling/ Netzger/Kaintzyk*, S. 439ff.

409 *Kießling/Netzger/Kaintzyk*, S. 443, 452.

410 Vgl. hierzu das Kapitel „Kompaktgründungen“ bei *Kießling/Netzger/Kaintzyk*, S. 443ff.

411 Vgl. hierzu das Kapitel „Aufgeteilte Gründungen“ bei *Kießling/Netzger/Kaintzyk*, S. 452ff.

412 *Hussels/Quaderer/Ruhnau*, S. 67.

413 *Kießling/Netzger/Kaintzyk*, S. 449.

414 *Kießling/Netzger/Kaintzyk*, S. 452.

415 *Hussels/Quaderer/Ruhnau*, S. 68.

416 Für diese Annahme sprechen auch die von den Gerichten beurteilten Sachverhalte: z.B. OVG Schleswig, NVwZ-RR 2000, 148, in dem zu entscheidenden Fall waren Plattenfundamente mit einer Tiefe von 2 m sowie einer Erdüberdeckung von 80 cm geplant. In dem vom AG Landshut, RdE 1996, 122, zu entscheidenden Fall, war ein Betonfunda-

geht von einer regelmäßigen Abmessung der Fundamentkörper von 8 x 4 Metern aus.[417]

Die Strommasten bestehen aus Stahl, Beton oder Holz.[418] Die Eckstiele können im Boden entweder über gesonderte Elemente oder allein durch Haftung zwischen Eckstiel und Beton verankert werden. Werden die Eckstiele durch Haftung verankert, sind die Eckstiele bis nahe an die Fundamentsohle durchzuführen.[419] Werden sie hingegen mit Verankerungselementen befestigt, bestehen besondere Anforderungen an die Stabilität und Dicke der Schweißnähte.[420] Eine besonders feste Verbindung zwischen den Masten und der Gründung ist Grundlage einer jeden Konstruktion für Freileitungsmasten. Aufgrund der festen Verbindung und der auf diese zurückzuführende Lastenverteilung auf den Mast und die Gründung können Freileitungen den ausgesetzten Belastungen standhalten, die sich durch Wind und andere Einflüsse ergeben.

Früher wurden bei den Freileitungen bevorzugt Kupferleiter verwendet, welche aber aufgrund ihres hohen Gewichts schnell durch Aluminium ersetzt wurden.[421] Heute ist Aluminium der am häufigsten eingesetzte Werkstoff für Freileitungsseile.[422] Diese Leiter werden mittels Klemmen an den Mastträgern befestigt.[423]

Da es sich bei den Gründungen in der Regel um massive, tief in den Boden eingelassene Betonfundamente handelt, werden sie unproblematisch gemäß § 94 Abs. 1 S. 1 BGB mit ihrer Verbindung zu wesentlichen Bestandteilen des Grundstückes, in dem sie verankert sind. Hierfür spricht ferner, dass bereits bei oberirdischen Bauwerken diskutiert wird, dass eine allein auf der Schwerkraft beruhende feste Verbindung mit dem Grund und Boden genüge[424], so dass dies erst recht bei schweren Fundamenten gelten muss, die eine bereits aus der Umgebung mit dem Erdreich resultierende feste Verbindung mit dem Grund und Boden aufweisen. Ein massives Fundament wird auch in der Rechtsprechung

---

ment mit einer Grundfläche von 3 x 3 m ca. 1 m unter der Erdoberfläche in den Boden gelassen. Auch in dem vom OLG Celle, NZM 2005, 39, zu entscheidenden Fall waren die Fundamente tiefer als 1,5 m in den Boden gelassen.

417 *Schulze*, Rpfleger 1999, 169.

418 *Sauer/Zeise*, S. 111.

419 *Kießling/Nefzger/Kaintzyk*, S. 470f.

420 Vgl. DIN V ENV 1993-1-7: Bemessung und Konstruktion von Stahlbauten – Teil 1-7: Allgemeine Bemessungsregeln; Ergänzende Regeln zu ebenen Blechfeldern mit Querbelastung (05.2002).

421 *Kießling/Nefzger/Kaintzyk*, S. 182.

422 Seltener werden heutzutage Aluminium-Magnesium-Silizium-Legierungen, verzinkte Stahldrähte, aluminiumummantelte Stahldrähte sowie Kupfer bzw. Kupferlegierungen verwendet. Vgl. hierzu das Kapitel „Leiterauswahl" bei *Kießling/Nefzger/Kaintzyk*, S. 180ff.

423 *Kießling/Nefzger/Kaintzyk*, S. 576.

424 So z.B. BFH NJW 1979, 392; LG Konstanz ZIP 1981, 512ff.: LG Berlin NJW-RR 2004, 635f.

und der Literatur stets als typisches Merkmal sowie als Voraussetzung für das Vorliegen eines Gebäudes im Sinne des § 94 BGB hervorgehoben.[425]

Auch die Tatsache, dass eine Trennung der Fundamente von dem Grundstück sowohl die Zerstörung der Gründung, als auch des überliegenden Erdreichs zur Folge hat, spricht für die Einordnung der Fundamente als wesentliche Grundstücksbestandteile gemäß § 94 Abs. 1 BGB.

b. Masten

Zu prüfen bleibt, ob die Masten mit den Gründungen derart fest verbunden sind, so dass auch sie zu wesentlichen Grundstücksbestandteilen werden. Einstielige Beton-, Stahlvollwand- oder Holzmasten, die eher in niedrigeren Spannungsebenen zum Einsatz kommen, werden direkt in die Gründung einbetoniert.[426] Dies hat zur Folge, dass eine Trennung dieser Masten von den Fundamenten zumindest die Beschädigung der Gründungen, wenn nicht auch der Masten mit sich bringt. Somit gebieten die tatsächlichen Umstände die rechtliche Qualifizierung als feste Verbindung.

Etwas anderes könnte sich bei den Stahlgittermasten ergeben, die insbesondere für Hochspannungsleitungen verwendet werden, denn diese bestehen aus mehreren – insgesamt das Stahlgitter bildenden – Mastteilen. Bei dieser Mastart werden lediglich die Mastfüße in die Gründungen einbetoniert.[427] Anschließend werden die weiteren Mastteile montiert und miteinander durch große Schrauben verbunden.[428] Ob dieses Verbindungsverfahren für die Annahme einer festen Verbindung im Sinne des § 94 BGB genügt, erscheint fraglich, da Schrauben gerade die Eigenschaft aufweisen, dass sie sich relativ unproblematisch wieder lösen lassen.

Allerdings darf auch in diesem Fall nicht außer Acht gelassen werden, dass eine feste Verbindung auch dann vorliegen kann, wenn die Trennung zwar technisch möglich, aber wirtschaftlich unverhältnismäßig ist. Die Montage und der Rückbau der Stahlgittermasten sind sehr aufwändig und kostenintensiv, so dass der Aufwand für eine Trennung der Mastteile und eine spätere Weiterverwendung an einem anderen Ort im Regelfall wirtschaftlich unverhältnismäßig ist. Für diese Annahme spricht auch, dass anders als bei Windkraftanlagen keine wirtschaftlich sinnvolle Weiterverwendung von gebrauchten Strommasten bekannt ist.[429] Die Auswahl des Masttypen, dessen Gründung sowie die Konstruktion der

---

425 BGH NJW 1978, 1311; 1983, 567f; BGHZ 104, 298, 300; *Ganter*, WM 2002, 105; *Weimar*, MDR 1963, S. 819.

426 Vgl. hierzu z.B. die Ausführungen zu Stahlvollwandmasten bei *Kießling/Nefzger/Kaintzyk*, S. 401.

427 Vgl. hierzu die Ausführungen zur Mastmontage bei *Kießling/Nefzger/Kaintzyk*, S. 558ff.

428 *Kießling/Nefzger/Kaintzyk*, S. 342f.

429 Bei der Diskussion über das Eigentum an Windkraftanlagen wird diesbezüglich auf das so genannte Re-Powering verwiesen, vgl. hierzu *Peters*, WM 2002, 112.

Masten ist nach den Besonderheiten der jeweiligen Trasse berechnet und ausgewählt, so dass sich die einzelnen Parameter der Mastkonstruktion aus den örtlichen Gegebenheiten der gewählten Trasse und des jeweiligen Maststandortes ergeben.[430] Eine Weiterverwendung im Rahmen einer anderen Trasse ist deshalb nur selten möglich. Bereits die Prüfung von Möglichkeiten zur Wiederverwendung von gebrauchten Mastanlagen ist im Regelfall viel zu aufwendig.

Ferner ist im Rahmen der Beurteilung, ob eine feste Verbindung vorliegt, auf die allgemeine Verkehrsanschauung abzustellen. Die Unterteilung der „Strommasten" in Gründungen und Masten ist eine rein technische, die sich erst mit dem Fortschritt der Technik ergeben hat.[431] Die Aufteilung in Mast und Gründung ist eine Detailfrage bei der Konstruktion einer Freileitung, die möglichst großen Lasten standhalten soll. Im allgemeinen Verkehr werden die Strommasten deshalb als Einheit angesehen, was sich bereits dem einheitlichen Namen „Strommast" entnehmen lässt. Aus den genannten Gründen sind auch die Stahlgittermasten wesentliche Grundstücksbestandteile gemäß § 94 Abs. 1 BGB.

c. Leiter

Fraglich ist, ob sich die wesentliche Bestandteilseigenschaft auch auf die an den Masten angebrachten Leiter erstreckt. Diese werden mittels unterschiedlicher Armaturen, überwiegend mit Tragklemmen, befestigt.[432] Ob diese Art der Anbringung eine feste Verbindung begründet, muss bezweifelt werden. Für die Montage der Leiter werden Seilräder an den Masten befestigt, so dass eine anschließende Seilauswechslung unproblematisch möglich ist. Hierbei werden weder die Masten noch die Leitungen beschädigt. Auch die Zug- und Biegebelastung der Kabel sind in diesem Verfahren geringt, so dass durch den Einsatz eines angetriebenen Trommelblocks für genormte Seilspulen die schonende Aufnahme der Leitungen und somit deren Wiederverwendung möglich ist.[433]

Mangels einer festen Verbindung zu den Masten unterliegen die auf Freileitungen verlaufenden Kabelleiter deshalb nicht der Rechtsfolge des § 93 BGB, so dass sie ihre Sonderrechtsfähigkeit behalten. Die Rechtsübertragung richtet sich folglich nach dem Recht des BGB für bewegliche Sachen.

4. Oberirdisch verlegte Rohrleitungen

Auch im Bereich der Gas- und Fernwärmeversorgung verlaufen die Rohrleitungen in wenigen Ausnahmefällen oberirdisch. In diesem Fall ist auf die feste

430 *Kießling/Nefzger/Kaintzyk*, S. 533ff.

431 So hat das RG in der stets zitierten Entscheidung vom 2.6.1915, RGZ 87, 43, 44, ausgeführt, dass die Fernleitungen aus Leitungsmasten und den an diesen angebrachten Drähten bestünden.

432 Vgl. hierzu das Kapitel „Armaturen" bei *Kießling/Nefzger/Kaintzyk*, S. 281ff.

433 Vgl. hierzu ausführlich das Kapitel „Leiterauswechslung" bei *Kießling/Nefzger/Kaintzyk*, S. 577.

Verbindung der hierfür errichteten Bauwerke wie Stützen bzw. Träger abzustellen. Da diese nicht nur das Gewicht der Rohre und des zum Teil darin strömenden Heißwassers, sondern auch den witterungsbedingten Belastungen Stand halten müssen, handelt es sich um massive – mit einem Fundament ins Erdreich eingelassene – Konstruktionen. Wie weit diese Fundamente in den Boden eingelassen werden, hängt von der jeweiligen Gesamtkonstruktion ab. Da eine Trennung dieser Fundamentkörper vom Grundstück zumindest eine Zerstörung der Grundstücksoberfläche zur Folge hat, ist eine feste Verbindung mit dem Grundstück im Sinne des § 94 BGB regelmäßig zu bejahen.

Fraglich ist allerdings, ob die mit den Fundamenten befestigten Rohrleitungssysteme eine derart feste Verbindung aufweisen. Da im Bereich der Rohrleitungstechnik oft massive genormte Rohre eingesetzt werden und die Verbindung eine rein mechanische ist, sprechen die Multifunktionalität der Rohre und die Trennbarkeit der Verbindung dafür, eine feste Verbindung mit dem Grund und Boden abzulehnen.

5. Zwischenergebnis

Erdverlegte Kabel- und Rohrleitungen werden gemäß § 94 BGB wesentliche Bestandteile des Grundstücks.

Bei Freileitungen muss hinsichtlich der unterschiedlichen Komponenten differenziert werden. Gründungen, andere ins Erdreich eingelassene Fundamente und Leitungsmasten sind ebenfalls als wesentliche Grundstücksbestandteile gemäß § 94 BGB zu qualifizieren. Die oberirdisch angebrachten Leitungskabel bleiben hingegen sonderrechtsfähig, da mangels einer festen Verbindung die Voraussetzungen wesentlicher Bestandteile nicht erfüllt sind. Dies dürfte größtenteils auch bei oberirdisch verlegten Rohrleitungen der Fall sein.

Auch die bestehende Rechtsprechung und viele Literaturmeinungen gehen davon aus, dass Versorgungsleitungen zunächst die Voraussetzungen der wesentlichen Grundstücksbestandteile gemäß § 94 Abs. 1 S. 1 BGB erfüllen. Wenn freilich eine der Alternativen des § 95 BGB vorliegt, sollen sie ihre Sonderrechtsfähigkeit behalten und nicht gemäß § 946 BGB in das Eigentum des Grundstückseigentümers fallen.[434]

II. Versorgungsleitungen als Scheinbestandteile gemäß § 95 BGB

Es bleibt zu prüfen, ob die Versorgungsleitungen ihre Sonderrechtsfähigkeit trotz Vorliegen der Voraussetzungen des § 94 BGB behalten. Es müsste eine Alternative des § 95 BGB erfüllt sein, damit die Leitungen Scheinbestandteile sind, auf die die Rechtsfolge des § 93 BGB keine Anwendung findet. Andern-

---

[434] So ausdrücklich BGHZ 37, 353, 358; BGH NJW 1968, 2331; LG Freiburg RdE 1982, 67f.; *Nienhaus*, S. 34f; *Schenek*, BWGZ 2008, 56; für Rohrleitungen so auch *Wilhelm, M.*, S. 220.

falls erstreckt sich gemäß § 946 BGB zwingend das Eigentum am Grundstück auf die Leitungen. Eine vertragliche Regelung, dass die Versorgungsleitungen Eigentum der Netzbetreiber oder Versorgungsunternehmen sein sollen, ist im Rahmen der Prüfung des gesetzlichen Eigentumsübergangs unbeachtlich.[435]

Im Regelfall sind die Versorgungsunternehmen oder die Netzbetreiber nicht Eigentümer der Grundstücke, durch die die Versorgungsleitungen verlaufen. Müssten sie das Eigentum an allen Grundstücken erwerben, durch bzw. über die ihr Netz verläuft, würden die Energie-, Wasser- und Telefonpreise dadurch erheblich belastet.

Die Verlegung einer Leitung schränkt, anders als die Errichtung von Kraftwerken oder Umspann- bzw. Druckminderstationen, die Nutzung des Grundstücks in der Regel nur teilweise ein. Deshalb ist eine weitere Nutzung mit Ausnahme des Schutzstreifens möglich. Aus diesen Gründen verlaufen die Leitungen überwiegend durch fremde, das heißt nicht im Eigentum des Netzbetreibers oder Versorgungsunternehmens stehende Grundstücke.

In den Bereichen der Trinkwasser- und Fernwärmeversorgung sowie der Abwasserbeseitigung gilt der Grundsatz, lange Transportwege zu vermeiden.[436] Dies beruht insbesondere auf den hohen Qualitätsanforderungen an Trinkwasser, die durch den langen Transport des Wassers nicht mehr gewährleistet werden könnten. Im Vergleich zu den anderen leitungsgebundenen Versorgungen ist bei Wasser der Kostenanteil des Transports sehr hoch. Auch im Bereich der Fernwärmeversorgung führen lange Transportwege zu Wärmeverlusten. Ein langer Transport von Abwasser bringt Gefahren für die Umwelt mit sich, so dass auch in diesem Bereich die Transportwege möglichst gering gehalten werden. Dies hat zur Folge, dass sowohl die Trinkwasser- und Fernwärmeleitungssysteme als auch die Abwasserkanalisation einen starken regionalen Bezug aufweisen.[437]

Anders ist dies im Strom- und Gasbereich sowie im Telekommunikationssektor, wo ein flächendeckendes Übertragungsnetz über das gesamte Bundesgebiet verläuft. Nur durch den weiten Energietransport kann auch in den produktionsarmen, aber verbrauchsintensiven Regionen eine zuverlässige Versorgung gewährleistet werden. Mit dem ansteigenden Einsatz regenerativer Energien erlangen gut ausgebaute Transportwege eine zunehmende Bedeutung für die Sicherheit der Versorgung. Dies zeigt sich in den gegenwärtigen Bemühungen zur Beschleunigung des Ausbaus der Stromübertragungsnetze.[438]

---

435 Eine derartige Klausel enthalten z.B. § 1 Musterkonzessionsvertrag-Strom, *Immesberger/Klemm*, II-4, sowie § 2 Abs. 2 des bei *Heun*, Kap. F Anhang, S. 560ff., 561 abgedruckten Mustervertrages für die Benutzung von Grundstücken für Telekommunikationslinien.

436 Vgl. *Fischer/Zwetkow*, NVwZ 2003, 286.

437 So auch *Kahl/Bayreuth,* GewArch 2007, 441f.

438 Vgl. Gesetz zur Beschleunigung des Ausbaus der Höchstspannungsnetze, BT-Drs. 16/12898.

Abgesehen von Baubeschränkungen und Nutzungseinschränkungen im Schutzstreifen der Leitung ist eine weitere Nutzung des Grundstücks, insbesondere im landwirtschaftlichen Bereich, weiterhin möglich. Damit die Netzbetreiber ihre Leitungen über fremde Grundstücke führen können, bedürfen sie einer Nutzungsberechtigung gegenüber dem Grundstückseigentümer.

Ein gesetzlicher Anspruch auf die Nutzung fremder Grundstücke zum Zwecke der Leitungsverlegung besteht nicht.[439] Der Entwurf für ein Starkstromwegegesetz, das eine gesetzliche Grundlage für ein Leitungsverlegungsrecht schaffen sollte, hat im Jahr 1909 keine Gesetzeskraft erlangt.[440] Das Recht zur Mitbenutzung der fremden Grundstücke muss deshalb vertraglich gesondert eingeräumt werden.

In der Regel bestehen unterschiedlich ausgestaltete Nutzungsvereinbarungen mit den jeweiligen Grundstückseigentümern. Die sich hieraus ergebenden Rechte des Netzbetreibers oder Versorgungsunternehmens gestatten die Errichtung, den Betrieb und die Wartung der Leitungen. Zivilrechtlich kann diese Nutzungsberechtigung sowohl dinglicher, als auch obligatorischer Natur sein. Des Weiteren kommen öffentlich-rechtliche Nutzungsrechte in Betracht.

Eine besondere Rechtsbegründung zur Grundstücksbenutzung erübrigt sich nur dann, wenn die für den Zweck der Leitungsverlegung benutzten Grundstücke im Eigentum des Vorhabenträgers selbst stehen. Diese Konstellation ist insbesondere im Bereich der Abwasserbeseitigung, aber zum Teil auch in der Trinkwasser- sowie der Energieversorgung denkbar, wenn diese von Eigen- oder Regiebetrieben der Gemeinden wahrgenommen wird.[441] Das Recht der Eigenbetriebe ist in den Eigenbetriebsverordnungen der Länder geregelt. Hiernach besitzt der Eigenbetrieb keine eigene Rechtspersönlichkeit, sondern ist lediglich organisatorisch, finanziell und vermögensrechtlich verselbständigt und daher nicht rechtsfähig. Mangels Rechtspersönlichkeit der Eigenbetriebe nutzt die Gemeinde in diesem Fall ihr Wegeeigentum selbst, so dass es einer gesonderten Nutzungsberechtigung nicht bedarf. Auch wenn Verträge im Rechtssinn zwischen den Gemeinden und den Eigenbetrieben nicht geschlossen werden können, bestehen in der Praxis vielfach schriftliche Regelungen hinsichtlich der Wegenutzung.[442]

Im Rahmen der Prüfung, ob die Leitung zu einem vorübergehenden Zweck im Sinne des § 95 Abs. 1 S. 1 BGB oder in Ausübung eines fremden Rechts an dem

---

439 BGHZ 66, 37, 41; Danner/*Theobald*, I, B, § 45 EnWG Rn 2; Büdenbender/v.Heinegg/*Rosin*, Rn 1836; *Kimminich*, NJW 1973, 1482.

440 *Gartner*, S. 7f.

441 Die Abwasserbeseitigung wird größtenteils in Form von Eigen- und Regiebetrieben durchgeführt. Vgl. Branchenbild der deutschen Wasserwirtschaft 2008, S. 13. Der Anteil der Eigenbetriebe in der Wasserversorgung ist in den letzten Jahren deutlich gesunken. Im Jahr 2005 machten die Eigen- und Regiebetriebe nur noch 5% bezogen auf das Wasseraufkommen aus. Vgl. Branchenbild der deutschen Wasserwirtschaft 2008, S. 12.

442 Vgl. *Morell*, S. 39.

Grundstück gemäß § 95 Abs. 1 S. 2 BGB verlegt wurde, kommt es maßgeblich auf das der Verbindung zugrunde liegende Rechtsverhältnis an.

1. Die unterschiedlichen Mitbenutzungsverhältnisse

Da es im Rahmen einer Prüfung des § 95 BGB entscheidend auf das Rechtsverhältnis, das die Verbindung mit dem Grundstück gestattet, ankommt, ist hinsichtlich der unterschiedlichen Grundstückstypen zu differenzieren. Des Weiteren ergeben sich Unterschiede durch sektorspezifische Vorschriften.

Für die Ausgestaltung des Grundstücksmitbenutzungsverhältnisses gibt es viele Möglichkeiten, da hier der Grundsatz der Vertragsfreiheit gilt. Im Folgenden sollen die in der Praxis häufig angewendeten Rechtsbeziehungen zwischen Versorgungsunternehmen oder Netzbetreibern und dem Grundstückseigentümer aufgezeigt werden.[443] Es handelt sich um gesetzlich normierte Duldungsansprüche, vertragliche Vereinbarungen und zwangsweise Belastungen des Grundstücks.

a. Versorgungsleitungen in öffentlichen Verkehrswegen

Insbesondere auf der Verteilungsebene verlaufen die Versorgungsleitungen überwiegend durch öffentliche Verkehrswege. Aufgrund des weit verzweigten Straßennetzes lässt sich eine flächendeckende Versorgung der Bevölkerung nicht ohne die Benutzung öffentlicher Verkehrswege durchführen. Innerhalb bebauter Ortschaften ist vorteilhaft, dass die Straßen meistens alle Grundstücke umschließen.

Öffentliche Verkehrswege umfassen nicht nur Straßen, sondern auch Wege und Plätze, die dem öffentlichen Verkehr gewidmet sind.[444] Die Widmung ist ein Hoheitsakt, der zum einen die Eigenschaft der Verkehrswege als öffentliche Sachen[445] und gleichzeitig ihre Zweckbestimmung begründet. Wenn förmliche Widmungsakte nicht nachweisbar sind, kann die Öffentlichkeit des Weges auch durch stillschweigende Widmung oder kraft Widmung durch unvordenkliche Verjährung begründet sein.[446]

Aus dieser Einordnung öffentlicher Verkehrswege ergibt sich ein Dualismus zwischen öffentlichem und privatem Recht, welcher die das Straßenrecht beherrschende Unterteilung in öffentliche Sachherrschaft und Eigentum nach dem bürgerlichen Recht zur Folge hat.[447] Es besteht, soweit keine Rechtsnorm etwas anderes bestimmt, ein Nebeneinander bürgerlichrechtlicher und öffentlichrecht-

---

[443] Aufgrund der vielfältigen Gestaltungsmöglichkeiten erhebt die folgende Aufstellung keinen Anspruch auf Vollständigkeit.

[444] Vgl. z.B. § 2 Abs. 1 BerlStrG; § 2 Abs. 1 StrG BW.

[445] Vgl. hierzu Kodal/*Krämer*, Kap. 4, Rn 3ff., Kap. 5, Rn 1ff.

[446] Kodal/*Krämer*, Kap. 4, Rn 4ff.

[447] *Häde*, JUS 1993, 113; *Papier*, S. 9ff.; Erichsen/*Papier*, S. 816, 820ff.

licher Sachherrschaft.[448] Diese Rechtslage wird von *Hatscheck*[449] sehr anschaulich als „janusköpfiges, vermischtes Rechtsinstitut“ betrachtet, in dem sich zivilrechtliche und öffentlichrechtliche Elemente verbinden.

Die öffentliche Sachherrschaft an Verkehrswegen liegt beim Träger der Straßenbaulast. Dies ist bei den Bundesfernstraßen (Bundesautobahnen und Bundesstraßen) sowie Ortsdurchfahrten in kleineren Gemeinden gemäß § 5 Abs. 1 FStrG der Bund. Gemäß § 5 Abs. 2 S. 1 FStrG obliegt den Gemeinden mit mehr als 80.000 Einwohnern die Straßenbaulast an den Ortsdurchfahrten.[450] Die Bundesländer sind Träger der Straßenbaulast bei den Landesstraßen[451]; die Kreisstraßen obliegen den Kreisen bzw. kreisfreien Städten[452]. Für die Gemeindestraßen ist die Gemeinde Trägerin der Straßenbaulast.[453] Der Träger der Straßenbaulast ist im Rahmen seiner Leistungsfähigkeit verpflichtet, öffentliche Verkehrswege entsprechend den regelmäßigen Verkehrsbedürfnissen zu bauen, zu unterhalten, zu erweitern und zu verbessern.[454]

Mit den Einschränkungen, die sich aus dieser öffentlichen Zweckbestimmung ergeben, unterliegen die öffentlichen Verkehrswege der Privatrechtsordnung und somit den Vorschriften des Bürgerlichen Gesetzbuches, mithin auch den §§ 93 ff. BGB.[455] Eine Ausnahme hierzu stellt § 4 Abs. 1 S. 1 Hamburgisches Wegegesetz (HWG)[456] dar, wonach die Straßen und Wege dem öffentlichen Eigentum der Freien und Hansestadt Hamburg zugeordnet werden.[457] Gemäß § 4 Abs. 1 S. 6 HWG ist die Anwendung der Vorschriften des BGB über Besitz und Eigentum auf Wege, die im Eigentum der Stadt Hamburg stehen, ausgeschlossen. Dies hat zur Folge, dass sowohl jegliche Nutzung als auch das Eigentum als solches dem öffentlichen Recht unterliegen und dem bürgerlichen Recht entzogen sind. Für eine über den Gemein- bzw. Anliegergebrauch hinausgehende Nutzung bedarf es deshalb stets und ausschließlich einer hoheitlichen Erlaubnis gemäß § 19 Abs. 1 HWG der Wegeaufsichtsbehörde, so dass der Benutzungsrechtstitel rein öffentlich-rechtlicher Natur ist. Die bürgerlich-rechtlichen Vor-

---

448 So auch BGHZ 9, 373, 382ff.

449 *Hatscheck*, S. 475.

450 Neben den Regelungen in § 5 FStrG enthalten die Landesstraßengesetze Ausnahmen für Ortsdurchfahrten. Vgl. z.B. § 43 Abs. 3, 4 StrG BW.

451 Vgl. z.B. § 11 Abs. 1a StrWG SH; § 43 Abs. 1 StrG BW.

452 Vgl. z.B. § 11 Abs. 1b StrWG SH; § 43 Abs. 2 StrG BW.

453 Vgl. z.B. § 44 StrG BW.

454 Kodal/Krämer/*Rinke*, Kap. 12, Rn 3ff.

455 BGHZ 9, 373, 382ff.; ausführlich hierzu Kodal/*Krämer*, Kap. 5, Rn 13ff; Staudinger/*Seiler*, Einl. SachenR Rn 88f.; *Wieling*, Sachenrecht, Bd. I, S. 69; *Brüning*, VIZ 1997, 398; *Immesberger/Klemm*, I-2, S. 5.

456 Vgl. zur Verfassungsmäßigkeit des öffentlichen Eigentums die Entscheidung des BVerfG zum Hamburger Deichordnungsgesetz, BVerfGE 24, 367ff.

457 Die Theorie des homogenen öffentlichen Eigentums geht auf Otto Mayer zurück. Vgl. hierzu *Mayer*, AöR 21 (1907), 499ff.; *ders.* AöR 39 (1920), 77ff.; der seine Auffassung an das französische Institut des „domaine public“ anlehnt.

schriften, z.B. § 946 BGB, finden bei Leitungen, die in Hamburger Straßen im Sinne des § 4 Abs. 1 S. 1 WHG verlegt sind, keine Anwendung.

Sowohl das Straßenrecht des Bundes als auch die überwiegenden landesrechtlichen Straßengesetze unterscheiden bei der Nutzung der Straße zwischen Gemeingebrauch, öffentlich-rechtlicher Sondernutzung und der sonstigen Benutzung nach bürgerlichem Recht.[458]

Gemeingebrauch ist das jedermann zustehende Recht, die öffentlichen Verkehrswege im Rahmen der Widmung und der Verkehrsvorschriften zum Verkehr in Anspruch zu nehmen.[459] Eine Sondernutzung öffentlichen Rechts liegt vor, wenn die konkrete Art der Nutzung den Gemeingebrauch einschränkt oder abstrakt geeignet ist den Gemeingebrauch zu beeinträchtigen.[460] Die meisten Landesstraßengesetze[461] sowie § 8 FStrG normieren ferner eine sonstige Nutzung nach bürgerlichem Recht. Diese wird in § 8 Abs. 10 FStrG wie folgt definiert: „*Die Einräumung von Rechten zur Benutzung des Eigentums der Bundesfernstraßen richtet sich nach bürgerlichem Recht, wenn sie den Gemeingebrauch nicht beeinträchtigt, wobei eine Beeinträchtigung von nur kurzer Dauer für Zwecke der öffentlichen Versorgung außer Betracht bleibt.*“ Da die mit der Verlegung von Versorgungsleitungen verbundenen Eingriffe in den Straßenkörper nicht mehr in den Gemeingebrauch fallen, sondern zu anderen Zwecken erfolgen, kommt lediglich eine Sondernutzung oder eine Nutzung nach bürgerlichem Recht in Betracht.[462]

§ 8 Abs. 10 FStrG normiert eine Ausnahme von der öffentlich-rechtlichen Regelung der Sondernutzung an Bundesfernstraßen gemäß § 8 Abs. 1 bis 9 FStrG.[463] Unter den Begriff „Leitungen der öffentlichen Versorgung“ fallen alle Leitungsanlagen, die der Versorgung der Allgemeinheit mit elektrischer Energie, Gas, Wasser und Fernwärme dienen.[464] Nicht von § 8 Abs. 10 FStrG erfasst sind Leitungssysteme zur Eigenversorgung gewerblicher Anlagen und innerbetriebliche Leitungen der Versorgungsunternehmen, so dass die Benutzung der öffentlichen

---

458 Vgl. §§ 7, 8 Abs. 1, 8 Abs. 10 FStrG; 13ff. StrG BW; Art. 14 ff. BayStrWG; §§ 14ff. BbgStrG; 15ff. BremLStrG; 14ff. HStrG; 21ff. StrWG-MV; 14ff. NStrG; 14ff. StrWG NW; 34ff. LStrG RP; 14ff. SStrG; 14ff. SächsStrG; 14ff. StrG LSA; 20ff. StrWG SH; 14ff. ThürStrG.

459 Vgl. § 7 FStrG sowie die entsprechenden landesrechtlichen Vorschriften.

460 § 8 FStrG; Kodal/Krämer/*Grote*, Kap. 26, Rn 9ff.; *Wiesinger/Markuske*, S. 244ff.

461 § 21 StrG BW; Art. 22 BayStrWG; §§ 23 BbgStrG; 19 BremLStrG; 20, 40 HStrG; 30 StrWG-MV; 23, 55 NStrG; 23, 51 StrWG NW; 45 LStrG RP; 22, 55 SStrG; 23 SächsStrG; 23 StrG LSA; 28 StrWG SH; 23 ThürStrG; anders lediglich Hamburg (§ 19 HWG) und Berlin (§§ 11, 12 Berl StrG), wonach auch die Nutzung für Zwecke der öffentlichen Versorgung eine öffentlich-rechtliche Sondernutzung darstellt.

462 BVerwGE 29, 248ff.; *Lukes*, S. 27.

463 BGHZ 37, 353, 354.

464 Danner/Theobald/*Krüger*, X, B 1 Rn 17ff.

Straße für diese Zwecke nach öffentlichem Recht zu regeln ist.[465] Über den Wortlaut hinausgehend fallen auch öffentliche Abwasserleitungen in den Anwendungsbereich des § 8 Abs. 10 FStrG.[466]

Da die Mitbenutzungsverhältnisse für die Benutzung öffentlicher Verkehrswege zu Zwecken der öffentlichen Versorgung seit Beginn der Versorgung mit Energie und Wasser privatrechtlich in Form von Gestattungsverträgen geregelt wurden, war es auch bei Schaffung des FStrG im Jahr 1953 sachgerecht, dass sich die Einräumung von Rechten zur Benutzung der Straßen nach bürgerlichem Recht richtet.[467] Hierbei ist unerheblich, ob die Leitungen die Straße kreuzen oder längs zu ihr verlaufen, da auch bei einer abschnittsweisen Längsverlegung regelmäßig nur eine Beeinträchtigung des Gemeingebrauchs von kurzer Dauer vorliegt.[468] Die Verlegung und Unterhaltung von Versorgungsleitungen in Straßen beurteilt sich folglich gemäß § 8 Abs. 10 FStrG nach bürgerlichem Recht.[469]

Öffentliche Telekommunikationslinien dienen ebenfalls einer öffentlichen Zweckbestimmung. Ihre Rechtsverhältnisse sind allerdings im TKG[470] besonders geregelt, so dass § 8 Abs. 10 FStrG und das entsprechende Landesrecht nicht zur Anwendung gelangen.

In der Regel ist der Träger der Straßenbaulast auch der Eigentümer der Straße. Dies ist zwar nicht immer zwingend der Fall, aber die Gesetze enthalten Regelungen, die eine Zusammenführung von Wegeeigentum und Straßenbaulast durch Überleitung des Eigentums an der Straße auf den Baulastträger anstreben.[471] Aber auch wenn der Wegeeigentümer und der Träger der Straßenbaulast nicht identisch sind, steht die Verfügungsgewalt über Nutzungen, die nach dem bürgerlichen Recht vergeben werden, dem Träger der Straßenbaulast zu.[472]

---

465 BVerwGE 29, 248, 253; Gegenstand dieser Arbeit ist das Leitungsnetz der öffentlichen Versorgung, so dass betriebseigene Versorgungsleitungen in den folgenden Ausführungen nicht berücksichtigt werden.

466 So auch Kodal/Krämer/*Bauer*, Kap. 27, Rn 19.2.; vgl. hierzu auch das Allgemeine Rundschreiben Straßenbau Nr. 33/2006 des Bundesministeriums für Verkehr, Bau und Stadtentwicklung, VkBl. 2006, 901.

467 Ein Versuch anlässlich der 2. Novelle zum FStrG Anfang der siebziger Jahre die Straßenbenutzung durch Leitungen der öffentlichen Versorgung unter Anlehnung an das Eisenbahnkreuzungsgesetz öffentlich-rechtlich zu regeln ist u.a. am Widerstand der Versorgungswirtschaft gescheitert. Vgl. als Befürworter für eine straßenrechtliche Regelung *Bartelsperger*, DVBl. 1980, 249ff.

468 BVerwGE 29, 248, 253; so auch *Morell*, Handbuch, Bd. I, Kennz. 0110, S. 1.; *Marschall/Schroeter/Kastner*, § 8 Rn 48; ausführlich hierzu *Malzer*, S. 40ff.

469 BVerwGE 29, 248, 253ff.; BGH WM 1969, 1283; BGH NJW 1974, 644; *Morell*, S. 13.

470 Vgl. §§ 68ff. TKG.

471 § 6 Abs. 1 S. 1 FStrG normiert einen gesetzlichen Eigentumsübergang beim Wechsel der Straßenbaulast. Ähnlich Regelungen sind in vielen Landesstraßengesetzen enthalten, so z.B. § 10 StrG BW.

472 Kodal/Krämer/*Bauer*, Kap. 27, Rn 5; Danner/Theobald/*Krüger*, X, B1 Rn 35aff.

Grundsätzlich ist der Eigentümer einer Sache gemäß § 903 BGB berechtigt, andere von der Einwirkung auf sein Eigentum auszuschließen, soweit nicht das Gesetz oder Rechte Dritter entgegenstehen. Der Eigentümer eines öffentlichen Verkehrsweges ist in seiner Entscheidung über die Vergabe von Mitbenutzungsrechten für die Verlegung von Versorgungsleitungen zum Zwecke der öffentlichen Versorgung hingegen nicht völlig frei. Die Errichtung, die Unterhaltung und der Betrieb eines Versorgungsnetzes sind für die Gewährleistung einer sicheren Versorgung der Allgemeinheit unabdingbar und stellen mithin an sich eine dem Allgemeinwohl dienende Aufgabe dar.

Damit Strom, Gas, Fernwärme und Wasser für den Verbraucher zuverlässig und zu einem vertretbaren Preis dauerhaft zur Verfügung stehen, sind den Strom- und Gasnetzbetreibern im EnWG[473] und den Fernwärme- bzw. Wasserversorgungsunternehmen in öffentlich-rechtlich normierten Anschluss- und Benutzungsregeln Anschluss- und Versorgungspflichten auferlegt.

Als Ausgleich hierfür und zur Sicherstellung der allgemeinen Versorgung stehen den Versorgungsunternehmen und Netzbetreibern besondere Rechte zu. Für den Strom- und Gassektor normiert § 46 EnWG, dass die Gemeinden den Energieversorgungsunternehmen ihre öffentlichen Verkehrswege für die Leitungsverlegung gegen Zahlung von Konzessionsabgaben zur Verfügung zu stellen haben. Abgesehen von den Gestattungsverträgen gemäß § 46 EnWG haben die Straßenbaulastträger von Bundes-, Landes- und Kreisstraßen die in ihrem Eigentum stehenden Straßen unentgeltlich zum Zwecke der Leitungsverlegung zur Verfügung zu stellen.[474]

Die Straßenverwaltung unterliegt als Teil der öffentlichen Verwaltung dem Gleichheitssatz des Art. 3 Abs. 1 GG und der sich hieraus ergebenden Selbstbindung. Ein Verstoß gegen den Gleichheitssatz würde vorliegen, wenn die Verwaltung in einzelnen Fällen ohne sachliche Begründung von ihrer ständigen Verwaltungspraxis abwiche.[475] Im Bereich der Vergabe von Wegerechten zur Leitungsverlegung an öffentlichen Verkehrsflächen sind deshalb Musterverträge ausgearbeitet worden, die größtenteils zur Anwendung gelangen.

aa. Mitbenutzungsverhältnisse bei Energie- und Wasserversorgungsleitungen sowie Abwasserleitungen in öffentlichen Verkehrswegen

Das Nutzungsrecht der Versorgungsunternehmen an öffentlichen Verkehrswegen ist gemäß § 8 Abs. 10 FStrG und den meisten entsprechenden landesrechtlichen Vorschriften privatrechtlich ausgestaltet.

Die Gemeinden haben ein eigenes Interesse an einer zuverlässigen und flächendeckenden Versorgung ihres Gebietes. Bei Bundes-, Landes- und Kreisstraßen

---

473 Vgl. 18 EnWG.

474 Vgl. § 3 Abs. 1 S. 2 KAV.

475 BVerfGE 8, 1, 9f.; 36, 321, 336ff.; *Maurer*, § 24 Rn 21ff.

bezieht sich die Wegenutzung dagegen oft bloß auf die Kreuzung einer Leitung mit dem Verkehrsweg, ohne dass der Straßeneigentümer ein eigenes Interesse am Betrieb der Leitung hat. Deshalb werden mit Gemeinden im Regelfall andere Gestattungsverträge abgeschlossen als mit den übrigen Straßenbaulastträgern. Diese andersgeartete Interessenlage zeigt sich an den verschiedenen Vereinbarungen zur Pflichtenaufteilung, insbesondere hinsichtlich der Übernahme von Folgekosten.

(1) Mitbenutzungsverhältnisse bei Gemeindestraßen

(a) Konzessionsverträge im Bereich der Energie- und Wasserversorgung

In der Regel werden so genannte Konzessionsverträge abgeschlossen. Dies sind Vereinbarungen zwischen Gemeinden und dem Versorgungsunternehmen oder dem Netzbetreiber betreffend die Nutzung öffentlicher Straßen und Wege zur Verlegung von Versorgungsleitungen gegen Entgelt.[476]

Die Bezeichnung „Konzessionsvertrag" geht zurück auf eine Untersuchung von *Crome*[477], der die Bezeichnung in Anlehnung an eine im französischen Recht bekannte Vertragsform, den so genannten „contrat de concession", wählte und damit die bis heute übliche Bezeichnung prägte. Diese wird teilweise als unglücklich bezeichnet, da der Begriff der Konzession grundsätzlich dem Verwaltungsrecht zuzuordnen ist.[478] Der „Konzessionsvertrag" enthält hingegen weder die Verleihung von Hoheitsrechten, noch eine gewerbepolizeiliche Genehmigung oder eine ministerielle Versorgungserlaubnis. Obwohl sich generell der Begriff „Konzessionsvertrag" durchgesetzt hat, findet er sich nicht im Gesetzestext wieder.

Konzessionsverträge weisen eine lange Geschichte auf und werden heute einhellig als eine in vollem Umfang zivilrechtlich zu würdigende Vertragsbeziehung eingestuft.[479] Der Konzessionsvertrag wird als ein gemischter Vertrag sui gene-

---

476 Die Definition geht auf die Bestimmung in § 103 Abs. 1 Nr. 2 GWB a.F. in der von *„Verträgen von Versorgungsunternehmen mit Gebietskörperschaften, soweit sich durch sie eine Gebietskörperschaft verpflichtet, die Verlegung und den Betrieb von Leitungen auf oder unter öffentlichen Wegen für eine bestehende oder beabsichtigte unmittelbare öffentliche Versorgung von Letztverbrauchern im Gebiet der Gebietskörperschaft mit Elektrizität, Gas oder Wasser ausschließlich einem Versorgungsunternehmen zu gestatten"* die Rede war.

477 *Crome*, AcP 115 (1917), 1ff.; dazu auch *Stern*, AöR 84 (1959), 137, 146ff.

478 So z.B. *Immesberger/Klemm*, I-2, S. 3.

479 BGH, RdE 1969, 9; BGH NVwZ 1986, 689, 690; *Hüffer/Tettinger*, S. 27; Bartsch/ Röhling/Salje/Scholz/*Salje*, Kap. 49, Rn 5; *Scholtka*, S. 36f.; *Morell*, S. 13. Vgl. zu der früheren Qualifizierung als öffentlich-rechtlicher Vertrag oder als sogenannter gemischter Vertrag *Zacher*, S. 129ff. Die privatrechtliche Einordnung ist laut *Immesberger/ Klemm*, I-2, S. 3, auf den historischen Aspekt zurückzuführen, dass nach dem 1. Weltkrieg der Wunsch mitgewirkt habe, die Versorgungsbetriebe zu entpolitisieren und dem

ris mit einer Mehrzahl unterschiedlicher Leistungen und Gegenleistungen, als ein auf Dauer angelegtes und einheitlich zu würdigendes Rechtsverhältnis bezeichnet.[480] Sämtliche Berührungspunkte der Versorgungsleitungen mit den sich im Gemeindegebiet befindlichen öffentlichen Verkehrswegen sind in diesem Vertrag geregelt. Da die Gemeinde ein großes Interesse an einer sicheren, zuverlässigen und ausreichenden Versorgung der Bevölkerung hat und Konzessionsabgaben erhält, finden bei der Pflichtenverteilung regelmäßig auch die Interessen des Versorgungsunternehmens Berücksichtigung.[481]

Mit der Liberalisierung der Strom- und Gasmärkte[482] ist die Bereichsausnahme für Konzessionsverträge in diesen Sektoren aufgehoben worden.[483] Deshalb sieht § 46 Abs. 1 EnWG den Abschluss reiner Wegenutzungsverträge im Strom- und Gasbereich vor. Das EnWG unterscheidet zwischen einfacher (§ 46 Abs. 1 EnWG) und qualifizierter (§ 46 Abs. 2 EnWG) Wegenutzung zum Zweck der allgemeinen Versorgung. Hauptpflicht dieser Wegenutzungsverträge ist die Gestattung der Benutzung aller oder bestimmter im Eigentum der Gemeinde stehender öffentlicher Verkehrswege für die Verlegung und den Betrieb von Leitungen gegen Entgelt. Die Höchstvertragslaufzeit ist bei qualifizierten Wegenutzungsverträgen gemäß § 46 Abs. 2 S. 1 EnWG auf 20 Jahre festgelegt.[484] Die Zulässigkeit der Zahlung von Konzessionsabgaben richtet sich für die Bereiche Strom und Gas nach der KAV.

Für Konzessionsverträge im Bereich der Fernwärmeversorgung war eine kartellrechtliche Ausnahmeregelung nicht vorgesehen. Wegen der nur punktuellen Bedeutung der Fernwärmeversorgung wurde ein Schutz vor Wettbewerb in diesem Markt nicht als erforderlich erachtet. Im Bereich der Fernwärmeversorgung besteht auch keine Vertragslaufzeitbegrenzung.[485]

Im Bereich der Wasserversorgung werden nach wie vor vielfach so genannte „Gebietsversorgungsverträge" abgeschlossen. Zur Sicherung der Versorgung ihres Gebiets mit Wasser räumen die Gemeinden oder Gemeindeverbände einem Versorgungsunternehmen (oft dem eigenen Stadtwerk) das ausschließliche Recht zur Benutzung der in ihrem Eigentum stehenden Verkehrswege zur Ver-

---

Zugriff der in den Stadt- und Gemeinderäten vertretenen Parteiinteressen weitgehend zu entziehen.

480 *Hüffer/Tettinger*, S. 25; *Morell*, S. 13

481 BGH MDR 1980, 743; MDR 1981, 925f.

482 Vgl. hierzu die Ausführungen unter Teil B Abschnitt II. 2.

483 Dies geschah durch Art. 2 des Gesetzes zur Neuregelung des Energiewirtschaftsrechts vom 24.4.1998 (BGBl. I S. 730ff.), mit dem ein neuer § 103b in das GWB eingefügt wurde, wonach § 103 und § 103a auf die Versorgung mit Elektrizität und Gas nicht mehr anzuwenden sind.

484 Diese Regelung ist erstmals 1998 ins EnWG (§ 13 Abs. 2 S. 1 a.F.) aufgenommen worden, war aber bereits seit der vierten GWB-Novelle im Jahr 1980 gemäß § 103 a Abs. 1 GWB a.F. geltendes Recht.

485 § 8 Abs. 1 Musterkonzessionsvertrag-Fernwärme *Morell*, S. 56gff., 56j sieht eine Vertragslaufzeit von 20 Jahren vor.

legung von Leitungen ein.[486] Zugleich verpflichtet sich das Unternehmen zur ordnungsgemäßen Wasserversorgung des Gemeindegebiets.

Da der Wassertransport und der Wasservertrieb nach dem unveränderten Verständnis des Gesetzgebers ein natürliches Monopol darstellt, sind Ausschließlichkeitsklauseln in Wasserkonzessionsverträgen gemäß § 131 Abs. 6 GWB i.V.m. § 103 Abs. 1 GWB a.F. weiterhin zulässig.[487] Der Gesetzgeber hat betont, dass der kartellrechtliche Ausnahmebereich für die Wasserversorgung bis zur Aufhebung durch ein Bundesgesetz bestehen bleibt.[488] Dies wird auf die nötige strenge staatliche Fachaufsicht im Bereich der Trinkwasserversorgung zurückgeführt, die für die Gewährleistung einer qualitativ hochwertigen und hygienisch einwandfreien Versorgung erforderlich und auf rechtlich zulässige geschlossene Versorgungsgebiete angewiesen sei.[489] Im Bereich der Wasserversorgung gibt es ebenfalls keine Laufzeitbeschränkung für Konzessionsverträge.[490]

Teilweise wird die Energie- oder Wasserversorgung von gemeindlichen Eigenbetrieben wahrgenommen.[491] Da es sich bei dem Konzessionsvertrag um einen privatrechtlichen Vertrag zwischen zwei Rechtssubjekten handelt, können die Gemeinden mit Eigenbetrieben keine Verträge im Rechtssinn abschließen. Auch wenn es in der Praxis üblich ist, die rechtlichen Beziehungen auch hinsichtlich der Wegenutzung zwischen einer Gemeinde und ihrem Eigenbetrieb unter der Bezeichnung „Konzessionsvertrag" zu regeln, handelt es sich hierbei nicht um einen Vertrag, sondern dem Rechtscharakter nach um eine besonders gestaltete Verwaltungsanweisung.[492] Für den Strom- und Gasbereich gelten die Vorgaben für Wegenutzungsverträge gemäß § 46 Abs. 4 EnWG auch für Eigenbetriebe.[493] Einer Gestattung der Inanspruchnahme der gemeindlichen Straßen bedarf es bei der Leitungsverlegung durch Eigenbetriebe nicht, da hierbei die eigenen Straßen genutzt werden.

---

486 Vgl. z.B. § 1 Musterkonzessionsvertrag-Wasser, *Morell*, S. 56ff.

487 Vgl. hierzu zuletzt *Büdenbender,* WuW 2008, 441ff.,

488 Vgl. BT-Drs. 13/9720, S. 70.

489 BT-Drs. 13/9720, S. 70; Langen/Bunte/*Stadler,* § 131 Rn 12f.

490 § 6 Musterkonzessionsvertrag-Wasser, *Morell*, S. 56ff., 56e, sieht eine Vertragsdauer von 20 Jahren vor.

491 Der Anteil der Eigenbetriebe in der Wasserversorgung ist in den letzten Jahren deutlich gesunken. Im Jahr 2005 machten die Eigen- und Regiebetriebe nur noch 5% bezogen auf das Wasseraufkommen aus. Vgl. Branchenbild der deutschen Wasserwirtschaft 2008, S. 12.

492 Vgl. OVG Schleswig VersorgW 2003, 18; *Morell*, S. 38f.

493 § 46 Abs. 4 EnWG soll verhindern, dass der mit § 46 Abs. 2, 3 EnWG verfolgte wettbewerbsfördernde Zweck bei Eigenbetrieben unterlaufen werden kann. Vgl. Danner/*Theobald,* I, B1 § 46 Rn 111f.

Zusammenfassend ist festzustellen, dass bei der Versorgung mit Energie und Wasser das Recht zur Mitbenutzung der gemeindlichen Verkehrswege mittels Konzessionsverträgen und folglich schuldrechtlich eingeräumt wird.[494]

(b) Mitbenutzungsverhältnisse bei Gemeindestraßen zur Abwasserbeseitigung

Anders als die Energie- und Wasserversorgung erfolgt die Abwasserbeseitigung in Deutschland überwiegend durch öffentlich-rechtliche Unternehmen.[495] Zurückzuführen ist dies auf die Qualifizierung der Abwasserbeseitigungspflicht als hoheitliche Aufgabe der Gemeinden.

Gemäß § 18 Abs. 2 WHG regeln die Bundesländer, wer Träger der Abwasserbeseitigungspflicht ist, wobei eine Rangordnung der in Betracht kommenden Abwasserpflichtigen vorgegeben wird. Hiernach handelt es sich bei der Abwasserbeseitigung um eine Aufgabe, zu deren Ausführung grundsätzlich nur Körperschaften des öffentlichen Rechts in der Lage sind.[496]

Die Landeswassergesetze (LWG) normieren, dass es im Rahmen der Selbstverwaltung grundsätzlich die Pflicht der Gemeinde ist, das gesamte auf ihrem Gebiet anfallende Abwasser zu beseitigen.[497] Zur Erfüllung dieser Pflicht können sich die abwasserbeseitigungsverpflichteten Gemeinden Dritter bedienen.[498]

Einen echten Pflichtenübergang auf private Rechtsträger normiert inzwischen § 18a Abs. 2a WHG, wobei am Ende die Länder über die Umsetzung dieser Privatisierungsoption entscheiden müssen.[499] Die hierdurch auf private Abwasserunternehmen übertragenen Pflichten sind aufgrund ihrer Personengebundenheit nicht übertragbar.[500]

---

494 So auch *Gieseke*, FS Hedemann, S. 101.

495 Vgl. Branchenbild der deutschen Wasserwirtschaft 2008, S. 13; zu den unterschiedlichen Organisationsformen *Queitsch*, UPR 2000, S. 247ff.

496 OVG Schleswig ZfW 1995, 56; *Czychowski/Reinhardt*, § 18a Rn 12.

497 Vgl. § 45b Abs. 1 S. 1 BadWttbgWG; Art. 41b Abs. 1 S. 1 BayWG; § 66 Abs. 1 S. 1 BbgWG; § 133 Abs. 1 S. 1 BremWG; § 43 Abs. 1 S. 1 HessWG; § 40 Abs. 1 S. 1 MecklVorpWG; § 149 Abs. 1 S. 1 NdsWG; § 53 Abs. 1 S. 1 NordrhWestfWG; § 52 Abs. 1 S. 1 RhPfWG; § 50 Abs. 1 S. 1 SaarlWG; § 63 Abs. 2 S. 1 SächsWG; § 151 Abs. 1 S. 1 SachsAnhWG; § 31 Abs. 1 S. 1 SchlHWG; § 58 Abs. 1 S. 1 ThürWG. Gemäß § 29 e Abs. 1 S. 2 BWG obliegt die Abwasserbeseitigungspflicht im Land Berlin den Berliner Wasserbetrieben (BWB).

498 Vgl. § 45c BadWttbgWG; § 66 Abs. 1 S. 1 BbgWG; § 133 Abs. 9 BremWG; § 43 Abs. 5 HessWG; § 40 Abs. 4 S. 2 MecklVorpWG; § 149 Abs. 9 NdsWG; § 42 Abs. 1 S. 3, 4 RhPfWG; § 50a Abs. 1 S. 2 SaarlWG; § 63 Abs. 3 S. 1 SächsWG; § 151 Abs. 9 SachsAnhWG; § 31 Abs. 1 S. 2 SchlHWG; § 58 Abs. 4 S. 2 ThürWG.

499 Vgl. ausführlich zu dieser Übertragungsmöglichkeit nach der 6. Novelle zum WHG *Gruneberg*, S. 57ff. Die Länder haben von diesem bundesrahmenrechtlichen Regelungsauftrag zunächst nur zurückhaltend Gebrauch gemacht. Vgl. z.B. § 45c BadWttbgWG; § 63 Abs. 4 SächsWG; § 151a Abs. 1 SachsAnhWG.

500 Vgl. *Czychowski/Reinhardt*, § 18a Rn 23b.

Größtenteils ist die Abwasserentsorgung in Deutschland in Form von Regie- bzw. Eigenbetrieben organisiert.[501] Da diese nicht rechtsfähig sind, kommt der Abschluss von Verträgen mit der jeweiligen Gemeinde nicht in Betracht. Die Abwasserleitungen werden in diesem Fall mit den eigenen Grundstücken verbunden, so dass es keiner Nutzungsbefugnis bedarf.

Vom Gesetzgeber ist für den Bereich der Abwasserentsorgung der Abschluss von Konzessionsverträgen nicht vorgesehen.[502] Sobald die Entsorgungspflicht allerdings von eigenständigen Rechtssubjekten, z.B. privatrechtlichen Gesellschaften oder Anstalten des öffentlichen Rechts, wahrgenommen wird, benötigen diese ein Recht für die Nutzung der kommunalen Grundstücke. Hierfür wird oft ein schuldrechtlicher Gestattungsvertrag zwischen der Gemeinde und dem Abwasserbeseitigungsunternehmen abgeschlossen.[503]

Teilweise enthalten auch der Betriebsführungsvertrag oder die Beauftragung der Eigengesellschaft eine entsprechende Vereinbarung.[504] Ferner ist die Straßenmitbenutzung größtenteils im Abwasserbeseitigungsauftrag geregelt.[505]

Mithin werden im Bereich der Abwasserbeseitigung die Leitungen oft in eigene, gemeindliche Grundstücke verlegt. Andernfalls ergibt sich das Nutzungsrecht aus schuldrechtlichen Vereinbarungen.

(2) Mitbenutzungsverhältnisse bei Bundes-, Landes- und Kreisstraßen

Seit dem Ausbau der Versorgungsnetze über die Grenzen der Gemeindegebiete hinaus, ist es erforderlich, auch Bundes-, Landes- und Kreisstraßen für die Verlegung von Leitungen zu nutzen. Seit jeher werden hierfür privatrechtliche Gestattungsverträge abgeschlossen. Anders als für die Mitbenutzung von Gemeindestraßen enthält das Gesetz hierzu keine Regelung, so dass zunächst der Grundsatz der Vertragsfreiheit gilt. Bis Ende 1968 entstanden in der BRD verschiedene Straßenbenutzungsverträge mit sehr unterschiedlichem Inhalt.[506]

Auch wenn Art. 3 Abs. 1 GG alle staatlichen Hoheitsträger in ihrem Handeln bindet, entfaltet dieser Grundsatz bei der Übertragung von Mitbenutzungsrechten an Bundes-, Landes- und Kreisstraßen eine größere Wirkung als bei der Gestaltung der Mitbenutzungsverhältnisse gemeindlicher Verkehrswege. Eine Landesstraßenbauverwaltung vereinbart sehr viele Mitbenutzungsvereinbarungen mit unterschiedlichen Vertragspartnern wohingegen der Gemeinde in der Regel ein kleinerer Kreis an Versorgungsunternehmen oder Netzbetreibern der jewei-

---

501 Vgl. Branchenbild der deutschen Wasserwirtschaft 2008, S. 13.

502 Vgl. § 103 GWB a.F.

503 *Brüning*, S. 174.

504 Vgl. § 5 Nr. 4 des Musterbetreibervertrags des Ministerium des Innern für das Land Sachsen-Anhalt, Anlage des RdErl. des MI vom 24.2.1994, MinBl. für das Land Sachsen-Anhalt 1994, 1073, 1079.

505 Vgl. *Dierkes*, ZfW 2004, S. 206.

506 Vgl. zu diesen Benutzungsverhältnissen *Morell*, Handbuch, Bd. I, Kennz. 0110, S. 37ff.

ligen Versorgungsbranche gegenüber steht. Da der Gleichheitssatz des Art. 3 Abs. 1 GG von jedem Träger öffentlicher Gewalt nur in seinem Zuständigkeitsbereich zu beachten ist, wächst die Bedeutung bei größeren Zuständigkeitsbereichen.[507] Die Selbstbindung der Verwaltung betrifft insbesondere die Konditionen, zu denen die Wegenutzung gewährt wird. Aus diesem Grund sind von Seiten der Straßenbauverwaltung nach Anhörung der Versorgungswirtschaft differenzierte Muster- und Rahmenverträge ausgearbeitet worden, die zu einer Vereinheitlichung der Gestattungsverträge führen sollten.

Für das Zusammentreffen von Leitungen und Bundesfernstraßen ergibt sich die Anwendung der Musterverträge aus dem letzten Rundschreiben des Bundesministeriums für Verkehr, Bau und Stadtentwicklung.[508] Aber auch die Straßenbaulastträger der Landes- und Kreisstraßen haben diese Verträge vielfach übernommen. Gemeinden greifen ebenfalls auf diese Vertragsmuster zurück, wenn Wegerechte für Leitungen vergeben werden, die nicht der unmittelbaren Versorgung von Letztverbrauchern dienen.[509]

Mit Schreiben vom 3. Dezember 1968[510] an die obersten Straßenbaubehörden führte das Bundesverkehrsministerium den „Bundesmustervertrag 1968"[511] als bundesweit einheitlich geltendes Vertragsmuster ein, der für die Gestattung der Straßenmitbenutzung zum Zwecke der Versorgung verbindlich anzuwenden war. Auch die Straßenbaulastträger der Landes- und Kreisstraßen übernahmen zunehmend dieses Vertragsmuster. Es handelt sich hierbei um einen Einzelgestattungsvertrag, der die konkrete Straßenbenutzung regelt, die sich beim Hinzukommen einer Versorgungsleitung zu einer Straße ergibt.

Anders als der „Bundesmustervertrag 1968", der viele Pflichten zulasten der Versorgungsunternehmen regelte[512], beruht der „Rahmenvertrag"[513] aus dem Jahr 1974 auf einem grundsätzlich gleichberechtigten Nebeneinander öffentlicher Straßen und Leitungen. Am 14. November 1974 vereinbarten das Bundesverkehrsministerium und die Verbände der Versorgungswirtschaft[514], den nachgeordneten Straßenbauverwaltungen der Länder und den Versorgungsunterneh-

507 BVerfGE 21, 54, 68; 76, 1, 73; 79, 127, 158; Sachs/*Osterloh*, Art. 3 Rn 81; Maunz/*Dürig*, Art. 3 Abs. 1 Rn 233f.

508 Vgl. die Hinweise zur Behandlung von Ver- und Entsorgungsleitungen sowie Telekommunikationslinien bei Straßenbaumaßnahmen des Bundes, zuletzt Ausgabe Dezember 2006, VkBl. 2006, S. 899ff., 906ff.

509 So auch Schneider/Theobald/*Albrecht*, § 8 Rn 34; *Morell*, Handbuch, Bd. I, Kennz. 0110, S. 3.

510 Abgedruckt bei *Morell*, Handbuch, Bd. II, Kennz. 6110.

511 Abgedruckt bei *Morell*, Handbuch, Bd. II, Kennz. 6100.

512 Vgl. hierzu *Joachim*, et 1982, 936f.

513 Abgedruckt bei *Morell*, Handbuch, Bd. II, Kennz. 6130.

514 Abgedruckt bei *Morell*, Handbuch, Bd. II, Kennz. 6140.

men zu empfehlen, diesen von einer paritätisch besetzten Kommission[515] über Jahre ausgehandelten Vertrag zu verwenden. Der „Rahmenvertrag" stellt nicht auf einen einzelnen Straßenbenutzungstatbestand ab, sondern erfasst alle Anlagen, durch die ein Versorgungsunternehmen bereits die Straße benutzt oder sie in Zukunft nutzen wird. Ähnlich wie bei Konzessionsverträgen erstreckt sich die Vereinbarung auf alle in dem erfassten Gebiet bestehenden Berührungspunkte zwischen den Leitungen und den Straßen. Dieser Vertrag tritt mit Abschluss an die Stelle aller bisherigen Regelungen, weitere Verträge sind nachträglich weder notwendig noch zulässig.

Der „Entschädigungsvertrag"[516] von 1984 regelt die Fälle, bei denen erstmals eine Leitung von einer neuen, verlegten oder erweiterten Straße berührt wird und deshalb geändert oder angepasst werden muss. Im Detail bestehen Meinungsverschiedenheiten bei der Anwendung und der aus dem Vertrag resultierenden Kostentragungspflicht.[517]

Der „Gegenvertrag"[518] von 1987 regelt die künftige Rechtsbeziehung einer Straße nach erstmaligem Hinzukommen der Straße infolge Neubaus, Verlegung oder Verbreitung zu einer bestehenden Leitung. Voraussetzung ist, dass durch die neue Straße ein dauerhaftes Mitbenutzungsverhältnis entsteht.[519] Nicht erforderlich ist der Abschluss eines „Gegenvertrages", wenn ein „Rahmenvertrag" besteht oder mit Hinzukommen der Straße abgeschlossen wird, da von dessen umfassender Regelung auch die neue Straße erfasst ist.

Mit Schreiben des Bundesverkehrsministeriums vom 27.4.1987[520] wurde der von der Paritätischen Kommission auf der Basis des Rahmen- und des Gegenvertrages ausgehandelte „Bundesmustervertrag 1987"[521] eingeführt. Ebenso wie der „Bundesmustervertrag 1968" ist auch dieser ein Einzelgestattungsvertrag, der lediglich den Sachverhalt des Hinzukommens einer Leitung zu einer Straße erfasst und bestehende Mitbenutzungsverhältnisse unberührt lässt. Hinsichtlich der Kostentragungsregelungen wurde das auch im Rahmen- und Gegenvertrag berücksichtigte Veranlassungsprinzip normiert.

Nach der Zusammenarbeitsverordnung zum Rahmenvertrag vom 14.11.1974[522] ist der Abschluss dieses Vertrages immer dann anzustreben, wenn die Leitungen eines Versorgungsunternehmens häufige Berührungspunkte mit den Bundesfernstraßen oder Landesstraßen aufweisen. Zwischenzeitlich sind für eine Viel-

---

515 Diese Kommission ist mit Vertretern des Bundesministeriums für Verkehr, der Straßenbauverwaltung der Länder und der Versorgungswirtschaft paritätisch besetzt. Vgl. zur Paritätischen Kommission Danner/Theobald/*Krüger*, X, B 1 Rn 10ff.

516 Abgedruckt bei *Morell*, Handbuch, Bd. II, Kennz. 6250.

517 Vgl. *Morell*, Handbuch, Bd. I, Kennz. 0110, S. 24f.

518 Abgedruckt bei *Morell*, Handbuch, Bd. II, Kennz. 6210.

519 *Morell*, Handbuch, Bd. I, Kennz. 0110, S. 22.

520 Abgedruckt bei *Morell*, Handbuch, Bd. II, Kennz. 6220.

521 Abgedruckt bei *Morell*, Handbuch, Bd. II, Kennz. 6200.

522 Abgedruckt bei *Morell*, Handbuch, Bd. II, Kennz. 6140.

zahl von Bundes-, Landes-, aber auch für Kreisstraßen „Rahmenverträge" abgeschlossen worden.[523] Bei nur einzelnen Berührungen wird auch heute oft der „Bundesmustervertrag 1987" abgeschlossen.

In Ausnahmefällen erfolgt die Nutzung von Bundes-, Landes- oder Kreisstraßen allerdings ohne einen schriftlichen Vertrag mit dem Versorgungsunternehmen.[524] Dies kann insbesondere der Fall sein, wenn die Straßenbauverwaltung die Benutzung der Straße durch die Leitung auf Dauer gestattet hat, ohne dass ein schriftlicher Vertrag abgeschlossen wurde. Zum Teil sind die Verträge auch nicht mehr aufzufinden. Des Weiteren wurde oft kein schriftlicher Vertrag abgeschlossen, wenn zum Zeitpunkt der Verlegung Identität zwischen dem Straßenbaulastträger und dem Versorgungsunternehmen bestand. Die Benutzung der Straße kann auch lediglich auf einer Bauerlaubnis beruhen, ohne dass es zum Abschluss eines Gestattungsvertrages kam.

Die Mitbenutzung von Bundes-, Landes- und Kreisstraßen erfolgt mithin überwiegend aufgrund schuldrechtlicher Nutzungsberechtigungen der Versorgungsunternehmen.[525]

bb. Mitbenutzungsverhältnisse bei Telekommunikationslinien in öffentlichen Verkehrswegen

Das Wegerecht für die Verlegung von Telekommunikationslinien ist im TKG normiert. Dieses enthält einen eignen Abschnitt zu Wegerechten.[526] Die TKG-Novelle im Jahre 2004 hat die wegerechtlichen Regelungen des TKG 1996 inhaltlich weitgehend unberührt gelassen. Die zentrale Vorschrift für die Benutzung öffentlicher Verkehrsflächen für die Verlegung von Telekommunikationslinien ist § 68 TKG.

Die gesetzliche Normierung eines Wegerechts zum Zwecke der Leitungsverlegung im Telekommunikationssektor ist historisch bedingt. Das Post- und Fernmeldewesen wies seit seiner Begründung und bis zur Liberalisierung ein hohes Maß an Staatsnähe auf.[527] Im Zuge der Liberalisierung hat sich die Verantwortung des Staates in der Telekommunikation von der Erfüllungsverantwortung zur Infrastrukturgewährleistungspflicht gewandelt. Dieser Wandel ist charakteristisch für das heutige telekommunikationsspezifische Wegerecht, dessen Ursprünge in dem umfassenden staatlichen Fernmeldeleitungsrecht liegen.

---

523 Danner/Theobald/*Krüger*, X, B1 Rn 171 geht von mind. 650 Abschlüssen aus.

524 Vgl. hierzu die Ausführungen in den Hinweisen zur Behandlung von Ver- und Entsorgungsleitungen sowie Telekommunikationslinien bei Straßenbaumaßnahmen des Bundes – Ausgabe 2006 des Bundesministeriums für Verkehr, Bau und Stadtentwicklung, VkBl. 2006, 899, 908f.

525 So auch *Gieseke*, FS Hedemann, S. 101.

526 Vgl. Teil 5, Abschnitt 3 des TKG.

527 Vgl. die Ausführungen unter B II. 1.

Einer raschen Ausbreitung der Telegraphenlinien stand Ende des 19. Jahrhunderts die ablehnende Haltung vieler Städte entgegen, ihre Straßenkörper für die Errichtung von Telegraphenlinien zur Verfügung zu stellen. Zur Schaffung einer einheitlichen Regelung und zur Förderung der Ausbreitung des Telegraphenwesens wurde am 18.12.1899 das Telegraphenwegegesetz (TWG) beschlossen, das am 1.1.1900 in Kraft getreten ist.[528] Dieses Gesetz enthielt in § 1 TWG ein der Telegraphenverwaltung zugewiesenes unentgeltliches Nutzungsrecht der Verkehrswege für öffentlichen Zwecken dienende Telegraphenlinien, das im Zuge der Postreform nacheinander der Deutschen Bundespost, der Deutschen Bundespost Telekom, der Deutschen Telekom AG sowie schließlich dem Bund eingeräumt wurde.[529] Erst mit Erlass des TKG ist das TWG mit Wirkung zum 1.8.1996 außer Kraft getreten[530], wobei viele Regelungen des Wegerechts in §§ 50ff. TKG a.F., jetzt §§ 68ff. TKG, übernommen wurden.[531]

Die telekommunikationsrechtliche Nutzungsberechtigung ist zweistufig konstruiert.[532] In § 68 Abs. 1 TKG wird dem Bund die Befugnis eingeräumt, öffentliche Verkehrswege für die öffentlichen Zwecken dienenden Telekommunikationslinien unentgeltlich zu benutzen. Gemäß § 69 TKG wird dieses Recht auf die Betreiber öffentlicher Telekommunikationsnetze übertragen.

Anders als die Nutzung öffentlicher Verkehrswege durch Energie- und Wasserversorgungsunternehmen erfolgt die Wegenutzung gemäß § 68 Abs. 1 TKG stets und somit auch in Gemeindegebieten unentgeltlich. Die Unentgeltlichkeit der Wegenutzung geht auf einen Beschluss des Bundesrats des Norddeutschen Bundes zurück.[533] Die Beibehaltung der Unentgeltlichkeit des Mitbenutzungsrechts in einem liberalisierten und privatisierten Telekommunikationsmarkt gehörte zu den am stärksten umstrittenen Fragen im Gesetzgebungsverfahren zum TKG 1996.[534] Die Verfassungsmäßigkeit des § 50 TKG a.F. stand sowohl in formeller als auch in materieller Hinsicht im Mittelpunkt intensiver Diskussion.[535] Inzwischen wurde die Verfassungsmäßigkeit der unentgeltlichen Nutzungsberechtigung durch das BVerfG bestätigt.[536]

---

528 RGBl. 1899, Nr. 51, S. 705.

529 Vgl. zu den drei Stufen der Postreform *Scholz*, ArchivPT 1996, 98.

530 Vgl. § 100 Abs. 3 TKG 1996.

531 Vgl. BGHZ 162, 78ff.; BerlKommTKG/*Dörr,* § 68 Rn 5.

532 *Koenig/Siewer*, NVwZ 2000, 609.

533 *Scholz*, ArchivPT 1996, 95; *Aubert/Klingler*, Bd. II, 2. Kap. Rn 5.

534 Die Kommunen hielten die Vorschrift für verfassungsrechtlich bedenklich, die Bundesregierung hingegen für verfassungsgemäß und unabdingbar um einen Wettbewerb im Telekommunikationsmarkt zu ermöglichen. Vgl. hierzu BT-Drs. 13/3609, S. 48; 13/4438, S. 15f., 36f.

535 Vgl. z.B. *Püttner*, ArchivPT 1996, 307ff.; *Scholz*, ArchivPT 1996, 97ff.; *Krimmel*, S. 47ff.; *Schütz*, NVwZ 1996, 1054ff.; *Koenig/Siewer*, NVwZ 2000, 609ff.; Scheurle/Mayen/*Reichert,* § 68 Rn 5ff. m.w.N.

536 BVerfG MMR 1999, 355ff.

Inhaltlich bezieht sich das Nutzungsrecht des § 68 Abs. 1 TKG auf öffentlichen Zwecken dienende Telekommunikationslinien. Eine Begriffsbestimmung für Telekommunikationslinien enthält § 3 Nr. 26 TKG, wonach es sich hierbei um unter- oder oberirdisch geführte Telekommunikationskabelanlagen einschließlich ihrer zugehörigen Schalt- und Verzweigungseinrichtungen, Masten und Unterstützungen, Kabelschächte und Kabelkanalrohre handelt.[537] Leerrohre, die erst später Telekommunikationskabel aufnehmen sollen, sind vom Anwendungsbereich des § 68 TKG umfasst, solange sie künftig öffentlichen Telekommunikationszwecken dienen sollen.[538]

Die unentgeltliche Nutzungsberechtigung besteht nur für Telekommunikationsleitungen, die öffentlichen Zwecken dienen. Dies ist dann der Fall, wenn die Telekommunikationslinie dazu dient, „Telekommunikationsdienstleistungen für die Öffentlichkeit" abzuwickeln. Der Legaldefinitionen des § 3 Nr. 16 und Nr. 17 TKG folgend ist wesentlich, dass die Leitungen nicht lediglich geschlossene Benutzergruppen, sondern für die Nutzung durch die Allgemeinheit – also durch jedermann – zugänglich sind.[539] Sobald Fernmelde- und Steuerkabel anderer Ver-sorgungsbereiche für Telekommunikationsdienstleistungen für die Öffentlichkeit genutzt werden, finden für diese Kabel die §§ 68 ff. TKG Anwendung. Wenn das Kabel allerdings nach einer Nutzungsänderung ausschließlich betrieblichen Zwecken dient, gilt wieder der für die Vesorgungsleitung abgeschlossene Vertrag.[540]

Verkehrswege i.S.d. § 68 Abs. 1 S. 2 TKG sind öffentliche Wege, Plätze und Brücken sowie jene öffentlichen Gewässer, die dem öffentlichen Verkehr gewidmet sind.[541] Die unentgeltliche Nutzungsberechtigung gemäß § 68 Abs. 1 TKG besteht nur insoweit, als dadurch der Widmungszweck des Verkehrsweges nicht dauernd beschränkt wird. Nur vorübergehende Beeinträchtigungen des Verkehrs durch Verlege- oder Reparaturarbeiten stehen dem Nutzungsrecht gemäß § 68 Abs. 1 TKG nicht entgegen.[542] Den Gemeingebrauch dauerhaft beeinträchtigende Telekommunikationslinien sind hingegen von der Nutzungsberech-

---

537 Diese Definition umfasst auch das Breitbandkabel, vgl. BVerwGE 77, 128, 131; *Beuscher,* NJW 1985, 1191ff. LWL-Kabel fallen dann in den Anwendungsbereich der §§ 68ff. TKG, wenn sie ausschließlich für Zwecke der Telekommunikation verwendet werden, vgl. *Hoeren/Brauner,* NWVBl. 1998, 130.

538 Arndt/Fetzer/Scherer/*Schütz*, § 68 Rn 16; BerlKommTKG/*Dörr,* § 68 Rn 30.

539 Vgl. hierzu auch die Begriffsbestimmung für „öffentliches Kommunikationsnetz" nach Art. 2 lit. d) RahmenRL; BVerwG, NVwZ 2001, 1170, 1171; Arndt/Fetzer/Scherer/*Schütz*, § 68 Rn 16.

540 Vgl. Hinweise zur Behandlung von Ver- und Entsorgungsleitungen sowie Telekommunikationslinien bei Straßenbaumaßnahmen des Bundes – Ausgabe 2006 des Bundesministeriums für Verkehr, Bau und Stadtentwicklung, VkBl. 2006, 902.

541 § 68 TKG orientiert sich am straßenrechtlichen Wegebegriff, vgl. hierzu Abschnitt II 1. a. dieses Teils; zu den Problemen bei der Einordnung von Eisenbahnschienen vgl. sogleich in diesem Abschnitt b. ee.

542 VG München RTkom 1999, 192, 193; BerlKommTKG/*Dörr,* § 68 Rn 41; Arndt/Fetzer/Scherer/*Schütz*, § 68 Rn 20.

tigung des § 68 Abs. 1 TKG nicht umfasst und bedürfen daher einer straßenrechtlichen Sondernutzungserlaubnis. Ergibt sich nach Errichtung der Telekommunikationslinie eine Verkehrsbeschränkung, ist diese gemäß § 72 Abs. 1 TKG abzuändern oder zu beseitigen.

§ 68 Abs. 2 TKG enthält Vorgaben für die Errichtung und Unterhaltung von Telekommunikationslinien. Sie müssen den Anforderungen der öffentlichen Sicherheit und Ordnung sowie den anerkannten Regeln der Technik entsprechen.

Da das Wegerecht nach Abschaffung der Lizenzpflicht nicht mehr mit einer Lizenz erteilt werden kann, musste hierfür eine eigenständige Regelung geschaffen werden.[543] Die originär dem Bund zustehende Nutzungsberechtigung wird gemäß § 69 Abs. 1 TKG auf schriftlichen Antrag an die Betreiber öffentlicher Telekommunikationsnetze übertragen. Diese Übertragung erfolgt durch die BNetzA nach den Maßgaben einer amtlichen Mitteilung, in der das Verfahren und die Voraussetzungen festgelegt sind.[544] Bei der Übertragung des Nutzungsrechts handelt es sich um einen Verwaltungsakt im Sinne des § 35 VwVfG.[545] Da die BNetzA das Wegerecht übertragen muss, wenn die Antragsvoraussetzungen vorliegen, handelt es sich um eine gebundene Entscheidung.

Nach § 69 Abs. 2 S. 3 TKG wird die Nutzungsberechtigung für die Dauer der öffentlichen Tätigkeit erteilt. Mit Einziehung des Verkehrsweges durch Entwidmung erlöscht gemäß § 72 Abs. 2 TKG die telekommunikationsrechtliche Nutzungsbefugnis.

Ferner bedarf die Verlegung neuer sowie die Änderung bereits vorhandener Telekommunikationslinien gemäß § 68 Abs. 3 TKG der schriftlichen Zustimmung des Trägers der Wegebaulast.[546] Das Zustimmungserfordernis erfasst sämtliche Baumaßnahmen, die erforderlich sind, um die Kommunikationslinien fachgerecht anzubringen und zu installieren. Da die Zustimmung nicht die Frage des „ob", sondern des „wie" der Inanspruchnahme der öffentlichen Wege betrifft, ist maßgeblich, ob der Straßenkörper erstmalig oder in physisch verändertem Umfang in Anspruch genommen wird.

Bei der Zustimmung des Straßenbaulastträgers gemäß § 68 Abs. 3 TKG handelt es sich um einen Verwaltungsakt. Dieser ist zu erlassen, wenn die Nutzungsberechtigung nach § 68 Abs. 1 und § 69 TKG besteht und die Telekommunikationslinie den Widmungszweck des betroffenen Verkehrswegs nicht dauernd beschränkt und den Anforderungen der Sicherheit und Ordnung sowie den anerkannten Regeln der Technik entspricht. Es handelt es sich mithin um einen gebundenen Verwaltungsakt.[547] Lediglich wenn es um die oberirdische Verlegung

543 BeckTKG/*Schütz*, § 69 Rn 2.

544 BNetzA (RegTP) Mitteilung Nr. 237/2004, ABl. RegTP Nr. 15/2004, S. 785ff.

545 BeckTKG/*Schütz*, § 69 Rn 22.

546 Der im TKG verwendete Begriff „Träger der Wegebaulast" ist inhaltlich identisch mit dem im Straßenrecht verwendeten Begriff „Träger der Straßenbaulast".

547 So auch BVerwG NVwZ 2000, 316; BerlKommTKG/*Dörr*, § 68 Rn 58.

von Telekommunikationslinien geht, steht der Behörde gemäß § 68 Abs. 3 S. 2 und 3 TKG ein Zustimmungsermessen zu. Dies ergibt sich aus dem normierten Abwägungsgebot (S. 2) und dem grundsätzlichen Gebot der unterirdischen Verlegung (S. 3).

Aufgrund der Selbstbindung der Verwaltung hat das Bundesministerium für Verkehr, Bau und Stadtentwicklung sowohl ein Muster für den Antrag auf Erteilung einer Zustimmung als auch für den Vollzug der Zustimmung nach § 68 Abs. 3 TKG der Straßenbaubehörde veröffentlicht.[548]

Mit der Zustimmung wird zwischen dem Nutzungsberechtigten und dem Wegebaulastträger ein öffentlich-rechtliches Benutzungsverhältnis nach Maßgabe der Vorschriften des TKG begründet.[549] Gesetzliche Ausgestaltungen dieses Rechtsverhältnisses enthalten die §§ 71 bis 73 TKG.

§§ 74, 75 TKG normieren des Weiteren Regelungen betreffend das Verhältnis zwischen dem Nutzungsberechtigten im Sinne der §§ 68, 69 TKG und anderen Nutzern der Straße. Die umfassenden Verpflichtungen des Nutzungsberechtigten gegenüber dem Wegebaulastträger und den anderen Nutzern ergeben sich aus dem Umstand, dass die Nutzung gemäß §§ 68, 69 TKG unentgeltlich gewährt wird.

Anstelle des zu erlassenden Verwaltungsaktes kann auch ein öffentlich-rechtlicher Vertrag gemäß § 54 VwVfG zwischen der Behörde und dem Adressaten geschlossen werden. Dies ist auch für die Erteilung der Zustimmung gemäß § 68 Abs. 3 TKG vorgesehen.[550] Soweit es sich um einen gebundenen Verwaltungsakt handelt, ist die Zulässigkeit der vereinbarten Gegenleistung an § 56 Abs. 2 VwVfG zu messen, so dass nur eine Leistung verlangt werden kann, die auch Inhalt einer zulässigen Nebenbestimmung gemäß § 36 VwVfG sein könnte.

Anders als im Bereich der Energie- und Wasserversorgung finden die wegerechtlichen Bestimmungen des TKG auf alle öffentlichen Verkehrswege Anwendung, ohne dass ein Unterschied für Gemeindestraßen statuiert ist. Allerdings kommt es auch bei der Verlegung von Telekommunikationslinien in Gemeindegebieten zu der umfassenden Inanspruchnahme der gemeindlichen Verkehrswege, so dass gerade hier der Abschluss von Verträgen in der Praxis üblich ist. Auf diesem Wege können Rahmenregelungen für die Verlegung mehrerer Kommunikationslinien vereinbart werden. Da die Verwaltung bei ihrem Handeln an das spezielle Diskriminierungsverbot des § 68 TKG, den Gleichbehand-

---

548 Vgl. Anlage zu Ziffer 1.2.5. der Hinweise zur Behandlung von Ver- und Entsorgungsleitungen sowie Telekommunikationslinien bei Straßenbaumaßnahmen des Bundes – Ausgabe 2006 des Bundesministeriums für Verkehr, Bau und Stadtentwicklung, VkBl. 2006, 916ff.

549 BVerwG NVwZ 2000, 316.

550 Vgl. die Gesetzesbegründung BT-Drs. 15/2316, S. 83; BerlKommTKG/*Dörr,* § 68 Rn 59.

lungsgrundsatz des Art. 3 GG sowie die Grenzen des § 56 Abs. 2 VwVfG gebunden ist, hat die Bundesvereinigung der Kommunalen Spitzenverbände Musterempfehlungen ausgesprochen, so dass die benutzten Verträge inhaltlich weitgehend einheitlich ausgestaltet sind.[551]

Es lässt sich festhalten, dass der Betreiber eines öffentlichen Telekommunikationsnetzes bei der Nutzung öffentlicher Verkehrswege auf zwei Verwaltungsakte angewiesen ist. Zunächst muss ihm von der BNetzA die gebietsbezogene Nutzungsberechtigung übertragen werden. Anschließend bedarf er für die konkrete Verlegungsmaßnahme der Zustimmung des Wegebaulastträgers gemäß § 68 Abs. 3 TKG.[552] Bereits vor der Novellierung des TKG erteilte Wegerechte bleiben gemäß § 150 Abs. 3 TKG bestehen, die hiernach Nutzungsberechtigten müssen künftig ebenfalls die §§ 68 ff. TKG beachten.

Anders als im Bereich der Energie- und Wasserversorgung ist das Mitbenutzungsverhältnis an öffentlichen Verkehrswegen im Bereich der Telekommunikation somit öffentlich-rechtlich ausgestaltet. Dies gilt auch, wenn sich der Straßenbaulastträger bei der Zustimmungserteilung der Handlungsform des Verwaltungsvertrages bedient, da sich die Abgrenzung zum privatrechtlichen Vertrag nach dem Vertragsgegenstand richtet.[553] Dieser ist aus dem Inhalt des Vertrages zu ermitteln, wobei maßgeblich ist, ob die vertraglich übernommene Verpflichtung oder die vertraglich vollzogene Verfügung öffentlich-rechtlichen Charakter hat. Vorliegend verpflichtet sich die Straßenbauverwaltung zum Erlass eines Verwaltungsaktes gemäß § 68 Abs. 3 TKG, so dass der Vertragsgegenstand und mithin auch der Vertrag öffentlich-rechtlicher Natur sind. Zwischen dem Telekommunikationsnetzbetreiber und dem Straßeneigentümer besteht folglich ein öffentlich-rechtliches Schuldverhältnis.

b. Versorgungsleitungen in Grundstücken, die keine öffentlichen Verkehrswege sind

Für die Gewährung einer flächendeckenden Versorgung sind die Versorgungsunternehmen und die jeweiligen Netzbetreiber auch auf die Mitbenutzung von Grundstücken, die keine öffentlichen Verkehrswege sind, angewiesen. Dies ist nicht nur für die Versorgung der Eigentümer der Privatgrundstücke unentbehr-

---

551 Vgl. das vom Deutscher Städtetag, Köln/Bonn, Deutscher Landkreistag, Berlin, Deutscher Städte- und Gemeindebund, Berlin und Deutsche Telekom AG, Bonn erarbeitete und zur Anwendung empfohlene Muster für einen Vertrag über die Benutzung öffentlicher Wege für Telekommunikationslinien bei Zustimmung nach § 68 Abs. 3 TKG (Stand: Oktober 2004), abgedruckt bei *Heun*, Kap. F Anhang, S. 547ff.

552 Wenn der Wegebaulastträger selbst Betreiber einer Telekommunikationslinie oder mit einem Betreiber im Sinne des § 37 Abs. 1 oder 2 GWB zusammengeschlossen ist, so ist die Zustimmung nach Abs. 3 von einer Verwaltungseinheit zu erteilen, die unabhängig von der für den Betrieb der Telekommunikationslinie bzw. der für die Wahrnehmung der Gesellschaftsrechte zuständigen Verwaltungseinheit ist. Vgl. § 68 Abs. 4 TKG.

553 Vgl. hierzu ausführlich *Maurer*, § 14 Rn 10f.

lich, sondern teilweise auch notwendig, um den Anschluss abgelegener Grundstücke an das Ver- bzw. Entsorgungsnetz zu ermöglichen. Des Weiteren wird für die Trassierung von Fernleitungen aus Kostengründen möglichst der direkte Weg gewählt, unabhängig davon, welche Grundstücke hierfür in Anspruch genommen werden müssen. Neben privatem Grund und Boden müssen auch öffentliche Grundstücke, die nicht öffentliche Verkehrswege sind, benutzt werden.[554] Grundsätzlich genießen private und öffentliche Grundstücke den gleichen Schutz, so dass für die Mitbenutzung stets eine Duldungspflicht des Eigentümers gemäß § 1004 Abs. 2 BGB erforderlich ist.

Private Grundstückseigentümer unterliegen anders als die staatliche Verwaltung beim Abschluss der Wegenutzungsverträge nicht den Einschränkungen des Art. 3 GG. Dem Grundsatz der Privatautonomie folgend können die Parteien in der Regel frei über den Abschluss sowie die Ausgestaltung des Nutzungsvertrags entscheiden. In der Praxis gelangen deshalb viele unterschiedliche Mitbenutzungsverhältnisse zur Anwendung.[555]

Es bestehen allerdings sektorspezifische gesetzliche Regelungen, die auf die herausragende Bedeutung der leitungsgebundenen Versorgung zurückzuführen sind. Anknüpfungspunkt dieser Vorschriften ist der eigene Vorteil des Betroffenen, an ein funktionierendes Versorgungssystem angeschlossen zu sein. Ferner beruhen diese Regelungen auf der in Art. 14 Abs. 2 S. 2 GG normierte Sozialpflichtigkeit des Eigentums.

Auch für die Nutzung privater Grundstücke existieren Musterverträge, die Aufschluss über die in der Praxis getroffenen Regelungen geben. Einige sektorspezifische Vorschriften ermöglichen die Durchsetzung eines Leitungsvorhabens nötigenfalls gegen den Willen des Eigentümers. Auch die im Sachenrecht normierten Duldungspflichten sollen im weiteren Verlauf auf ihre Praxistauglichkeit für die Verlegung von Versorgungsleitungen geprüft werden.

Besonderheiten ergeben sich bei der Inanspruchnahme von Grundstücken der Deutschen Bahn AG, da für diesen Bereich aufgrund der vielfachen Berührungspunkte gesonderte Regelungen getroffen wurden. Diese werden im Anschluss an die allgemeine Darstellung aufgezeigt.

aa. Sektorspezifische Mitbenutzungsverhältnisse

Für die Versorgungsbereiche Strom, Gas, Fernwärme und Trinkwasser bestehen systematisch vergleichbare Regelungen in den Allgemeinen Versorgungs- und Anschlussbedingungen. Im Bereich der Abwasserbeseitigung ergeben sich Be-

---

554 Daher kann der vielfach vorgenommenen Unterteilung des Wegerechts in die Nutzung öffentlicher Verkehrswege und privater Grundstücke nicht uneingeschränkt zugestimmt werden. So aber z.B. *Seeliger*, S. 73ff.

555 Eine abschließende Darstellung ist aufgrund der zahlreichen unterschiedlichen Rechtsverhältnisse im Rahmen dieser Untersuchung nicht möglich.

sonderheiten aufgrund der öffentlich-rechtlichen Natur der Rechtsverhältnisse, so dass diese anschließend separat zu betrachten sind.

Die Regelungen im Telekommunikationssektor sind grundlegend unterschiedlich ausgestaltet. Sie werden deshalb gesondert dargestellt.

(1) Duldungspflichten nach den Allgemeinen Versorgungs- bzw. Anschlussbedingungen

(a) Anwendungsbereich

Eine sektorspezifische Regelung der Grundstücksmitbenutzung enthalten die Allgemeinen Versorgungs- bzw. Anschlussbedingungen für die Bereiche Elektrizität, Gas, Fernwärme und Trinkwasser.

§§ 12 NAV, 12 NDAV, 8 AVBFernwärmeV und 8 AVBWasserV begründen das Recht der Versorgungsunternehmen und der Netzbetreiber, Grundstücke von Anschlussnehmern in dem dort näher bezeichneten Umfang unentgeltlich zu nutzen. §§ 12 NAV, 12 NDAV sind mit Inkrafttreten der Niederspannungsanschluss-verordnung (NAV) und der Niederdruckanschlussverordnung (NDAV) am 08.11.2006 an die Stelle der bisherigen Regelungen in §§ 8 AVBEltV, 8 AVBGasV getreten.

Unmittelbar begünstigen diese Regelungen die Versorgungsunternehmen und Netzbetreiber, da diese andernfalls eine Entschädigung oder einen Mietzins zahlen müssten. Mittelbar und sekundär wird aber auch die Gesamtheit aller Anschlussnehmer begünstigt, da sich die Kosten für eine entgeltliche Inanspruchnahme andernfalls in den Versorgungspreisen wiederfinden würden.

Historisch gehen die Allgemeinen Versorgungsbedingungen auf Ende der 30er Jahre vorgelegte Musterbedingungen für die Versorgung mit Elektrizität und Gas zurück. Diese wurden am 27.01.1942 durch den Generalinspektor für Wasser und Energie – in seiner Eigenschaft als Energieaufsichtsbehörde – für allgemeinverbindlich erklärt.[556] Auch in der Fernwärme- und Wasserversorgung fanden diese Musterbedingungen vielfach Anwendung, obwohl die allgemeinverbindlichen Versorgungsbedingungen in diesen Sektoren erstmals zum 1.4.1980 in Kraft traten. Historisch bedingt weisen die Allgemeinen Versorgungsbedingungen daher in erheblichem Umfang eine sektorübergreifende Textgleichheit, zumindest aber Textähnlichkeit auf.

Änderungen ergaben sich im Energiesektor. Die Allgemeinen Versorgungsbedingungen mussten an die Verhältnisse eines liberalisierten Marktes angepasst werden. Mit Einführung der Entflechtung im Strom- und Gasbereich kennt das EnWG keine einheitliche Anschluss- und Versorgungspflicht vertikal integrierter Energieversorgungsunternehmen mehr. Dem Strom- oder Gaskunden stehen nunmehr zwei Vertragspartner gegenüber. Diesem Umstand hat der Gesetzgeber

---

[556] Vgl. hierzu Hermann/Recknagel/*Schmidt-Salzer*, Bd. I, Einl. Rn 4f.

mit einer Aufspaltung der einheitlichen Anschluss- und Versorgungspflicht in eine Anschlusspflicht des Netzbetreibers gemäß § 18 EnWG und eine Versorgungspflicht des Grundversorgers gemäß § 36ff. EnWG Rechnung getragen.

Diese gesetzliche Trennung machte folgerichtig die Aufstellung separater Regelwerke auf Verordnungsebene erforderlich, da eine einheitliche Anschluss- und Versorgungspflicht, von denen die AVBEltV bzw. die AVBGasV ausgingen, mit der vom Gesetzgeber gewünschten Möglichkeit einer Belieferung durch alternative Lieferanten nicht mehr vereinbar war.[557]

Die NAV bzw. NDAV regeln das Verhältnis zwischen Netzbetreiber und Anschlussnehmer sowie Anschlussnutzer im Rahmen des Netzanschlussvertrages bzw. des Anschlussnutzungsvertrages.[558] Sie enthalten Bedingungen, zu denen Netzbetreiber nach § 18 EnWG jedermann an ihr Niederspannungs- bzw. Niederdrucknetz anzuschließen und den Anschluss zur Entnahme von Strom bzw. Gas zur Verfügung zu stellen haben.[559]

Der Netzzugang bestimmt sich hingegen nach den §§ 20 ff. EnWG und den dazugehörigen Verordnungen.[560] Die StromGVV bzw. GasGVV regeln die Beziehung der Grundversorger zu den im Rahmen der Grundversorgung belieferten Haushaltskunden und den im Rahmen der Ersatzversorgung belieferten Letztverbrauchern.[561]

In die Netzanschlussverordnungen sind viele Regelungen der AVB übernommen und an das novellierte EnWG angepasst worden. Neu ist die Unterscheidung in ein vertragliches Netzanschlussverhältnis gemäß §§ 2 NAV, 2 NDAV mit dem Anschlussnehmer und ein gesetzliches Anschlussnutzungsverhältnis gemäß §§ 3 NAV, 3 NDAV mit dem Anschlussnutzer.

---

557 Vgl. ausführlich zu den neuen Netzanschlussverordnungen *Unberath/Fricke*, NJW 2007, 3601ff.; *Groß*, NJW 2007, 1031; *Ahnis/de Wyl*, IR 2007, 77ff., 102ff.; *Eder/ Ahnis*, ZNER 2007, 123ff.; *Stenneken/Thomale*, N&R 2007, 51ff.

558 Vgl. hierzu §§ 1 NAV, 1 NDAV.

559 Eine Einschränkung auf die in § 3 Nr. 22 EnWG definierten Haushaltskunden existiert anders als bei der StromGVV bzw. GasGVV nicht. Die NAV bzw. NDAV können daher auch auf größere Gewerbekunden Anwendung finden, solange diese nicht an eine höhere Spannungs- bzw. Druckebene angeschlossen sind. Für einen auf § 17 EnWG basierenden Netzanschluss von gleich- oder nachgelagerten Netzen, Erzeugungs- oder Speicheranlagen oder von Großverbrauchern gelten die NAV bzw. NDAV nicht. Zwar ist die vertragliche Einbeziehung auch in diesem Fall möglich, doch die allgemeinen Anschlussbedingungen für Energieerzeugungsanlagen sind nunmehr in der KraftNAV festgelegt. Auch der Netzanschluss von Anlagen zur Erzeugung von Strom aus Erneuerbaren Energien wird von der NAV nicht erfasst, sondern richtet sich nach den Bestimmungen des EEG. Dies ist in § 1 Abs. 1 S. 4 NAV zur Wahrung des Vorrangs des EEG klargestellt, da viele an das Niederspannungsnetz angeschlossenen Anlagen zur Erzeugung von Strom aus Erneuerbaren Energien für den Betrieb zumindest zwischenzeitig als Letztverbraucher auf die Entnahme von Elektrizität aus dem Niederspannungsnetz angewiesen sind.

560 GasNEV, GasNZV, StromNEV, StromNZV.

561 Vgl. hierzu §§ 1 StromGVV, 1 GasGVV.

Der Begriff des Anschlussnehmers ist in §§ 1 Abs. 2 NAV, 1 Abs. 2 NDAV definiert. Hiernach ist Anschlussnehmer grundsätzlich jedermann, der den Anschluss eines Grundstücks oder Gebäudes an das Energieversorgungsnetz der allgemeinen Versorgung beauftragt oder Eigentümer oder Erbbauberechtigter eines Grundstücks oder Gebäudes ist, das an das Niederspannungsnetz angeschlossen ist. Das Netzanschlussverhältnis entsteht gemäß §§ 2 Abs. 2 NAV, 2 Abs. 2 NDAV vertraglich.[562] Des Weiteren normieren §§ 2 Abs. 4 NAV, 2 Abs. 4 NDAV einen automatischen Vertragsübergang für den Netzanschlussvertrag von einem Eigentümer, der selbst Anschlussnehmer ist, auf den Erwerber der Kundenanlage.[563] Dieses Netzanschlussverhältnis ist zu qualifizieren als zivilrechtlicher Vertrag in Form eines Dauerschuldverhältnisses.[564]

Der Begriff des Anschlussnutzers ist in §§ 1 Abs. 3 NAV, 1 Abs. 3 NDAV definiert und umfasst jedermann, der im Rahmen eines Anschlussnutzungsverhältnisses einen Anschluss an das Niederspannungsnetz zur Entnahme von Energie nutzt. Dieses Rechtsverhältnis ist als gesetzliches Schuldverhältnis ausgestaltet und entsteht unabhängig vom Netzanschlussvertrag gemäß §§ 3 Abs. 2 NAV, 3 Abs. 2 NDAV mit demjenigen, der als Letztverbraucher i.S.d. § 3 Nr. 25 EnWG Energie aus dem Verteilnetz entnimmt.[565] Es wird gemäß §§ 3 Abs. 1 S. 3 i.V.m § 1 Abs. 3, 4 NAV, 3 Abs. 1 S. 3 i.V.m § 1 Abs. 3, 4 NDAV zwischen dem Betreiber des Energieversorgungsnetzes der allgemeinen Versorgung und demjenigen begründet, für dessen eigenen Verbrauch die Energie bezogen wird.

Unabhängig davon, wer den Energietransport organisiert, erstrecken sich hierdurch die Vorschriften über die Anschlussnutzung auf den Letztverbraucher.[566] Der Anschlussnutzer muss also nicht notwendigerweise mit dem Anschlussnehmer identisch sein. So wird bei Mietern als Anschlussnutzern regelmäßig der Eigentümer des Gebäudes der Anschlussnehmer sein; mehrere Mieter eines Hauses sind als unterschiedliche Anschlussnutzer zu qualifizieren.

Die NAV bzw. NDAV werden automatisch Bestandteil der jeweiligen Verträge und Rechtsverhältnisse.[567] Hierzu normieren §§ 1 Abs. 1 S. 2 NAV, 1 Abs. 1 S. 2 NDAV: *„Diese sind Bestandteil der Rechtsverhältnisse über den Netzan-*

---

562 So auch Danner/Theobald/*Hartmann*, IV, B 2, § 2 Rn 12ff.; *Eder*, FS Becker, S. 343.

563 Vgl. Danner/Theobald/*Hartmann*, IV, B 2, § 2 Rn 19ff.

564 Danner/Theobald/*Hartmann*, IV, B 2, § 2 Rn 8.

565 Vgl. Danner/Theobald/*Hartmann*, IV, B 2, § 3 Rn 10ff.

566 Bei Abschluss eines Grundversorgungsvertrages im Sinne des § 36 EnWG trifft den Grundversorger gemäß § 6 Abs. 1 StromGVV die Pflicht die erforderlichen Verträge mit Netzbetreibern abzuschließen. Auch in diesem Fall besteht das gesetzliche Anschlussnutzungsverhältnis zwischen dem Netzbetreiber und dem Anschlussnutzer dessen Bestandteil die NAV bzw. NDAV sind. Dies gilt ferner beim Abschluss von All-inclusive-Verträgen mit Energieversorgungsunternehmen, die nicht Grundversorger gemäß § 36 Abs. 2 EnWG sind. Vgl. ausführlich zu den einzelnen Rechtsbeziehungen *Unberath/Fricke*, NJW 2007, 3603ff.

567 Vgl. hierzu die Verordnungsbegründung BR-Drs. 367/06, S. 34; Schneider/Theobald/*Hermes*, § 9 Rn 8.

schluss an das Elektrizitätsversorgungsnetz bzw. Gasversorgungsnetz der allgemeinen Versorgung (Netzanschluss) und die Anschlussnutzung, soweit sie sich nicht ausdrücklich allein auf eines dieser Rechtsverhältnisse beziehen." Auch die AVBFernwärmeV bzw. die AVBWasserV werden gemäß §§ 1 Abs. 1 AVBFernwärmeV, 1 Abs. 1 AVBWasserV Bestandteil des Versorgungsvertrags, soweit das Versorgungsunternehmen für den Anschluss an die öffentliche Versorgung und für die Versorgung mit Fernwärme bzw. Wasser allgemeine Versorgungsbedingungen verwendet.

Der Funktion nach handelt es sich bei den Allgemeinen Anschluss- und Versorgungsbedingungen um Allgemeine Geschäftsbedingungen (AGBs).[568] Anders als die im Wirtschaftsleben üblichen AGBs, sind sie allerdings nicht von einer Vertragspartei, sondern durch den Verordnungsgeber vorgegeben, so dass der Parteiwille auf ihren Inhalt keinen Einfluss hat. Da die Allgemeinen Anschluss- und Versorgungsbedingungen Inhalt des Anschluss- bzw. Anschlussnutzungs- oder Versorgungsverhältnisses werden, gelangen sie nur zur Anwendung, wenn das jeweilige Rechtsverhältnis wirksam zustande gekommen ist.

Die Frage, ob ein Rechtsverhältnis zwischen dem Anschlussnehmer oder dem Anschlussnutzer und dem Netzbetreiber besteht, richtet sich hingegen nach allgemeinen zivilrechtlichen Grundsätzen.[569] Erst wenn ein derartiges Rechtsverhältnis bejaht wird, richtet sich dessen Inhalt nach der NAV, NDAV bzw. der AVBFernwärmeV, AVBWasserV, da diese automatisch Vertragsinhalt werden.

Besonderheiten ergeben sich im Bereich der Wasserversorgung, da diese teilweise durch öffentliche Einrichtungen erfolgt. Es steht dann im Ermessen der öffentlich-rechtlichen Körperschaft, ihre Rechtsbeziehung zu den Benutzern öffentlich- oder privatrechtlich auszugestalten.[570] Die rechtliche Einordnung des Benutzungsverhältnisses hängt von der im konkreten Fall gewählten Form ab.[571]

Da die Wasserversorgung im Mittelalter überwiegend Aufgabe des Staates war, werden die Versorgungsverhältnisse auch heute noch in großer Zahl traditionell öffentlich-rechtlich gestaltet.[572] Im Gegensatz dazu wurden im Bereich der Energieversorgung die Vertragsverhältnisse traditionell privatrechtlich vereinbart. Trotz Beteiligungen der öffentlichen Hand sind die Versorgungsverhältnisse in der Gas- und Elektrizitätsversorgung daher fast ausschließlich als zivilrechtliche Verträge zu qualifizieren. In der Fernwärmeversorgung ist ebenfalls die zivilrechtliche Gestaltung der Versorgungsverhältnisse die vorherrschende Form.

---

568 Danner/Theobald/*Hartmann*, IV, B 2, § 1 Rn 15.

569 *Eder*, FS Becker, S. 337f.; *Gartner*, S. 74; *Brüning*, VIZ 1997, 207f.; Hermann/Recknagel/ *Schmidt-Salzer*, Bd. I, Einl. Rn 17.

570 BGHZ 91, 84; 115, 311; OVG Koblenz NVwZ-RR 1991, 323; *Ehlers*, DÖV 1986, 898; *Löwer*, NVwZ 1986, 793ff.

571 BGHZ 16, 111, 112; OVG Bautzen r+s 1998, 1.

572 *Karasek/Ortlieb*, ZNER 2001, 223f.; Hermann/Recknagel/*Schmidt-Salzer*, Bd. I, Einl. Rn 11.

Bei öffentlich-rechtlich ausgestalteten Benutzungsverhältnissen entsteht ein öffentlich-rechtliches Schuldverhältnis, auf das viele Vertragsrechtsregelungen des BGB Anwendung finden können. Die AVBWasserV wird anders als bei privatrechtlichen Versorgungsverträgen nicht unmittelbar kraft gesetzlicher Regelung Bestandteil des öffentlich-rechtlichen Benutzungsverhältnisses. § 35 Abs. 1 AVBWasserV ordnet daher eine Anpassung der öffentlich-rechtlichen Vorschriften an die Bestimmungen der Verordnung an.[573]

(b) Duldungspflicht

Die NAV bzw. NDAV enthalten eine Duldungspflicht der Grundstückseigentümer, die Anschlussnehmer sind, gegenüber den Netzbetreibern. Hiernach sind Grundstückseigentümer verpflichtet, die unentgeltliche Nutzung ihrer Grundstücke im Rahmen der §§ 12 NAV, 12 NDAV zu dulden.[574] Die in §§ 12 NAV, 12 NDAV normierte Grundstücksbenutzung entspricht in angepasster Form den §§ 8 AVBEltV, 8 AVBGasV[575], so dass die hierzu entwickelten Grundsätze fortgelten.[576] §§ 8 Abs. 1 AVBFernwärmeV, 8 Abs. 1 AVBWasserV normieren eine entsprechende Duldungspflicht für Kunden und Anschlussnehmer, die Grundstückseigentümer sind.[577] Die Duldung von Einrichtungen, die der Versorgung des Grundstücks selbst dienen, ist selbstverständlich, da diese im Interesse des Grundstückseigentümers erfolgt.[578]

§§ 12 NAV, 12 NDAV sowie §§ 8 AVBFernwärmeV, 8 AVBWasserV regeln hingegen die Inanspruchnahme des privaten Grundstücks über den eigenen Anschluss des Grundstückseigentümers hinaus.

Bei der normierten Duldungspflicht handelt es sich um eine Inhalts- und Schrankenbestimmung des Eigentums gemäß Art. 14 Abs. 1 S. 2 GG. Die in den Grenzen der Notwendigkeit und Zumutbarkeit bestehende Duldungspflicht beschränkt die Privatnützigkeit des Grundeigentums im Interesse einer leistungsfähigen Versorgung mit Energie und Wasser der örtlichen Gemeinschaft. Sie ist auf solche Grundstückseigentümer beschränkt, die die Vorteile der jeweiligen Versorgung für ihr Grundeigentum selbst in Anspruch nehmen. Der Verordnungsgeber hat mit dieser Regelung die Konsequenz aus der Tatsache gezogen,

---

573 Gemäß § 35 Abs. 2 AVBWasserV musste die Anpassung bis zum 1.1.1982 vorgenommen werden.

574 Für Transformatorenanlagen und Druckregelgeräte stellen die §§ 10 NAV, 10 NDAV speziellere Vorschriften dar. Danner/Theobald/*Hartmann*, IV, B2, § 12 Rn 8; Schneider/Theobald/*Hermes*, § 9 Rn 14.

575 Vgl. hierzu die Verordnungsbegründung BR-Drs. 367/06, S. 47.

576 BR-Drs. 367/06, S. 47f.; z.B. BGH NJW-RR 2001, 309f.; LG Wuppertal RdE 2005, 203f.

577 Für Übergabestationen und Messeinrichtungen stellen §§ 11 AVBFernwärmeV, 11 AVBWasserV speziellere Regelungen dar.

578 Die Einzelheiten sind in den Regelungen über den Netzanschluss in §§ 5ff. NAV, 5ff. NDAV bzw. über den Hausanschluss in §§ 10 AVBFernwärmeV, 10 AVBWasserV normiert.

dass die öffentliche leitungsgebundene Versorgung auf die Benutzung privater Grundstücke angewiesen ist, die Versorgungsunternehmen trotz der Erfüllung ihrer im Allgemeininteresse liegenden öffentlichen Aufgabe grundsätzlich aber kein gesetzliches Recht haben, fremde Grundstücke für die Errichtung der erforderlichen Anlagen zu benutzen.[579]

Eine kostengünstige Energieversorgung setzt voraus, dass in dem betreffenden Versorgungsgebiet Grundstücke zum Zwecke der Leitungsverlegung kostenlos genutzt werden können. In der Begründung für die NAV bzw. NDAV heißt es hierzu, *„dass bestimmte Vorhaben und Anlagen für die Herstellung eines Netzanschlusses technisch geboten und unvermeidbar sind, um dem Anliegen einer Versorgung der Kunden mit Energie Rechnung zu tragen.“*[580] Das freie Nutzungs- und Verfügungsrecht des Grundstückseigentümers wird unter Berücksichtigung des Verhältnismäßigkeitsgrundsatzes im Interesse einer auch ihm zu Gute kommenden leistungsfähigen und kostengünstigen öffentlichen Versorgung eingeschränkt. Das Recht, fremde Grundstücke für die Zwecke der örtlichen Versorgung und damit für die Gemeinschaft aller Anschlussnehmer unentgeltlich in Anspruch zu nehmen, hält sich mithin im Rahmen der Sozialgebundenheit des Eigentums und verstößt nicht gegen die in Art. 14 GG geschützte Eigentumsgarantie.[581] Auch das Bundesverfassungsgericht hat die Verfassungsmäßigkeit dieser Regelung bestätigt.[582]

Duldungspflichtige Personen sind gemäß §§ 8 Abs. 1 AVBFernwärmeV, 8 Abs. 1 AVBWasserV neben den Anschlussnehmern auch die Kunden des jeweiligen Versorgungsunternehmens. Gemäß §§ 12 NAV, 12 NDAV kommen als Adressat der Duldungspflicht nur Anschlussnehmer in Betracht, die Grundstückseigentümer sind. Im Bereich der Fernwärmeversorgung ist das Ausmaß der Duldungspflicht gemäß § 8 Abs. 1 S. 1 AVBFernwärmeV insoweit erweitert, als der Grundstückseigentümer nicht nur die Benutzung seiner Grundstücke, sondern auch seiner Gebäude zu gestatten hat.

Des Weiteren muss ein Anschluss für das Versorgungsgut bestehen, für dessen Leitung das Grundstück genutzt werden soll. Dies ergibt sich bereits aus dem Umstand, dass die einzelnen Versorgungsbedingungen nur eine Grundstücksnutzung für die jeweiligen Versorgungsleitungen regeln. Beispielsweise ist ein Gasanschlussnehmer nicht an die NAV und ein Stromanschlussnehmer nicht an die NDAV gebunden, da diese nicht Bestandteil seines Netzanschlussverhältnisses oder seines Anschlussnutzungsverhältnisses sind.

Aus diesem Grund besteht auch keine Duldungspflicht für Grundstückseigentümer, die in keinem Versorgungs- bzw. Netzanschlussverhältnis mit dem Versor-

---

579 BGHZ 66, 37, 41; Büdenbender/v.Heinegg/*Rosin,* Rn 1836.

580 BR-Drs. 367/06, S. 48.

581 So die allgemeine Meinung. Vgl. ausführlich Danner/Theobald/*Hartmann,* IV, B 2, § 12 Rn 4ff.; Schneider/Theobald/*Hermes,* § 9 Rn 9.

582 BVerfG RdE 1989, 143; RdE 2002, 15ff.

gungsunternehmen oder Netzbetreiber stehen. Folglich ist die unentgeltliche Inanspruchnahme jeweils auf die Personen begrenzt, die als Anschlussnehmer einen Vorteil von einer möglichst kostengünstigen Versorgung haben.[583]

Der Inhalt der Duldungspflicht ergibt sich aus §§ 12 Abs. 1 S. 1 NAV, 12 Abs. 1 S. 1 NDAV, 8 Abs. 1 S. 1 AVBFernwärmeV 8 Abs. 1 AVBWasserV. Danach bezieht sich die Regelung nur auf Versorgungsleitungen, die der örtlichen Versorgung dienen.[584]

Des Weiteren muss das Grundstück gemäß §§ 12 Abs. 1 NAV, 12 Abs. 1 NDAV im Gebiet des Energieversorgungsnetzes der allgemeinen Versorgung liegen.[585] Der Umfang der Duldungspflicht wird in §§ 12 Abs. 1 S. 2 NAV, 12 Abs. 1 S. 2 NDAV, 8 Abs. 1 S. 2 AVBFernwärmeV, 8 Abs. 1 S. 2 AVBWasserV dahingehend eingegrenzt, dass eine der aufgezählten Voraussetzungen erfüllt sein muss. Nur bei wirtschaftlicher Vorteilhaftigkeit des Netzanschlusses für ein Grundstück kann die entschädigungslose Duldungspflicht im Rahmen der Sozialbindung des Eigentums gerechtfertigt sein. Es handelt sich um Fallgruppen, bei deren Vorliegen die Verhältnismäßigkeit der unentgeltlichen Inanspruchnahme vermutet wird. Dies ist gemäß §§ 12 Abs. 1 S. 2 Nr. 2 NAV, 12 Abs. 1 S. 2 Nr. 2 NDAV, § 8 Abs. 1 S. 2 AVBWasserV z.B. auch dann der Fall, wenn die nicht angeschlossene Parzelle vom angeschlossenen Grundstück aus in wirtschaftlicher Einheit genutzt wird. Aus diesem Grunde unterliegen regelmäßig alle Grundstücke eines landwirtschaftlichen oder sonstigen in sich geschlossenen Betriebes der Duldungspflicht. Fehlt es hingegen an einer derart engen wirtschaftlichen Beziehung des Grundstücks zu dem Versorgungsnetz, wird dem Eigentümer mit der Inanspruchnahme ein Sonderopfer auferlegt, was nur mittels einer entschädigungspflichtigen Enteignung zulässig ist.[586] Im Bereich der Fernwärme sind an die Bejahung der Möglichkeit der Fernwärmeversorgung strenge Anforderungen zu stellen. Da für die Versorgung mit Fernwärme keine Anschluss- und Versorgungspflicht besteht, genügt die lediglich abstrakte Möglichkeit der Fernwärmeversorgung nicht.[587]

---

583 Diese Begrenzung der Duldungspflicht ist zwingende Konsequenz der grundlegenden Entscheidung des BVerfG RdE 2002, 15ff.

584 Für den Strombereich hat der Verordnungsgeber diese in § 12 Abs. 1 S. 1 NAV als das Niederspannungs- und Mittelspannungsnetz legaldefiniert.

585 Gemäß § 3 Nr. 17 EnWG handelt es sich hierbei um Energieversorgungsnetze, die der Verteilung von Energie an Dritte dienen und von ihrer Dimensionierung nicht von vornherein nur auf die Versorgung bestimmter, schon bei der Netzerrichtung feststehender oder bestimmbarer Letztverbraucher ausgelegt sind, sondern grundsätzlich für die Versorgung jedes Letztverbrauchers offen stehen. Die allgemeine Versorgung steht mithin im Gegensatz zur Spezialversorgung z.B. von Industriekunden bzw. zur eigenen Versorgung im Sinne des § 110 Abs. 3 EnWG. Vgl. hierzu ausführlich *Salje*, § 3 Rn 98ff.

586 Vgl. BGHZ 9, 390, 399f.; 66, 62, 65f.; Schneider/Theobald/*Hermes*, § 9 Rn 12ff.

587 Vgl. hierzu die Verordnungsbegründung, BR-Drs. 90/80, S. 9.

Die Duldungspflicht ist gemäß §§ 12 Abs. 1 S. 3 NAV, 12 Abs. 1 S. 3 NDAV, 8 Abs. 1 S. 3 AVBFernwärmeV, 8 Abs. 1 S. 3 AVBWasserV ausgeschlossen, wenn die Inanspruchnahme des Grundstücks den Eigentümer mehr als notwendig oder in unzumutbarer Weise belasten würde.[588] Nur diese Einzelfallbetrachtung kann im Gegensatz zu einer pauschalen Zulässigkeit die verfassungsrechtlichen Vorgaben des Art. 14 GG sicherstellen, insbesondere bezüglich der Abgrenzung von entschädigungsloser sozialpflichtiger Inanspruchnahme einerseits und entschädigungspflichtiger Enteignung andererseits. Wird der einzelne Grundstückseigentümer hiernach mehr als notwendig oder in unzumutbarer Weise belastet, sind die Grenzen der Inhalts- und Sozialbindung überschritten und die Grundstücksnutzung ist an den Vorgaben des Art. 14 Abs. 3 GG zu messen.[589] Dies ist nach §§ 12 Abs. 1 S. 3 Hs. 2 NAV, 12 Abs. 1 S. 3 Hs. 2 NDAV insbesondere dann der Fall, wenn der Anschluss Dritter über das eigene Grundstück möglich und dem Netzbetreiber zumutbar ist.[590]

Wird eine ursprünglich in zumutbarer Weise verlegte Leitung an der bisherigen Stelle für den Grundstückseigentümer objektiv unzumutbar, kann er gemäß §§ 12 Abs. 3 NAV, 12 Abs. 3 NDAV, 8 Abs. 3 AVBFernwärmeV, 8 Abs. 3 AVBWasserV vom Netzbetreiber die Verlegung verlangen.[591]

Gemäß §§ 12 Abs. 4 NAV, 12 Abs. 4 NDAV besteht die Duldungspflicht noch drei Jahre nach Einstellung der Anschlussnutzung fort, es sei denn, dem Grundstückseigentümer kann dies nicht zugemutet werden.[592] §§ 8 Abs. 4 AVBFernwärmeV, 8 Abs. 4 AVBWasserV normieren eine fünfjährige Duldungspflicht nach Einstellung des Fernwärmebezugs. Diese Regelungen beruhen auf dem Umstand, dass ein Netzbetreiber eine angemessene Zeit zur Umplanung seines langfristig angelegten Netzes unter Aufrechterhaltung einer sicheren und preiswerten öffentlichen Versorgung benötigt.[593] Die Duldungs-

---

588 Vgl. hierzu Schneider/Theobald/*Hermes*, § 9 Rn 15ff. m.w.N.

589 Diesen Zusammenhang hat die Rechtsprechung wiederholt hervorgehoben. Vgl. etwa BVerfGE 66, 248ff.; BGH RdE 1991, 133; BGH WM 1981, 250.

590 Die früheren Regelungen der §§ 8 Abs. 1 S. 3 AVBEltV, 8 Abs. 1 S. 3 AVBGasV sind jeweils durch den Halbsatz 2 ergänzt worden. Sie entsprechen der bisherigen Praxis in der Rechtsprechung. BGH RdE 1992, 155ff.; BGHZ 66, 62, 67f.; OLG Köln RdE 1976,47; LG Kleve RdE 1978, 12, 13; AG Schongau RdE 1957, 61; AG Bremen RdE 1955, 77f. Vgl. hierzu auch *Morell*, Handbuch, Bd. I, Kennz. 0120, S. 12.

591 Vgl. hierzu ausführlich Danner/Theobald/*Hartmann*, IV, B2, § 12 Rn 21f.; Hermnann/Recknagel/Schmidt-Salzer/*Recknagel*, § 8 AVBEltV Rn 105; *Morell*, Handbuch, Bd. I, Kennz. 0120, S. 18ff.

592 Die nachvertragliche Duldungspflicht wurde von fünf auf drei Jahre verkürzt, vgl. BR-Drs. 367/06, S. 48, 69. Vgl. ausführlich zur nachvertraglichen Duldungspflicht *Morell*, Handbuch, Bd. I, Kennz. 0120, S. 21f.; Hermann/Recknagel/Schmidt-Salzer/*Recknagel*, Bd. I, § 8 AVBEltV Rn 107f. Danner/Theobald/*Hartmann*, stellt für den Beginn der nachvertraglichen Duldungspflicht entgegen des Verordnungswortlautes nicht auf die Einstellung der Anschlussnutzung, sondern auf die Beendigung des Netzanschlussvertrages ab, vgl. IV, B 2, § 12 Rn 24.

593 BGHZ 138, 281, 289.

pflicht aus §§ 12 Abs. 4 NAV, 12 Abs. 4 NDAV, 8 Abs. 4 AVBFernwärmeV, 8 Abs. 4 AVBWasserV betrifft nur bereits verlegte Anlagen. Eine Pflicht zur Duldung neuer Versorgungsleitungen ergibt sich hieraus nicht.

Die Inanspruchnahme privater Grundstücke gemäß §§ 12 NAV, 12 NDAV, 8 AVBFernwärmeV, 8 AVBWasserV ist grundsätzlich unentgeltlich, da sie als entschädigungslose Inhalts- und Schrankenbestimmung im Sinne des Art. 14 Abs. 1 S. 2, Abs. 2 GG und nicht als entschädigungspflichtige Enteignung im Sinne des Art. 14 Abs. 3 GG zu qualifizieren ist.

In Anbetracht einer Leitungslänge von über 1 Mio. Kilometer allein im Strombereich auf der Niederspannungsebene[594] kommt dieser Regelung eine enorme wirtschaftliche Bedeutung zu. Müsste jede noch so geringe Beanspruchung privater Grundstücke entschädigt werden, würden sich diese Kosten spürbar auf die Strom-, Gas-, Fernwärme- und Wasserpreise auswirken.[595] Die praktische Anwendung der Nutzung privater Grundstücke zur Leitungsverlegung nach §§ 12 NAV, 12 NDAV, 8 AVBFernwärmeV und 8 AVBWasserV ist daher im Bereich der örtlichen Versorgung sehr groß.[596]

Die Duldungspflichten sind Bestandteil des mit dem Anschlussnehmer bzw. Anschlussnutzer oder Kunden bestehenden Rechtsverhältnisses. Da es sich hierbei um Schuldverhältnisse handelt, sind folglich auch die Duldungspflichten schuldrechtlicher Natur.[597]

(2) Sektorspezifische Duldungspflichten von Abwasserleitungen

Da die Abwasserbeseitigung in Deutschland größtenteils von öffentlich-rechtlich organisierten Einrichtungen wahrgenommen wird, besteht regelmäßig ein Wahlrecht bezüglich des Regelungsregimes der Benutzungsverhältnisse zum Bürger.

Maßgebend für die Frage, in welcher Form der Träger der Einrichtung das Benutzungsverhältnis im Einzelnen ausgestattet hat, ist der objektiv nach Außen erkennbare Wille des Organisationsträgers. Vielfach ist das Rechtsverhältnis der Gemeinde zu den Bürgern in Abwassersatzungen festgesetzt und mithin öffentlich-rechtlich ausgestaltet.

Diese enthalten Duldungspflichten hinsichtlich der Benutzung fremder Grundstücke für Zwecke der Leitungsverlegung. So normiert z.B. § 19 Abs. 1 der Mustersatzung des Bayerischen Staatsministeriums des Inneren[598], dass ein

---

594 Vgl. hierzu die Angaben in Teil B Abschnitt I. 1.

595 So auch *Kimminich*, NJW 1973, 1482.

596 So auch Büdenbender/v.Heinegg/*Rosin*, Rn 1850.

597 So auch *Gieseke*, FS Hedemann, S. 112.

598 AllMBl. 1988, 577; vgl. zu den Voraussetzungen dieser Duldungspflicht ausführlich BayVGH vom 25.7.2007, Az.: 4 BV 06.3308; VG Regensburg vom 2.3.2005, Az.: RN 3 K 04.01795. Vgl. ausführlich zu den Duldungspflichten nach den Landeswassergesetzen sogleich cc. (1).

Grundstückseigentümer das Anbringen und Verlegen von Leitungen zur Ableitung von Abwasser über sein im Entsorgungsgebiet liegendes Grundstück unentgeltlich zuzulassen hat, wenn und soweit die Maßnahme für die örtliche Abwasserbeseitigung erforderlich ist.

Diese Regelung beruht ebenfalls auf dem Gedanken des Vorteilsausgleichs und entspricht damit den Duldungspflichten aus den Allgemeinen Anschluss- und Versorgungsbedingungen. Sie besteht nur für Grundstücke, die an die öffentliche Entwässerungsanlage angeschlossen oder anzuschließen sind, die vom Eigentümer im wirtschaftlichen Zusammenhang mit einem angeschlossenen oder zum Anschluss vorgesehenen Grundstück genutzt werden oder für die die Möglichkeit der örtlichen Abwasserbeseitigung sonst vorteilhaft ist. Diese Duldungspflicht entfällt ebenfalls, wenn die Inanspruchnahme des Grundstücks für den Eigentümer in unzumutbarerer Weise belastend ist.

Privatrechtlich organisierte öffentliche Einrichtungen können ihre Rechtsbeziehung zu den Bürgern hingegen nicht mittels öffentlich-rechtlicher Satzungen, sondern nur privatrechtlich ausgestalten. Dem Vertragsschluss können in diesem Fall allgemeine Geschäftsbedingungen zugrunde gelegt werden. Die Allgemeinen Versorgungsbedingungen finden für die Abwasserbeseitigung allerdings keine Anwendung.[599]

Mit der Zunahme privatrechtlicher Betätigungsformen im Bereich der Abwasserbeseitigung durch Umsetzung des § 18a Abs. 2a WHG in Landesrecht ist der Ruf nach der Schaffung einheitlicher Rahmenbedingungen für die Abwasserversorgung in Analogie zur AVBWasserV lauter geworden.[600] Bisher gibt es aber noch keine einheitlichen Anschlussbedingungen für den Bereich der Abwasserbeseitigung.

(3) Telekommunikationsrechtliches Nutzungsrecht gemäß § 76 TKG

Während die Regelungen zur Grundstücksmitbenutzung in den Allgemeinen Versorgungs- bzw. Anschlussbedingungen auf dem Gedanken der Solidarität der Kunden oder Anschlussnehmer eines Versorgungszweigs und dem Prinzip des Vorteilsausgleichs beruhen, weist das telekommunikationsrechtliche Wegerecht eine andere Systematik auf.

Die Benutzung von Grundstücken, die keine Verkehrswege im Sinne des § 68 Abs. 1 TKG sind, ist für Telekommunikationslinien in § 76 TKG normiert. Damit tritt diese Vorschrift neben die §§ 68-75 TKG, die ausschließlich die Mitbenutzung öffentlicher Wege regeln.

---

599 BGHZ 138, 281, 290.

600 Vgl. den Bericht der Bundesregierung zur Modernisierungsstrategie für die deutsche Wasserwirtschaft und für ein stärkeres internationales Engagement der deutschen Wasserwirtschaft, BT-Drs. 16/1094, S. 27.

§ 76 TKG übernimmt die Regelung des § 57 TKG 1996 und erstreckt die in Art. 87f Abs. 2 GG gewährleistete Betätigungsfreiheit privater Telekommunikationsanbieter auch auf Grundstücke, die nicht Verkehrswege im Sinne des § 68 Abs. 1 TKG sind. Bereits § 10 TWG enthielt eine Regelung hinsichtlich der Inanspruchnahme dieser Grundstücke. Erstmals ist mit Einführung des TKG allerdings neben der oberirdischen auch die unterirdische Verlegung von Telekommunikationslinien auf Privatgrundstücken möglich. Diese Norm bezweckt, dass Energieversorgungsunternehmen, die bereits entlang ihrer Versorgungsleitungen Kabel für eigene Kommunikationszwecke verlegt haben, ihr Netz zu einem öffentlichen Telekommunikationsnetz ausbauen können.[601]

Gemäß § 76 Abs. 1 Nr. 1 TKG besteht eine Duldungspflicht des Grundstückseigentümers, wenn eine bereits vorhandene, durch ein Recht gesicherte Leitung oder Anlage auch für Telekommunikationslinien genutzt werden kann und dadurch keine dauerhafte zusätzliche Beeinträchtigung der Nutzbarkeit des Grundstücks entsteht. Gemäß § 76 Abs. 1 Nr. 2 TKG ist die Inanspruchnahme ferner zu dulden, wenn das Grundstück durch die Benutzung nicht oder nur unwesentlich beeinträchtigt wird. Die Inanspruchnahme privater Grundstücke ist unter diesen Voraussetzungen kraft Gesetzes von vornherein nicht erlaubnispflichtig.[602] § 76 Abs. 1 Nr. 1 TKG enthält den gegenüber § 76 Abs. 1 Nr. 2 TKG spezielleren Duldungstatbestand.[603]

Verfassungsrechtlich handelt es sich bei der Regelung des § 76 TKG um eine Inhalts- und Schrankenbestimmung im Sinne des Art. 14 Abs. 1 S. 2 GG, die aufgrund Art. 87f GG dem Allgemeinwohl dient.[604]

Zwar spricht § 76 TKG anders als § 68 TKG nicht von öffentlichen Zwecken dienenden Telekommunikationslinien. Eine Ausdehnung des Anwendungsbereichs dieser Vorschrift auch auf Netze, die nicht öffentlichen Zwecken dienen, würde allerdings gegen die verfassungsrechtlich normierten Anforderungen an Inhalts- und Schrankenbestimmungen im Sinne des Art. 14 GG verstoßen.[605]

§ 76 Abs. 1 Nr. 1 TKG betrifft Inhaber von Leitungsrechten, die bereits für andere Zwecke als den Betrieb von Telekommunikationslinien an dem Grundstück eingeräumt wurden. Sie ist damit gezielt auf die Leitungsnetze der Energiewirtschaft zugeschnitten. Anstelle des Aufbaus einer komplett selbständigen Infrastruktur für Telekommunikationszwecke sieht der Gesetzgeber die Inanspruchnahme jener Grundstücke vor, für die der Eigentümer bereits ein Leitungsrecht bewilligt hat. In diesen Fällen hat der Eigentümer seine uneingeschränkte Herrschaftsposition bereits vorher zugunsten eines Dritten aufgegeben und dafür ei-

---

601 BT-Drs. 13/3609, S. 50; BVerfG NJW 2000, 799.

602 BeckTKG/*Schütz*, § 76 Rn 3; *Heun*, Kap. F Rn 263.

603 BGHZ 145, 16, 22.

604 BVerfG NJW 2000, 798, 799; NJW 2001, 2960, 2961; NJW 2003, 196, 198; BGHZ 145, 16, 26f. Scheurle/Mayen/*Reichert*, § 76 Rn 6.

605 So auch *Heun*, Kap. F Rn 276ff.

nen Vermögensausgleich erhalten. § 76 Abs. 1 Nr. 1 TKG normiert mithin die gesetzliche Ausweitung eines bereits bestehenden Leitungsrechts auf einen neuen Zweck, nämlich die Verlegung von Telekommunikationslinien.[606]

Die erweiterte Duldungspflicht gilt nur zugunsten desjenigen, für den bereits ein Nutzungsrecht an dem Grundstück eingeräumt wurde und nicht zugunsten beliebiger Dritter.[607] Dem aus § 76 Abs. 1 Nr. 1 TKG Berechtigten steht es allerdings zu, seine Berechtigung auf Dritte zu übertragen.[608]

Der Anwendungsbereich des § 76 Abs. 1 Nr. 1 TKG ist eröffnet, wenn eine bereits auf dem Grundstück vorhandene Leitung oder Anlage durch ein Nutzungsrecht gesichert ist. Da § 76 Abs. 1 Nr. 1 TKG auf die bestehenden Nutzungsrechte der Energieversorgungsunternehmen abzielt und diese sehr häufig obligatorischer Natur sind, werden hiervon sowohl bereits bestehende dingliche, als auch schuldrechtlich ausgestaltete Leitungsrechte erfasst.[609] Durch die erweiterte Inanspruchnahme darf die Nutzbarkeit des Grundstücks nicht dauerhaft zusätzlich eingeschränkt werden. Die telekommunikative Nutzung darf deshalb, von vorübergehenden Überschreitungen abgesehen, nicht über den durch die Dienstbarkeit vorgegebenen Rahmen hinausgehen.[610]

Da die Duldungspflicht gemäß § 76 Abs. 1 Nr. 1 TKG zum bestehenden Nutzungsrecht akzessorisch ist, endet diese mit Erlöschen des Leitungsrechts, so dass im Anschluss die zivilrechtlichen Beseitigungs- und Unterlassensansprüche des Eigentümers wieder aufleben.[611] Für diese Ausdehnung des Nutzungsrechts kann der Grundstückseigentümer gemäß § 76 Abs. 2 S. 2 TKG einen einmaligen Geldausgleich erhalten.[612]

Die Duldungspflicht des § 76 Abs. 1 Nr. 2 TKG ist dagegen unabhängig von bestehenden Leitungsrechten und betrifft Fälle, in denen das Grundstück durch die Benutzung nicht oder nur unwesentlich beeinträchtigt wird. Diese Regelung orientiert sich an der zivilrechtlichen Regelung des § 906 Abs. 1 Satz 1 BGB.[613] Sie schränkt den Anwendungsbereich des § 905 S. 2 BGB ein, wonach der Grundstückseigentümer nur Einwirkungen zu dulden hat, die in solcher Höhe oder Tiefe vorgenommen werden, dass er an der Ausschließung kein Interesse

606 So auch *Nienhaus*, S. 113; *Heun*, Kap. F Rn 260; Hoeren/*Hamm*, Kap. 3.2 Rn 1; a.A. *Haidinger/Rädler*, MMR 1999, 331f.

607 Vgl. ausführlich *Nienhaus*, S. 128ff.; BeckTKG/*Schütz*, § 67 Rn 27f.

608 Dies geschieht in der Praxis regelmäßig, da die Entwicklungen am Markt gezeigt haben, dass es eine Anzahl von Telekommunikationsnetzbetreibern gibt, die aufgrund späteren Markteintritts oder aufgrund anderer Marktstrategie zwar eigene Infrastrukturen suchen, diese aber nicht mehr selbst verlegen wollen. Es kommt somit regelmäßig zu Vermietungen oder Verkäufen von Leerrohren und Kabeln.

609 So überzeugend die h.M. BeckTKG/Schütz, § 76 Rn 25; BerlKommTKG/*Dörr*, § 76 Rn 16; *Nienhaus*, S. 120ff; *Heun*, Kap. F Rn 269ff.; *Möller*, RdE 1999, 219.

610 BGHZ 149, 213, 221; *Nienhaus*, S. 155.

611 BerlKommTKG/*Dörr*, § 76 Rn 23; BeckTKG/Schütz, § 76 Rn 36.

612 Vgl. ausführlich *Hamm*, MMR 2005, 358ff.

613 So auch Scheurle/Mayen/*Reichert*, § 76 Rn 21; BeckTKG/*Schütz*, § 76 Rn 15.

hat. Maßstab für die Wesentlichkeit einer Beeinträchtigung gemäß § 76 Abs. 1 Nr. 2 TKG ist das Empfinden eines verständigen Durchschnittsbenutzers des betroffenen Grundstücks in seiner durch Natur, Gestaltung und Zweckbestimmung geprägten konkreten Beschaffenheit.[614]

Hiernach ist im Regelfall nur von einer unwesentlichen Beeinträchtigung beim bloßen Kreuzen des Luftraums oder beim „Durchschießen" von Kabeln auszugehen. Die Errichtung von Masten und die Kabelverlegung in offener Bauweise überschreiten hingegen die Wesentlichkeitsschwelle, so dass es hierfür einer anderen Nutzungsberechtigung bedarf.[615]

§ 76 TKG erfasst nur das Überqueren bzw. das Durchqueren fremder Grundstücke mit Telekommunikationslinien, so dass der Anwendungsbereich der Vorschrift sich nicht auf die Verlegung von Anschlussleitungen erstreckt. Für diesen speziellen Fall der Grundstücksinanspruchnahme gilt § 45 a TKG, welcher mit Wirkung zum 24.2.2007 an die Stelle des § 10 TKV getreten ist.[616]

§ 76 TKG begründet bei der Nutzung privater Grundstücke für die Verlegung von Telekommunikationslinien ein gesetzliches Schuldverhältnis zwischen dem Grundstückseigentümer und dem Nutzungsberechtigten.[617] Geht die Grundstücksnutzung allerdings über die in § 76 Abs. 1 TKG normierte Beanspruchung hinaus, bedarf es eines anderweitigen Nutzungsrechts.[618]

bb. Gestattungsverträge

Zur Begründung einer Duldungspflicht werden oft Verträge mit den jeweiligen Grundstückseigentümern geschlossen. Hierbei handelt es sich insbesondere um Fälle, in denen die sektorspezifischen Duldungsrechte nicht vorliegen. Der Netzbetreiber oder das Versorgungsunternehmen muss sich dann um ein anderweitiges Nutzungsrecht bemühen, um nicht dem Beseitigungsanspruch des Grundstückseigentümers gemäß § 1004 Abs. 1 BGB ausgesetzt zu sein. Gegen diesen – unmittelbar die Eigentümerstellung schützenden – Anspruch kann sich das Versorgungsunternehmen oder der Netzbetreiber gemäß § 1004 Abs. 2 BGB nur mit einer Duldungspflicht des Grundstückseigentümers wehren.

---

614 BVerfG NJW 2000, 798, 800.

615 Vgl. zu diesen und weiteren Fallkonstellationen *Nienhaus*, S. 182ff.; *Schütz,* NVwZ 1996, 1057f.; BerlKommTKG/*Dörr,* § 76 Rn 9ff.

616 Die Hausanschlussleitungen sind allerdings nicht Bestandteil des öffentlichen Versorgungsnetzes und mithin auch nicht dieser Arbeit. Ausführlich zur alten Rechtslage *Aubert/Klingler*, S. 99ff.; Hoeren/*Bornhofen*, S. 236ff.

617 BerlKommTKG/*Dörr,* § 76 Rn 1.

618 In diesem Fall muss sich der Netzbetreiber um die Bewilligung schuldrechtlicher oder dinglicher Nutzungsrechte bemühen. Vgl. zu diesen sogleich unter bb.

Im Telekommunikationsbereich ist der Abschluss von Gestattungsverträgen in der Praxis auch verbreitet, wenn die Voraussetzungen des § 76 Abs. 1 TKG erfüllt sind und die Verlegung somit erlaubnisfrei erfolgen kann.[619]

Ebenso ist der Abschluss von Gestattungsverträgen für die Verlegung von Wasser- und Abwasserleitungen empfehlenswert und die gängige Praxis.[620] Zwar enthalten die landesrechtlichen Wassergesetze die Möglichkeit, mittels Zwangsrechten ein Benutzungsrecht an privaten Grundstücken für die Leitungsverlegung zu erlangen[621], weitergehende Regelungen hinsichtlich der Ausgestaltung des Nutzungsverhältnisses sind dort allerdings nicht normiert.

Im Energiesektor werden Gestattungsverträge mit Grundstückseigentümern meist im Bereich der Verlegung von Elektrizitäts- und Gasfernleitungen abgeschlossen. Da diese möglichst gradlinig verlaufen müssen, führen die Trassen vielfach über freie, meist landwirtschaftlich genutzte Flächen. Wenn die gradlinige Trassierung nicht möglich ist, erhöhen sich die Kosten des Leitungsbaus und des späteren Betriebs. Aber auch bei allen anderen Konstellationen, in denen die zuvor genannten Duldungspflichten aus den Allgemeinen Anschlussbedingungen nicht oder nicht mehr gegeben sind, müssen sich die Netzbetreiber um ein Nutzungsrecht bemühen, um nicht dem Abwehranspruch aus § 1004 BGB ausgesetzt zu sein.

In Deutschland bestehen große Landstriche aus land- und forstwirtschaftlich genutzten Flächen, so dass diese häufig im Rahmen der Leitungsverlegung in Anspruch genommen werden. Um die Verhandlungen zu vereinfachen, ist es üblich, dass die Verbände der Energieversorgung mit den Bauernverbänden die Grundsätze der Mitbenutzung von Grundstücken aushandeln.[622]

Der Abschluss von Gestattungsverträgen hat den Vorteil, dass die durch sektorspezifische Duldungstatbestände nur unbestimmt oder überhaupt nicht geklärten Fragen, z.B. hinsichtlich der Vertragsdauer, der Folgekosten oder der Übertragbarkeit der Nutzungsrechte, einvernehmlich festgesetzt werden können.

Für die inhaltliche Ausgestaltung solcher Gestattungsverträge besteht Vertragsfreiheit, so dass der Netzbetreiber und der Grundstückseigentümer die Modalitäten der Benutzung einvernehmlich nach ihren Vorstellungen festlegen können. Anders als bei den Konzessionsverträgen für die Leitungsverlegung in öffentlichen Verkehrswegen bestehen hierzu kaum Musterverträge.[623] Die bestehenden Mustervereinbarungen regeln insbesondere die Nutzung von Grundstücken in

---

619 Vgl. *Heun*, Kap. F, Rn 315ff.; BerlKommTKG/*Dörr*, § 76 Rn 13.

620 *Seeliger*, S. 77.

621 Zu den sektorspezifischen Zwangsrechten sogleich Abschnitt cc.

622 *Seelinger*, S. 85; Hoeren/*Lenkaitis*, Kap. 4.6. Rn 31ff.; *Joachim*, NJW 1963, 473; *Dittus*, NJW 1965, 723.

623 Vgl. das Muster für einen Gestattungsvertrag über die Duldung von Telekommunikationslinien in privaten Grundstücken, abgedruckt in: jurisPK-BGB/*Münch*, § 1018 BGB D III.

kommunalem Eigentum, da die Verwaltung auch in diesem Bereich den Gleichbehandlungsgrundsatz des Art. 3 GG sowie die sich daraus ergebende Selbstbindung berücksichtigen muss.[624] Den Parteien steht es offen, für die Grundstücksnutzung eine dingliche Sicherung zu vereinbaren oder es bei einer rein schuldrechtlichen Gestattung zu belassen.

(1) Dingliche Sicherung

Als dingliches Recht kommt bei der Verlegung von Versorgungsleitungen zunächst eine Grunddienstbarkeit im Sinne des § 1018 BGB in Betracht.[625] Da es bei der Inanspruchnahme fremder Grundstücke zum Zweck der Leitungsverlegung in der Regel aber an einem für die Grunddienstbarkeit erforderlichen herrschendem Grundstück mangeln dürfte, wird in der Regel die Eintragung einer beschränkt persönlichen Dienstbarkeit im Sinne des § 1090 BGB vereinbart.[626]

Genauso wie bei der Grunddienstbarkeit ist der Belastungsgegenstand ein fremdes Grundstück. Berechtigter aus der Dienstbarkeit ist allerdings nicht der Eigentümer eines weiteren Grundstücks, sondern eine bestimmte natürliche oder juristische Person. Es handelt sich anders als bei der Grunddienstbarkeit um ein subjektiv-persönliches Recht. Aufgrund der Möglichkeit die Dienstbarkeit zugunsten einer juristischen Person zu bestellen, kann die eingeräumte Rechtsposition einen Ewigkeitscharakter erlangen.[627] Die inhaltliche Ausgestaltung folgt hingegen gemäß § 1090 Abs. 2 BGB überwiegend den Vorschriften über die Grunddienstbarkeit.[628]

Dass diese Art der Absicherung der Leitungstrasse die vom Gesetzgeber angestrebte Form ist, lässt sich den Motiven entnehmen. Dort ist als Beispiel für § 95 Abs. 1 S. 2 BGB die Verlegung einer Wasserleitung bei Bestehen einer beschränkt persönlichen Dienstbarkeit zugunsten des Wasserversorgungsunternehmens aufgeführt.[629] Ferner gestattet der im Jahr 1996 eingeführte § 1092 Abs. 3 BGB die Übertragbarkeit einer beschränkt persönlichen Dienstbarkeit, *„die dazu berechtigt, ein Grundstück für Anlagen zur Fortleitung von*

---

624 Musterverträge für die Verlegung von Telekommunikationslinien in Grundstücken im kommunalen Eigentum, die nicht öffentliche Verkehrswege sind, sind vom Deutschen Städtetag, Köln/Berlin, Deutschen Landkreistag, Berlin, Deutschen Städte- und Gemeindebund, Berlin und der Deutschen Telekom AG, Bonn erarbeitet und zur Anwendung empfohlen worden. Abgedruckt bei *Heun*, Kap. F Anhang, S. 555-564.

625 So auch *Bartlsperger*, S. 76; *Morell*, Handbuch, Bd. I, Kennz. 0120, S. 36; *Seeliger*, S. 73ff., *Heun*, Kap. F Rn 317, wobei letzterer angesichts der noch aufzuzeigenden Unsicherheiten lediglich schuldrechtlicher Verträge zu diesem Schritt rät. Vgl. ausführlich zur Grunddienstbarkeit *Westermann*, S. 848ff.; *Wilhelm*, Sachenrecht, Rn 1952ff.

626 Ausführlich zur beschränkt persönlichen Dienstbarkeit *Westermann*, S. 863ff.; *Baur/ Stürner*, § 34; *Wilhelm*, Sachenrecht, Rn 1990ff.

627 So auch *Baur/Stürner*, § 34 Rn 1.

628 Gemäß § 1090 Abs. 2 BGB finden die Vorschriften §§ 1020 bis 1024, 1026 bis 1029, 1061 entsprechende Anwendung.

629 Mot. III, S. 48.

Elektrizität, Gas, Fernwärme, Wasser, Abwasser, (...) für Telekommunikationsanlagen (...) zu benutzen".[630] Es handelt sich hierbei um eine Ausnahmeregelung der ursprünglich unübertragbaren beschränkt persönlichen Dienstbarkeit. Auch hieraus ergibt sich, dass zumindest im Bereich der Übertragungsnetze die Eintragung einer beschränkt persönlichen Dienstbarkeit der gesetzlich angestrebte Weg ist. Die Leitungsabsicherung wird deshalb oft als typischer Anwendungsfall der beschränkt persönlichen Dienstbarkeit aufgeführt.[631]

Für das Versorgungsunternehmen oder den Netzbetreiber bietet die Eintragung einer beschränkt persönlichen Dienstbarkeit eine sichere Möglichkeit, ein Nutzungsrecht zu erlangen und sich auch in Zukunft auf dieses verlassen zu können.

Der mögliche Inhalt einer beschränkt persönlichen Dienstbarkeit richtet sich nach §§ 1090 Abs. 1, 1018 BGB. Für die Inanspruchnahme fremder Grundstücke zum Zwecke der Leitungsverlegung kommt die Einrichtung eines Benutzungsrechts und somit die erste der in § 1018 BGB genannten Fallgruppen in Betracht.

Hierbei ist zu berücksichtigen, dass die Nutzung des Grundstücks „in einzelnen Beziehungen" sich auf eine bestimmte, näher definierte Nutzungsart und nicht auf ein umfassendes, nicht näher bezeichnetes oder begrenztes Nutzungsrecht bezieht. Im Rahmen des geltenden Bestimmtheitsgrundsatzes[632] dürfen die Parteien den Inhalt der beschränkt persönlichen Dienstbarkeit frei vereinbaren. Der Umfang und der Inhalt der Dienstbarkeit müssen zweifelsfrei bestimmt werden und für jedermann aus dem Grundbuch oder der dort in Bezug genommenen Eintragungsbewilligung erkennbar sein.[633] Die Dienstbarkeit ist ein beschränkt dingliches Recht, das die Herrschaftsbefugnis an dem Grundstück aufspaltet, so dass es mit ihrer Rechtsnatur unvereinbar ist, wenn dem Eigentümer neben der Dienstbarkeit keine wirtschaftlich sinnvolle Nutzung des Grundstücks möglich bleibt.[634] Folglich muss die mittels der Dienstbarkeit eingeräumte Nutzung bestimmt sein und darf nicht die gesamten bestehenden Nutzungsmöglichkeiten ausschöpfen. In der Literatur finden sich Vorschläge für Formulierungen für den Inhalt beschränkt persönlicher Dienstbarkeiten zur Verlegung von Versorgungsleitungen.[635]

---

630 Gesetz zur Änderung des Rechts der beschränkten persönlichen Dienstbarkeiten vom 17.7.1996 (BGBl. I S. 990). Ausführlich hierzu *Bassenge*, NJW 1996, 2777ff.

631 So z.B. MüKoBGB/*Joost*, § 1090 Rn. 2.

632 Da sich der Inhalt der Dienstbarkeiten nicht aus dem Gesetz, sondern aus dem Vertrag der Beteiligten ergibt, muss die rechtsgeschäftliche Einigung den Inhalt des Rechts hinreichend bestimmt festlegen. Vgl. Bamberger/Roth/*Wegmann*, § 1018 Rn 34f.

633 KG NJW 1973, 1128; OLG Hamm NJW 1967, 2365f.

634 Staudinger/*Mayer*, § 1018 Rn 94ff.; Bamberger/Roth/*Wegmann*, § 1018 Rn 2.

635 Z.B. *Seeliger*, S. 77.; Vgl. ferner das Muster für eine Eintragungsbewilligung bei jurisPK-BGB/*Münch*, § 1018 BGB D III. Die Rechtsprechung lässt die Angaben „Hochspannungsleitungsrecht" zur Eintragung im Grundbuch genügen, da es sich um

Die Auslegungsmöglichkeit von beschränkt persönlichen Dienstbarkeiten zugunsten von Versorgungsunternehmen ist mit der Liberalisierung des Telekommunikationsmarktes und dem Erfordernis der Errichtung neuer Telekommunikationsnetze sowie dem gesetzgeberischen Willen, hierfür insbesondere die bestehenden Energieversorgungsnetze zu nutzen, in den Vordergrund der Diskussion getreten.[636] Es stellt sich die Frage, ob diese nur eine kommunikationsspezifische Eigennutzung der verlegten Kabel oder auch das gewerbliche Angebot von Telekommunikationsdiensten umfassen. In diesem Zusammenhang wird die weite Auslegung von bereits für Versorgungszwecken eingeräumten Dienstbarkeiten aufgrund der hohen Anforderungen an die Bestimmtheit regelmäßig verneint.[637] Die Grunddienstbarkeit muss dahingehend ausgelegt werden, dass nur die ursprünglich beabsichtigte Nutzung und nicht auch die Nutzung zum Betreiben öffentlicher Telekommunikationslinien von ihr erfasst wird. Diese Erkenntnis hat zur Schaffung des § 76 Abs. 1 Nr. 1 TKG geführt.

Mit der beschränkt persönlichen Dienstbarkeit können neben Grundstücken auch genau zu bezeichnende Teilflächen des Grundstücks belastet werden.[638] Dies ist bei der Verlegung von Versorgungsleitungen regelmäßig der Fall, da sie nur einen Teil des Grundstücks kreuzen und dieses außerhalb des Schutzstreifens ungestört in sonstiger Weise genutzt werden kann. Ferner kann eine Gesamtbelastung begründet werden, wenn sich die Ausübung der beschränkt persönlichen Dienstbarkeit auf mehrere Grundstücke erstreckt.[639]

Die Bestellung einer beschränkt persönlichen Dienstbarkeit zugunsten des Netzbetreibers hat für diesen viele Vorteile. Zum einen wird die Nutzungsberechtigung des Netzbetreibers für jedermann erkenntlich im Grundbuch dokumentiert und wirkt als dingliches Recht absolut, d.h. gegenüber jedermann. Bei einer Übereignung des Grundstücks kann sich der Netzbetreiber oder das Versorgungsunternehmen deshalb auch gegenüber dem neuen Eigentümer auf das eingeräumte Recht berufen. Die sichere Rechtsposition des Netzbetreibers ergibt sich bei Bestellung einer beschränkt persönlichen Dienstbarkeit ferner daraus, dass es für ihre Aufhebung gemäß § 875 BGB der Erklärung des Berechtigten und somit des Netzbetreibers bedarf. Bei Störungen seines aus der Dienstbarkeit resultierenden Nutzungsrechts durch Dritte kann der Netzbetreiber kraft eigenen Rechts gemäß §§ 1090 Abs. 2, 1027, 1004 Abs. 1 BGB gegen diese vorgehen. Da es sich bei den Versorgungsunternehmen und Netzbetreibern um juristische Personen handelt, ist gemäß § 1092 Abs. 3 BGB bei einer Übertragung des Net-

---

einen häufig vorkommenden Typ von Dienstbarkeiten handelt, der sich in der Praxis mit einem üblichen Inhalt herausgebildet hat. Vgl. z.B. BayObLG Rpfleger 1981, 295f.

636 BerlKommTKG/*Dörr,* § 76 Rn 14; Hoeren/*Bornhofen*, Kap. 4.3 Rn 109ff.; BeckTKG/*Schütz,* § 76 Rn 21ff.; *ders*., NVwZ 1996, 1058f.

637 So z.B. BGHZ 145, 16, 20ff.; OLG Oldenburg NJW 1999, 957; Schneider/Theobald/*Hermes,* § 9 Rn 77.

638 Vgl. § 7 Abs. 2 GBO.

639 BayObLG Rpfleger 1990, 111 f.

zes die Übertragung der beschränkt persönlichen Dienstbarkeit unproblematisch möglich.

Die bisher aufgezeigten Vorteile der Bestellung einer beschränkt persönlichen Dienstbarkeit sind aus der Sicht der Grundstückseigentümer neutral zu bewerten, da ihre Interessen nicht beeinträchtigt werden.

Die gesetzlichen Bestimmungen der §§ 1090 Abs. 2, 1023 Abs. 1 BGB hingegen stellen einen Vorteil aus Sicht des Netzbetreibers[640], aber einen erheblichen Nachteil für den Grundstückseigentümer dar. Hiernach kann der Grundstückseigentümer zwar die Verlegung der Leitung auf eine andere, für den Netzbetreiber ebenso geeignete Stelle verlangen, wenn lediglich ein Teil des Grundstücks mit der Dienstbarkeit belastet ist. Er hat aber die Kosten hierfür zu übernehmen und auf Verlangen des Netzbetreibers einen Vorschuss zu entrichten.

Diese Regelung entfaltet im Rahmen der Einräumung beschränkt persönlicher Dienstbarkeiten bei der Verlegung von Versorgungsleitungen eine erhebliche Wirkung. Die Leitungen stellen bei einem regelmäßigen technischen Nutzungszeitraum von über 50 Jahren eine sehr langfristige Belastung des Grundstücks dar. Da die beschränkt persönliche Dienstbarkeit zugunsten des Netzbetreibers oder des Versorgungsunternehmens eingetragen wird, ist die Nutzungsdauer anders als bei der Eintragung zugunsten natürlicher Personen nicht zeitlich beschränkt. Im Regelfall ändern sich mit dem Laufe der Zeit die Bedürfnisse des Eigentümers hinsichtlich der Nutzung seines Grundstücks, so dass er ein Interesse an einer Anpassung an die geänderten Verhältnisse hat. Der Netzbetreiber oder das Versorgungsunternehmen hat hingegen ein Interesse an einer möglichst langfristigen Planungssicherheit.

Dass es sich hierbei um einen der leitungsgebundenen Versorgung immanenten Interessenkonflikt handelt, zeigt sich daran, dass diese widerstreitenden Interessen in den sektorspezifischen Duldungspflichten und den Folgekostenregelungen der Gestattungsverträge Berücksichtigung finden. In den Allgemeinen Anschluss- und Versorgungsbedingungen ist der Interessenausgleich dahingehend normiert, dass die Verlegung auf Kosten des Versorgungsunternehmens oder Netzbetreibers zu erfolgen hat, wenn die Duldung an der bisherigen Stelle für den Grundstückseigentümer nicht mehr zumutbar ist.[641] Auch wenn die Eintragung einer beschränkt persönlichen Dienstbarkeit zumeist gegen Entgelt erfolgt, stellt die Regelung der §§ 1090 Abs. 2, 1023 Abs. 1 BGB einen erheblichen Nachteil für den Grundstückseigentümer dar.

Das Recht auf Verlegung ist als besonderer Fall des § 1020 S. 1 BGB zwingender Natur und kann deshalb weder vertraglich eingeschränkt noch ausgeschlos-

---

640 *Morell*, Handbuch, Bd. I, Kennz. 0120 S. 36 sieht in dieser Regelung einen faktischen Schutz des Netzbetreibers vor Änderungs- und Verlegungsverlangen des jeweiligen Grundstückseigentümers.

641 Vgl. §§ 12 Abs. 3 NAV, 12 Abs. 3 NDAV, 8 Abs. 3 AVBFernwärmeV, 8 Abs. 3 AVBWasserV.

sen werden.[642] Es steht den Parteien allerdings frei, die Regelung des § 1023 Abs. 1 BGB zugunsten des Verpflichteten vertraglich abzuändern.[643]

Es besteht somit die Möglichkeit, die Bestellung einer beschränkt persönlichen Dienstbarkeit anzustreben und bei Bedenken des jeweiligen Grundstückseigentümers diesen von der Kostentragungspflicht des § 1023 Abs. 1 BGB ganz oder teilweise zu befreien.

In dem Verpflichtungsgeschäft, das der Bestellung der beschränkt persönlichen Dienstbarkeit zugrunde liegt, ist oft die Pflicht des Netzbetreibers normiert, im Gegenzug ein Entgelt an den Grundstückseigentümer zu zahlen. Dies setzt sich aus einer Entschädigung für die Beeinträchtigung des Grund und Bodens[644] als solche und gelegentlich aus einem weiteren Betrag zusammen. Letzterer wird auch als „Eilzuschlag" für eine zügige Bewilligung der Eintragung einer beschränkt persönlichen Dienstbarkeit bezeichnet.[645]

Insbesondere bei den großen querfeldein führenden Fernleitungen über die Grundstücke privater Eigentümer werden beschränkt persönliche Dienstbarkeiten zugunsten der Energieversorgungsunternehmen eingerichtet.[646] Diese müssen gegenüber Hypotheken und Grundschulden den ersten Rang haben. Ein entscheidender Unterschied zwischen dinglichen und schuldrechtlichen Nutzungsrechten ist darin zu sehen, dass sich der Inhalt einer schuldrechtlichen Nutzungsberechtigung allein nach dem Parteiwillen richtet. Der Inhalt der dinglichen Nutzungsrechte ist hingegen größtenteils im Gesetz, z.B. in den §§ 1020, 1021 BGB, festgelegt.

Trotz all dieser Vorteile kann festgestellt werden, dass viele Leitungsvorhaben ohne ein dingliches Nutzungsrecht errichtet werden.[647] Auch wenn die Eintragung einer beschränkt persönlichen Dienstbarkeit zugunsten des Versorgungsunternehmens vertraglich vereinbart wird, zeigt sich, dass die grundbuchliche Absicherung auch in diesem Fall teilweise unterbleibt.[648] Des Weiteren ist die Bereitschaft der Grundstückseigentümer – meist handelt es sich um Landwirte –

---

642 BGH WM 1981, 498f.; MüKoBGB/*Falckenberg,* § 1023 Rn 11; Staudinger/*Mayer,* § 1023 Rn 21.

643 Staudinger/*Mayer,* § 1023 Rn 22; Bamberger/Roth/*Wegmann,* § 1023 Rn 7. Wenn eine derartige Absprache in der Form der §§ 873, 877 BGB geschieht, erlangt sie dingliche Wirkung.

644 Als Richtwert für die Entschädigung werden für jeden Quadratmeter 10% bis 20% des Wertes des entsprechenden Grundstücks angegeben, vgl. *Seeliger*, S. 78.

645 So *Seeliger*, S. 79.

646 So auch *Gieseke*, FS Hedemann, S. 102; *Joachim*, NJW 1969, 2175; *Dittus*, NJW 1965, 718ff. Vgl. z.B. OLG Koblenz RdE 1992, 238f.

647 Vgl. z.B. den vom VG Minden GWF/Recht und Steuern 2004, 11ff. zu entscheidenden Fall. Ferner wird als Argument für die Einbeziehung schuldrechtlich eingeräumter Nutzungsrechte in den Anwendungsbereich des § 76 Abs. 1 Nr. 1 TKG vorgetragen, dass viele Energieversorgungsleitungen lediglich schuldrechtlich gesichert sind. So z.B. BeckTKG/*Schütz,* § 76 Rn 25.

648 Z.B. BVerwG NVwZ 2007, 707f.

zur dinglichen Belastung ihres Grundeigentums gering, da sie ihr Grundbuch „sauber“ halten möchten.[649] Um diese Bereitschaft zu „erkaufen“, müssten die Netzbetreiber sehr hohe Entgelte für die Grundstücksnutzungsrechte aufbringen[650], so dass sie sich vielfach mit dem Abschluss eines langfristigen schuldrechtlichen Gestattungsvertrages begnügen.

(2) Schuldrechtliche Gestattungsverträge

Schuldrechtliche Gestattungsverträge für die Verlegung von Versorgungsleitungen unterliegen keinen Formvorschriften. Es wird zwar empfohlen, die Vereinbarung, insbesondere für die eindeutige Festlegung der sich aus ihr ergebenden Rechte und Pflichten, schriftlich abzuschließen. Ein schuldrechtlicher Gestattungsvertrag kann aber auch durch konkludentes Handeln der Parteien begründet werden.[651]

Wenn die Grundstücksnutzung unentgeltlich erfolgen soll, ist der Gestattungsvertrag als Leihe oder als der Leihe ähnlich zu qualifizieren.[652] Die Zahlung einer Entschädigung für leitungsbedingte Grundstücks-, Flur- oder Aufwuchsschäden begründet die Entgeltlichkeit der Grundstücksnutzung nicht.[653]

Wird hingegen für die Nutzung von Grund und Boden ein – wenn auch geringes – Entgelt vereinbart, so finden die Vorschriften des Mietrechts Anwendung.[654] In welcher Höhe dieses Entgelt gezahlt wird, ist für die Qualifizierung als Mietvertrag unbeachtlich, da die Festsetzung des Mietzinses der Privatautonomie der Parteien unterliegt.[655] Der Mietzins kann als eine periodisch wiederkehrende Geldleistung oder als Einmalleistung vereinbart werden.[656] Unter bestimmten Umständen kann der Gestattungsvertrag auch als Pachtvertrag einzuordnen sein.[657]

Der BGH hat ferner vertragliche Regelungen, die nicht den Gebrauch des Grund und Bodens gewähren, sondern lediglich die Duldung seiner Inanspruchnahme normieren, als Gestattungsvertrag sui generis qualifiziert.[658] In diesem Zusammenhang muss berücksichtigt werden, dass sich in der Praxis die Bezeichnung „Gestattungsvertrag“ unabhängig von dem tatsächlich vereinbarten Vertragstyp

---

649 So auch *Ganter*, WM 2002, S. 106; *Joachim*, NJW 1969, 2175.
650 So auch *Joachim* NJW 1963, 474; *ders.*, NJW 1969, 2175; *Dittus*, NJW 1965, 718ff.
651 Vgl. z.B. LG Kassel, NJW 1969, 1174ff.; VG Würzburg vom 22.9.2004, Az.: W 2 K 03.1861.
652 BGHZ 125, 293, 298.
653 BGHZ 125, 293, 298.
654 Vgl. BGHZ 123, 166, 169f.; *Schlosser*, BayVBl. 1982, 549.
655 Palandt/*Weidenkaff*, § 535 Rn 74; Staudinger/*Emmerich*, § 535 Rn 84.
656 BGHZ 123, 166, 170; MüKoBGB/*Häublein*, § 535 Rn 153f.
657 Vgl. *Seeliger*, S. 73.
658 BGH RdE 1980, 40; BGH NJW 1997, 3022, 3023.

durchgesetzt hat. Regelmäßig handelt es sich hierbei um Miet-, Pacht- oder Leihverträge, die eine Nutzung des fremden Grundstücks „gestatten".[659]

Die sich aus dem Vertragsverhältnis ergebenden Rechte und Pflichten richten sich nach den vertraglichen Vereinbarungen sowie den gesetzlichen Vorschriften der §§ 535ff. BGB bei Vorliegen eines Mietvertrages, der §§ 582ff. BGB bei Vorliegen eines Pachtvertrags bzw. der §§ 598ff. BGB bei Vorliegen eines Leihvertrages.

Da die verlegten Versorgungsleitungen regelmäßig eine lange technische Lebensdauer aufweisen und sich die hohen Investitionen in die Trassenplanung und ihre Durchführung wirtschaftlich nur lohnen, wenn die Leitung an der verlegten Stelle lange Zeit betrieben werden kann, werden Gestattungsverträge über einen möglichst langen Zeitraum abgeschlossen.[660] Im Folgenden wird aufgezeigt, dass anders als bei der Sicherung des Nutzungsrechts durch eine beschränkt persönliche Dienstbarkeit die erforderliche Planungssicherheit bei schuldrechtlichen Gestattungsverträgen nicht gewahrt ist.

Ein Leihvertrag kann grundsätzlich auch für einen langen Zeitraum, z.B. für die tatsächliche Nutzungsdauer einer Versorgungsleitung, abgeschlossen werden. Hierfür muss entweder die Leihdauer oder der Zweck der Leihe fest vereinbart sein, da andernfalls ein unbegrenztes Leihverhältnis vorliegt, bei dem der Verleiher die Sache gemäß § 604 Abs. 3 BGB jederzeit zurück verlangen kann. „Dauerleihgaben" sind insbesondere bei der Verleihung von Kunstgegenständen für öffentliche Ausstellungen üblich.[661]

Der BGH geht bei Versorgungsleitungen davon aus, dass der Zweck des Leihvertrages in der Verlegung und Unterhaltung der Leitung in dem Grundstück zu sehen ist.[662] Das Gericht hat einer Erklärung des Grundstückseigentümers, mit dem Bau der Versorgungsleitung durch das Grundstück einverstanden zu sein, entnommen, dass der Entleiher das Grundstück grundsätzlich so lange nutzen darf, wie er seiner Versorgungsaufgabe nachkommt. Der Entleiher ist daher zur Rückgabe erst nach Erreichung des Zwecks gemäß § 604 Abs. 2 S. 1 BGB verpflichtet, so dass es sich nicht um ein unbegrenztes Leihverhältnis handelt, auf das § 604 Abs. 3 BGB Anwendung findet.[663]

Die für die Gewährung eines zuverlässigen Netzbetriebes erforderliche Sicherheit einer langfristigen Grundstücksnutzung wird bei der Leihe allerdings durch das in § 605 BGB normierte Kündigungsrecht des Verleihers eingeschränkt. Gemäß § 605 Nr. 1 BGB ist der Verleiher bei unvorhergesehenem Eigenbedarf – auch bei auf lange Zeit abgeschlossenen Verträgen – zur Kündigung des Leih-

659 So z.B. auch BGHZ 123, 166ff.; *Morell*, Handbuch, Bd. I, Kennz. 0120, S. 33ff.

660 Vgl. z.B. den bei *Heun*, Kap. F Anhang (S. 560-564) abgedruckten Mustervertrag.

661 OLG Celle NJW-RR 1994, 1473f.

662 BGHZ 125, 293, 299f.

663 RG HRR 133 Nr. 1000; BGHZ 125, 293, 299f.; OLG Bamberg RdE 1989, 299, 302f; LG Freiburg MDR 1994, 1218.

verhältnisses berechtigt. Es handelt sich um eine besondere Ausprägung des für alle Dauerschuldverhältnisse bestehenden Rechts der Kündigung aus wichtigem Grund.[664]

Die Unentgeltlichkeit der Leihe hat zur Folge, dass die Anforderungen an das Kündigungsrecht des Verleihers gemäß § 605 Nr. 1 BGB gering sind. Diese sind bereits bei einem wirklichen, nicht notwendigerweise dringenden Bedürfnis des Verleihers gegeben.[665] Dieser aufgrund der Kündigungsmöglichkeit des Verleihers drohende Entzug der Leihsache gehört zu den immanenten Gefahren einer nur leihweise erlangten Gebrauchsmöglichkeit.

Des Weiteren wird die unsichere Rechtsposition der Netzbetreiber bei der leihweisen Nutzungsüberlassung dadurch verschärft, dass § 566 BGB auf Leihverhältnisse keine Anwendung findet.[666] Bei einer Grundstücksveräußerung endet somit das mittels Leihe begründete Nutzungsrecht, so dass sich der Netzbetreiber gegenüber dem neuen Grundstückseigentümer hierauf nicht berufen kann.[667] Da eine vertragliche Nachfolgeregelung mit dem bisherigen Grundstückseigentümer eben keine dingliche Wirkung entfaltet, kann hierdurch allenfalls ein Schadensersatzanspruch gegen den bisherigen, aber kein Nutzungsrecht gegenüber dem neuen Eigentümer ausgelöst werden.

Auch bei der Grundstücksnutzung aufgrund eines Miet- oder Pachtvertrags ist die Rechtsposition des Netzbetreibers mit der eines dinglich Berechtigten nicht zu vergleichen. Zwar tritt bei einer Grundstücksveräußerung gemäß §§ 578 Abs. 1, 566 BGB bzw. gemäß §§ 581 Abs. 2, 566 BGB der Erwerber an die Stelle des vorigen Vermieters in die vertraglichen Verpflichtungen ein. Unsicherheiten ergeben sich aber, wenn der Miet- oder Pachtvertrag nicht schriftlich abgeschlossen wird. Er gilt dann gemäß §§ 578 Abs. 1, 550 S. 1 BGB bzw. §§ 581 Abs. 2, 550 S. 1 BGB als auf unbestimmte Zeit abgeschlossen. Bei einem Verkauf des Grundstücks hat dies zur Folge, dass der neue Grundstückseigentümer gemäß §§ 578 Abs. 1, 550 S. 2 BGB bzw. gemäß §§ 581 Abs. 2, 550 S. 2 BGB ein Jahr nach Überlassung des Grundstücks den Vertrag kündigen kann.

---

664 BGHZ 125, 293, 300; Staudinger/*Reuter*, § 605 Rn 1. Die Norm ist Ausdruck des allgemeinen Gedankens, wonach sich bei unentgeltlich zu erbringenden Leistungen das nach Vertragsschluss eintretende Bedürfnis des Verpflichteten gegen das des Berechtigten durchsetzt. Es handelt sich um eine Konkretisierung des Grundsatzes von Treu und Glauben, vgl. Mot. II, S. 452f.; RGZ 91, 155, 158; Staudinger/*Reuter*, § 605 Rn 2.

665 In diesem Zusammenhang wird sichtbar, dass die Rechtsprechung die Anforderungen an das Eigenbedürfnis im Sinne des § 605 Nr. 1 BGB im Laufe der Zeit verringert hat. Vgl. zu den noch strengeren Maßstäben BGH MDR 1980, 209 und zur nunmehr vertretenen Auffassung BGHZ 125, 300f. Ausführlich zu dieser Änderung in der Rechtsprechung des BGH, *Seeliger*, S. 74ff.

666 BGHZ 125, 293, 301; OLG Köln NJW-RR 2000, 152, 153; Staudinger/*Emmerich*, § 566 Rn 20; Palandt/*Weidenkaff*, § 566 Rn 2.

667 BGHZ 60, 123; 66, 37, 39.

Aber auch die mittels eines schriftlich abgeschlossenen Miet- oder Pachtvertrags begründete Rechtsposition des Netzbetreibers oder Versorgungsunternehmens unterliegt Einschränkungen in zeitlicher Hinsicht. Die zeitliche Begrenzung ist ein Wesensmerkmal der Miete und der Pacht.[668] Es ist den Vertragsparteien zwar überlassen, einen Miet- oder Pachtvertrag über einen langen Zeitraum abzuschließen und auf die Einräumung eines ordentlichen Kündigungsrechts zu verzichten. Das Gesetz normiert allerdings neben dem außerordentlichen Kündigungsrecht aus wichtigem Grund gemäß § 543 BGB eine Regelung für Verträge, die eine Vertragsdauer von über 30 Jahren aufweisen. Gemäß § 544 S. 1 BGB bzw. §§ 581 Abs. 2, 544 S. 1 BGB können diese Verträge von jeder Partei nach Ablauf der 30 Jahre vorzeitig mit der gesetzlichen Frist gekündigt werden. Da diese Bestimmung zwingendes Recht darstellt[669] und die tatsächliche Nutzungsdauer von Versorgungsleitungen in der Regel 30 Jahre übersteigt, bieten auch die Miete und die Pacht keine den Netzbetreiber oder das Versorgungsunternehmen ausreichend sichernde Möglichkeit der Grundstücksbenutzung.

Wie der BGH in seiner Entscheidung vom 17.03.1994 zutreffend feststellte, steht dem Versorgungsunternehmen aufgrund eines schuldrechtlichen Gestattungsvertrages kein rechtlich gesicherter Anspruch auf ungehinderte Fortsetzung des Vertragsverhältnisses zu, sondern allenfalls die tatsächliche Erwartung, das in Anspruch genommene Grundstück weiterhin und langfristig unverändert zum Betrieb der Versorgungsleitung nutzen zu können.[670]

Obwohl diese Unsicherheit auf Seiten der Netzbetreiber oder Versorgungsunternehmen besteht, werden oft nur schuldrechtliche Gestattungsverträge mit den Grundstückseigentümern abgeschlossen.[671] Dies ist zum Teil auf die mangelnde Bereitschaft der Grundstückseigentümer zur Belastung ihrer Grundstücke mit dinglichen Rechten und dem hieraus resultierenden finanziellen Aufwand für die Einräumung einer Dienstbarkeit zurückzuführen. Die Netzbetreiber begnügen sich aber oft auch mit obligatorischen Nutzungsrechten. In der Regel reichen diese aus, da die Zahl der Fälle, in denen die Eigentümer das Vertragsverhältnis frühzeitig beenden möchten – insbesondere bei wiederkehrenden Mietzinszahlungen – gering ist.

Sollte der Grundstückseigentümer das Nutzungsverhältnis frühzeitig beenden, besteht noch die Möglichkeit, durch Aufstockung des Mietzinses eine Einigung mit dem Grundstückseigentümer zu erzielen oder die zwangsweise Einräumung eines Duldungsrechts anzustreben.[672]

---

668 MüKoBGB/*Bieber*, § 544 Rn 1; MüKoBGB/*Harke*, § 581 Rn 1.

669 OLG Hamm NZM 1999, 753; MüKoBGB/*Bieber*, § 544 Rn 2.

670 Vgl. BGHZ 125, 293, 299, 302; OLG Naumburg vom 29.6.2000, Az: 4 U 37/00.

671 Wie im weiteren Verlauf der Arbeit aufgezeigt wird, ist dies insbesondere in den alten Bundesländern der Fall. So auch *Schiller*, LKV 2005, 11.

672 Vgl. z.B. den vom VG Minden zu entscheidenden Fall, GWF/Recht und Steuern 2004, 11ff. Zu den sektorspezifischen Zwangsrechten sogleich Abschnitt cc.

cc. Sektorspezifische Zwangsrechte

Der Grundstückseigentümer kann frei entscheiden, ob und unter welchen Bedingungen er einen Gestattungsvertrag mit einem Versorgungsunternehmen oder Netzbetreiber abschließt. In der Praxis ist es nicht möglich, die für eine flächendeckende Energie-, Wasserversorgung und Abwasserbeseitigung nötige Grundstücksinanspruchnahme, gerade an den jeweils benötigten Örtlichkeiten, allein im Wege freihändigen Erwerbs oder auf der Grundlage der bereits aufgezeigten Nutzungsrechte im erforderlichen Umfang sicherzustellen. Da die Errichtung und Erhaltung eines zuverlässigen Versorgungsnetzes im öffentlichen Interesse liegt, bestehen sektorspezifische Regelungen für eine zwangsweise Durchsetzung der zur öffentlichen Ver- bzw. Entsorgung notwendigen Durchleitungsvorhaben.

Für die Bereiche der Wasserversorgung und der Abwasserbeseitigung normieren die Landeswassergesetze Zwangsrechte, die sowohl die Verlegung als auch den Betrieb von Leitungen auf fremden Grundstücken ermöglichen. Den geringsten Eingriff stellt hierbei die wasserbehördliche Duldungsanordnung dar, die eine Duldungspflicht des Grundstückseigentümers hinsichtlich der Durchleitung begründet.[673] Ferner enthalten einige Landeswassergesetze Enteignungstatbestände zugunsten der öffentlichen Wasserversorgung oder der öffentlichen Abwasserbeseitigung.[674]

Die Möglichkeit zur Enteignung für Energieversorgungsvorhaben ist bundesrechtlich in § 45 EnWG normiert. Es handelt sich hierbei um eine spezialgesetzliche Regelung der Enteignung zugunsten der Elektrizitäts- und Gasversorgung. Bereits im EnWG 1935 war die „Enteignung von Grundeigentum“ geregelt.[675] In der Gesetzesbegründung wird betont, dass ohne die Inanspruchnahme fremden Grundeigentums (insbesondere bei Leitungen) die Versorgung mit Elektrizität und Gas nicht durchführbar ist. Im Interesse einer sicheren, preisgünstigen und umweltverträglichen Versorgung und im Interesse des Wettbewerbs bei Strom und Gas ist die Entziehung oder Beschränkung von Grundeigentum oder von Rechten am Grundeigentum im Wege der Enteignung zulässig.[676]

Für die Verlegung von Fernwärmeleitungen und Telekommunikationslinien sind sektorspezifische Zwangsrechte hingegen nicht normiert. Teilweise lassen die allgemeinen Landesenteignungsgesetze die Enteignung zur Verwirklichung von Vorhaben zur Wärmeversorgung zu.[677]

---

673 Vgl. z.B. § 88 BadWttbgWG; § 77 BWG; § 160 BremWG; §§ 64, 66 HessWG; § 100 MecklVorpWG; § 93 SaarlWG; § 109 SächsWG; § 95 ThürWG.

674 Vgl. z.B. Art. 72 BayWG; § 102 MecklVorpWG; § 101 SaarlWG; § 115 Abs. 1 SächsWG; § 97 S. 1 ThürWG.

675 Vgl. § 11 EnWG 1935.

676 BT-Drs. 674/00 S. 149.

677 Vgl. z.B. § 2 Abs. 1 Nr. 2b EntG MecklVorp; § 2 Abs. 1 Nr. 2b EntGBbg.

(1) Wasserrechtliche Duldungspflicht

Mit Ausnahme des BayWG normieren alle landesrechtlichen Wassergesetze die Möglichkeit, eine öffentlich-rechtliche Duldungspflicht zur Verlegung von Wasser- oder Abwasserleitungen zu begründen. Hiernach sind die Grundstückseigentümer auf Anordnung der Wasserbehörde verpflichtet, das ober- und unterirdische Durchleiten von Abwasser und Wasser sowie die Unterhaltung der Leitung zu dulden.[678] Teilweise enthalten die Vorschriften Einschränkungen dahingehend, dass Abwasser nur in dichten Leitungen durchgeleitet werden darf[679] und dass Gebäude, Hofräume, Betriebsgrundstücke und Friedhöfe von der Duldungspflicht nicht erfasst sind[680].

Ferner darf eine Duldungsanordnung in der Regel nur getroffen werden, wenn das Vorhaben anders nicht zweckmäßig oder nur mit erheblichen Mehrkosten durchgeführt werden kann.[681] Die Anordnung des Zwangsmittels muss mithin den Anforderungen der Erforderlichkeit genügen und darf nicht getroffen werden, wenn andere, zumutbare Alternativen vorliegen, die das Zwangsrecht entbehrlich machen.[682] Dies ist insbesondere der Fall, wenn die Möglichkeit einer vertraglichen Einigung zu angemessenen Bedingungen besteht. Des Weiteren muss eine Interessenabwägung ergeben, dass der zu erwartende Nutzen für die Allgemeinheit den Schaden des Grundstückseigentümers erheblich übersteigt.[683] Der von der Duldungspflicht Begünstigte hat den Betroffenen zu entschädigen.[684]

Das Zwangsrecht wird durch die Anordnung der Wasserbehörde begründet. Die Anordnung ist ein Verwaltungsakt, der in dringenden Fällen für sofort vollziehbar erklärt werden kann. Die Durchsetzung erfolgt nach dem VwVG, insbesondere durch Androhung und Festsetzung von Zwangsgeld.

Bei der wasserrechtlichen Duldungspflicht handelt es sich um eine ausgleichspflichtige Inhalts- und Schrankenbestimmung im Sinne des Art. 14 Abs. 2 GG.[685]

---

678 Vgl. z.B. § 77 Abs. 1 BWG; §§ 64, 66 HessWG; § 100 Abs. 1 MecklVorpWG; § 176 NdsWG.

679 Z.B. § 77 Abs. 1 BWG; § 100 Abs. 2 MecklVorpWG.

680 Z.B. § 103 Abs. 2 MecklVorpWG; § 178 NdsWG.

681 Z.B. § 103 Abs. 1 MecklVorpWG; § 176 i.V.m § 175 S. 2 NdsWG.

682 Allerdings ist dem Grundstückseigentümer der Einwand verwehrt, ein anderes Grundstück könne ebenso gut für den Zweck benutzt werden. Das Wasserver- bzw. Abwasserbeseitigungsunternehmen müsste sich sonst letztlich vom einen zum andern verweisen lassen. Vgl. OVG Münster NJW 1991, 3233f.; VG Arnsberg IR 2008, 70f.

683 Z.B. § 103 Abs. 1 MecklVorpWG; § 176 i.V.m § 175 S. 2 NdsWG.

684 Z.B. § 80 BWG; § 104 MecklVorpWG.

685 BVerwG NVwZ 2007, 707f.; VGH Kassel NVwZ 1987, 617, 618; *Gieseke*, FS Hedemann, S. 104ff.; *Schütte/Horstkotte/Seeliger*, LKV 2002, 120.

(2) Sektorspezifische Enteignung

Enteignungen sind die vollständige, aber auch teilweise Entziehung konkreter Eigentumspositionen im Sinne des Art. 14 Abs. 1 S. 1 GG zur Erfüllung bestimmter öffentlicher Aufgaben.[686]

Für die Verlegung von Versorgungsleitungen kommt in der Regel keine Vollenteignung, sondern lediglich eine Eigentumsbeschränkung, meist in Form einer beschränkt persönlichen Dienstbarkeit, in Betracht.[687] Auch Rechte Dritter an dem Grundstück, die dem Leitungsvorhaben entgegenstehen, können Gegenstand der Enteignung sein.[688]

Die Belastung entsteht durch den Enteignungsbeschluss als staatlichen Hoheitsakt und das Grundbuch ist entsprechend zu berichtigen. Versorgungsunternehmen können somit im Wege der Enteignung ein den Beseitigungsanspruch des Eigentümers gemäß § 1004 BGB ausschließendes Nutzungsrecht erlangen.

Enteignungen sind nur unter den Voraussetzungen des Art. 14 Abs. 3 GG verfassungsrechtlich zu rechtfertigen. Hiernach bedarf die Enteignung einer gesetzlichen Grundlage, sie muss dem Wohl der Allgemeinheit dienen, verhältnismäßig sein und kann nur gegen angemessene Entschädigung erfolgen, wobei deren Art und Ausmaß gesetzlich zu regeln sind.[689] Gemäß Art. 14 Abs. 3 S. 1 GG darf eine Enteignung nur zum Wohl der Allgemeinheit und nicht zu beliebigen Zwecken angeordnet werden.[690] Aus diesem Grunde sind Enteignungen im bloßen Privatinteresse ausgeschlossen.[691]

Insbesondere im Bereich der Energiewirtschaft, die ganz überwiegend von privatwirtschaftlich agierenden, nach Gewinn strebenden Unternehmen beherrscht wird, stellt sich die Frage, ob eine Gemeinwohldienlichkeit vorliegt.

Nach der Rechtsprechung ist eine Enteignung zugunsten privater Unternehmen nicht vollkommen ausgeschlossen.[692] Sie ist nach der Auffassung des BVerfG zulässig, wenn dem *„Unternehmen durch Gesetz oder aufgrund eines Gesetzes*

---

686 BVerfGE 114, 1, 59.

687 Z.B. OLG Celle vom 28.5.2008, Az.: 4 U 11/08; OVG Münster vom 09.01.2004, Az: 11 D 116/02; VG Minden GWF/Recht und Steuern 2004, 11ff.; *Horstmann,* S. 379. Vollenteignungen sind gemäß § 45 EnWG insbesondere bei der Errichtung großer Umspannanlagen, Gasspeicher oder Kraftwerke erforderlich.

688 Vgl. Danner/*Theobald*, I, § 45 EnWG Rn 22ff.; *Salje*, § 45 Rn 25.

689 Maunz/Dürig/*Papier,* Art. 14 Rn 547ff.; Sachs/*Wendt,* Art. 14 Rn 158.

690 Schon die Eigentumsverbürgungen des 19. Jahrhunderts ließen eine Enteignung „nur aus Rücksicht des Gemeinen Besten" (§ 164 Abs. 2 Paulskirchenverfassung) bzw. „nur aus Gründen des öffentlichen Wohles" (Art. 9 Verfassungsurkunde für den Preußischen Staat vom 31.1.1850, GS S. 17) zu.

691 Maunz/Dürig/*Papier*, Art. 14 Rn 577ff.; Sachs/*Wendt,* Art. 14 Rn 160ff.; Dreier/*Wieland,* Art. 14 Rn 103.

692 BVerfGE 66, 248, 257; 74, 264, 284. Vgl. ausführlich zur Enteignung zugunsten privater Unternehmen *Frenzel*, S. 68ff.

die Erfüllung einer dem Gemeinwohl dienenden Aufgabe zugewiesen und zudem sichergestellt ist, dass es zum Nutzen der Allgemeinheit geführt wird."[693] In seiner Entscheidung aus dem Jahre 1984 hat das BVerfG diese Voraussetzungen für § 11 EnWG 1935 bejaht, da die Energieversorgung eine öffentliche Aufgabe aus dem Bereich der Daseinsvorsorge von größter Bedeutung sei. Ihre Erfüllung sei den Energieversorgungsunternehmen durch das EnWG zugewiesen, die Führung der Unternehmen werde zum Nutzen der Allgemeinheit durch entsprechende Aufsichtsinstrumentarien sichergestellt.[694]

Dieser Auffassung haben sich die Rechtsprechung und Vertreter in der Literatur angeschlossen.[695] Zum Teil wurde aber die Effektivität der Aufsichtsmittel sowohl vor als auch nach der Entscheidung des BVerfG in Frage gestellt.[696] Diese Kritik hat seit der Liberalisierung der Energiemärkte zugenommen. Die Energieversorgungsunternehmen würden als gewinnorientierte Unternehmen im Wettbewerb agieren. Ferner seien die der Entscheidung aus dem Jahre 1984 zugrunde liegenden Aufsichtsmittel durch die EnWG-Novelle entfernt worden.[697]

Dieser Argumentation ist entgegen zu halten, dass mit dem Übergang zu einer staatlich regulierten Netzwirtschaft im Rahmen der Liberalisierung die Sicherstellung des öffentlichen Interesses besser gewährleistet ist als zuvor.[698] Mit der EnWG-Novellierung wurde nicht auf die Aufsicht der leitungsgebundenen Energieversorgung verzichtet, sondern diese an die neuen Marktbedingungen angepasst.[699] Die neuen Gegebenheiten, insbesondere die Möglichkeit der Durchleitung, sind im Rahmen der Erforderlichkeitsprüfung zu berücksichtigen.

§ 45 EnWG wird daher den strengen verfassungsrechtlichen Anforderungen des Art. 14 GG für Enteignungen gerecht.[700]

---

693 BVerfGE 66, 248, 257.

694 BVerfGE 66, 248, 258.

695 BVerwGE 116, 365, 368ff.; 117, 138, 141ff.; OLG Celle vom 28.5.2008, Az.: 4 U 11/08; *Rojahn*, S. 72ff.; *Gartner*, S. 196ff.; Danner/*Theobald*, I, § 45 EnWG Rn 8f.

696 *Bullinger*, Der Staat 1962, 458f.; *Jarass*, Der Staat 1978, 519f., 525; *Hermes*, S. 509ff. m.w.N.

697 Schneider/Theobald/*Hermes*, § 9 Rn 28f., 39.

698 Gemäß § 11 EnWG sind die Netzbetreiber verpflichtet ein sicheres, zuverlässiges und leistungsfähiges Energieversorgungsnetz diskriminierungsfrei zu betreiben, zu warten und bedarfsgerecht auszubauen, soweit es wirtschaftlich zumutbar ist. Zwar wurde mit der EnWG-Novelle 1998 die Investitionsaufsicht (§ 4 EnWG 1935) abgeschafft, die Netzbetreiber bedürfen aber nunmehr der Genehmigung gemäß § 4 EnWG und unterliegen ferner einer Kontrolle der Netzentgelt durch die Regulierungsbehörde. Ab dem 1.1.2009 wird die Anreizregulierung als neue Entgeltberechnungsmethode Anwendung finden.

699 BVerwGE 116, 365, 370ff.; *Lecheler*, RdE 2005, 125, 128ff.; *Stenneken*, N&R 2005, 134f.

700 Schneider/Theobald/*Hermes*, § 9 Rn 30, spricht Produzenten und Verkäufern mit legitimen Gewinninteressen die Gemeinwohlbindung ab. Aber auch *Hermes* qualifiziert den neutralen Netzbetreiber als an das Gemeinwohl gebunden und somit als zulässigen Enteignungsbegünstigten.

(a) Energierechtliche Enteignung gemäß § 45 EnWG

Das Enteignungsverfahren teilt sich gemäß § 45 EnWG in zwei unterschiedliche Verfahrensstufen. Zunächst ist eine Entscheidung über die energiewirtschaftliche Zulässigkeit der Enteignung gemäß § 45 Abs. 2 EnWG erforderlich, bevor das Enteignungsverfahren nach Landesrecht (Abs. 3) durchgeführt werden kann.

Im Rahmen der Zulässigkeitsentscheidung gemäß § 45 Abs. 2 EnWG ist nach Vorhaben im Sinne des § 45 Abs. 1 Nr. 1 EnWG und sonstigen Verfahren gemäß § 45 Abs. 1 Nr. 2 EnWG zu unterscheiden. In die erstgenannte Gruppe fallen Vorhaben, für die gemäß §§ 43, 43b Nr. 1 oder Nr. 2 EnWG der Plan festgestellt oder genehmigt ist.[701] In diesen Verfahren hat eine Abwägung der öffentlichen und privaten Belange stattzufinden.

Sowohl dem Planfeststellungsbeschluss als auch der Plangenehmigung kommt gemäß § 45 Abs. 2 S. 1 EnWG eine enteignungsrechtliche Vorwirkung zu, da sie für die Enteignungsbehörde bindend sind.[702] Da sie die Trassenführung einer Leitung abschließend festlegen, ergibt sich aus ihnen automatisch, bei welchen Grundstücken eine Enteignung zulässig ist. Die Zulässigkeit der Enteignung nach § 45 Abs. 2 S. 1 EnWG folgt somit kraft Gesetzes unmittelbar aus dem Planfeststellungsbeschluss bzw. der Plangenehmigung. Gemäß § 45 Abs. 2 S. 2 EnWG kann bei Vorliegen des schriftlichen Einverständnisses eines Betroffenen mit der Übertragung oder Beschränkung des Eigentums unmittelbar, das heißt bereits vor oder während des Planfeststellungs- bzw. Plangenehmigungsverfahrens, begonnen werden.

Die Zulässigkeit der Enteignung bei sonstigen Vorhaben, die zum Zwecke der Energieversorgung erforderlich sind (§ 45 Abs. 1 Nr. 2 EnWG), ist gemäß § 45 Abs. 2 S. 3 von der zuständigen Behörde festzustellen.[703] Diese Prüfung bezieht sich auf die energiewirtschaftliche Erforderlichkeit des konkreten Vorhabens, wobei die unterschiedlichen Belange für und wider das Vorhaben – unter Berücksichtigung der in § 1 EnWG normierten Ziele – gegeneinander abzuwägen sind.

Erst im Anschluss an diese Prüfung der energiewirtschaftlichen Zulässigkeit des Vorhabens gemäß § 45 Abs. 2 EnWG findet auf der nächsten Stufe das Enteignungsverfahren für das betroffene Grundstück gemäß § 45 Abs. 3 EnWG statt. Dieses richtet sich nach den Landesenteignungsgesetzen.

---

701 Vgl. hierzu die Ergänzungen in § 43 Abs. 1 Nr. 3 und 4 EnWG durch das Gesetz zur Beschleunigung des Ausbaus der Höchstspannungsnetze vom 7.5.2009, BT-Drs. 16/12898.

702 Danner/*Theobald*, I, § 45 EnWG Rn 35ff.; a.A. Schneider/Theobald/*Hermes,* § 9 Rn 48, § 6 Rn 84ff., der die enteignungsrechtliche Vorwirkung lediglich für den Planfeststellungsbeschluss zulässt und sie für die Plangenehmigung mit verfassungsrechtlichen Bedenken ablehnt.

703 Die zuständige Behörde muss nicht zwingend die Energieaufsichtsbehörde sein, obwohl dies vom Gesetzgeber angestrebt ist, vgl. BT-Drs. 14/4599, S. 162.

Nach dem Antrag des Energieversorgungsunternehmens ist in einigen Bundesländern zwingend, in anderen fakultativ, die Durchführung eines Planfeststellungsverfahrens vorgesehen.[704] Ob die Enteignung zugunsten des Vorhabens dem Grunde nach zulässig ist, ist nicht Prüfungsgegenstand des landesrechtlichen Enteignungsverfahrens, so dass die zuständige Landesenteignungsbehörde an die Zulässigkeitsfeststellung gemäß § 45 Abs. 2 EnWG gebunden ist.

Im Rahmen der Prüfung der materiellen Anforderungen an die Enteignungsentscheidung stellt sich dem Verhältnismäßigkeitsprinzip folgend die Frage, ob der beantragte enteignende Zugriff auf das konkrete Grundstück erforderlich ist. Dies ist nicht der Fall, wenn der mit der Enteignung verfolgte Zweck auch durch ein anderes, gleich wirksames Mittel, welches das Eigentum nicht oder weniger intensiv beeinträchtigt, erreicht werden kann.[705]

Die Enteignung ist folgerichtig nicht erforderlich, wenn der Betroffene die Grundstücksnutzung aufgrund anderer zivilrechtlicher Normen oder aus einem anderen Rechtsgrund dulden muss. In Betracht kommen die bereits dargestellten gesetzlichen Duldungspflichten der Grundstücksnutzung, insbesondere gemäß §§ 12 NAV, 12 NDAV. Die zwangsweise Entziehung oder Beeinträchtigung des Eigentums ist ferner nicht erforderlich, wenn ein freihändiger Erwerb des Rechts möglich gewesen wäre. Dies setzt allerdings ein angemessenes und zumutbares Angebot des Energieversorgungsunternehmens voraus, welches von dem Grundstückseigentümer ausgeschlagen wurde.

Sowohl der Umfang als auch die Art und Weise der Grundstücksinanspruchnahme müssen erforderlich sein. Für Leitungsvorhaben ist deshalb oft keine Vollenteignung, sondern lediglich die Belastung des Grundstücks mit einer beschränkt persönlichen Dienstbarkeit erforderlich.

Grundsätzlich ist auch die Erforderlichkeit der Belastung mit einem dinglichen Recht zu verneinen, wenn die Begründung eines obligatorischen Nutzungsverhältnisses zur Verwirklichung des Enteignungszwecks ausreicht und den Eigentümer weniger beschwert als die dingliche Belastung des Grundstücks.[706] Die Dauer der Grundstücksnutzung ist für die Netzbetreiber von erheblicher Bedeutung, da die Versorgungsleitungen mit einem großen Investitionsaufwand errichtet werden und nachträgliche Änderungen an den Leitungen mit erheblichen Kosten verbunden sind. Deshalb ist es für Netzbetreiber wichtig, das Nutzungsrecht so auszugestalten, dass Änderungsbegehren von Dritten auf ein Minimum begrenzt werden. Angesichts der langen tatsächlichen Nutzungsdauer von Versorgungsleitungen sind die Netzbetreiber im Rahmen der Trassenplanung auf eine langfristige und sichere Rechtsposition für die Nutzung fremder Grundstü-

---

704 Vgl. ausführlich zum enteignungsrechtlichen Planfeststellungsverfahren *Horstmann*, S. 375ff. Eine Übersicht der Landesenteignungsgesetze ist bei Maunz/Dürig/*Papier*, Art. 14 Rn 553 abgedruckt.

705 Vgl. zur Erforderlichkeit BVerfGE 53, 135, 145f.; 67, 157, 176f.; 92, 262, 274.

706 BVerwG NJW 1964, 2440, 2441; OLG Celle vom 28.5.2008, Az.: 4 U 11/08.

cke angewiesen. Da schuldrechtliche Gestattungsverträge diese Sicherheit nicht bieten, stellt das Angebot des Eigentümers, ein schuldrechtliches Nutzungsrecht zu vereinbaren, im Regelfall kein gleich wirksames Mittel zur Verwirklichung des Enteignungszwecks dar und steht einer Enteignung mithin nicht im Wege.[707]

Gemäß Art. 14 Abs. 3 S. 2 GG ist die Enteignung nur bei Zahlung einer angemessenen Entschädigung zulässig. Der dem Gesetzgeber durch das Grundgesetz eingeräumte Spielraum wurde durch die Landesenteignungsgesetze entsprechend ausgefüllt. Maßgeblich bei der Bemessung der Entschädigung ist der Verkehrswert des zu enteignenden Grundstücks zu dem Zeitpunkt, in dem die Enteignungsbehörde über den Enteignungsantrag entscheidet.[708] Bei Teilenteignungen durch die zwangsweise Einräumung eines dinglichen Rechts an dem Grundstück hängt die Bestimmung der angemessenen Entschädigung davon ab, inwieweit sich der Verkehrswert durch die Einräumung der Dienstbarkeit reduziert.[709]

Die Erlangung des Rechts zur Inanspruchnahme fremder Grundstücke zum Zwecke der Leitungsverlegung im Wege der Enteignung ist insbesondere im Bereich von Höchstspannungstrassen und Gasfernleitungen verbreitet, da derartige Vorhaben größtenteils nicht auf die Zustimmung der näheren Umgebung stoßen.[710] Auch ein bereits fertiggestelltes Vorhaben kann Gegenstand der Enteignung sein, wenn das zunächst wirksame Grundstücksnutzungsrecht anschließend wegfällt.

(b) Wasserrechtliche Enteignung nach den Landeswassergesetzen

Teilweise enthalten die Landeswassergesetze sektorspezifische Enteignungsermächtigungen für Zwecke der öffentlichen Wasserversorgung oder Abwasserbeseitigung.[711] Hierbei ist das landesrechtliche Enteignungsgesetz anzuwenden.[712]

Nach den entsprechenden Landesenteignungsgesetzen ist die Enteignung im konkreten Fall nur zulässig, wenn das Wohl der Allgemeinheit sie erfordert und der Enteignungszweck nicht auf andere zumutbare Weise erreicht werden kann.[713] Als milderes Mittel kommt eine vertragliche Einigung zu angemessenen Bedingungen in Betracht. Ferner stellen die wasserrechtlichen Duldungspflichten ein erheblich milderes Mittel gegenüber dem teilweisen oder vollständigen

---

707 So auch VGH München NJW 1976, 127, 128; LG Frankfurt RdE 1983, 192; Schneider/Theobald/*Hermes,* § 9 Rn 69.

708 Vgl. z.B. § 40 Abs. 1 HessEntG.

709 BGHZ 83, 61, 64.

710 Vgl. VGH München NJW 1976, 127ff.

711 Vgl. z.B. Art. 72 BayWG; § 102 MecklVorpWG; § 101 SaarlWG; § 115 Abs. 1 SächsWG; § 97 S. 1 ThürWG.

712 Vgl. z.B. Art. 72 S. 3 BayWG; §§ 102, 15 Abs. 4 MecklVorpWG; § 101 SaarlWG; § 115 Abs. 2 SächsWG; § 97 S. 2 ThürWG.

713 Vgl. z.B. Art. 3 Abs. 1 ; § 3 Abs. 3 EntG MecklVorp; § 5 Abs. 1 S. 1 HessEntG.

Eigentumsentzug dar. Allerdings gewährt die Duldungsanordnung mangels dinglicher Wirkung kein dauerhaft sicheres Leitungsrecht.

Angesichts der angestrebten langfristigen Planung von Leitungsvorhaben können weder schuldrechtliche Vereinbarung, noch die wasserrechtliche Duldungspflicht den Enteignungszweck erreichen.[714]

dd. Allgemeine Duldungspflichten

Neben den sektorspezifischen Duldungspflichten, die an die Besonderheiten der leitungsgebundenen Versorgung angepasst sind, können die allgemeinen Vorschriften eine Duldungspflicht des Grundstückseigentümers gemäß § 1004 Abs. 2 BGB begründen. Anders als die sektorspezifischen Regelungen räumen sie der leitungsgebundenen Versorgung keine besondere Bedeutung ein.

(1) Notwegerecht gemäß § 917 BGB

Gemäß § 917 Abs. 1 BGB kann der Eigentümer eines Grundstücks, dem die zur ordnungsgemäßen Benutzung notwendige Anbindung an einen öffentlichen Weg fehlt, von dem Nachbarn verlangen, dass er die Benutzung seines Grundstücks zur Herstellung der erforderlichen Verbindung duldet.[715]

Diese Norm durchbricht den Grundsatz des § 903 BGB, wonach der Eigentümer einer Sache andere von jeder Einwirkung ausschließen darf.[716] § 917 BGB verpflichtet den Eigentümer des belasteten Grundstücks mithin zur Erbringung eines Sonderopfers wegen überwiegender Interessen.[717] Dies zeigt sich charakteristisch in der Normierung einer Entschädigung in Form einer Geldrente in § 917 Abs. 2 BGB.

Das Notwegerecht setzt zunächst eine aus dem Fehlen einer notwendigen Verbindung des Grundstücks mit einem öffentlichen Weg resultierende Notlage voraus.[718] Da sich diese Notlage heute auch aus der fehlenden Leitungsanbindung an Infrastruktursysteme ergibt, muss es sich bei der Verbindung zum öffentlichen Weg nicht notwendigerweise um einen Weg an sich handeln. Deshalb wird § 917 BGB entsprechend auch in Form eines Notleitungsrechts auf Versorgungsleitungen angewendet.[719]

---

714 So auch *Schütte/Horstkotte/Seeliger*, LKV 2002, 121.

715 § 917 BGB räumt dem Notleidenden allerdings nicht die Befugnis ein, eigenmächtig fremde Grundstücke zu betreten oder in sonstiger Art und Weise als Verbindung zu nutzen, sondern setzt das Verlangen der Duldung als Tatbestandsmerkmal voraus. Vgl. Soergel/*Baur*, § 917 Rn 13; Palandt/*Bassenge*, § 917 Rn 7.

716 RGZ 79, 116, 118.

717 Vgl. *Baur/Stürner*, § 25 Rn 15.

718 MüKoBGB/*Säcker*, § 917 Rn 6ff.; Soergel/*Baur*, § 917 Rn 2ff.

719 BGHZ 31, 159ff.; 79, 307, 309; NJW 1964, 1321ff.; OLG Hamm NJW-RR 1992, 723; Soergel/*Baur*, § 917 Rn 12; MüKoBGB/*Säcker*, § 917 Rn 36; Büdenbender/v. Heinegg/*Rosin*, Rn 1840; Schneider/Theobald/*Hermes*, § 9 Rn 5; für eine direkte Anwendung

Hieraus ergibt sich, dass ein Grundstückseigentümer, wenn er die Verbindung zu einem Energieversorgungsnetz nur über ein Nachbargrundstück erreichen kann, von seinem Nachbarn die Errichtung, Duldung und Wartung der Leitung verlangen kann. Dieses Notwegerecht entsteht bei Vorliegen der Voraussetzungen des § 917 BGB kraft Gesetzes. Es beinhaltet jedoch keinen Anspruch auf Einräumung einer Wegedienstbarkeit.[720] Es stellt kein dingliches Recht, sondern eine inhaltliche Bestimmung des rechtlich geschützten Freiheitsbereichs des Grundeigentümers und somit eine gesetzlich angeordnete Sozialbindung des Eigentums dar.[721]

Für die Leitungsverlegung auf privaten Grundstücken durch Versorgungsunternehmen oder Netzbetreiber dürfte § 917 BGB aber allenfalls im Ausnahmefall zur Anwendung gelangen. Das Notwegerecht ist Bestandteil des zivilrechtlichen Nachbarschaftsrechts.[722] Die Problematik der Mitbenutzung fremder Grundstücke für die leitungsgebundene Versorgung beruht aber gerade auf dem Umstand, dass die Versorgungsunternehmen oder Netzbetreiber nur in sehr seltenen Fällen Grundstückseigentümer sind. Nur in einem derartigen Ausnahmefall könnte die Leitungsverlegung über ein fremdes Grundstück bei Vorliegen der Voraussetzungen des § 917 BGB mittels des Notwegerechts erzielt werden.

Neben der fehlenden Verbindung zu einem öffentlichen Weg muss die ordnungsgemäße Benutzung des Grundstücks den Notweg erfordern. Anspruchsgegner und damit duldungspflichtig sind der oder die Eigentümer, über deren Grundstück der Notweg geführt werden soll.[723] Anspruchsinhaber des Notwegeanspruchs ist der Eigentümer des notleidenden Grundstücks bzw. der Inhaber eines grundstücksgleichen Rechts an diesem.[724] Teilweise wird vertreten, dass das Notwegerecht auch sonstigen dinglich zur Nutzung Berechtigten zustünde, da sich die Notwendigkeit des Notweges auch an der von ihnen praktizierten Grundstücksnutzung bemisst.[725]

Da die Versorgungsunternehmen oder Netzbetreiber zum Teil Inhaber beschränkt persönlicher Dienstbarkeiten an fremden Grundstücken sind, stellt sich die Frage, ob ihnen als dinglich Berechtigten ein Notwegerecht bezüglich der Nachbargrundstücke zustehen kann. Ferner müsste es sich um die Herstellung einer direkten Verbindung zu einem bestehenden öffentlichen Versorgungsnetz handeln, da es andernfalls bereits an einer bestehenden Notlage mangelt. Im Rahmen des § 917 BGB ist des Weiteren zu prüfen, ob es sich bei der Verlegung von Versorgungsleitungen um eine ordnungsgemäße Benutzung des belas-

---

des § 917 BGB auf Versorgungsleitungen Staudinger/*Roth,* § 917 Rn 4; *Jauernig,* § 917 Rn 3.

720 Mot. III S. 292; Staudinger/*Roth,* § 917, Rn 2; MüKoBGB/*Säcker,* § 917 Rn 19.

721 Vgl. hierzu ausführlich *Säcker/Paschke,* NJW 1981, 1009ff.

722 Vgl. *Säcker/Paschke,* NJW 1981, 1009ff.

723 Soergel/*Baur,* § 917 Rn 8; Staudinger/*Roth,* § 917 Rn 33.

724 Palandt/*Bassenge,* § 917 Rn 8.

725 So MüKoBGB/*Säcker,* § 917 Rn 16; a.A. Staudinger/*Roth,* § 917 Rn 32.

teten Grundstücks handelt. In der Regel werden dingliche Rechte an privaten Grundstücken zugunsten der Versorgungsunternehmen oder Netzbetreiber für die Verlegung von Übertragungsnetzen eingeräumt.[726]

Die Ordnungsmäßigkeit der Benutzung beurteilt sich nach einem objektiven Maßstab, der sich an den Eigenschaften des Grundstücks bemisst. Entscheidend hierfür ist, ob die Nutzung nach allen vorliegenden objektiven Umständen, insbesondere nach Größe, Lage und Kulturart des Grundstücks sowie nach seiner Umgebung und der dort üblichen Nutzung eine nach vernünftigem Ermessen nahe liegende Bewirtschaftung darstellt.[727] Die Rechtsprechung stellt hierbei auf die Umstände des Einzelfalles ab.[728] Unbeachtlich sind im Rahmen dieser Prüfung hingegen die rein spekulativen oder persönlichen Bedürfnisse des Grundstückseigentümers.[729] Das Grundstück muss vielmehr „seiner Natur nach" zu der behaupteten Benutzung bestimmt sein.[730]

Wenn ein Grundstückseigentümer einem Energieversorgungsunternehmen zum Zwecke der Errichtung und dem Betrieb einer Übertragungsleitung ein dingliches Recht an seinem Grundstück einräumt, geschieht dies regelmäßig nicht im Rahmen einer ordnungsgemäßen Benutzung des Grundstücks im Sinne des § 917 BGB. Die Leitung dient nicht der Versorgung des belasteten Grundstücks, sondern transportiert die Energie zu anderen Verbrauchern. Der Nutzen des Grundstückseigentümers ist insbesondere in dem Entgelt für die Inanspruchnahme seines Grundstücks zu sehen. Hierbei handelt es sich um einen rein wirtschaftlichen Vorteil des Grundstückseigentümers, der im Rahmen der ordnungsgemäßen Benutzung im Sinne des § 917 BGB keine Berücksichtigung finden darf. Aus diesem Grunde hatte bereits das Reichsgericht das Notwegerecht eines Eigentümers abgelehnt, der andernfalls das Grundstück nicht zu einem angemessenen Preis hätte verpachten können.[731]

Die Versorgungsunternehmen und Netzbetreiber sind nur in sehr seltenen Fällen Grundstückseigentümer, so dass der Anwendungsbereich des § 917 BGB bereits aus diesem Grunde gering ist. Mit den Leitungsvorhaben soll in der Regel nicht eine bislang fehlende Verbindung zu einem öffentlichen Weg hergestellt werden. Im Bereich der öffentlichen Ver- und Entsorgungssysteme fehlt es somit in der Regel an den Voraussetzungen des § 917 BGB.

---

726 *Joachim*, NJW 1969, 2175; *Dittus*, NJW 1965, 718ff.

727 RGZ 79, 116, 120; BGH NJW 1964, 1321, 1322; OLG Koblenz DWW 1992, 77, 78; Palandt/*Bassenge*, § 917 Rn 4; Soergel/*Baur*, § 917 Rn 5.

728 RGZ 157, 305, 309; BGH NJW 1964, 1321, 1322; OLG Brandenburg DtZ 1996, 389f.

729 MüKoBGB/*Säcker*, § 917 Rn 9.

730 MüKoBGB/*Säcker*, § 917 Rn 9.

731 RGZ 79, 116, 118f.

(2) Landesrechtliches Nachbarrecht

Einige der auf Landesebene bestehenden Nachbarrechtsgesetze enthalten spezielle nachbarrechtliche Duldungspflichten, nach denen der Grundstückseigentümer hinnehmen muss, dass sein Nachbar Versorgungsleitungen über sein Grundstück führt, wenn der Anschluss an das Versorgungsnetz anders nicht zweckmäßig oder nur mit unverhältnismäßig hohen Kosten durchgeführt werden kann und wenn die damit verbundene Beeinträchtigung für den Duldungspflichtigen nicht erheblich ist.[732] Damit räumen auch diese landesrechtlichen Vorschriften ein nachbarschaftliches Notleitungsrecht ein.

Da sich dieses bereits aus § 917 BGB ergibt[733], muss angezweifelt werden, ob Art. 124 EGBGB für diese Regelungen eine ausreichende Ermächtigungsgrundlage darstellt.[734]

Aber auch bei angenommener Verfassungsmäßigkeit dieser Normen könnte eine flächendeckende Inanspruchnahme privater Grundstücke zum Zwecke der Energieversorgung nicht auf diesen Vorschriften beruhen, da auch diese ein Nachbarschaftsverhältnis sowie eine Notlage des Begünstigten voraussetzen, an der es wie bereits aufgezeigt in der Regel mangeln dürfte.[735]

(3) Duldungsanspruch gemäß § 905 S. 2 BGB

Gemäß § 905 S. 2 BGB kann der Grundstückseigentümer Einwirkungen nicht verbieten, die in solcher Höhe oder Tiefe vorgenommen werden, dass er an der Ausschließung kein Interesse hat. Da unterirdische Versorgungsleitungen tief ins Erdreich eingelassen werden und Freileitungen in großer Höhe über dem Grundstück verlaufen[736], drängt sich die Frage auf, ob Energieversorgungsleitungen nicht einen klassischen Anwendungsfall des § 905 S. 2 BGB darstellen.

§ 905 S. 2 BGB muss im Zusammenhang mit S. 1 dieser Vorschrift betrachtet werden. § 905 S. 1 BGB erstreckt das in § 903 S. 1 BGB normierte ausschließliche Verfügungs- und Nutzungsrecht an einem Grundstück auf den Luftraum und den Erdkörper. Dieses Herrschungsrecht ist gemäß § 905 S. 2 BGB eingeschränkt, wenn der Eigentümer an der Ausschließung kein Interesse hat. Hieraus ergibt sich, dass die grundsätzlich freie und ungebundene Stellung des Eigentümers gemäß § 905 S. 2 BGB nur dann gegenüber den Interessen anderer zurücktreten muss, wenn mangels Eigeninteresse diese Einschränkung kein Sonderop-

---

732 Vgl. § 7 e BadWttbgNRG; § 44 BbgNRG; §§ 30ff. HessNRG; §§ 26ff. RhPfNRG §§ 27ff. SaarlNRG; §§ 19ff. SächsNRG; §§ 26ff. ThürNRG.

733 BGHZ 79, 307ff.

734 Vgl. für die Verfassungsmäßigkeit der landesrechtlichen Vorschriften BGHZ 79, 307ff.; BGH NJW 1991, 176f.; LG Freiburg MDR 1981, 229; a.A. Staudinger/*Albrecht*, Art. 124 EGBGB Rn 26; Staudinger/*Roth*, § 917 Rn 7; kritisch auch MüKoBGB/*Säcker*, § 917 Rn 36.

735 So auch Danner/*Theobald*, I, § 45 EnWG Rn 4.

736 Vgl. hierzu die Ausführungen unter Teil D Abschnitt I.

fer darstellt.[737] Eine Interessenabwägung findet im Rahmen des § 905 S. 2 BGB nicht statt, da jedes schutzwürdige Interesse des Eigentümers zum Vorrang seiner Eigentümerstellung gemäß §§ 903, 905 S. 1 BGB führt.[738]

Da diese Vorschrift durch den liberalen Eigentumsbegriff des § 903 BGB geprägt ist, wird jedes schutzwürdige Interesse als Verbietungsrecht qualifiziert.[739] Hierunter fallen künftige Nutzungen[740] sowie ästhetische Interessen. Sogar das Interesse des Eigentümers am Anblick des freien Himmels wurde als schutzwürdig erachtet.[741] Die Rechtsprechung hat im Hinblick auf die Verlegung von Versorgungsleitungen bisher überwiegend die Belange des Eigentümers als schutzwürdig erachtet.[742] Es ist anerkannt, dass Versorgungsleitungen in einer Tiefe von 2 bis 3 m grundsätzlich die bauliche Nutzbarkeit eines innerstädtisch gelegenen Grundstücks berühren und daher einer späteren Bebauung hinderlich sein können.[743]

Die Sicherstellung der öffentlichen Versorgung genießt in Anbetracht der überragenden Bedeutung für das Allgemeinwohl einen hohen Rang.[744] Die Inanspruchnahme fremder Grundstücke stellt allerdings eine Einschränkung der jeweiligen Eigentümerposition dar. Eine Beschränkung des Eigentums soll im Rahmen des allgemeinen Duldungstatbestands des § 905 Abs. 1 S. 2 BGB aber erst dort beginnen, wo jedes Interesse des Eigentümers an der Ausübung von Eigentumsrechten oberhalb oder unterhalb der Oberfläche seines Grundeigentums aufhört. Bei § 905 Abs. 1 S. 2 BGB handelt es sich um einen allgemeinen Tatbestand, so dass auch bei der Verlegung von Versorgungsleitungen die normierten Voraussetzungen erfüllt sein müssen. Eine generelle Duldungspflicht besteht für Versorgungs-leitungen im Rahmen des § 905 S. 2 BGB nicht.[745]

Der Gesetzgeber hat bei der Regelung des § 905 S. 2 BGB bewusst die Interessen des Eigentümers in den Vordergrund gestellt. Weitergehende Einschränkungen müssen vom Gesetzgeber gesondert normiert werden.[746]

---

737 Wie dies z.B. bei § 904 BGB und auch dem Notwegerecht des § 917 BGB der Fall ist.

738 So bereits ausführlich RGZ 59, 116, 118f.

739 BGH MDR 1981, 567; Staudinger/*Roth*, § 905 Rn 10; MüKoBGB/*Säcker*, § 905 Rn 8.

740 BGHZ 125, 56, 64; BGH MDR 1981, 567; NJW 1957, 1396f.; OLG Hamburg MDR 1957, 37.

741 Mit diesem Argument hat das RG ein Duldungsrecht gemäß § 905 Abs. 1 S. 2 BGB für das Hinüberleiten eines elektrischen Kabels über ein Grundstück abgelehnt, vgl. RGZ 59, 116, 118.

742 Vgl. hierzu ausführlich Büdenbender/v.Heinegg/*Rosin*, Rn 1842f.

743 BGHZ 125, 56, 64f.; OLG Düsseldorf NJW-RR 1991, 403f.; BayVGH vom 26.2.2007, Az: 4 ZB 06.1905.

744 BVerfGE 66, 248, 258.

745 Staudinger/*Roth*, § 905 Rn 17; MüKoBGB/*Säcker*, § 905 Rn 4; Büdenbender/ v.Heinegg/*Rosin*, Rn 1843.

746 So bereits RGZ 59, 116, 118. Weitergehende Einschränkungen hat der Gesetzgeber z.B. mit § 76 TKG getroffen, vgl. hierzu die Ausführungen oben in diesem Abschnitt unter b. (3); vgl. ferner § 1 Abs. 1 LuftVG, wonach die ordnungsgemäße Benutzung des Luft-

Zwar sind Fallkonstellationen denkbar, in denen kein Verbietungsinteresse des Eigentümers gegen den Leitungsbau unter oder oberhalb seines Grundstücks besteht. In den meisten Fällen dürfte aber ein schutzwürdiges Interesse des Grundstückseigentümers bestehen, so dass eine Duldungspflicht gemäß § 905 S. 2 BGB nicht gegeben ist. In der Praxis werden Leitungsvorhaben deshalb nicht auf diese Norm gestützt.[747]

ee. Mitbenutzung von Grundstücken der Deutschen Bahn AG

Auch das weit verzweigte Schienennetz der Deutschen Bahn AG[748] führt bei einer flächendeckenden Verlegung von Versorgungsleitungen zwangsläufig zu Berührungspunkten. Im Vordergrund stehen hierbei Kreuzungen, aber auch Längsverlegungen sind gängig.

Diese Rechtsbeziehungen werden privatrechtlich durch Vertrag geregelt. Im Bereich der Stromversorgung finden die Stromkreuzungsrichtlinien (SKS) 2000[749] Anwendung, für Gas- und Wasserleitungen gilt die Richtlinie 2000.[750] Diese Richtlinien wurden von den Verbänden der Versorgungswirtschaft mit der Deutschen Bahn AG ausgehandelt, um eine einheitliche vertragliche Grundlage für das gesamte Bundesgebiet zu schaffen.[751]

---

raums durch Luftfahrzeuge grundsätzlich frei ist. Gemäß § 32 Abs. 1 Nr. 2 PBefG sind die Grundstückseigentümer u.a. verpflichtet, das Anbringen oder Errichten von Haltevorrichtungen für elektrische Leitungen, von Signalen und Haltestellenzeichen zu Zwecken des Straßenbahn-, Bus-, U-Bahn-Betriebes und des sonstigen in §§ 1, 4 PBefG genannten Verkehrs zu dulden. Gemäß § 126 BauGB hat der Eigentümer im Rahmen der Grundstückserschließung das Anbringen von Haltevorrichtungen und Leitungen für Beleuchtungskörper der Straßenbeleuchtung einschließlich der Beleuchtungskörper und des Zubehörs sowie Kennzeichen und Hinweisschilder für Erschließungsanlagen hinzunehmen.

747 So auch Danner/*Theobald*, I, § 45 EnWG Rn 5; Büdenbender/v. Heinegg/*Rosin*, Rn 1843; Schneider/Theobald/*Hermes*, § 9 Rn 5.

748 Die Berührungen mit Bahnanlagen sonstiger Unternehmen haben noch eine eher untergeordnete Bedeutung. Eine gesonderte Regelung gibt es hierfür nicht, so dass die allgemeinen Grundsätze für die Inanspruchnahme privater Grundstücke zu Leitungszwecken Anwendung finden. Auch die Grundstücke des Bundeseisenbahnvermögens sind nicht anders zu behandeln, als Grundstücke von Privaten.

749 Richtlinie über Kreuzungen zwischen Starkstromleitungen eines Unternehmens der öffentlichen Elektrizitätsversorgung (EVU) und DB AG-Gelände, Stromkreuzungsrichtlinien vom 1.1.2000 (SKR 2000), abgedruckt bei *Danner/Theobald*, X, C 22.

750 Gas- und Wasserkreuzungsrichtlinien vom 1.1.2000, abgedruckt bei *Danner/Theobald*, X, C 23.

751 Vgl. die Einführungsvereinbarung zwischen der Deutschen Bahn AG Holding (DB AG Holding) und der Vereinigung Deutscher Elektrizitätswerke über Stromkreuzungsrichtlinien vom 1.1.2000 (SKR 2000), abgedruckt bei *Danner/Theobald*, X, C 22; Vereinbarung zwischen der Deutschen Bahn AG Holding (DB AG Holding) und dem Bundesverband der deutschen Gas- und Wasserwirtschaft e.V. über die Einführung von Gas- und Wasserleitungskreuzungsrichtlinien DB AG /BGW (Richtlinien 2000), abgedruckt bei *Danner/Theobald*, X, C 23.

Für die Inanspruchnahme eines Grundstücks der Deutschen Bahn AG müssen die Parteien jeweils eine Vereinbarung für den Einzelfall abschließen. Die Stromkreuzungsrichtlinien und die Gas- und Wasserkreuzungsrichtlinien sind für die Parteien zwar nicht bindend, werden in der Praxis aber häufig verwendet.[752] Die Grundstücksbenutzung wird somit durch einen schuldrechtlichen Gestattungsvertrag gesichert, eine beschränkt persönliche Dienstbarkeit zugunsten des Versorgungsunternehmens wird nicht eingeräumt.[753]

Für die Verlegung von Abwasserrohrleitungen bestehen keine vergleichbaren vertraglichen Regelungen. Aber auch in diesem Bereich wird das Mitbenutzungsverhältnis mittels obligatorischer Gestattungsverträge vereinbart.[754] Wenn eine Einigung zwischen den Parteien nicht zustande kommt, hat das Abwasserbeseitigungsunternehmen die Möglichkeit, die Grundstücksnutzung mittels einer Duldungsanordnung nach den landesrechtlichen Wassergesetzen anzustreben.

Auch für die Inanspruchnahme von Grundstücken der Deutschen Bahn AG für die Verlegung von Telekommunikationslinien fehlt es an einer gesonderten Vereinbarung. Es gilt vielmehr das telekommunikationsrechtliche Wegerecht[755], das in § 68 TKG die Mitbenutzung öffentlicher Wege und in § 76 TKG die Mitbenutzung von Grundstücken, die keine Verkehrswege im Sinne des § 68 TKG sind, regelt. Diese beiden Vorschriften stehen im Ausschließlichkeitsverhältnis. Es stellt sich die Frage, welche der beiden Normen bei Bahntrassen zur Anwendung gelangt.

Diese Frage erlangt besondere Brisanz durch den Umstand, dass die Deutsche Bahn AG durch ihren Zusammenschluss mit Mannesmann zu ARCOR selbst Wettbewerber auf dem Telekommunikationsmarkt geworden ist. Es ist deshalb von entscheidender Bedeutung, ob die Konkurrenzunternehmen die Grundstücke der Deutschen Bahn AG und somit eines Mitbewerbers gemäß § 68 TKG unentgeltlich nutzen können oder ob sie gemäß § 76 Abs. 2 TKG hierfür einen Ausgleich zahlen müssen.

Unstreitig ist, dass die Schienenwege der Deutschen Bahn AG Verkehrswege darstellen. Allerdings sind sie nicht der Öffentlichkeit im Sinne des Straßen- und

---

752 Danner/Theobald/*Seeliger*, X, B 20 Rn 28.

753 Vgl. hierzu § 3 Abs. 1 Stromkreuzungsrichtlinien; § 3 Abs. 1 Gas- und Wasserkreuzungsrichtlinien.

754 Vgl. zu den sich hieraus ergebenden Problemen ausführlich *Sütte/Horstkotte/Seeliger*, LKV 2002, S. 119ff; Danner/Theobald/*Seeliger*, X, B 20 Rn 24.

755 Das TKG enthält keine Sondervorschrift für die Benutzung von Eisenbahngelände. Eine derartige Regelung enthielt § 12 TWG, wonach die bestehenden Vorschriften und Vereinbarungen über die Rechte der Deutschen Telekom AG zur Benutzung des Eisenbahngeländes durch das TWG unberührt blieben. Hiermit wurde dem Umstand Rechnung getragen, dass die Deutsche Telekom AG bzw. deren Rechtsvorgänger mit der Deutschen Bundesbahn sogenannte Fernmeldekreuzungsrichtlinien vereinbart hatte. Nach der Liberalisierung und im Interesse gleicher Wettbewerbschancen ist für derartige Sonderregelungen kein Platz mehr.

Wegerechts gewidmet. Aus diesem Grunde gelangt bei der Mitbenutzung von Bahntrassen die wegerechtliche Vorschrift des § 76 TKG zur Anwendung.[756]

Früher enthielt das Bundesbahngesetz die Bestimmung, dass eine zwangsweise Belastung von Grundstücken der Deutschen Bahn AG nur mit Zustimmung des Bundeskabinetts möglich war, so dass Enteignungen faktisch nicht stattfanden. Seit Inkrafttreten des Eisenbahnneuordnungsgesetzes, mit dem das Bundesbahngesetz aufgehoben wurde, gelten auch für die Enteignung von Grundstücken der Deutschen Bahn AG die allgemeinen Bestimmungen.[757]

2. Verbindung in Ausübung eines Rechts an einem fremden Grundstück

Gemäß § 95 Abs. 1 S. 2 BGB sind Gebäude und andere Werke nicht Bestandteile des Grundstücks, wenn sie in Ausübung eines Rechts an einem fremden Grundstück von dem Berechtigten mit dem Grundstück verbunden werden. Da Versorgungsleitungen nach den Regeln der Technik und unter Verbindung mit dem Erdreich hergestellte Gegenstände sind, stellen sie Werke im Sinne des § 95 Abs. 1 BGB dar.

Es bleibt zu prüfen, welche Rechte bei der Verbindung von Versorgungsleitungen mit fremden Grundstücken die Voraussetzungen für eine Annahme des § 95 Abs. 1 S. 2 BGB erfüllen und damit die Einordnung als Scheinbestandteil rechtfertigen. In der Literatur und Rechtsprechung wird häufig vertreten, dass Versorgungsleitungen lediglich Scheinbestandteile des Grundstücks sind, da die Verbindung in Ausübung eines Rechts vorgenommen worden sei.[758]

a. Direkte Anwendung des § 95 Abs. 1 S. 2 BGB

§ 95 Abs. 1 S. 2 BGB kann nur in Fällen, in denen die Leitungen tatsächlich in fremde Grundstücke verlegt werden, zur Anwendung gelangen. Wird die Verbindung von einem Regie- oder Eigenbetrieb der Gemeinde vorgenommen und werden die Leitungen in gemeindeeigene Grundstücke verlegt, wie es im Bereich der Abwasserbeseitigung nach wie vor häufig der Fall ist, so mangelt es hinsichtlich der Ausnahmevorschrift des § 95 Abs. 1 S. 2 BGB bereits an der Fremdheit des Grundstücks, mit dem die Verbindung erfolgt.

Auch wenn im Rahmen eines Enteignungsverfahrens das Eigentum an dem fremden Grundstück für Zwecke der Leitungsverlegung voll entzogen und auf den Netzbetreiber oder das Versorgungsunternehmen übertragen wird, findet die

---

756 Vgl. ausführlich zu dieser Diskussion *Nienhaus*, S. 76ff.; Hoeren/*ders./Welp*, S. 278ff.; *Möller*, RdE 1999, 218; BerlKommTKG/*Dörr*, § 68 Rn 24; LG Frankfurt a.M. GWF/Recht und Steuern 2000, 3ff.; *Seeliger*, GWF/Recht und Steuern 2000, 6.

757 Vgl. hierzu die Ausführungen oben unter cc.

758 BGHZ 37, 353, 360ff.; OLG Köln vom 8.6.1967, Az: 5 U 36/65; Schneider/Theobald/*Albrecht*, § 8 Rn 116f.; Soergel/*Marly*, § 94 Rn 35; Hoeren/*Bornhofen*, S. 215; *Heun*, Kap. F Rn 38f.; Wissmann/*Scholtka*, Kap. 10 Rn 14.

Verbindung nicht mit einem fremden Grundstück statt, so dass § 95 Abs. 1 S. 2 BGB nicht einschlägig ist.

Rechte an einem fremden Grundstück im Sinne des § 95 Abs. 1 S. 2 BGB können – wie bereits aufgezeigt – lediglich dingliche Rechte sein.[759]

Auch wenn die Anwendung des § 95 Abs. 1 S. 2 BGB bei einer Duldungspflicht des Grundstückseigentümers aus den Allgemeinen Anschluss- und Versorgungspflichten zum Teil vertreten wird[760], sind die Voraussetzungen des § 95 Abs. 1 S. 2 BGB in diesem Fall nicht erfüllt. Ein wesentliches Merkmal dinglicher Rechte ist ihre Wirkung gegenüber jedermann.

Im Gegensatz dazu wirken obligatorische Rechte lediglich inter partes, d.h. ihre Wirkung setzt das Bestehen eines Rechtsverhältnisses zwischen den Parteien voraus. Im Rahmen der Allgemeinen Anschluss- und Versorgungsbedingungen werden Nutzungsrechte begründet, die in Rechtsverordnungen standardisiert sind. Die Details der Bedingungen von Anschluss-, Anschlussnutzungs-, bzw. Versorgungsverhältnissen werden darin vorgegeben. Diese Regelungen gelten aufgrund eines übereinstimmend bekundeten Willens der Parteien oder bei Auslösung von bestimmten Voraussetzungen kraft Gesetzes. Eine absolute Gültigkeit gegenüber jedermann besteht freilich nicht.

Bei den sektorspezifischen Duldungspflichten aus den Allgemeinen Anschluss- und Versorgungsbedingungen handelt es sich um individuell begründete und folglich schuldrechtliche Duldungspflichten[761]. Die Voraussetzungen des § 95 Abs. 1 S. 2 BGB liegen nicht vor.

Teilweise[762] wird § 46 EnWG als ein Recht an einem fremden Grundstück im Sinne des § 95 Abs. 1 S. 2 BGB genannt, da die Gemeinden hiernach ihre öffentlichen Verkehrswege gegen Entgelt durch Vertrag für die Verlegung und den Betrieb von Leitungen zur unmittelbaren Versorgung von Letztverbrauchern im Gemeindegebiet zur Verfügung zu stellen hätten.

§ 46 EnWG räumt den Netzbetreibern allerdings keinen gesetzlichen Anspruch auf Nutzung der öffentlichen Verkehrswege ein, sondern normiert einen Kontrahierungszwang der Gemeinden.[763] Bei dem in § 46 Abs. 1 EnWG normierten Kontrahierungszwang handelt es sich nicht um einen unmittelbaren, sondern ausdrücklich um einen mittelbaren Kontrahierungszwang.[764] Hierfür spricht, dass die Formulierung „durch Vertrag" erst im Laufe des Gesetzgebungsverfah-

---

759 Vgl. hierzu und zu den weiteren Voraussetzungen für die Anwendung des § 95 Abs. 1 S. 2 BGB ausführlich Teil C Abschnitt VII. 2.

760 *Schulze*, RPfleger 1999, 169.

761 So bereits *Gieseke*, FS Hedemann, S. 112; ferner *Morell*, Handbuch, Bd. I, Kennz. 0120, S. 1, S. 24; Büdenbender/v. Heinegg/*Rosin*, Rn 1844.

762 MüKoBGB/*Holch*, § 95 Rn 26.

763 Büdenbender/v. Heinegg/*Rosin*, Rn 1836.

764 So auch *Salje*, § 46 Rn 55f.

rens in den Gesetzesentwurf eingefügt wurde.[765] Dies hat zur Folge, dass es zunächst zu einem Vertragsschluss kommen muss, bevor die Leistung, zu der der Schuldner verpflichtet ist, vom Gläubiger beansprucht werden kann. Hieraus einen gesetzlichen Nutzungsanspruch abzuleiten und diesem eine dingliche Wirkung beizumessen, widerspricht mithin sowohl dem Sinn und Zweck, als auch der Systematik des Gesetzes.

Sowohl bei den Konzessionsverträgen als auch bei den zwischen der Straßenbauverwaltung und den Versorgungsunternehmen abgeschlossenen Mitbenutzungsverträgen für Bundes-, Landes- und Kreisstraßen handelt es sich um schuldrechtliche Wegenutzungsverträge. Das sich hieraus ergebende Recht die öffentlichen Verkehrswege für die Verlegung und den Betrieb von Leitungen nutzen zu dürfen, ist rein schuldrechtlicher Natur und darf deshalb im Rahmen des § 95 Abs. 1 S. 2 BGB keine Beachtung finden.[766]

Ebenso sind die mit der Deutschen Bahn AG abgeschlossenen Verträge schuldrechtlicher Natur. Die sich hieraus ergebenden Rechte können im Rahmen des § 95 Abs. 1 S. 2 BGB nicht berücksichtigt werden.

Der BGH hat zutreffend betont, dass ein obligatorisches Recht, das mittels eines Gestattungsvertrages begründet wurde, nicht zu einem dinglichen Recht erstarken kann.[767] Dies gilt auch, bei einer langen Dauer des schuldrechtlichen Nutzungsrechts.[768] Dass ein rein schuldrechtliches Mitbenutzungsverhältnis die Voraussetzungen des § 95 Abs. 1 S. 2 BGB nicht erfüllt, erkennt auch der VGH München in seiner Entscheidung aus dem Jahre 1975 an. In dieser befasste er sich mit der geplanten Nutzung fiskalischer Forstgrundstücke für die Errichtung einer Gasfernleitung. Das Gericht sah die Zwangsbelastung der Grundstücke mit einer beschränkt persönlichen Dienstbarkeit als rechtmäßig an.[769]

Auch wenn sich das Wegerecht aus der Wassersatzung ergibt, mittels einer wasserrechtlichen Anordnung eingeräumt wird oder die Voraussetzungen für ein telekommunikationsrechtliches Wegerecht erfüllt sind, entsteht zwischen dem Versorgungsunternehmen bzw. dem Netzbetreiber und dem Grundstückseigentümer bzw. dem Straßenbaulastträger ein öffentlich-rechtliches Schuldverhältnis.[770] Das sich hieraus ergebende Nutzungsrecht ist nicht dinglicher Natur, so dass eine unmittelbare Anwendung des § 95 Abs. 1 S. 2 BGB nicht in Betracht kommt.

---

765 Vgl. Beschlussempfehlung und Bericht des Wirtschaftsausschusses, BT-Drs. 13/9211, S. 13.

766 *Brüning*, VIZ 1997, 399; a.A. OLG Köln VersR 1987, 513; *Schulze*, Rpfleger 1999, S. 169, der das Mitbenutzungsrecht aus mit den Gemeinden abgeschlossenen Konzessions- oder ähnlichen Verträgen als „sonstiges dingliches Recht" qualifiziert.

767 BGH MDR 1980, 209; BGHZ 123, 166ff.; 125, 293, 297.

768 BGHZ 123, 166, 169.

769 VGH München NJW 1976, 127ff.

770 Hoeren/*Bornhofen*, Kap. 4.3. Rn 28.

Teilweise wird die Auffassung vertreten, dass es sich inhaltlich bei den Mitbenutzungsrechten aus den Allgemeinen Anschluss- und Versorgungsbedingungen sowie den telekommunikationsrechtlichen Mitbenutzungsrechten um Rechte handelt, die den beschränkt persönlichen Dienstbarkeiten entsprechen. Daher müssten die §§ 1090ff. BGB analog Anwendung finden, so dass es sich deshalb um dingliche Rechte handele.[771]

Diese Ansicht vermag nicht zu überzeugen. Es fehlt an der für eine Analogie erforderlichen strukturellen Vergleichbarkeit der geregelten Sachverhalte.[772] Den Allgemeinen Anschluss- oder Versorgungsbedingungen liegen spezielle Sachverhalte zugrunde, für die eine abstrakt-generalisierende Regelung getroffen wurde. Die Vorschriften der §§ 1090ff. BGB beziehen sich hingegen auf sehr unterschiedliche Lebenssachverhalte. Sie beruhen daher auf einer privatautonomen und durch Vertragsfreiheit geprägten Gestaltung durch die jeweiligen Parteien. Auch wenn einzelne Vorschriften der §§ 1090ff. BGB auf konkrete, vergleichbare Sachverhalte analog angewendet werden können[773], kommt eine Gesamtanalogie und die darauf beruhende Einordnung der sektorspezifischen Nutzungsrechte als dingliche Rechte nicht in Betracht. Andernfalls würde der geschlossene Kreis dinglicher Rechte unzulässigerweise erweitert.

aa. Bestellung des dinglichen Rechts vor Verlegung der Leitungen

Die Ausnahmeregelung des § 95 Abs. 1 S. 2 BGB beruht auf dem Gedanken, dass die Verbindungshandlung in Ausübung eines Rechts an dem fremden Grundstück erfolgt.[774] Voraussetzung für die Anwendung des § 95 Abs. 1 S. 2 BGB ist deshalb, dass es tatsächlich zur Bestellung einer beschränkt persönlichen Dienstbarkeit gekommen ist.

Sofern eine beschränkt persönliche Dienstbarkeit oder ein anderes dingliches Nutzungsrecht vor Verlegen der Leitungen zugunsten des Netzbetreibers eingetragen wurde, handelt es sich bei den Versorgungsleitungen unproblematisch um Scheinbestandteile gemäß § 95 Abs. 1 S. 2 BGB, so dass sie nicht gemäß § 946 BGB in das Eigentum des Grundstückseigentümers übergehen.[775]

Dies ist der Fall, wenn die dingliche Leitungsabsicherung im Gestattungsvertrag vorgesehen ist, und dieses Recht, in der Regel eine beschränkt persönliche Dienstbarkeit, auch tatsächlich eingetragen wird.[776] Ferner findet § 95 Abs. 1 S. 2 BGB Anwendung, wenn zugunsten des Netzbetreibers oder des Versor-

---

771 *Schulze*, Rpfleger 1999, 169f.; MüKoBGB/*Falckenberg*, Vorb. § 1018 Rn 13.

772 *Larenz/Wolf*, § 4 Rn 80.

773 Vgl. zur Anwendung des § 1023 BGB hinsichtlich der Folgekostenpflicht Staudinger/*Mayer*, § 1023 Rn 3ff. m.w.N.

774 *Stieper*, S. 67; MüKoBGB/*Holch*, § 95 Rn 31; Staudinger/*Marly*, § 95 Rn 18.

775 Diese Auffassung ist richtigerweise allgemein anerkannt. Vgl. z.B. Danner/Theobald/*Krüger*, X, B 1 Rn 26; *Nienhaus*, S. 35.

776 Vgl. hierzu die unter Abschnitt II 1. bb. (1) dargestellten Nutzungsverhältnisse mit dinglicher Sicherung.

gungsunternehmens eine beschränkt persönliche Dienstbarkeit im Wege eines Enteignungsverfahrens bestellt wurde.

Die mit den Gemeinden abgeschlossenen Konzessionsverträge enthalten keine generelle Pflicht der Gemeinde zugunsten des Netzbetreibers oder des Versorgungsunternehmens eine beschränkt persönliche Dienstbarkeit oder ein sonstiges dingliches Recht an den für die Leitungen genutzten Grundstücken eintragen zu lassen.[777] Auch die Mitbenutzung von Bundes-, Landes- und Kreisstraßen geschieht zumeist ohne Einräumung eines dinglichen Rechts zugunsten des Versorgungsunternehmens.[778]

Die Musterverträge enthalten aber spezielle Regelungen für bestimmte Sonderfälle, in denen dann doch dingliche Rechte begründet werden. So ist z.B. die Einräumung einer beschränkt persönlichen Dienstbarkeit für die Errichtung von Umspannanlagen, Schalt- und Transformatorenstationen sowie von Gebäuden (sonstige Anlagen) auf gemeindeeigenen Grundstücksflächen vorgesehen.[779] Ferner ist die Gemeinde regelmäßig verpflichtet auf Wunsch des Versorgungsunternehmens für Leitungen, die nicht ausschließlich der Versorgung der Gemeinde dienen, eine beschränkt persönliche Dienstbarkeit einzuräumen.[780] Teilweise ist ferner vereinbart, dass für die Benutzung der nicht dem öffentlichen Verkehr dienenden Grundstücke der Gemeinde jeweils ein gesonderter Gestattungsvertrag mit einer beschränkt persönlichen Dienstbarkeit abzuschließen ist.[781]

In diesen Fällen wird bei dem Einbau der Versorgungsleitung ein dingliches Recht an dem fremden Grundstück bestehen, so dass die Voraussetzungen des § 95 Abs. 1 S. 2 BGB erfüllt sind.

bb. Bestellung des dinglichen Rechts nach Verlegung der Leitung

Als problematisch erweisen sich die Fälle, in denen das dingliche Recht, in der Regel die beschränkt persönliche Dienstbarkeit, erst nach dem Verlegen der Lei-

777 Eine derartige Regelung enthält weder der Musterkonzessionsvertrag-Strom, *Immesberger/Klemm*, II-4, S. 2ff.; noch der Musterkonzessionsvertrag-Gas, *Immesberger/Klemm*, II-5, S. 1ff.; noch der Musterkonzessionsvertrag-Wasser, *Morell*, S. 56ff.; noch der Musterkonzessionsvertrag-Fernwärme, *Morell*, S. 56gff.

778 Vgl. hierzu Bundesmustervertrag 1987, *Morell*, Handbuch, Bd. II, Kennz. 6200; Rahmenvertrag, *Morell*, Handbuch, Bd. II, Kennz. 6140; Gegenvertrag, *Morell*, Handbuch, Bd. II, Kennz. 6210; Entschädigungsvertrag, *Morell*, Handbuch, Bd. II, Kennz. 6250.

779 Vgl. § 2 Abs. 2 Musterkonzessionsvertrag-Strom, *Immesberger/Klemm*, II-4, S. 3; § 2 Abs. 2 Musterkonzessionsvertrag-Gas, *Immesberger/Klemm*, II-5, der in S. 3 eine entsprechende Regelung für Gasdruckregel- sowie –messanlagen enthält.

780 Vgl. § 2 Abs. 3 Musterkonzessionsvertrag-Strom, *Immesberger/Klemm*, II-4, S. 3; § 2 Abs. 3 Musterkonzessionsvertrag-Gas, *Immesberger/Klemm*, II-5, S. 3.

781 Vgl. § 2 Abs. 4 Musterkonzessionsvertrag-Strom, *Immesberger/Klemm*, II-4, S. 3; § 2 Abs. 2 Musterkonzessionvertrag-Fernwärme, *Morell*, S. 56h.

tung eingeräumt wird. Dies dürfte bei den folgenden Sonderbestimmungen der Fall sein.

Dem Versorgungsunternehmen steht aus dem Konzessionsvertrag regelmäßig das Recht zu, die Einräumung einer dinglichen Sicherheit zu verlangen, wenn die Gemeinde beabsichtigt, Grundstücke, auf denen sich Leitungen oder sonstige Anlagen des Versorgungsunternehmen befinden, an Dritte zu veräußern oder zu entwidmen.[782] § 15 Abs. 1 des „Bundesmusterverrtrages 1987" sowie § 16 Abs. 1 des „Rahmenvertrages" enthalten ebenfalls das Recht des Versorgungsunternehmens die Eintragung einer beschränkt persönlichen Dienstbarkeit zu verlangen, wenn der benutzten Grundfläche ihre Zweckbestimmung als öffentliche Straße entzogen wird.

Die Stromkreuzungsrichtlinie (2000) und die Gas- und Wasserkreuzungsrichtlinien enthalten ebenfalls eine entsprechende Regelung. Hiernach muss die Deutsche Bahn AG, bevor sie das Eigentum an einem für die Leitung genutzten Grundstück einem Dritten überträgt, zugunsten des Versorgungsunternehmens eine beschränkt persönliche Dienstbarkeit in das Grundbuch eintragen lassen.[783]

Die Ausnahmeregelung des § 95 Abs. 1 S. 2 BGB beruht auf dem Gedanken, dass durch die Verbindung des Werkes mit dem Grundstück das Recht an dem fremden Grundstück ausgeübt wird. Derjenige, der in Ausübung eines Rechts an einem fremden Grundstück eine Sache mit dem Grundstück verbindet, will in der Regel nicht das Grundstück auf Dauer „verbessern", sondern nur seinem Recht dienen.[784] Es kommt somit entscheidend auf das Bestehen des dinglichen Rechts an.

Aus diesem Grunde genügt es im Rahmen dieser Alternative gerade nicht, dass der Verbindende etwa irrig von dem Bestehen eines dinglichen Rechts ausgeht.[785] Auch bei der Verbindung der Versorgungsleitungen mit den Grundstücken muss deshalb das dingliche Recht zunächst bestehen, bevor es mittels der Verbindung ausgeübt werden kann. Hierzu wird teilweise vertreten, dass die Verbindung erst nach der Eintragung des Rechts im Grundbuch erfolgen könne, da das dingliche Recht erst mit der Eintragung ins Grundbuch entsteht.[786] Da der Zeitpunkt der Eintragung ins Grundbuch regelmäßig von den Parteien nicht beeinflussbar ist, stellt dies einen schwer zu kalkulierenden Faktor im Rahmen der Bauplanung dar. Es könnte je nach dem Arbeitstempo des betreffenden Grund-

---

782 § 2 Abs. 4 Musterkonzessionsvertrag-Strom, *Immesberger/Klemm*, II-4, S. 3; § 2 Abs. 4 Musterkonzessionsvertrag-Gas, *Immesberger/Klemm*, II-5, S. 3: § 1 Abs. 9 Musterkonzessionsvertrag-Wasser, *Morell*, S. 56a; § 2 Abs. 3 Musterkonzessionsvertrag-Fernwärme, *Morell*, S. 56h.

783 Vgl. § 3 Abs. 2 Stromkreuzungsrichtlinie (2000), § 3 Abs. 2 Gas- und Wasserkreuzungsrichtlinie.

784 RGZ 106, 49, 51; MüKoBGB/*Holch*, § 95 Rn 20; *Wieling*, Sachenrecht, Bd. I, S. 92f.

785 So auch Soergel/*Marly*, § 95 Rn 22; MüKoBGB/*Holch*, § 95 Rn 21; *Wieling*, Sachenrecht, Bd. I, S. 93; *Stieper*, S. 67.

786 RGRK/*Kregel*, § 95 Rn 38; *Goecke/Gamon*, WM 2000, 1312.

buchamtes zu Zufallsergebnissen kommen. Richtigerweise ist deshalb für die Entstehung des dinglichen Rechts auf den Eingang des nichtrücknahmefähigen Antrags auf Eintragung der Dienstbarkeit beim Grundbuchamt abzustellen.[787]

Die Gegenauffassung weitet den Anwendungsbereich des § 95 Abs. 1 S. 2 BGB zu sehr aus. Hiernach soll nämlich die schuldrechtliche Vereinbarung über die Eintragung des dinglichen Rechts vor dem Zeitpunkt der Verbindung genügen, solange das Recht anschließend tatsächlich eingetragen wird.[788] Dies hätte allerdings zur Folge, dass es der Disposition der Parteien überlassen ist, den Anwendungsbereich des § 95 Abs. 1 S. 2 BGB zu eröffnen, da zum Zeitpunkt der Verbindung lediglich eine schuldrechtliche Verpflichtung zur Bestellung der Dienstbarkeit besteht. Gegen diese Ansicht spricht zum einen der Wortlaut des Gesetzes. Ein noch nicht bestehendes Recht kann auch noch nicht ausgeübt werden. Des Weiteren steht diese weite Auslegung des § 95 BGB dem Zweck der Bestandteilslehre, klare Verhältnisse zu schaffen, entgegen.

Insbesondere in dem Fall, in dem der Netzbetreiber oder das Versorgungsunternehmen die Einräumung einer beschränkt persönlichen Dienstbarkeit verlangen kann, wenn die Gemeinde oder die Straßenbauverwaltung die Entwidmung oder die Veräußerung der Grundstücke an Dritte beabsichtigt, dürften die Leitungen zum Zeitpunkt des Antrags auf Eintragung ins Grundbuch regelmäßig bereits mit dem Erdreich verbunden sein. Dies hat zur Folge, dass trotz Bestehen einer beschränkt persönlichen Dienstbarkeit die Verbindung mit dem Grundstück nicht in Ausübung dieses Rechts vorgenommen wurde. Nur der aufgezeigte Zusammenhang zwischen dem dinglichen Recht und der Verbindung rechtfertigt die Ausnahme von der Regel des § 94 BGB. Andernfalls könnten die Beteiligten nach Vornahme der Verbindung über die gesetzlichen Rechtsfolgen der §§ 93 ff. BGB disponieren.

Die Rechtsfolgen der Bestandteilslehre beruhen auf der Annahme, dass die Frage, ob eine Sache wesentlicher Bestandteil einer anderen ist, gesetzlich bestimmt ist und gerade nicht zur Disposition der Parteien steht. So unterliegen z.B. Grundstücksbestandteile anders als Scheinbestandteile gemäß § 1120 BGB der Hypothekenhaftung.[789] Würde die Eintragung eines dinglichen Rechts nach der Verbindung für die Annahme der Scheinbestandteilseigenschaft genügen, könnten die Parteien über die Zugehörigkeit einer Sache zum Haftungsverband frei entscheiden. Diese Ansicht setzt das Vertrauen auf Realkreditsicherheiten aufs Spiel. So würde z.B. die Einräumung eines Nießbrauchs an einem Gebäude zugunsten des Ehepartners genügen, um dieses der Haftungsmasse zu entziehen. Dies hätte eine erhebliche Rechtsunsicherheit zur Folge. Das Vertrauen in die

---

787 So auch MüKoBGB/*Holch*, § 95 Rn 31; Staudinger/*Jickeli/Stieper*, § 95 Rn 21; *Schulze*, Rpfleger 1999, 168.

788 Erman/*Michalski*, § 95 Rn 6; *Peters*, WM 2002, 114f.; *Witter*, ZfIR 2005, 441, 448f. *Wicke*, DNotZ 2006, 259ff. bejaht sogar die nachträgliche Umwidmung eines wesentlichen Bestandteils in einen Scheinbestandteil durch Bestellung eines dinglichen Rechts.

789 MüKoBGB/*Eickmann*, § 1120 Rn 10ff.

Sicherheit des Rechtsverkehrs und der mit der Bestandteilslehre angestrebte Gläubigerschutz würden ausgehöhlt und in der Praxis leer laufen.

Die Voraussetzungen des § 95 Abs. 1 S. 2 BGB sind folglich nur erfüllt, wenn ein dingliches Recht an dem Grundstück bereits zum Zeitpunkt der Verlegung der Leitungen eingetragen ist.

b. Analoge Anwendung des § 95 Abs. 1 S. 2 BGB

Auch wenn es sich bei der Regelung des § 95 BGB um eine Ausnahmevorschrift handelt, ist in den Grenzen des Grundgedankens der Ausnahmevorschrift eine Gesetzesanalogie statthaft.[790]

Es bleibt mithin zu prüfen, ob es sich bei den nicht dinglich gesicherten Leitungsrechten um Scheinbestandteile gemäß § 95 Abs. 1 S. 2 BGB analog handelt.[791] Dafür müssten in den jeweiligen Konstellationen die Voraussetzungen für eine analoge Anwendung gegeben sein. Es bedarf somit jeweils einer strukturell vergleichbaren Interessenlage mit dem Sachverhalt, auf den § 95 BGB unmittelbar anwendbar ist und einer planwidrigen Regelungslücke.[792]

Die Bestandteilslehre ordnet bei Vorliegen einer tatsächlichen oder wirtschaftlichen Einheit gemäß §§ 93, 94 BGB die Behandlung als rechtliche Einheit an. Der mit dieser Rechtsfolge ausgelöste Rechtsverlust gemäß § 949 BGB zeigt, dass der Gesetzgeber grundsätzlich der rechtlichen Einheit, die dem Grundeigentum folgt, den Vorrang gegenüber den individuellen Interessen der Eigentümer von fest verbundenen Sachen eingeräumt hat. Den Interessen des Inhabers eines Rechts, das zugunsten der gesetzlich angestrebten Rechtssicherheit und Rechtsklarheit endgültig verloren geht, wird mittels der schuldrechtlichen Entschädigungsregelung des § 951 BGB Rechnung getragen, die an die Stelle der untergegangenen Vindikation tritt[793].

Die Vorschrift des § 95 Abs. 1 S. 2 BGB normiert eine Ausnahme von dieser grundsätzlich zwingenden Rechtsfolge für alle Sachen, die mit dem Grund und Boden fest verbunden werden. Die rechtliche Einheit des Grundstücks und der mit diesem fest verbundenen Sachen tritt unter den Voraussetzungen des § 95 Abs. 1 S. 2 BGB hinter die Interessen des die Verbindung vornehmenden zurück.

Nur in Fällen, in denen das fremde Interesse an der mit dem Grund und Boden fest verbundenen Sache für den Rechtsverkehr erkennbar ist, wird diesem der Vorrang eingeräumt und ist die Ausnahme von der allgemeinen Regel gerechtfertigt.

---

790 *Larenz*, S. 355; *Müller, F.*, S. 210; MüKoBGB/*Säcker*, Einl. Rn 112ff.
791 Vgl. für eine analoge Anwendung *Tobias*, AcP 94 (1903), 407; *Kindermann*, S. 132.
792 *Larenz/Wolf*, § 4 Rn 80.
793 Vgl. *Larenz/Canaris*, II/2, § 69 I 1b; *Lorenz*, FS Serick, S. 263 unter Berufung auf Mot. III S. 362; MüKoBGB/*Füller*, § 951 Rn 1.

aa. Strukturell vergleichbare Interessenlage

Auch die nicht dinglich eingeräumten Nutzungsrechte, seien sie privat- oder öffentlichrechtlich begründet, gewähren dem Versorgungsunternehmen oder dem Netzbetreiber eine Rechtsposition, die den Netzbetrieb auf dem fremden Grundstück ermöglicht. Sie sind berechtigt das fremde Grundstück für die eingeräumten Maßnahmen zu betreten. Hierunter fallen die Errichtung, der Betrieb sowie die spätere Sicherung, Überprüfung und Instandsetzung der Anlagen. Die mit dem Grundstück verbundenen Leitungen weisen daher einen engen Bezug zu dem Nutzungsrecht auf. Rein inhaltlich erhält das Versorgungsunternehmen oder der Netzbetreiber mithin eine dem dinglich Berechtigten vergleichbare Rechtsposition.

Unterschiede ergeben sich allerdings hinsichtlich der Bestandskraft der eingeräumten Rechtsposition. Ein wesentliches Kriterium dinglicher Rechte an Grundstücken ist, dass für sie das Immobiliarsachenrecht und somit die strengen Verkehrsvorschriften der §§ 873 ff. BGB Anwendung finden. Hiernach bedarf es für den Erwerb gemäß § 873 Abs. 1 BGB und für eine inhaltliche Änderung des Rechts gemäß §§ 877, 873 BGB der Eintragung im Grundbuch. Auch für die Aufhebung dinglicher Rechte ist neben der Erklärung des Berechtigten die für den Rechtsverkehr offenkundige Löschung des Rechts im Grundbuch gemäß § 875 Abs. 1 S. 1 BGB vorgeschrieben. Insbesondere die letztgenannte Vorschrift gewährt den dinglich berechtigten Netzbetreibern eine zuverlässige Rechtsposition, da sie die einseitige Aufhebung des Nutzungsverhältnisses durch den Grundstückseigentümer nicht befürchten müssen.

Bei schuldrechtlichen Gestattungsverträgen, auf die die Vorschriften für Miete, Pacht oder Leihe anzuwenden sind, ist der Netzbetreiber aufgrund der tatsächlich langen Nutzungszeiträume fremder Grundstücke für die Leitungsverlegung den Kündigungsmöglichkeiten des Eigentümers ausgesetzt.[794]

In der Literatur wird zum Teil die Auffassung vertreten, dass die auf der Grundlage von Nutzungsverträgen mit den Gebietskörperschaften und Trägern der Straßenbaulast begründeten Nutzungsrechte derart beständig und abgesichert seien, dass sie der Rechtsposition einer Dienstbarkeit nahe kämen.[795] Der Gesetzgeber hätte den Versorgungsunternehmen in einer Vielzahl von Gesetzen ein auf Dauer angelegtes Recht auf Mitbenutzung der fremden Grundstücke eingeräumt und damit die Beschränkung fremden Eigentums durch die Mitbenutzung mit Versorgungsanlagen legal in solcher Art und Umfang gestattet, die der Rechtsposition einer Dienstbarkeit im Ergebnis entsprechen würde.[796]

Diese Auffassung vermag zwar hinsichtlich der rein inhaltlichen Vergleichbarkeit der eingeräumten Rechtsposition zu überzeugen. Hinsichtlich des Bestandes

---

794 Vgl. hierzu die Ausführungen in Abschnitt II. 1. b. bb. (2) dieses Teils.

795 Schneider/Theobald/*Albrecht,* § 8 Rn 117; *Schulze*, RPfleger 1999, 169.

796 *Schulze*, Rpfleger 1999, 169.

des Nutzungsrechts ist sie hingegen nicht haltbar. Insbesondere im Konzessionsvertragsrecht sind für den Strom- und Gasbereich Vertragshöchstlaufzeiten von 20 Jahren gemäß § 46 Abs. 2 S. 1 EnWG normiert.[797] Nach Ablauf dieser Zeit ist der Bestand des Nutzungsrechts vollkommen ungewiss. Zwar kann sich der Netzbetreiber um eine Vertragsverlängerung bemühen, die Entscheidung obliegt gemäß § 46 Abs. 1 S. 1 EnWG aber allein der Gemeinde und hat diskriminierungsfrei zu erfolgen.[798] Es können also auch Mitbewerber zum Zuge kommen.

Auch wenn § 46 Abs. 2 S. 2 EnWG sowie die konzessionsvertraglich normierten Übernahmeklauseln einen Ausgleich für die zu übertragenden Anlagen normieren, handelt es sich hierbei lediglich um einen wirtschaftlichen Ausgleich, der nicht den Verlust des originären Nutzungsrechts kompensieren soll.

Eine Kündigungsmöglichkeit zugunsten der Straßenbauverwaltung enthalten auch § 11 des „Bundesmustervertrags 1987“ sowie § 12 des „Rahmenvertrags“. Ferner kann die einseitige Beendigungsmöglichkeit in Form der Kündigung aus wichtigem Grund bei schuldrechtlichen Gestattungsverträgen gemäß § 314 BGB nicht ausgeschlossen werden, da es sich um Dauerschuldverhältnisse handelt.

Auch öffentlich-rechtliche, insbesondere mittels Verwaltungsakt eingeräumte Nutzungsrechte, wie dies bei der wasserrechtlichen Duldungsanordnung, aber auch bei Wegenutzungsrechten gemäß § 68 TKG der Fall ist, können gemäß §§ 48, 49 VwVfG einseitig beendigt werden.

Die Rechtsstellung eines dinglich Berechtigten wird gerade dadurch geprägt, dass ihm sein Nutzungsrecht nicht einseitig entzogen werden kann. Diese Bestandskraft gewährt dem Rechtsinhaber eine sichere Rechtsposition gegenüber dem Grundstückseigentümer, die es rechtfertigt, sein Eigentum an den mit dem Grundstück verbundenen Sachen zu erhalten und eine Ausnahme von dem Grundsatz zu machen, dass sich das Grundeigentum auf die mit dem Grundstück fest verbundenen Sachen erstreckt.

Die Ausnahmeregelung des § 95 Abs. 1 S. 2 BGB beruht auf dem Grundgedanken, dass in den erfassten Konstellationen ein für den Rechtsverkehr ersichtlich fremdes Recht an dem Grundstück besteht, das stets dem Grundbuch zu entnehmen ist. Da die Übertragung der beschränkt persönlichen Dienstbarkeit, wie sie in § 1092 Abs. 3 BGB für Versorgungs- und Transportleitungen vorgesehen ist, mittels der Eintragung der Rechtsänderung gemäß § 873 Abs. 1 BGB erfolgt[799], ist auch der Berechtigte aus der Dienstbarkeit offenkundig. Bei nicht dinglichen Nutzungsrechten bedarf es hingegen einer detaillierten Nachfor-

---

797 Auch in den Bereichen der Fernwärme- und Wasserversorgung sehen die Musterverträge eine Vertragslaufzeit von 20 Jahren vor, obwohl eine entsprechende Regelung für diese Sektoren bisher noch nicht besteht. Vgl. § 6 Musterkonzessionsvertrag-Wasser, *Morell*, S. 56e; § 8 Abs. 1 Musterkonzessionsvertrag-Fernwärme, *Morell*, S. 56j.

798 Vgl. zum Verfahren § 46 Abs. 3 EnWG.

799 MüKoBGB/*Joost*, § 1092 Rn 16.

schung, ob das Recht im konkreten Fall begründet wurde, wer der Inhaber des Rechts ist und ob das Recht noch besteht.

Diese Schwierigkeiten zeigen sich z.B. bei den in den Allgemeinen Anschluss- und Versorgungsbedingungen normierten Nutzungsrechten. Zunächst muss mit den Grundstückseigentümern ein Anschluss- oder Versorgungsverhältnis bestehen. Ferner muss es sich bei den Leitungen um solche zum Zwecke der örtlichen Versorgung handeln. Es muss darüber hinaus dieselbe Art der Versorgung vorliegen, an die auch der Grundstückseigentümer angeschlossen ist. Schließlich besteht das Nutzungsrecht nur, wenn die in §§ 12 NAV, 12 NDAV, 8 AVBFernwärmeV, 8 AVBWasserV normierten Voraussetzungen, insbesondere die Verhältnismäßigkeitsvorgaben, vorliegen.

Ob die Regelungen der Allgemeinen Anschluss- und Versorgungsbedingungen im konkreten Fall Anwendung finden, ist folglich für den Rechtsverkehr nicht ersichtlich. Auch wenn diese Rechtsverhältnisse mit einer Vielzahl von Anschlussnehmern oder -nutzern bestehen, – so wird nahezu jeder Bundesbürger einmal in seinem Leben in irgendeiner Form von diesen Vertragsbedingungen betroffen sein – und regelmäßig auch mit einem Rechtsnachfolger zustande kommen, ist das Maß der Offenkundigkeit unzureichend und mit der sicheren Publizität über die Existenz von dinglichen Rechten nicht vergleichbar.

Angesichts der aufgezeigten Unterschiede muss bereits das Vorliegen einer strukturell vergleichbaren Interessenlage angezweifelt werden.

bb. Planwidrige Regelungslücke

Bei der Nichtberücksichtigung dinglich nicht gesicherter Leitungsrechte in § 95 Abs. 1 S. 2 BGB müsste es sich um eine planwidrige Regelungslücke des Gesetzgebers handeln.

Dafür müsste die Gesetzgebung vorhandene, nach dem Normzweck regelungsbedürftige Rechtsfragen übersehen haben. Da es sich bei den nicht dinglich gesicherten Nutzungsberechtigungen um eine inhaltlich vergleichbare Rechtsposition mit der des Inhabers eines dinglichen Leitungsrechts handelt, stellt sich die Frage, ob die Nichtberücksichtigung dieser Konstellation eine die Analogie begründende planwidrige Regelungslücke darstellt.

Gegen das Vorliegen einer planwidrigen Regelungslücke sprechen zunächst historische Aspekte. In den Motiven zu § 95 BGB werden alleinig dingliche Rechte erwähnt.[800] Da die leitungsgebundene Versorgung eine lange Geschichte aufweist, ist die Errichtung einer Wasserleitung in Ausübung einer Dienstbarkeit bereits in den Motiven zum BGB aufgeführt.[801] Weiterhin heißt es, dass sich die Tragweite des § 95 Abs. 1 S. 2 BGB auf alle dinglichen Rechte erstrecken soll, in deren Ausübung der Berechtigte eine Anlage auf dem Grundstück errichtet.

---

800 Mot. III, S. 48.
801 Mot. III, S. 48.

Auch allgemeine Versorgungsbedingungen, die eine Inanspruchnahme der fremden Grundstücke vorsahen, wurden bereits vor dem Inkrafttreten des BGB einheitlich gestaltet und schuldrechtlich vereinbart.[802] Bereits im 19. Jahrhundert wurden Konzessionsverträge für die Nutzung öffentlicher Verkehrswege zur Leitungsverlegung abgeschlossen.[803] Zu diesen Nutzungsrechten schweigen die historischen Aufzeichnungen allerdings. Auch die durch das TWG im Jahr 1899 eingeräumte Nutzung für öffentlichen Zwecken dienende Telegraphenlinien findet keine Berücksichtigung. Dass § 95 BGB seit seinem Inkrafttreten – abgesehen von einer neuen Überschrift – nicht geändert wurde, spricht dafür, dass diese Nutzungsrechte nicht dinglicher Natur nach dem Willen des Gesetzgebers bewusst keine Berücksichtigung im Rahmen des § 95 BGB finden sollen. Für diese Annahme spricht ferner der Umstand, dass bei Schaffung des nur einige Jahre jüngeren schweizerischen ZGB die Frage, wie Leitungsnetze eigentumsrechtlich zuzuordnen sind, sehr wohl Berücksichtigung fand.[804]

Dass der vom Gesetzgeber angestrebte Weg der Trassensicherung die Eintragung einer beschränkt persönlichen Dienstbarkeit ist, ergibt sich des Weiteren aus der 1996 eingefügten speziellen Regelung der Übertragbarkeit beschränkt persönlicher Dienstbarkeiten für Versorgungsleitungen und Telekommunikationslinien gemäß § 1092 Abs. 3 BGB. Mit dieser Regelung hat der Gesetzgeber auf den in der Praxis bestehenden erheblichen Aufwand für die Übertragung dieser Dienstbarkeiten reagiert.[805]

Auch an öffentlichen Verkehrswegen ist die Bestellung einer beschränkt persönlichen Dienstbarkeit zur dinglichen Sicherung des privatrechtlich vereinbarten Leitungsrechts grundsätzlich zulässig.[806] Nach der herrschenden dualistischen Vorstellung des modifizierten Privateigentums an öffentlichen Straßen und Sachen gibt die öffentlich-rechtliche Widmung dem öffentlichen Träger zwar die Befugnis, die Eigentümerrechte in dem Maße zurückzudrängen, wie dies zur Aufrechterhaltung des Widmungszwecks erforderlich ist. Ob und inwieweit Dienstbarkeiten an öffentlichen Straßen begründet werden können, richtet sich nach den einschlägigen Straßen- und Wegegesetzen, in denen die durch die

---

802 Z.B. „Bedingungen für die Lieferung von elektrischem Strom zur Erleuchtung und Kraftübertragung", Berlin 1888; „Bedingungen für die Lieferung von elektrischem Strom zur Erleuchtung und Kraft" Berlin 1896 und 1899; vgl. hierzu ausführlich den historischen Überblick über das Zustandekommen der Allgemeinen Versorgungsbedingungen bei *Gartner*, S. 4ff.

803 Fischer/*Bohn/Marschall*, S. 44; *Immesberger/Klemm*, II, Einl. vor §§ 46-48 EnWG Rn 10ff.

804 Vgl. Art. 676 ZGB, der dem Urbestand des aus dem Jahre 1907 stammenden, 1912 in Kraft getretenen ZGB angehört.

805 Vgl. die Begründung für das Gesetz zur Änderung des Rechts der beschränkt persönlichen Dienstbarkeiten, BT-Drs. 13/3604, S. 5ff.

806 *Morell*, S. 26; vgl. z.B. BGH WM 1981, 498f.

Widmung begründete öffentlich-rechtliche Überlagerung näher geregelt ist.[807] Die Straßengesetze, z.B. § 8 Abs. 10 FStrG, normieren, dass sich die Einräumung von Rechten zur Benutzung des Straßeneigentums für die öffentliche Versorgung nach bürgerlichem Recht richtet. Eine Einschränkung auf die Begründung obligatorischer – und nicht auch dinglicher Rechte – lässt sich der Regelung nicht entnehmen. Für diese Annahme spricht ferner, dass die Gestattungsverträge über die Nutzung öffentlicher Verkehrswege zum Zwecke der Leitungsverlegung regelmäßig Sonderfälle regeln, in denen die Bestellung einer beschränkt persönlichen Dienstbarkeit an den Wegen vorgesehen ist.[808]

Ferner verfolgen die weitreichenden Regelungen der Benutzung fremder Grundstücke für die Verlegung von Versorgungsleitungen einen anderen Zweck als die sachenrechtlichen Vorschriften der beschränkt persönlichen Dienstbarkeit. Die sektorspezifischen Vorschriften über die Inanspruchnahme fremder Grundstücke für die Leitungsverlegung dienen der Gewährleistung einer sicheren, zuverlässigen und flächendeckenden Versorgung der Allgemeinheit. Des Weiteren bezwecken die Vorschriften zu den Konzessionsverträgen sowie das telekommunikationsrechtliche Wegerecht Transparenz und Diskriminierungsfreiheit, die für die Schaffung eines Wettbewerbs in den liberalisierten Märkten unumgänglich sind.[809]

Eine sachenrechtliche Regelung ist mit den zahlreichen Vorschriften hingegen nicht beabsichtigt. Von der Möglichkeit, eine spezielle Regelung für das Eigentum an Versorgungsleitungen bzw. ihre sachenrechtliche Zuordnung zu treffen, hat der Gesetzgeber nicht Gebrauch gemacht. In anderen Bereichen finden sich derartige Regelungen.[810] Den Versorgungsunternehmen hat der Gesetzgeber hingegen nicht einmal ein grundsätzliches Recht zugebilligt, fremde Grundstücke für ihre Anlagen in Anspruch zu nehmen.[811] Dass spezielle Vorschriften für die sachenrechtliche Zuordnung von Versorgungsleitungen unproblematisch getroffen werden können, zeigt ein Blick in die schweizer oder österreichische Rechtsordnung.

Ferner deuten die für die Energie- und Wasserversorgung sowie die Abwasserbeseitigung spezialgesetzlich normierten Enteignungstatbestände[812] darauf hin, dass der Gesetzgeber den Konflikt zwischen dem Erfordernis der Inanspruchnahme fremder Grundstücke für eine flächendeckende Versorgung und den entgegenstehenden Interessen der Grundstückseigentümer erkannt hat und mittels

---

807 Staudinger/*Mayer*, § 1018 Rn 70; vgl. hierzu auch die Anmerkungen zur Enteignungsfähigkeit von Grundstücken der öffentlichen Hand bei Büdenbender/v.Heinegg/*Rosin*, Rn 1874ff.

808 Vgl. hierzu oben Abschnitt II. 2. a. aa. dieses Teils.

809 BT-Drs. 13/7274, S. 20; BT-Drs. 13/3609, S. 48f.

810 Vgl. etwa im Bergrecht § 3 Abs. 2 S. 2 BBergG.

811 So auch *Mogwitz*, RdE 2008, 103.

812 Vgl. hierzu die Ausführungen unter D II. 1. b. cc. (2).

der festgesetzten Enteignungsmöglichkeiten eine Lösung mit sachenrechtlicher Wirkung normiert hat.

Die aufgezeigten Aspekte lassen darauf schließen, dass es sich nicht um eine planwidrige, sondern eine bewusste Regelungslücke handelt. Für diese Annahme spricht ferner, dass die von § 95 Abs. 1 S. 2 BGB nicht erfassten Nutzungsrechte oft schuldrechtlicher Natur sind. Bei obligatorischen Nutzungsrechten erfolgt die vorgenommene Verbindungen allerdings häufig zu einem vorübergehenden Zweck, so dass diese Konstellationen möglicherweise im Rahmen des § 95 Abs. 1 S. 1 BGB Berücksichtigung finden.

Zwar ist auch bei § 95 Abs. 1 S. 2 BGB eine Analogie grundsätzlich zulässig, doch im vorliegenden Fall handelt es sich weder um einen mit den Grundgedanken der Ausnahmevorschrift strukturell vergleichbaren Sachverhalt, noch liegt eine planwidrige Regelungslücke vor, für deren Schließung eine Analogie erforderlich ist. Eine Ausdehnung der Rechtsfolge des § 95 Abs. 1 S. 2 BGB auf nicht dingliche Leitungsrechte überschreitet deshalb die Grenzen einer zulässigen Analogie.

3. Verbindung der Versorgungsleitungen mit dem Grundstück nur zu einem vorübergehenden Zweck

Einige Gerichte und Meinungen in der Literatur vertreten die Auffassung, dass Versorgungsleitungen gemäß § 95 Abs. 1 S. 1 BGB nur zu einem vorübergehenden Zweck verlegt würden und deshalb keine wesentlichen, sondern Scheinbestandteile des Grundstücks seien, mithin ihre Sonderrechtsfähigkeit behielten.[813] Zugleich wird davon ausgegangen, dass die Leitungen, wenn sie auf betriebseigenen Grundstücken verlaufen, gemäß § 94 BGB wesentliche Bestandteile dieser Grundstücke seien und somit nicht zu einem vorübergehenden Zweck verlegt würden.[814]

Ob sich eine derartige Unterscheidung mit den sachenrechtlichen Grundsätzen, die immer objektiv erkennbaren Kriterien folgen, vereinbaren lässt, erscheint fraglich. Denn für das Vorliegen der Voraussetzungen des § 95 Abs. 1 S. 1 BGB und die sich daraus ergebende sachenrechtliche Zuordnung einer Sache kann es

---

813 RGZ 87, 43, 51; BayVGH vom 13.04.2007, Az: 4 ZB 06.800; OLG Rostock RTkom 1999, 185ff.; LG Köln VersR 1970, 644; LG Freiburg RdE 1982, 66, LG Chemnitz RdE 1998, 163, 164; Schneider/Theobald/*Albrecht*, § 8 Rn 119; Danner/Theobald/*Krüger*, X, B 1 Rn 26; BerlKommTKG/*Dörr*, § 76 Rn 25; Hoeren/*Bornhofen*, S. 215; *Schröer*, NJW 1964, 186f.; *Seeliger*, S. 73f.; *Nienhaus*, S. 37; *Gieseke*, FS Hedemann, S. 128; *Willers*, DB 1968, 2024; im Ergebnis auch *Wilhelm*, FS Wiegand, S. 691f., 696, der dieses Ergebnis damit begründet, dass Leitungsteile unabhängig davon, ob für sie eine Dienstbarkeit bestellt ist oder nicht gleichbehandelt werden sollten und dies nur zu erzielen sei, wenn die Leitungen als zu einem vorübergehenden Zweck mit dem Grund und Boden verbunden angesehen würden.

814 RGZ 168, 288, 290; *Münch*, VIZ 2004, 207; MüKoBGB/*Holch*, § 94 Rn 18; RGRK/*Kregel*, § 94 Rn 8; Soergel/*Marly*, § 94 Rn 35.

grundsätzlich nicht darauf ankommen, in wessen Eigentum ein Grundstück zufällig steht.

Wie bereits festgestellt, ist bei der Frage, ob die Verbindung nur zu einem vorübergehenden Zweck vorgenommen wurde, der innere Wille des die Verbindung vornehmenden entscheidend, solange dieser mit dem nach außen in Erscheinung tretenden Sachverhalt vereinbar ist.[815] Entscheidendes Kriterium für eine Verbindung zu einem vorübergehenden Zweck ist somit der innere Wille des Einfügenden zum genannten Zeitpunkt. Auf den inneren Willen lässt sich schließen, wenn dieser durch eine Willenserklärung nach Außen in Erscheinung getreten ist. Der ermittelte innere Wille des Verbindenden ist im Rahmen des § 95 Abs. S. 1 BGB aber rechtlich nur zu berücksichtigen, wenn er mit den nach Außen in Erscheinung tretenden Umständen vereinbar ist. Andernfalls könnten Parteivereinbarungen die gesetzlichen Rechtsfolgen der §§ 93 BGB außer Kraft setzen.

Die Versorgungsleitungen werden zu einem vorübergehenden Zweck im Sinne des § 95 Abs. 1 S. 1 BGB verlegt, wenn das Versorgungsunternehmen bereits zum Zeitpunkt der Verbindung den Willen hat, die Leitungen zu einem späteren Zeitpunkt wieder von dem Grundstück zu entfernen und dies mit dem objektiv zu erwartenden Verlauf der Dinge vereinbar ist.

Bei der Planung und Errichtung von Versorgungssystemen handelt es sich um eine Investition, die sich nur durch die langfristige Nutzung amortisiert. Aus der Sicht eines wirtschaftlich denkenden Versorgungsunternehmens oder Netzbetreibers besteht somit ein großes Interesse daran, die Leitung möglichst lange an der verlegten Stelle nutzen zu können. Dennoch sind mehrere Fallkonstellationen denkbar, in denen eine Entfernung der Leitungen in Betracht kommt. Die Versorgungsnetze müssen nach Ablauf ihrer technischen Nutzungszeit saniert oder erneuert werden. Ferner kann es zu Trassenstilllegungen kommen. Auch nach Ablauf der Nutzungsberechtigung oder bei später hinzutretenden Umständen, die eine Änderung oder Anpassung der Trasse erfordern, kommt eine Entfernung der Leitungen in Betracht.

Ob aufgrund dieser Umstände auf einen Trennungswillen des Versorgungsunternehmens geschlossen werden kann und dieser die Annahme einer Verbindung nur zu einem vorübergehenden Zweck rechtfertigt, soll im Folgenden geprüft werden.

a. Entfernung der Versorgungsleitungen nach Stilllegung

Da die technische Nutzungsdauer aller Versorgungsleitungen zeitlich begrenzt ist, bleibt zu prüfen, ob der Wille besteht, die Leitungen nach ihrer Stilllegung aus dem Erdreich zu entfernen, ob dieser mit dem objektiv nach Außen in Er-

---

815 Vgl. hierzu die Ausführungen in Teil C Abschnitt VII 1.

scheinung tretenden Sachverhalt vereinbar ist und die Voraussetzungen des § 95 Abs. 1 S. 1 BGB erfüllt.

Gründe für die Stilllegung von Ver- und Entsorgungsleitungen gibt es verschiedene. Beispielsweise werden Leitungen nach Überschreitung der technischen Lebensdauer aufgegeben, wenn eine Sanierung sich nicht mehr lohnt. So kann bei unterirdisch verlegten Stromkabeln zum Beispiel von einer allgemeinen Lebensdauer von 40 bis 50 Jahren ausgegangen werden.[816] Die natürliche Lebensdauer einer Kanalisation kann 50 bis 100 Jahre betragen.[817] In diesem Fall wird die neue Leitung auf einer anderen Trasse errichtet und die alte Leitung im Anschluss umgebunden, aber nicht notwendigerweise aus dem Untergrund entfernt.[818]

Eine Aufgabe der Leitung kann auch bei Kapazitätsproblemen (Überlastung oder Unterlastung) erfolgen. Eine Unterlastung tritt bei erheblichen Abnahmerückgängen, insbesondere beim Rückbau von Wohngebäuden aufgrund von Leerstand auf.[819] Eine weitere Möglichkeit der Leitungsstilllegung sind Veränderungen in der Versorgungsstruktur und eine daraus resultierende Bereinigung oder Ausdünnung der Netzstruktur.[820]

Für die Ermittlung eines Trennungswillens bei endgültiger Stilllegung der Leitungstrasse ist zunächst auf die in den Gestattungsverträgen getroffenen Verein-

---

816 *Angenend/Hahne*, S. 99, 122, beziffern die technische Nutzungsdauer mit diesem Wert.

817 ATV Handbuch/*Koch*, S. 447. Ein Großteil des heutigen Kanalisationsnetzes stammt nach wie vor aus dem 19. Jahrhundert, vgl. *Gruneberg*, S. 4.

818 Vgl. zur Stilllegung von Gasrohrleitungen *Eberhard/Volz*, S. 675f.; ferner auch die im DVGW-Regelwerk normierten anerkannten Regeln der Technik. Z.B. G 466/I Ziff. 7 (Stand: 1989) *„Rohrleitungsabschnitte, die stillgelegt werden sollen, sind abzutrennen und frei von brennbaren Gasen zu machen. Die Möglichkeit von Schichtenbildung ist zu beachten. Dieser Vorgang ist zu überprüfen. Alle Öffnungen der Rohrleitung sind zu verschließen; ggf. kann der stillgelegte Rohrabschnitt auch mit Inertgas oder anderen geeigneten Medien gefüllt werden.“* Ähnlich lautende Regelungen enthalten die Arbeitsblätter G 465/II Ziff. 7 (Stand: 1983) und G 466/II Ziff. 7 (Stand: 12/1985). Für die Stilllegung von Wasserversorgungsleitungen enthält das DVBW-Regelwerk die folgende Regelung in W 400-3 Ziff. 7.6.4 (Stand: 2006): *„Stillgelegte Wasserleitungen sind an den Eckpunkten zu verschließen, damit sie nicht als Längsdrainage wirken können. Bei großen Leitungsdurchmessern besteht die Gefahr, dass die stillgelegte Leitung zusammenstürzt und es zu großen Setzungen kommt. Daher ist bei Leitungsdurchmessern über DN 400 unter Verkehrsflächen zu überprüfen, ob eine Verfüllung der stillgelegten Leitung mittels Fließmörtel o. ä. erforderlich ist.“* Für die Stilllegung von Abwasserkanälen vergleiche den Abschnitt „Sicherung stillgelegter Abwasserkanäle und -leitungen“, ATV-Handbuch, Kap. 3.12. Die Verfüllung stillgelegter Kanäle wird dort als Regelfall bezeichnet, S. 448.

819 Vgl. hierzu die städteplanerische Forschungsarbeit des Frauenhofer-Informationszentrums Raum und Bau, Weeber+Partner, S. 79, die zu dem Ergebnis gelangt, dass in diesem Fall die nicht mehr benötigten Leitungen aus Kostengründen in der Erde verbleiben; ferner *Taubenek/Goldschmidt*, VersorgW 2003, S. 29f.

820 Dieser Fall kann etwa bei der Neuordnung der energetischen Versorgung, z.B. Aufgabe der Gas- zugunsten der Fernwärmeversorgung vorkommen.

barungen abzustellen. Eine generelle Pflicht zur späteren Entfernung stillgelegter Leitungen von den Straßengrundstücken ist in den gängigen Musterkonzessionsverträgen nicht enthalten.[821] Von einer generellen Pflicht zur Beseitigung der Leitungen nach ihrer Stilllegung ist auch in den sonstigen Gestattungsverträgen für die Nutzung fremder Grundstücke für Zwecke der Leitungsverlegung keine Rede.[822] Das telekommunikationsrechtliche Wegerecht normiert ebenfalls keine Pflicht des Netzbetreibers stillgelegte Telekommunikationslinien zu entfernen.[823]

Vereinzelt enthalten die Konzessionsverträge die Pflicht zur Beseitigung endgültig stillgelegter Anlagen, soweit diese Maßnahmen der Gemeinde erschweren oder behindern.[824] Wobei allerdings vereinbart ist, dass die Gemeinde die Beseitigung nicht verlangen wird, wenn gegen die Belassung keine technisch oder anderweitigen sachlich begründeten Bedenken bestehen oder die Beseitigung nur mit einem unverhältnismäßig hohen Aufwand für das Versorgungsunternehmen erfolgen kann.[825] Eine entsprechende Regelung enthalten auch § 13 des „Rahmenvertrags" sowie § 12 S. 2 des „Bundesmustervertrags 1987".

Aus dem Wortlaut dieser Vereinbarung lässt sich entnehmen, dass die Beseitigung stillgelegter Leitungen die Ausnahme von der Regel darstellt und nur verlangt werden kann, wenn technische Bedenken hinsichtlich des Verbleibs der stillgelegten Anlagen im Straßengrundstück bestehen. Die aufgezeigten Willenserklärungen zeigen mithin den Willen des Versorgungsunternehmens, bei Vorliegen technischer oder sonstiger Gründe gegen einen Verbleib der stillgelegten Leitungen im Boden diese auf Verlangen des Grundstückseigentümers nach ihrer Stilllegung zu entfernen. In diesen Fällen handelt es sich aber allenfalls um einen bedingten Trennungswillen. Da der Trennungswille zum Zeitpunkt der Verlegung von später noch hinzutretenden Umständen abhängt und im

---

821 Vgl. z.B. Musterkonzessionsvertrag-Strom, *Morell*, S. 41ff.; Musterkonzessionsvertrag-Strom, *Immesberger/Klemm*, II-4; Musterkonzessionsvertrag-Gas, *Morell*, S. 49ff; Musterkonzessionsvertrag-Fernwärme, *Morell*, S. 56ff.; ebenfalls die Beispiele bei *Zacher*, S. 312ff.

822 Vgl. z.B. „Bundesmustervertrag 1987", *Morell*, Handbuch, Bd. II, Kennz. 6200; „Rahmenvertrag", *Morell*, Handbuch, Bd. II, Kennz. 6130; Musterverträge für die Verlegung von Telekommunikationslinien in Grundstücken im kommunalen Eigentum, die nicht öffentliche Verkehrswege sind, vom Deutschen Städtetag, Köln/Berlin, Deutschen Landkreistag, Berlin, Deutschen Städte- und Gemeindebund, Berlin und der Deutschen Telekom AG, Bonn, *Heun*, Kap. F Anhang, S. 555-564; Stromkreuzungsrichtlinie, *Danner/Theobald*, X, C 22; Gas- und Wasserkreuzungsrichtlinie, *Danner/Theobald*, X, C 23.

823 Vgl. §§ 68ff. TKG.

824 Vgl. z.B. § 4 Abs. 7 Musterkonzessionsvertrag-Strom, *Immesberger/Klemm*, II-4, S. 6; § 4 Abs. 7 Musterkonzessionsvertrag-Gas, *Immesberger/Klemm*, II-4, S. 6; § 4 Abs. 2 Musterkonzessionsvertrag-Fernwärme, *Morell*, S. 56i.

825 Vgl. z.B. § 4 Abs. 2 S. 2 Musterkonzessionsvertrag-Fernwärme, *Morell*, S. 56i. Eine vergleichbare Regelung findet sich in § 16 Abs. 2 der SKS 2000, *Danner/Theobald*, X, C 22.

Sachenrecht klare Regeln für die Zuordnung gelten, kann ein bedingter Trennungswille die Voraussetzungen des § 95 Abs. 1 S. 1 BGB nicht erfüllen.[826]

Auf einen bereits zum Zeitpunkt der Verbindung vorliegenden Trennungswillen kann deshalb nur geschlossen werden, wenn die spätere Trennung vertraglich ohne weitere Bedingungen vereinbart ist. Die meisten Verträge orientieren sich zwar an den gängigen Musterverträgen, aber aufgrund der vertraglichen Gestaltungsfreiheit, kann nicht generell ausgeschlossen werden, dass dies nicht in Einzelfällen vereinbart wird. Insbesondere bei der Nutzung privater Grundstücke werden regelmäßig keine Musterverträge verwendet, so dass eine Aussage darüber, wie häufig eine Entfernungspflicht vertraglich vereinbart wird, nicht getroffen werden kann. In den jeweiligen Handbüchern wird empfohlen eine Pflicht zur Entfernung stillgelegter Anlagen nicht zu vereinbaren.[827] Sollte eine Pflicht zur späteren Entfernung stillgelegter Anlagen vertraglich normiert sein, muss eine Trennungsabsicht zunächst bejaht werden.

Es bleibt zu prüfen, ob die Absicht, die Leitungen nach der Stilllegung von dem Grundstück zu entfernen, mit dem objektiv zu erwartenden Verlauf der Dinge vereinbar ist und die Voraussetzungen des § 95 Abs. 1 S. 1 BGB erfüllt.

Es gibt keine Statistik, der sich entnehmen lässt, wie viel Prozent der im Erdreich verlegten Versorgungsleitungen nach ihrer Stilllegung aus dem Boden entfernt und wie viele nur vom Netz getrennt werden.[828] Die Entfernung einer Leitungstrasse sowie das anschließende Recyceln der verbrauchten Leitungen bringen erhebliche Kosten für den Netzbetreiber mit sich. Insbesondere, wenn in engen Räumen viele unterschiedliche Versorgungsleitungen verlaufen, kann der Ausbau der stillgelegten Leitungen durch andere Versorgungsnetze erschwert werden. Zum einen besteht die Gefahr, dass zur Entfernung der Leitung, andere Leitungen außer Betrieb genommen werden müssen, was die Kosten beträchtliche steigern würde. Zum anderen besteht das Risiko, dass andere Leitungen im Rahmen der Tiefbaumaßnahme beschädigt werden und deshalb mit einem enormen Kostenanstieg zu rechnen ist. Da sich diese Folgekosten in der Regel nicht vorhersehen lassen, birgt ein Ausbau der stillgelegten Leitung ein großes und schwer kalkulierbares finanzielles Risiko in sich, das die Versorgungsunternehmen und Netzbetreiber sicher zu vermeiden versuchen werden.

Ferner stellen zumindest papier- und kunststoffisolierte Kabel nach der Trennung vom Netz keine Gefahrenquelle mehr dar, welche aufwendig überwacht oder gewartet werden müsste, so dass sie ohne eine ökologische Gefährdung des Erdreichs im Boden belassen werden können.[829] Für den Bereich der Rohrlei-

---

826 So auch RGZ 62, 410, 411; 63, 416, 422; BGH ZIP 1999, 75.

827 Vgl. z.B. *Seeliger*, S. 85; *Heun*, Kap. F, Rn 185.

828 So ist z.B. im Telekommunikationssektor der Bestand der vor 2004 verlegten bzw. geänderten Telekommunikationslinien (ca. 98%) nicht bekannt.

829 Anders verhält es sich bei den heute kaum noch aber in der Vergangenheit in Hochspannungsnetzen verwendeten Niederdruck-Ölkabeln. Bei diesem Kabeltyp befindet sich im Inneren des Leiters dünnflüssiges Öl, welches bei Austritt Boden- und Gewäs-

tungstechnik enthalten die Regelwerke Vorgehensweisen für das Stilllegen von Rohrleitungen.[830] Diese sehen vor, dass die stillgelegten Rohre vom Netz abzutrennen und frei von brennbaren Gasen zu machen sind. Ferner sind alle Öffnungen zu verschließen und die Leitung ist ggf. mit Inertgas oder anderen geeigneten Medien zu füllen.[831] Bei Einhaltung der technischen Vorgaben kann auch bei stillgelegten Rohrleitungen davon ausgegangen werden, dass von ihnen in der Regel keine Gefährdung mehr ausgeht.

Angesichts der hohen Kosten für die Entfernung stillgelegter Leitungen und dem Umstand, dass die im Boden verlegten Leitungen die Nutzung des Grundstücks regelmäßig nicht beeinträchtigen, drängt sich die Vermutung auf, dass unterirdisch verlaufende Versorgungsleitungen zur Stilllegung größtenteils einfach vom Netz getrennt werden und im Boden verbleiben.[832]

aa. Technische Verfahren der Leitungssanierung

Bei einigen Leitungstypen sprechen spezielle sich aus der besonderen Leitungsart ergebende technische Aspekte gegen die Annahme einer Verbindung zu einem vorübergehenden Zweck.

So werden zum Beispiel im Freileitungsbau vorhandene Trassen für neue Leitungen benutzt.[833] Da es in Deutschland inzwischen immer schwieriger wird geeignete Trassen für Freileitungen zu finden, werden hierfür die bestehenden Freileitungen weitestgehend saniert und somit in Betrieb gehalten.[834] Dabei werden die Gründungen, soweit sie den Anforderungen der sanierten Trassen genügen, weiter verwendet. Die Mastfundamente weisen bei Berücksichtigung des heutigen Stands der Technik die höchste technische Lebensdauer (von mindestens 50 Jahren) aller Freileitungskomponenten auf.[835] Teilweise wird von Experten vertreten, dass bei Einsatz derzeitiger Technik und Materialien eine Standzeit der Freileitung bei unterschiedlicher Nutzungsdauer der Komponenten von über 100 Jahren realistisch sei.[836]

Im Bereich der Rohrleitungstechnik spricht gegen einen Trennungswillen der Versorgungsunternehmen oder Netzbetreiber, dass bei der Erneuerung von

---

serverunreinigungen verursachen kann und deshalb auch nach der Stilllegung zu überwachen ist. Vgl. hierzu insgesamt das Kapitel „Umweltschutz“, in: VDEW (Hrsg.), Kabelhandbuch, S. 199ff.

830 Vgl. DVGW-Arbeitsblätter G 465/II Ziff. 7, G 466/I Ziff. 7, G 466/II Ziff. 7, W 400-3 Ziff. 7.6.4.

831 Vgl. zur Verfüllung nicht mehr benötigter Brauchwasserleitungen mit „Doroflow“ das Urteil des BGH vom 13.10.2005, BGHZ 164, 324ff.

832 Zu diesem Ergebnis gelangen auch *Lenz*, DB 1967, 1973; *Salje*, § 46 Rn 79. Ansatzweise auch *Schulze*, Rpfleger 1999, 171.

833 *Kießling/Nefzger/Kaintzyk*, S. 7.

834 *Müller, J.*, S. 155.

835 *Kießling/Nefzger/Kaintzyk*, S. VII; *Hussels/Quaderer/Ruhnau*, S. 67.

836 *Hussels/Quaderer/Ruhnau*, S. 79.

Rohrleitungen zunehmend das so genannte „Berstlining-Verfahren" gewählt wird. Dieses ermöglicht eine grabenlose Erneuerung der Leitung. In den hierzu einschlägigen Regeln der Technik wird dieses Verfahren wie folgt beschrieben: *„Alle Berstverfahren basieren darauf, mithilfe eines Berstkörpers Kräfte in die Altrohrleitung einzuleiten, sie dadurch zu zerstören – Altrohre aus zähen Werkstoffen werden zerschnitten, Altrohre aus spröden Werkstoffen werden zertrümmert – und anschließend die verbleibenden Scherben in den angrenzenden Baugrund radial zu verdrängen. In den so entstehenden freien Querschnitt werden neue Produkt- und Mantelrohre in gleicher oder größerer Dimension unmittelbar eingezogen."*[837] Diese Methode der Leitungserneuerung hat zur Folge, dass die zerstörte Rohrleitung in das umliegende Erdreich verdrängt wird. Eine spätere Trennung der Leitung vom Grundstück ist in diesem Fall ausgeschlossen. Die nach der Anwendung des „Berstlining-Verfahrens" entstandenen Reste verbleiben dauerhaft im Boden. Diese teilweise als Maulwurfverfahren bezeichnete Methode wird auch im Rahmen der Sanierung von Schutzrohren unterirdisch verlegter Kabel verwendet.[838]

Verglichen mit der traditionellen „offenen Bauweise" erspart dieses Verfahren die Freilegung der vorhandenen Trasse durch einen Grabenaushub, das Einlegen eines neuen Rohres, die Wiederauffüllung des Leitungsgrabens und die Wiederherstellung der Oberfläche, insbesondere von Straßenunterbau und Straßendecke. Das „Berstlining-Verfahren" ermöglicht folglich eine Verringerung des Arbeitsaufwandes, der Bauzeit, der Beeinträchtigungen der Oberflächennutzung und zumeist der Kosten.[839] Die Entwicklung dieses Verfahrens der Rohrleitungssanierung hat dazu geführt, dass heute die „offene Bauweise" und die damit oft einhergehende Entfernung der alten Rohre aus dem Boden die Ausnahme darstellt.[840]

Bartelsperger hält trotz dieser Erkenntnis an seinem Ergebnis fest, dass Versorgungsleitungen nur zu einem vorübergehenden Zweck verlegt würden.[841] Er begründet dies damit, dass es sich bei der Entscheidung des Versorgungsunternehmens für das „Berstlining-Verfahren" um eine *„nachträgliche Veränderung der Sachenrechtsverhältnisse"*[842] handele.

Diese Argumentation ist allein ergebnisgeprägt. In der Praxis gängige Verfahren, die sich durch technische Weiterentwicklungen ergeben, müssen bei der Feststellung des normalen Verlaufs der Dinge, wie er für die Beurteilung im Rahmen des § 95 BGB maßgeblich ist, berücksichtigt werden. Da sich dieses Verfahren in der Rohrleitungstechnik etabliert hat, kann nicht mehr davon ausgegangen werden, dass ein Entschluss zur Anwendung dieser Rohrerneue-

---

837 Vgl. DVGW-Arbeitsblatt GW 323 Ziff. 3.1.
838 *Angenend/Hahne*, S. 122; *Bartlsperger*, S. 1.
839 Vgl. hierzu *Bartlsperger*, S. 2.
840 So auch *Bartlsperger*, S. 92.
841 *Bartlsperger*, S. 93.
842 *Bartlsperger*, S. 93.

rungsmethode erst zu einem späteren Zeitpunkt in Betracht gezogen wurde, sondern soweit keine besonderen Umstände vorlagen, bereits zum Zeitpunkt der Verbindung selbst als wirtschaftlich lukrative Sanierungsmethode angedacht war.

bb. Die Annahme eines vorübergehenden Zwecks aufgrund technischen Fortschritts im Bereich der Versorgungstechnik – Bedeutung der wirtschaftlichen Betrachtung im Rahmen der Bestandteilslehre

Das LG Freiburg[843] und Stimmen in der Literatur[844] stellen für die Annahme einer Verbindung zu einem vorübergehenden Zweck auf den allgemeinen Aspekt ab, dass nichts ewig währt. Hierzu führt das Gericht wie folgt aus:

„Dieser Zweck weist seiner typischen Natur nach auf einen nur als vorübergehend beabsichtigten Einbau hin. Denn aufgrund der technischen Entwicklungen, der sich ändernden tatsächlichen Verhältnisse und der häufig wechselnden Abnehmer werden elektrische Leitungen und die dazugehörigen Anlagen mit der Gewissheit erbaut, dass sie eines Tages überholt sein werden und verändert, abgebaut oder abgerissen werden müssen.“[845]

Die vorübergehende Verbindung soll sich dieser Auffassung folgend aus der Natur der Sache ergeben.[846] Bei dieser Argumentation bleibt außer Acht, dass die Bestandteilslehre die wirtschaftliche Betrachtung in den Vordergrund stellt, da die §§ 93ff. BGB den Erhalt wirtschaftlicher Werte bezwecken.[847] Aus diesem Grund ist die rechtliche Einheit für solche Sachen vorgesehen, deren wirtschaftlicher Wert gerade und nur in der Verbindung besteht.

Folglich liegt die Argumentation mit der Endlichkeit der Funktionsfähigkeit der Leitungen im Widerspruch zu einer wirtschaftlichen Betrachtung der Gesamtumstände. Beim Abstellen auf den technischen Fortschritt und der sich daraus ergebenden Notwendigkeit, die Leitungen nach einer bestimmten Zeit oder nach deren Lebensdauer auszutauschen, wird übersehen, dass die Dauer der Verbindung in diesem Szenario deckungsgleich mit der Lebensdauer bzw. der wirtschaftlichen Existenz der Sache ist. Der Wille, bei Bedarf Leitungsschäden zu beheben und dabei Leitungsteile auszuwechseln, genügt nicht. Hierbei wird

843 LG Freiburg RdE 1982, 66, 68.

844 *Brüning*, VIZ 1997, 401; *ders.*, S. 181; *Schröer*, NJW 1964, S. 186; *Schulze*, RPfleger 1999, S. 171; *Bartlsperger*, S. 85; im Ergebnis auch *Peters*, WM 2002, S. 118; für Rohrleitungen so auch *Wilhelm, M.*, S. 224f.

845 LG Freiburg RdE 1982, 66, 68.

846 Vgl. hierzu *Bartlsperger*, S. 84ff.

847 Staudinger/*Jickeli/Stieper*, § 93 Rn 3; Palandt/*Ellenberger*, § 93 Rn 1; Soergel/*Marly*, § 93 Rn 3.

nicht der Zustand hergestellt, der vor der Leitungsverlegung bestand, vielmehr wird der durch die Verlegung geschaffene Zustand manifestiert.[848]

Der wirtschaftliche Wert der Leitung erschöpft sich in der Verbindung mit dem Grundstück. Die Leitungen können nach dem Ausgraben nicht wirtschaftlich sinnvoll weiter verwendet werden. In diesem Fall von einer vorübergehenden Verbindung zu sprechen, widerspricht zum einen dem allgemeinen Verständnis von „vorübergehend", zum anderen aber auch dem Sinn und Zweck des § 95 BGB. Wenn die Verbindung über die gesamte Lebensdauer der Sache besteht, kann die Verbindung nur als eine endgültige betrachtet werden.[849] In diesem Fall ist eine Ausnahme von der Rechtsfolge der §§ 93, 94 BGB nicht gerechtfertigt und hätte eine unbegrenzbare Ausdehnung der Ausnahmevorschrift des § 95 BGB zur Folge.

Einen typischen und stets zitierten Anwendungsfall des § 94 Abs. 2 BGB bilden die in ein Gebäude eingefügten Fenster.[850] Auch diese währen nicht ewig und müssen irgendwann repariert oder gar ausgetauscht werden. Gerade im Zuge der Diskussionen zum Energiesparen als Maßnahme gegen den Weltklimawandel und den diesbezüglichen Weiterentwicklungen im Fensterbau werden viele Fenster ausgewechselt. Niemand würde deshalb richtigerweise auf die Idee kommen, die Verbindung der Fenster mit dem Gebäude als lediglich vorübergehend zu bezeichnen und sie mit diesem Argument als Scheinbestandteilen zu qualifizieren. Anzumerken ist, dass sicherlich eher ein Markt für gebrauchte Fenster als für gebrauchte Versorgungsleitungen zu finden sein dürfte.

Energieversorgungsleitungen dürfen im Rahmen der §§ 93ff. BGB nicht anders als andere Sachen behandelt werden. Eine Sondervorschrift für Versorgungsleitungen besteht in Deutschland nicht. Bei der Anwendung einer allgemeinen Rechtsnorm müssen stets die gleichen Maßstäbe gelten, da andernfalls jegliche Rechtssicherheit verloren geht.

Konsequenterweise muss die wirtschaftliche Betrachtung auch bei einer Pflicht zur Entfernung stillgelegter Leitungen berücksichtigt werden. In diesen Fällen werden die Leitungen – wenn überhaupt – in einem funktionsuntauglichen Zustand vom Grundstück getrennt. Da die ausgegrabenen Leitungen nicht mehr wirtschaftlich sinnvoll weiterverwendet werden können, haben sie lediglich einen Schrottwert. Der Wert der Leitungen hat sich mithin innerhalb des für die Verbindung vorgesehenen Zeitraums erschöpft, so dass sie mit dem Grundstück auf Dauer eine Einheit bilden. Eine zivilrechtliche oder öffentlich-rechtliche

---

848 So auch *Lenz*, DB 1967, 1973. Die Wiederherstellung des früheren Zustands ist bereits in den Motiven zum BGB als Voraussetzung für § 95 Abs. 1 S. 1 BGB genannt, Mot. III, S. 48.

849 Vgl. RG JW 1935, 418; BFHE 101, 5, 8; OLG Köln NJW 1961, 461, 462; *Stieper*, S. 41; *Medicus*, AT, Rn 1193; anders *Bartlsperger*, S. 86, der diesen Aspekt für unerheblich hält.

850 So z.B. Palandt/*Ellenberger*, § 94 Rn 7; Staudinger/*Jickeli/Stieper*, § 94, Rn 30; RGRK/*Kregel*, § 94, Rn 14; *Medicus*, AT, Rn 1190.

Verpflichtung des Netzbetreibers, die wirtschaftlich wertlosen Überreste der Leitungen zu entfernen, ändert daran nichts.[851]

Bei wirtschaftlicher Betrachtung kann bereits dann von einer auf Dauer angelegten Verbindung ausgegangen werden, wenn die Kosten der Entfernung in keinem Verhältnis zum verbleibenden Wert der eingefügten Sache stehen.[852] Dies ist bei der Entfernung stillgelegter Energieversorgungsleitungen – wie bereits aufgezeigt – regelmäßig der Fall.

Auch ein Abstellen auf den technischen Fortschritt und den sich daraus ergebenden Änderungen in der Versorgungstechnik, widerspricht dem Grundgedanken der §§ 93ff. BGB. Zum einen sind auch technisch überholte Leitungen „verbraucht", so dass sie bereits aufgrund der wirtschaftlichen Betrachtung aus dem Anwendungsfall des § 95 Abs. 1 S. 1 BGB heraus fallen. Dass die Vorstellungen des technischen Fortschritts nicht immer mit den tatsächlichen Entwicklungen überein stimmen, zeigt sich beispielhaft am Tatbestand des BFH-Urteils vom 27.11.1968. Dort wird von einer enormen technischen Entwicklung auf dem Gebiet der Energieversorgung ausgegangen, die eines Tages zu einer drahtlosen Elektrizitätsübertragung führen würde.[853]

cc. Besonderheiten bei der Entfernung stillgelegter Versorgungsleitungen aus öffentlichen Verkehrswegen

Für die Annahme, dass Energieversorgungsleitungen nach ihrer Stilllegung regelmäßig im Erdreich verbleiben, spricht bei der Verlegung in öffentlichen Verkehrswegen ferner, dass die Gemeinde als Straßeneigentümerin bzw. Inhaberin der Sachherrschaft dem Gemeinwohl verpflichtet ist.

Bei der Entfernung stillgelegter Anlagen wird aufgrund der oberirdischen Baustelle die Sicherheit und Leichtigkeit des Verkehrs beeinträchtigt. Die Gemeinde muss aber bei Entscheidungen, die Einfluss auf die straßenrechtliche Widmung haben, Einschränkungen des Gemeingebrauchs weitgehend verhindern. Die Entfernung funktionslos gewordener Versorgungsleitungen ohne einen wichtigen Grund steht diesem Gedanken entgegen. Insbesondere liegt kein Fall der in § 8 Abs. 10 FStrG normierten wegerechtlichen Privilegierung der Beeinträchtigung von nur kurzer Dauer für Zwecke der öffentlichen Versorgung vor. Die Entfernung funktionsloser Anlagen erfüllt anders als die Montage oder Wartung funktionierender Leitungen nicht den Zweck der öffentlichen Versorgung, sondern

---

851 So auch Staudinger/*Jickeli/Stieper*, § 95 Rn 11; a.A. *Peters*, WM 2002, 115.

852 Soergel/*Marly*, § 95 Rn 11.

853 Vgl. hierzu den Tatbestand des BFH-Urteils vom 27.11.1968, DB 1969, 599; in dem die Partei zur Wahrscheinlichkeit der Entfernung oberirdischer Stromleitungen samt Zubehör wie folgt Stellung nimmt: *„Die technische Entwicklung auf dem Gebiet der Energieversorgung, insbesondere die Möglichkeit, dass eines Tages Kleinreaktoren zur Stromerzeugung hergestellt würden und dass Elektrizität drahtlos übertragen werde, zeige, dass mit einem Überflüssigwerden der zu entfernenden Stromversorgungsanlagen gerechnet werden müsse."*

ist für diese vollkommen irrelevant. Allenfalls in Ballungsgebieten kann es ausnahmsweise dazu kommen, dass erst mit der Entfernung alter Leitungen Platz für neue Versorgungsleitungen – welcher Art auch immer – geschaffen wird und es sich deshalb auch bei der Entfernung unbrauchbarer Leitungen um eine unter § 8 Abs. 10 FStrG fallende Nutzung handelt. Regelmäßig hat die Entfernung funktionsloser Anlagen allerdings keinerlei Auswirkungen auf die öffentliche Versorgung und ist deshalb als ein regulärer Fall der Sondernutzung einzustufen, für den eine straßenrechtliche Erlaubnis erforderlich ist.[854]

Die Erteilung der Sondernutzungserlaubnis setzt zunächst einen formlosen Antrag voraus. Bei der Erlaubnis handelt sich um einen Verwaltungsakt, dessen Erteilung im pflichtgemäßen Ermessen der Behörde liegt.[855] Im Rahmen der Ermessensausübung sind die Gründe für eine Sondernutzung sowie die Interessen der Allgemeinheit an einer Aufrechterhaltung des Gemeingebrauchs gegeneinander abzuwägen.[856] Solange keine Gefährdung der Umwelt von den im Boden verbleibenden Leitungen ausgeht – dies ist, wie bereits dargestellt, regelmäßig nicht der Fall – und auch keine anderen gewichtigen Gründe für die Entfernung der Leitungen vorliegen, wird diese Abwägung aufgrund der erheblichen Beeinträchtigungen des Gemeingebrauch, die das Ausgraben der Leitungen mit sich bringt, bei pflichtgemäßer Ermessensausübung regelmäßig zu einem Überwiegen der Allgemeinwohlinteressen führen.

Wenn die Gemeinde rechtmäßig keine Sondernutzungserlaubnis für die Entfernung der Energieversorgungsleitungen erteilen kann, wird sie die Entfernung stillgelegter Leitungen auch nur dann von dem Netzbetreiber verlangen, wenn hierfür im konkreten Einzelfall das Gemeinwohl überwiegende Gründe vorliegen. Auch eine vertraglich normierte Verpflichtung des Netzbetreibers, die Anlagen nach der Stilllegung zu entfernen, wird an diesem Verhalten nichts ändern. Hierbei handelt es sich um eine privatrechtliche Verpflichtung, die von der öffentlichen Zweckbestimmung der Straße überschattet wird.

Ferner enthalten die Konzessionsverträge teilweise Klauseln, die die Parteien zur gegenseitigen Rücksichtnahme verpflichten.[857] Dieser Pflicht könnte die grundlose Inanspruchnahme aus der Entfernungsverpflichtung nach Ablauf des Konzessionsvertrages entgegenstehen. Der BGH geht diesbezüglich sogar so weit, von einem nachbarlichen Gemeinschaftsverhältnis zu sprechen.[858] Auch hieraus ließe sich die Pflicht der Gemeinde herleiten, auf die Belange der Ver-

854 Vgl. § 8 Abs. 1 FStrG, sowie die entsprechenden landesrechtlichen Vorschriften.

855 Kodal/Krämer/*Grote,* Kap. 26 Rn 14; *Wiesinger/Markuske*, S. 246.

856 Kodal/Krämer/*Grote,* Kap. 26, Rn 14ff.

857 Z.B. § 3 Abs. 1 Musterkonzessionsvertrag-Strom, *Immesberger/Klemm*, II-4, S. 4; Danner/Theobald/*Reinhardt*, X, Vorb., S. 3, der von einer generellen Pflicht zur Rücksichtnahme im Rahmen der Mitbenutzung von Verkehrswegen durch Versorgungsleitungen ausgeht.

858 BGHZ 37, 353, 360.

sorgungsunternehmen Rücksicht zu nehmen und eine grundlose Entfernung stillgelegter Kabel gar nicht erst zu verlangen.

Auch der „Bundesmustervertrag 1987“ sowie der „Rahmenvertrag“ gehen von einer Entfernung stillgelegter Leitungen aus dem Erdreich nur im Ausnahmefall aus, nämlich, wenn technische Bedenken gegen die Anlagen bestehen oder Gemeinwohlinteressen gefährdet sind.[859]

Da kein verständiger wirtschaftlicher Zweck für eine Entfernung der Anlagen ersichtlich ist, bezeichnete *Thoma* bereits in seiner Untersuchung im Jahre 1918 die Forderung der Stadtgemeinde, stillgelegte Leitungen wegzunehmen, als Schikane im Sinne des § 226 BGB.[860]

Den Willen des Versorgungsunternehmens, stillgelegte Leitungen zu entfernen, als Begründung für die Annahme einer Verbindung zu einem vorübergehenden Zweck heranzuziehen, widerspricht den tatsächlichen Gegebenheiten. Auch bei der Nutzung öffentlicher Verkehrswege können die Versorgungsunternehmen bei der Leitungsverlegung angesichts der praktischen und rechtlichen Umstände vielmehr davon ausgehen, stillgelegte Leitungen im Erdreich belassen zu können.

b. Entfernung der Leitungen nach Ablauf des Nutzungsrechts am fremden Grundstück

Der Wille zur Verbindung der Leitungen nur zu einem vorübergehenden Zweck könnte sich allerdings aus dem Willen ergeben, die Leitungen nach Ablauf des Nutzungsrechts zu entfernen.

aa. Besonderheiten bei Konzessionsverträgen

Die Konzessionsverträge weisen eine – verglichen mit der technischen Lebensdauer der Versorgungsanlagen – kurze Laufzeit auf. Für den Strom- und Gasbereich ist die Höchstvertragslaufzeit bei qualifizierten Wegenutzungsverträgen gemäß § 46 Abs. 2 S. 1 EnWG auf 20 Jahre festgesetzt.[861] Zwar ist für die Bereiche der Wasser- und Fernwärmeversorgung gesetzlich keine Vertragshöchstlaufzeit normiert, aber auch für diese Sektoren sehen die Musterverträge eine Laufzeit von 20 Jahren vor.[862] Es stellt sich mithin die Frage, was nach Ablauf des Nutzungsrechts, aber vor Ablauf der Lebensdauer der Leitungen mit den noch funktionstauglichen Anlagen geschieht.

---

859 Vgl. § 13 Rahmenvertrag, *Morell*, Handbuch, Bd. II, Kennz. 6130; § 12 Bundesmustervertrag 1987; *Morell*, Handbuch, Bd. I, Kennz. 0110, S. 21.

860 *Thoma*, AöR 38 (1918), S. 368f.

861 Die Musterkonzessionsverträge sehen für diese Sektoren daher eine 20-jährige Vertragslaufzeit vor. Vgl. z.B. § 8 Musterkonzessionsvertrag-Strom, *Immesberger/Klemm,* II-4; § 8 Musterkonzessionsvertrag-Gas, *Immesberger/Klemm,* II-4.

862 Vgl. z.B. § 6 Musterkonzessionsvertrag-Wasser, *Morell*, S. 56e; § 8 Abs. 1 Musterkonzessionsvertrag-Fernwärme, *Morell*, S. 56j.

In den Konzessionsverträgen wird das Recht und teilweise sogar die Pflicht der Gemeinde normiert, die Versorgungsleitungen der allgemeinen Versorgung nach Ablauf des Vertrages von dem Versorgungsunternehmen oder Netzbetreiber zu übernehmen.[863]

Da der innere Wille des Einfügenden als maßgebliches Kriterium für die Prüfung im Rahmen des § 95 Abs. 1 S. 1 BGB regelmäßig nicht nach Außen in Erscheinung tritt und somit nicht hinreichend ermittelt werden kann, wird für die Annahme einer Verbindung zu einem vorübergehenden Zweck in diesem Zusammenhang teilweise die von der Rechtsprechung entwickelte tatsächliche Vermutung bei schuldrechtlichen Nutzungsverträgen herangezogen.[864]

Zwischen dem Versorgungsunternehmen oder dem Netzbetreiber und der Gemeinde wird in der Regel ein Konzessionsvertrag abgeschlossen, in dem die Duldung der Nutzung der öffentlichen Verkehrswege der Gemeinde für die Verlegung und den Betrieb von Energieleitungen für einen bestimmten Zeitraum gegen Entgelt vereinbart wird.[865] Auch die zwischen der Straßenbauverwaltung und den Netzbetreibern geschlossenen Verträge stellen schuldrechtliche Nutzungsverträge dar, so dass auf sie – ebenso wie auf Konzessionsverträge – die von der herrschenden Meinung vertretene tatsächliche Vermutung Anwendung findet. Es gilt deshalb die Vermutung, dass der Trennungswille zum Zeitpunkt der Verbindung bei dem jeweiligen Versorgungsunternehmen oder Netzbetreiber vorgelegen hat.

Diese Vermutung ist allerdings widerlegt, wenn die objektiven Verhältnisse die Annahme rechtfertigen, dass die Sache nach der vereinbarten Nutzungszeit auf dem Grundstück verbleiben soll.

Hierbei ist zunächst zu berücksichtigen, dass auch nach Ablauf des Wegenutzungsvertrags mit der Gemeinde die Leitungen nicht einfach aus dem Boden entfernt werden können. Regelmäßig besteht kein paralleles Versorgungsnetz in der Gemeinde. Wenn es noch nicht zum Abschluss eines neuen Konzessionsvertrages mit demselben oder einem anderen Netzbetreiber gekommen ist, wird deshalb ein faktischer Konzessionsvertrag zwischen dem vorigen Netzbetreiber und der Gemeinde fortwirken, so dass die Versorgung weiterhin gesichert ist. In einem derartigen Fall würde die Gemeinde wohl kaum ihren Anspruch auf Entfernung der Leitungen gem. §§ 1004 Abs. 1, 823 Abs. 1 BGB erfolgreich durchsetzen können.[866] Ferner enthalten die Konzessionsverträge regelmäßig das

---

863 Z.B. § 9 Abs. 1 Musterkonzessionsvertrag-Strom, *Immesberger/Klemm*, II-4, S. 9; § 11 Abs. 1 Musterkonzessionsvertrag-Fernwärme, *Morell*, S. 56k; § 7 Abs. 1 Musterkonzessionsvertrag-Wasser, *Morell*, S. 56e; so auch *Scholtka*, S. 40; *Hüffer/Tettinger*, Konzessionsvertrag, S. 26ff.

864 Vgl. hierzu die stets zitierte Entscheidung des Reichsgerichts, RGZ 87, 43, 51; ferner RGZ 168, 288, 290; BGH NJW 1980, 771; LG Freiburg RdE 1982, 66, 68; *Schulze*, Rpfleger 1999, S. 170f.

865 Vgl. hierzu ausführlich oben Abschnitt II 1. a. (1) (a) dieses Teils.

866 Vgl. zu einem solchen Fall *Braun*, et 1988, 474.

Recht der Gemeinde, die der allgemeinen Versorgung dienenden Anlagen nach Vertragsablauf zu übernehmen.[867]

Aus Sicht des Netzbetreibers scheint die Entfernung noch funktionstauglicher Leitungen bereits aus wirtschaftlichen Gesichtspunkten ein undenkbarer Weg, da sinnlos wirtschaftliche Werte zerstört würden. Aber auch gesetzlich ist dieses Vorgehen zumindest beim Netz der allgemeinen Strom- und Gasversorgung gemäß § 46 Abs. 2 EnWG untersagt.[868] Mit der Schaffung eines Wettbewerbs um die Versorgungsgebiete, wie ihn § 46 EnWG anstrebt, ist der Netzbetreiber nach Ablauf des Wegenutzungsvertrages verpflichtet sein Verteilnetz dem neuen Netzbetreiber zu überlassen. Andernfalls müsste der Wettbewerber ein neues Netz zeit- und kostenintensiv aufbauen, um die Versorgung des Gebiets zu ermöglichen. Es würde zu einer wirtschaftlich unsinnigen Doppelinvestition kommen, welche sich über die Netzentgelte negativ auf die Strom- und Gaspreise auswirken und dem in § 1 Abs. 1 EnWG normierten Ziel der preisgünstigen Energieversorgung widersprechen würde. Spätestens seit Inkrafttreten des EnWG 1998 ist es keinem Netzbetreiber im Bereich der allgemeinen Versorgung nach Ablauf des Wegenutzungsvertrages gestattet, seine noch funktionstüchtigen Energieversorgungsleitungen aus dem Boden zu entfernen.[869]

Aber bereits vor der Liberalisierung der Energiemärkte und der Aufhebung der Bereichsausnahme gemäß §§ 103, 103a GWB a.F. sowie auch im Bereich der Wasser- und Fernwärmeversorgung haben die Versorgungsunternehmen und die Gemeinden in den Wegenutzungsverträgen regelmäßig das Recht, teilweise aber auch die Pflicht der Gemeinde vereinbart, das Versorgungsnetz nach Ablauf des Versorgungsvertrages zu übernehmen (so genannte Endschaftsklausel).[870]

Auch beim Fehlen einer solchen Klausel wurde ein Anspruch teilweise sogar eine Verpflichtung der Gemeinde auf Übertragung der Netze bejaht.[871] *Braun* vertritt die Auffassung, dass auch bei einer vertraglichen Verpflichtung der Versorgungsunternehmen, die Netze nach Ablauf des Konzessionsvertrages vom Grundstück zu entfernen, ein derartiger zivilrechtlicher Anspruch praktisch nicht durchsetzbar ist.[872] Bereits das EnWG 1935 enthielt Vorkehrungen, dass das

---

867 Z.B. § 9 Abs. 1 Musterkonzessionsvertrag-Strom, *Immesberger/Klemm*, II-4, S. 9; § 9 Musterkonzessionsvertrag-Gas, *Morell*, S. 54; § 7 Musterkonzessionsvertrag-Wasser, *Morell*, S. 56e; § 11 Musterkonzessionsvertrag-Fernwärme, *Morell*, S. 56k.

868 Eine entsprechende Regelung für die Verteilungsanlagen der Energieversorgungsunternehmen nach dem Auslaufen der Wegenutzungsverträge wurde erstmals mit der Neuregelung des EnWG 1998, BGBl. I, 730, in § 13 Abs. 2 S. 2 EnWG (1998) aufgenommen.

869 Vgl. zur alten Rechtslage *Braun*, et 1988, 474, der diesbezüglich zum gleichen Ergebnis gelangt.

870 Schneider/Theobald/*Albrecht,* § 8 Rn 97; *Braun,* et 1988, 474f. Vgl. auch § 7 Abs. 1 Musterkonzessionsvertrag-Wasser, *Morell*, S. 56e; § 11 Abs. 1 Musterkonzessionsvertrag-Fernwärme, *Morell*, S- 56k.

871 OLG Frankfurt a.M. RdE 1997, 146, 148; *Hempel*, RdE 1993, 55, 62; *Hüffer/Tettinger*, S. 48ff.; *Braun,* et 1988, 476.

872 *Braun*, et 1988, 474.

Versorgungsunternehmen nach Ablauf des Konzessionsvertrages die Leitungen nicht einfach so aus dem Boden beseitigen konnte.[873] Schon vor Inkrafttreten des EnWG 1998 war es gängige Praxis, dass die Gemeinde, wenn sie die Energieversorgung nicht selbst betrieben hat, ihren Anspruch auf Netzübernahme an ein übernahmewilliges Versorgungsunternehmen abgetreten hat. § 13 Abs. 2 EnWG 1998 hat diese gängige Praxis dahingehend geändert, dass der Übernahmeanspruch direkt beim neuen Versorgungsunternehmen begründet wird.

Bei der Einführung der gesetzlichen Regelung in § 13 Abs. 2 EnWG stand die Bekämpfung von Diskriminierungen durch den alten Versorger und die daraus resultierende faktische Behinderung eines Versorgungswechsels im Vordergrund.[874] Die Möglichkeit, dass noch funktionstüchtige Netze aus dem Erdreich entfernt werden könnten, stand nie zur Diskussion. Hieran zeigt sich, dass eine derartige Überlegung realitätsfremd ist und in der Praxis keine Rolle spielt.

Die Rechtsprechung verlangt für die Widerlegung der gesetzlichen Vermutung, dass die Sache auf dem Grundstück verbleiben soll. Dies ist aber auch dann der Fall, wenn nach Ablauf der Nutzungszeit nicht der Grundstückseigentümer, sondern ein Dritter das Netz an gleicher Stelle betreibt. Die Erfahrungen und auch die gesetzlichen sowie vertraglichen Regelungen deuten darauf hin, dass die Leitungen in der Regel auch nach Ablauf der Konzessionsverträge auf dem Grundstück verbleiben. Entscheidend für eine sachenrechtliche Einordnung im Rahmen des § 95 BGB kann allerdings nur sein, ob eine Trennung vom Grundstück vorgesehen ist[875]; wer, wenn dies nicht der Fall ist, anschließend die Sache nutzt, darf hingegen für die Frage nach der Verbindung zu einem vorübergehenden Zweck keine Rolle spielen.

Da die Trennung der Energieversorgungsleitungen vom Grundstück sehr kostenintensiv ist[876] und die aus der Erde entfernten Leitungen nicht wirtschaftlich sinnvoll weiterverwendet werden können, werden insbesondere Betreiber von Netzen der allgemeinen Versorgung bereits bei Verlegung der Leitungen den Willen haben, die Netze bzw. die Berechtigung zum Betrieb des Leitungsnetzes nach Vertragsablauf, aber vor Ablauf der tatsächlichen Lebensdauer, zu einem angemessenen Wert an einen Dritten oder den Grundstückseigentümer zu übertragen.

Die Vermutung, dass die Verbindung eines schuldrechtlich Berechtigten nur zu einem vorübergehenden Zweck vorgenommen wird, beruht auf dem Gedanken,

---

873 Es bedurfte gemäß § 4 EnWG 1935 hierfür der Zustimmung der Energieaufsicht, die bei der Entfernung örtlicher Verteilungsanlagen gemäß § 4 Abs. 2 EnWG 1935 aus Gründen des Gemeinwohls regelmäßig unterblieben wäre, da dies einen Verstoß gegen die Verpflichtung zur Aufrechterhaltung der Energieversorgung zur Folge gehabt hätte.

874 Vgl. hierzu die Begründung der Bundesregierung zum Gesetzesentwurf, BT-Drucks. 13/7274, S. 20.

875 LG Osnabrück, MDR 1951, 228.

876 Z.B. wurden im vom OLG Celle zu entscheidenden Fall für die Entfernung von Fundamentresten Kosten in Höhe von 25.000 € veranschlagt, VersorgW 2005, 64ff.

dass ein Mieter oder Pächter gerade nicht die Absicht hat, das Grundstück zu bereichern. Er nimmt die Verbindung vielmehr aus egoistischen Gründen vor und entfernt die eingefügte Sache deshalb nach Ablauf des Nutzungszeitraumes auch wieder aus egoistischen Gründen. Ein unterstelltes egoistisches Verhalten des schuldrechtlich Berechtigten würde hier aber gerade das gegenteilige Verhalten bedeuten, nämlich die Leitungen ohne weiteres Zutun im Boden zu belassen.

bb. Andere Nutzungsverhältnisse

Ein Trennungswille könnte sich in diesen Fällen aus einem Beseitigungsanspruch des Grundstückseigentümers gemäß § 1004 Abs. 1 BGB ergeben, der bereits zum Zeitpunkt der Verlegung absehbar war und zu einem späteren Zeitpunkt entsteht.

Die Gestattungsverträge für die Nutzung öffentlicher Verkehrswege zum Zwecke der Leitungsverlegung vereinbaren in der Regel nicht die Pflicht die Leitungen nach Vertragsablauf zu entfernen. Die Muster für die Mitbenutzung von Bundes-, Landes- oder Kreisstraßen zum Zwecke der Leitungsverlegung abgeschlossener Verträge laufen auf unbestimmte Zeit[877], so dass es nur in Ausnahmefällen zum Ablauf des Nutzungsrechts vor Ablauf der technischen Lebensdauer der Leitungen kommen dürfte. Auch die telekommunikationsrechtlichen Mustergestattungsverträge sehen eine unbestimmte Laufzeit vor.[878]

Anders als Konzessionsverträge weisen die sonstigen Nutzungsrechte mithin eine lange Laufzeit auf, so dass die technische Lebensdauer der Leitungen und der Nutzungszeitraum oft identisch sind. Wie bereits dargestellt, kann der unter Umständen bestehende Wille, die „Überreste" der stillgelegten Leitung zu entfernen, aufgrund der in der Bestandteilslehre zu berücksichtigenden wirtschaftlichen Betrachtung, die Annahme einer Verbindung zu einem vorübergehenden Zweck nicht begründen.[879]

Die Allgemeinen Versorgungs- und Anschlussbedingungen enthalten eine dreibzw. fünfjährige Duldungspflicht nach Einstellung der Versorgung oder der Anschlussnutzung.[880] Nach Ablauf dieser Frist erlischt die Duldungspflicht völlig,

---

877 Vgl. hierzu den Rahmenvertrag, *Morell*, Handbuch, Bd. II, Kennz. 6130; den Bundesmustervertrag 1987, *Morell*, Handbuch, Bd. II, Kennz. 6200; den Gegenvertrag, *Morell*, Handbuch, Bd. II, Kennz. 6210; den Entschädigungsvertrag, *Morell*, Handbuch, Bd. II, Kennz. 6250.

878 Vgl. den Mustervertrag für die Verlegung von Telekommunikationslinien in Grundstücken im kommunalen Eigentum, die nicht öffentliche Verkehrswege sind vom Deutschen Städtetag, Köln/Berlin, Deutschen Landkreistag, Berlin, Deutschen Städte- und Gemeindebund, Berlin und der Deutschen Telekom AG, Bonn, abgedruckt bei *Heun*, Kap. F Anhang , S. 560ff.

879 Staudinger/*Jickeli/Stieper*, § 95 Rn 11.

880 Vgl. §§ 12 Abs. 4 NAV, 12 Abs. 4 NDAV, 8 Abs. 4 AVBFernwärmeV, 8 Abs. 4 AVBWasserV.

so dass die allgemeinen Regeln über die Grundstücksinanspruchnahme eingreifen.[881] Von dieser Regelung kann allerdings nicht auf einen allgemeinen Trennungswillen des Netzbetreibers geschlossen werden, die Anlagen nach dieser Frist zu entfernen. Zwar kann der Grundstückseigentümer nach Ablauf dieser Duldungspflicht die Beseitigung der Anlagen gemäß § 1004 BGB verlangen. Wie bereits aufgezeigt, ist die Entfernung sehr kostenintensiv und stellt deswegen – insbesondere bei noch funktionstüchtigen Anlagen – eine für den Netzbetreiber wirtschaftlich nachteilige Maßnahme dar. Dieser wird sich deshalb stets bemühen, ein anderweitiges Nutzungsrecht – wenn auch gegen Zahlung einer Entschädigung oder im Enteignungsverfahren – zu erhalten.[882]

Für die Entfernung stillgelegter Leitungen gilt ferner, dass auch der Beseitigungsanspruch nach § 1004 BGB seine Grenzen in den Grundsätzen von Treu und Glauben sowie dem so genannten Schikaneverbot findet. Die Grenzen des § 242 BGB sind der Rechtsprechung folgend überschritten, wenn die Kosten für eine Beseitigung der stillgelegten Anlagen in einem offenkundig krassen Missverhältnis zu einem dem Grundstückseigentümer durch das Verbleiben der Anlagen im Erdboden – wenn überhaupt – drohenden Schaden stehen.[883]

c. Entfernung der Versorgungsleitungen wegen nachträglich hinzutretender oder sich ändernder Umstände

Die unterschiedlichen Gestattungsverträge enthalten des Weiteren Klauseln, wonach das Versorgungsunternehmen oder der Netzbetreiber unter bestimmten Umständen verpflichtet ist, die Leitungen zu entfernen. Es stellt sich mithin die Frage, ob sich hieraus ein Trennungswillen ergibt und dieser mit den objektiven Gegebenheiten vereinbar ist.

Teilweise besteht die Pflicht, dass die Leitungsanlagen abgeändert oder entfernt werden müssen, wenn dies aus Gründen überwiegenden öffentlichen Interesses, insbesondere bei Straßenänderungen, von der zuständigen Behörde verlangt wird.[884] Eine entsprechende Regelung zur Folgepflicht enthalten ferner § 10 des „Bundesmustervertrages 1987" und § 11 des „Rahmenvertrages". Auch § 72 TKG enthält eine Änderungs- und Beseitigungspflicht bei Nutzungskonflikten, die nach Errichtung der Telekommunikationslinie entstehen.

---

881 Da Abs. 2 bis 5 nach der Begründung der Verordnung, BR-Drs. 367/06, S. 48, den § 8 AVBEltV bzw. AVBGasV entspricht, vgl. hierzu die Angaben bei: Hermann/Recknagel/Schmidt-Salzer/*Recknagel*, Bd. I, § 8 AVBEltV Rn 108, § 8 AVBGasV Rn 151.

882 Vgl. als Beispiel den vom VG Minden zu entscheidenden Fall, GWF/Recht und Steuern 2004, 11ff.

883 Vgl. OLG Celle NZM 2005, 39f.; BayVGH vom 17.09.2007, Az: 4 ZB 06.3212; VG Regensburg vom 23.10.2006, Az: RO 13 K 05.1913; AG Landshut RdE 1996, 122.

884 § 5 Musterkonzessionsvertrag-Strom, *Morell*, S. 45; § 3 Abs. 7 Musterkonzessionsvertrag-Wasser, *Morell*, S. 56c; § 4 Abs. 1 Musterkonzessionsvertrag-Fernwärme, *Morell*, S. 56i; Musterkonzessionsvertrag bei *Zacher*, S. 322, 324.

Es bleibt zu prüfen, ob aus einer derartigen Folgepflicht auf einen Trennungswillen des Versorgungsunternehmens zum Zeitpunkt der Verbindung geschlossen werden kann. Die Inanspruchnahme des Versorgungsunternehmens aus einer derartigen Klausel stellt nicht den von Beginn an geplanten Verlauf der Dinge dar. Da es sich bei der Einbringung neuer Leitungstrassen um eine kostenintensive Investition handelt, wird das Versorgungsunternehmen oder der Netzbetreiber verlangen, dass alle absehbaren Straßenänderungen vor Beginn der Verlegungsarbeiten abgeschlossen sind. Sollte sich dennoch im Nachhinein herausstellen, dass eine nachträgliche Anpassung der Leitungstrasse an eine geänderte Straße vorgenommen werden muss, stellt dies eine ungeplante Veränderung des vorgesehenen Verlaufs der Dinge dar.

Für diesen in Anbetracht der sehr langen tatsächlichen Nutzungsdauer von Versorgungsleitungen nicht auszuschließenden Sonderfall, sind im Vertrag bereits Regelungen enthalten. Von dieser für Sonderfälle normierten Pflicht der Versorgungsunternehmen kann aber nicht auf einen allgemeinen Willen selbiger geschlossen werden, die Leitung bei Verlangen der zuständigen Behörde zu entfernen. Vielmehr muss davon ausgegangen werden, dass angesichts der bei Leitungsarbeiten anfallenden Kosten ein wirtschaftlich handelndes Versorgungsunternehmen den Vertrag so nicht abgeschlossen bzw. eine andere Trasse gewählt hätte, wenn bereits zum Zeitpunkt der Verbindung Anhaltspunkte für das Erfordernis einer späteren Leitungsanpassung bzw. Trassenänderung vorgelegen hätten.

Im Interesse einer funktionierenden Versorgung soll eine Regelung für notfalls erforderliche Änderungsmaßnahmen bereits im Voraus getroffen werden. Wer im Anschluss die Kosten für die Baumaßnahmen trägt, ist oftmals umstritten und wird deshalb heutzutage in Folgekostenregelungen normiert. Trotzdem mussten sich die Gerichte immer wieder mit dieser Frage beschäftigen.[885] Diese Sonderregelung rechtfertigt deshalb nicht auf einen allgemeinen Trennungswillen der Versorgungsunternehmen oder Netzbetreiber zu schließen. Dies gilt umso mehr, da die Entfernung nur beim späteren Eintritt der zum Zeitpunkt der Verbindung noch nicht vorhersehbaren Bedingungen verlangt werden kann, und ein bedingter Trennungswille die Voraussetzungen für eine klare sachenrechtliche Rechtsgüterzuordnung, wie sie im Rahmen der Scheinbestandteilsregelung vorgesehen ist, nicht erfüllt.[886]

Teilweise wird argumentiert, dass eine Verbindung der Versorgungsleitungen zu einem vorübergehenden Zweck zu bejahen sei, wenn die Leitungen nicht nur funktionell zu einem an anderer Stelle gelegenen Versorgungsbetrieb gehörten, sondern sich auch zusammen mit diesem in ihrer Länge und ihrem Verlauf nach

885 Z.B. Urteil des BGH MDR 1980, 209; BGH WM 1981, 1222ff.; BGH NJW 1982, 1283; BGH NVwZ 1986, 689ff.; BGHZ 114, 30ff.

886 RGZ 62, 410, 411; 63, 416,422; BGH ZIP 1999, 75.

selbständiger Planungshoheit ändern könnten.[887] Auch diese Argumentation vermag nicht zu überzeugen, da die verwendeten Leitungsteile in der angeführten Fallkonstellation regelmäßig keine wirtschaftliche Weiterverwendung finden. Bereits die Annahme, dass eine gesamte Trasse umgelegt wird, ist aufgrund der damit verbundenen finanziellen Aufwendungen realitätsfremd.[888] Sollten im Nachhinein Umstände auftreten, die eine Umlegung der Leitung erfordern, so wird die Maßnahme auf die nötige Stelle begrenzt. Regelmäßig wird zur Aufrechterhaltung der Versorgung zunächst der neue Abschnitt errichtet und anschließend mit der vorhandenen Trasse verbunden. Der nicht mehr benötigte Trassenabschnitt wird im Boden belassen und nur im Ausnahmefall aus dem Erdreich entfernt. Wie bereits dargestellt, kommt eine wirtschaftlich sinnvolle Weiternutzung der alten Leitungsteile nicht in Betracht, so dass auch in diesem Fall eine endgültige Verbindung mit dem Grundstück vorliegt.

Somit sprechen die überwiegenden wirtschaftlichen Aspekte dafür, dass der Netzbetreiber ein großes Interesse daran hat, die Leitungen im Boden zu belassen. Wenn der Netzbetreiber bei der Verlegung der Leitungen davon ausgeht, dass er sie nach der Trennung vom Netz dort belassen kann, weil dies der regelmäßige Fall in der Praxis ist, ist die Verbindung nicht zu einem vorübergehenden Zweck vorgenommen. Auch wenn im Einzelfall aufgrund konkreter Umstände die Entfernung stillgelegter Leitungen verlangt werden kann, stellt dies gerade nicht den normalen Verlauf der Dinge dar. Regelmäßig kann der Netzbetreiber damit rechnen, dass er seine Leitungen im Boden belassen kann, so dass der Verbindungszweck bei vorausschauender Betrachtung als dauernd gewollt ist.[889] Wenn aber eine bei normalem Verlauf der Dinge als dauernd gedachte, nicht von vornherein zur Wiederaufhebung bestimmte Verbindung der Sachen hergestellt wird, erlangt § 95 Abs. 1 S. 1 BGB keine Bedeutung.[890]

Auch wenn grundsätzlich davon ausgegangen wird, dass es sich bei Versorgungsleitungen um Mobiliareigentum handelt, sprechen die überwiegenden Gründe dafür, dass Versorgungsleitungen in der Regel nicht für einen vorübergehenden Zweck verlegt werden und mithin nicht die Voraussetzungen des § 95 Abs. 1 S. 1 BGB erfüllen.[891]

---

887 So *Wilhelm*, FS Wiegand, S. 692.

888 Dies erkennt auch *Wilhelm*, FS Wiegand, S. 692, der die Annahme der Verbindung zu einem vorübergehenden Zweck auf Konstellationen beschränkt, bei denen in Fällen von Planungsänderungen ein Umbau technisch nicht zu schwierig ist und sich im Vergleich zu einem Neubau wirtschaftlich lohnt.

889 So auch *Kindermann*, S. 128ff.; *Bydlinski/Stefula*, JBl. 2003, 86; BeckTKG 2. Aufl./ *Piepenbrock*, Anhang § 41, § 10 TKV Rn 17; ansatzweise so auch Wissmann/*Scholtka*, Kap. 10 Rn 14.

890 BGH MDR 1974, 298.

891 Ebenfalls kritisch zu der allgemeinen Auffassung *Wilhelm*, Sachenrecht, S. 24; *Medicus*, AT, Rn 1193; im Ergebnis auch VGH München NJW 1976, 128, der die Verlegung einer Gasfernleitung zu einem vorübergehenden Zweck verneint.

Selbst das Bundesministerium der Finanzen stellte in seinem Schreiben vom 15.11.1979[892] zu Bilanzierungsfragen im Bereich der Elektrizitätswirtschaft fest, dass bei unterirdisch verlegten Versorgungsanlagen die Möglichkeit der Inanspruchnahme aus der Entfernungsverpflichtung in so hohem Maße ungewiss ist, dass die vertragliche Vereinbarung einer solchen Verpflichtung für sich alleine eine Rückstellungsbildung nicht rechtfertigt.

4. Zwischenergebnis

Ob die Versorgungsleitungen gemäß § 95 BGB Scheinbestandteile des Grundstücks sind, hängt entscheidend davon ab, welches Rechtsverhältnis der Verbindung zugrundeliegt.

In der Praxis bestehen für die Verlegung von Versorgungsleitungen in oder über fremde Grundstücke sehr unterschiedliche Nutzungsverhältnisse. Dies ist zum einen auf die sektorspezifischen gesetzlichen Vorgaben, aber auch auf die Rechtsnatur des jeweils in Anspruch genommenen Grundstücks zurückzuführen. Die Nutzungsbefugnisse sind teils zivilrechtlicher, teils öffentlich-rechtlicher Natur. Ferner ist zwischen dinglichen und obligatorischen Rechten zu differenzieren.

Die Versorgungsleitungen sind gemäß § 95 Abs. 1 S. 2 BGB Scheinbestandteile, wenn sie in Ausübung eines Rechts an einem fremden Grundstück verbunden werden. Aufgrund der sachenrechtlichen Vorgaben zur Schaffung klarer Rechtsverhältnisse erfüllen weder schuldrechtlich noch öffentlich-rechtlich eingeräumte Nutzungsrechte die Voraussetzungen des § 95 Abs. 1 S. 2 BGB. Die Leitungen sind daher nur Scheinbestandteile, wenn zugunsten des Versorgungsunternehmen oder des Netzbetreibers ein dingliches Recht an dem Grundstück besteht. In der Praxis werden hierfür beschränkt persönliche Dienstbarkeiten eingetragen. Der für die Ausnahme gemäß § 95 Abs. 1 S. 2 BGB erforderliche Zusammenhang zwischen der dinglichen Berechtigung und ihrer Ausübung liegt nur vor, wenn das Recht bereits zum Zeitpunkt der Leitungsverlegung besteht.

Gemäß § 95 Abs. 1 S. 1 BGB handelt es sich um Scheinbestandteile, wenn die Sache nur zu einem vorübergehenden Zweck mit dem Grundstück verbunden ist. Sowohl die wirtschaftlichen Aspekte, als auch die juristischen Vorgaben sprechen dafür, dass der Netzbetreiber ein großes Interesse daran hat, die Leitungen im Boden zu belassen und dies der regelmäßige Fall in der Praxis ist. Auch wenn die Leitungen nach ihrer Stilllegung entfernt werden, liegt mangels einer sinnvollen Weiterverwendungsmöglichkeit eine mit der wirtschaftlichen Existenz der Versorgungsleitungen übereinstimmende und somit dauerhafte

---

892 BMF-Schreiben vom 15.11.1979, VV DEU BMF 1979-11-15 IV B 2-S 2170-79/79, vgl. Abschnitt 5, Rückstellung für die Kosten der Entfernung von Versorgungs-Anlagen; ebenso der gleichlautende Erlass des Finanzministeriums NRW vom 12.12.1979, Az: S 2174-15-VB1.

Verbindung vor. Versorgungsleitungen sind deshalb keine Scheinbestandteile gemäß § 95 Abs. 1 S. 1 BGB.

Aus den genannten Gründen sind bei Versorgungsleitungen – mit Ausnahme der dinglich gesicherten – die Voraussetzungen der Scheinbestandteile nicht gegeben. Im Ergebnis fallen folglich alle – nicht dinglich gesicherten – Versorgungsleitungen gemäß § 946 BGB in das Eigentum des Grundstückseigentümers.

Dieses Ergebnis wird seit jeher von der herrschenden Auffassung für Leitungen vertreten, die in kraftwerkseigenen Grundstücken verlegt werden. Insbesondere die Argumentation, dass an diesen Grundstücken § 95 Abs. 1 S. 2 BGB mangels eines fremden Rechts nicht zur Anwendung gelange, ist nach der Entflechtung im Strom- und Gasbereich zumindest für diese Sektoren nicht mehr überzeugend. Es ist sehr gut vorstellbar, dass ein Stromproduzent einem Netzbetreiber zur Verlegung der Leitungen eine Dienstbarkeit an seinem Kraftwerksgrundstück einrichtet.

Dass die Argumentationsbemühungen der herrschenden Meinung mit den im BGB normierten Grundsätzen des Sachenrechts nicht vereinbar sind und eine unzulässige – die Rechtssicherheit gefährdende – Ausdehnung einer eindeutigen Ausnahmevorschrift zur Folge haben, ist meines Erachtens offensichtlich und wird teilweise sehenden Auges hingenommen.[893] Die Erzielung eines eventuell wünschenswerten Ergebnisses ist allerdings keine Frage der Rechtsanwendung, sondern allenfalls durch die Gesetzgebung zu erreichen. Die Grenzen der zulässigen Gesetzesauslegung sind dort überschritten, wo sich eindeutige Vorgaben aus der Rechtsnorm ergeben; dies ist umso mehr bei Ausnahmevorschriften der Fall, da diese in der Regel restriktiv auszulegen sind.

III. Besonderheiten in den neuen Bundesländern – vereinigungsbedingte Sondervorschriften

Eine spezialgesetzliche Eigentumszuordnung enthält der am 27. Oktober 1998 in Kraft getretene § 9a GBBerG[894] für Versorgungsleitungen, die am 3. Oktober 1990 in dem in Art. 3 Einigungsvertrag genannten Beitrittsgebiet genutzt wurden.

Diese Bestimmung ist erst 5 Jahre nach dem seit dem 25.12.1993 gültigen GBBerG eingefügt worden. Insbesondere dessen § 9 und die hierzu am 11.1.1995 erlassene SachenR-DV haben die Nutzungsrechte und Instandhaltungspflichten an Versorgungsleitungen in den neuen Bundesländern mit den Rechtsinstituten geregelt, die der westdeutschen Rechtspraxis entsprachen. Im Vordergrund stand dabei die akute Notwendigkeit, schnell, eindeutig und prak-

---

893 Z.B. *Wilhelm*, FS Wiegand, S. 691f.

894 Eingefügt durch Art. 6 Nr. 2 des Gesetz zur Bereinigung vermögensrechtlicher und anderer Vorschriften (Vermögensrechtsbereinigungsgesetz-VermBerG) vom 20.10.1998, BGBl. I 1998, 3180ff.

tikabel eine rechtliche Grundlage zu schaffen, nach der sich die Rechte und Pflichten in Bezug auf die Versorgungsanlagen richten sollten.

§ 9a GBBerG findet nur Anwendung auf Energieversorgungsanlagen, die bereits vor dem 3. Oktober 1990 errichtet und am 25.12.1993 noch genutzt wurden.[895] Anlagen der öffentlichen Wasserversorgung und Abwasserbeseitigung fallen in den Anwendungsbereich der Sondervorschrift, wenn sie am 3. Oktober 1990 in dem genannten Gebiet genutzt und am 11. Januar 1995 noch betrieben wurden.[896] Für Telekommunikationslinien, die vor dem 3. Oktober 1990 errichtet wurden, ist für den Betrieb der 1. August 1996 als Stichtag maßgeblich.[897]

Auf Versorgungsleitungen, die am jeweiligen Stichtag nicht mehr betrieben wurden, findet die Vorschrift folglich keine Anwendung.[898] Für Leitungen, die nach dem 3. Oktober 1990 im Gebiet der neuen Bundesländer verlegt wurden, gilt das seit dem 3. Oktober 1990 anwendbare BGB und somit das allgemeine Sachenrecht.[899]

1. Entstehungsgeschichte und Zweck dieser gesetzlichen Eigentumszuordnung

In den neuen Bundesländern bestanden besondere Probleme bei der Sicherung von Nutzungsrechten für die Inanspruchnahme fremden Grund und Bodens. Ebenso wie im Westen, sicherten die Energieversorgungsunternehmen auf dem Gebiet der ehemaligen DDR ihre Leitungsrechte zunächst durch beschränkt persönliche Dienstbarkeiten.[900] Diese wurden ab dem Jahr 1956 jedoch weitgehend gelöscht und durch Mitbenutzungsrechte ersetzt.

---

895 Vgl. § 9 Abs. 1 S. 1 GBBerG.

896 Erst mit der SachenR-DV vom 20.12.1994 wurde auf der Ermächtigungsgrundlage des § 9 Abs. 8, 9 GBBerG durch das Bundesministerium der Justiz eine Verordnung erlassen, die eine Erstreckung des Regelungskonzepts des § 9 GBBerG auf wasserrechtliche Anlagen, die im öffentlichen Interesse betrieben werden, vorsieht (vgl. §§ 1-3 SachenR-DV). § 9 Abs. 8, 9 GBBerG enthält eine Erstreckungsermächtigung der Regelung auf die Wasserwirtschaft, da zunächst Überschneidungen mit dem Wasserrecht, insbesondere mit den üblichen öffentlichen Duldungspflichten befürchtet wurden. Vgl. BT-Drs. 12/6228 S. 79f. Für den Betreiber einer wasserrechtlichen Anlagen tritt gemäß § 7 Abs. 3 S. 2 i.V.m. § 4 Abs. 1 Nr. 2 SachenR-DV der 11.1.1995 an die Stelle des nach § 9 Abs. 1 S. 1 GBBerG maßgeblichen und auch in § 7 Abs. 2 S. 1 Nr. 4 SachenR-DV genannten Termins, dem 25.12.1993. Zur Rechtmäßigkeit dieser Erstreckung vgl. BGHZ 165, 119, 123ff.

897 § 9 Abs. 11 GBBerG ist durch § 99 Abs. 3 TKG 1996, BGBl. I 1996, 1120ff., eingefügt worden und am 1.8.1996 in Kraft getreten. Hiernach gelten § 9 Abs. 1-10 GBBerG und die auf ihrer Grundlage erlassenen Verordnungen für Telekommunikationslinien die im Beitrittsgebiet liegen und vor dem 3.10.1990 errichtet wurden entsprechend.

898 So auch *Möller*, RdE 1997, 102. Allerdings gelten die Mitbenutzungsrechte nach DDR-Recht teilweise bis zum 21.12.2010 fort.

899 So auch *Wilhelm*, FS Wiegand, S. 687. Vgl. hierzu die Ausführungen in Teil D Abschnitte I-II.

900 Vgl. BT-Drs. 12/5553, S. 74.

Das Recht der ehemaligen DDR räumte den Energieversorgern erheblich weitergehende Möglichkeiten für die Inanspruchnahme fremden Grund und Bodens zum Zwecke der Leitungsverlegung ein, als das bundesdeutsche Recht.[901] Die Mitbenutzungsrechte ergaben sich aus §§ 29 Abs. 1-3, 30, 31, 48 DDR-EnVO.[902] Der Einigungsvertrag bestimmt, dass die Regelungen der Energieverordnung der DDR zur Grundstücksnutzung bis zum 31.12.2010 fortgelten und anschließend ersatzlos wegfallen sollten.[903] Für Energieversorgungsleitungen, die der kommunalen Versorgung dienen und in städtischen oder kommunalen Grundstücken verlegt waren, galten diese Rechte nur bis zum 31.12.1991, soweit nicht vorher wirksame Konzessionsverträge abgeschlossen wurden.

Zweck dieser Regelung war es den Versorgungsunternehmen genügend Zeit zu geben mit den Grundstückseigentümern von der Energieverordnung unabhängige Verträge über die Bestellung von beschränkt persönlichen Dienstbarkeiten abzuschließen.[904]

In der Praxis stellte sich jedoch heraus, dass sich diese Vorstellung nicht umsetzen ließ. Es waren etwa 3 Mio. Grundstücke betroffen, die teilweise neu vermessen werden mussten.[905] Aufgrund der Tatsache, dass die Grundbücher über Jahrzehnte lang nicht berichtigt wurden, standen ferner zahlreiche offene Eigentumsfragen und die mangelnde Dokumentation in den Grundbüchern dem Zustandekommen von Gestattungsverträgen und der Durchführung von Enteignungsverfahren für Leitungsvorhaben im Wege.[906] Schließlich hätten die Versorgungsunternehmen mit einem Schlag hohe Entschädigungssummen an die Eigentümer zahlen müssen. Als Reaktion auf diese in der Praxis unüberwindbaren Probleme wurde mit § 9 GBBerG eine besondere gesetzliche Regelung getroffen um möglichst zügig die Rechtssicherheit zu schaffen, die für die dringend erforderlichen Investitionen notwendig war.

---

901 Vgl. ausführlich zu den unterschiedlichen Mitbenutzungsrechten und deren Durchsetzbarkeit *Hartung*, VIZ 1995, 8ff.

902 Vgl. hierzu und zu den Vorgängerregelungen ausführlich *Hartung*, VIZ 1995, 6ff.; *Keller*, LKV 1997, 49.

903 Vgl. Anl. II Kap. V Sachgeb. D III Nr. 4 lit. b zum Einigungsvertrag vom 31.08.1990, BGBl. II, 889, 1202.

904 Die Aufnahme der Regelung in das Gesetz zur Vereinfachung und Beschleunigung registerrechtlicher und anderer Verfahren (Registerverfahrensbeschleunigungsgesetz – RegVBG) erfolgte nachträglich, daher findet sich die entsprechende Gesetzesbegründung erst in der Beschlussempfehlung des Rechtsausschusses des Bundestags vom 12.8.1993 und nicht schon im Gesetzentwurf der Bundesregierung, BT-Drs. 12/6228, S. 74; OLG Dresden VIZ 2003, 142; *Schmidt-Räntsch*, RdE 1994, 214; *Moojer*, DtZ 1996, 362, 363; *Möller*, RdE 1997, 101, 102.

905 Vgl. Beschlussempfehlungen und Bericht des Rechtsausschuss zum Entwurf des RegVBG vom 12.8.1993, BT-Drs. 12/6228, S. 74; Eickmann/*Böhringer*, § 9 GBBerG Rn 2; *Keller*, LKV 1997, 49.

906 So wurden häufig die Grundstückseigentümer über mehrere Erbfälle hinweg nicht im Grundbuch dokumentiert. Vgl. hierzu BT-Drs. 12/6228, S. 74ff.; *Möller*, RdE 1997, 101f.; *Schmidt-Räntsch*, RdE 1994, 214; *Seeliger*, LKV 2002, 216.

Im Hinblick auf die Notwendigkeit der Energieversorgung regelt § 9 Abs. 1 GBBerG die dingliche Absicherung von Leitungsrechten in den neuen Bundesländern durch die gesetzliche Entstehung von beschränkt persönlichen Dienstbarkeiten an Grundstücken, die von Energieanlagen in Anspruch genommen werden. Abweichend von § 873 Abs. 1 BGB entstehen die Dienstbarkeiten nicht durch Einigung und Eintragung, sondern kraft Gesetz. Die spätere Eintragung ins Grundbuch hat lediglich deklaratorische Wirkung.[907] Angesichts der unklaren Eigentumsverhältnisse an den Grundstücken im Beitrittsgebiet hätte der Abschluss von Verträgen zur Begründung der Dienstbarkeiten den Kern der praktischen Hindernisse, das Auffinden der Grundstückseigentümer, nicht überwunden.

Erst 1998 wurde diese Vorschrift mit § 9a GBBerG um eine Eigentumszuweisung ergänzt. Nach § 9a Abs. 1 GBBerG stehen die in § 9 GBBerG sowie in den §§ 1 und 4 der SachenR-DV bezeichneten Anlagen mit Wirkung zum 3. Oktober 1990 im Eigentum des Inhabers der Dienstbarkeit. § 9a Abs. 4 GBBerG erweitert den sinngemäßen Geltungsbereich des Abs. 1 auf die Fälle des § 9 Abs. 2 GBBerG.

Da die Eigentumszuweisung des § 9a GBBerG der Klärung der vereinigungsbedingten Unsicherheiten dient, gilt die Regelung nach § 9a Abs. 3 GBBerG nur, sofern die Beteiligten nicht bereits abweichende Vereinbarungen getroffen haben oder bereits rechtskräftige Urteile ergangen sind.[908]

2. Die Eigentumszuweisung gemäß § 9a Abs. 1 GBBerG

§ 9a Abs. 1 S. 1 GBBerG normiert, dass die in § 9 GBBerG sowie in den §§ 1 und 4 der SachenR-DV bezeichneten Versorgungsleitungen im Eigentum des Inhabers der Dienstbarkeit stehen.

a. Voraussetzungen des § 9a Abs. 1 GBBerG

Es ist folglich zunächst zu prüfen, an welchen Versorgungsanlagen gemäß § 9 GBBerG i.V.m. der SachenR-DV gesetzlich beschränkt persönliche Dienstbarkeiten begründet wurden.

Folgend der in § 9 Abs. 1 GBBerG normierten Legaldefinition für den Begriff der Energieanlagen sind hiervon Anlagen zur Fortleitung von Elektrizität, Gas und Fernwärme, einschließlich aller dazugehörigen Anlagen, die der Fortleitung unmittelbar dienen, umfasst. Gemäß § 9 Abs. 9 GBBerG i.V.m. § 1 SachenR-DV gelten die Regelungen über Energieanlagen auch für Anlagen der öffentlichen Wasserversorgung und Abwasserbeseitigung. § 9 Abs. 11 Nr. 1 GBBerG

---

907 Damit weicht die Rechtslage in den neuen Bundesländern maßgeblich von derjenigen in den alten Bundesländern ab, in denen zumeist bloß schuldrechtliche Leitungsrechte bestehen. So auch *Schiller*, LKV 2005, 11.

908 Vgl. zu dieser Bestandschutzregelung *Taubenek/Goldschmidt*, VersorgW 2003, S. 31.

erstreckt den Anwendungsbereich des Weiteren auf Telekommunikationsanlagen der früheren Deutschen Post.[909]

Des Weiteren muss es sich um Leitungstrassen handeln, die am 3.10.1990 auf dem Gebiet der ehemaligen DDR bestanden haben[910] ohne dass es hierbei auf das tatsächliche Bestehen eines Nutzungsrechts vor dem 3.10.1990 ankommt[911]. Aus Gründen der Praktikabilität und „zur Vermeidung unnötigen Aufwands“[912] wird auf eine Prüfung, ob vorher ein wirksames Nutzungsrecht vorlag oder die Leitung lediglich geduldet wurde, verzichtet.[913]

Auf nach diesem Stichtag errichtete Anlagen findet die Regelung hingegen keine Anwendung, da hiermit nur Altrechte erfasst und keine neuen Nutzungsrechte geschaffen werden sollen. In diesem Fall müssen sich die Versorgungsunternehmen um eines der in diesem Teil unter II 1. dargestellten Nutzungsrechte bemühen.

Gemäß § 9 Abs. 2 GBBerG findet § 9 Abs. 1 GBBerG keine Anwendung bei Grundstücken, bei denen die Grundstückseigentümer nach den AVBEltV[914], AVBGasV[915] sowie AVBFernwärmeV zur Duldung der Anlagen verpflichtet sind.[916] Gemäß § 1 S. 2 SachenR-DV sind auch Grundstücke, bei denen eine Duldungspflicht der Grundstückseigentümer gemäß § 8 AVBWasserV besteht, von der Regelung ausgenommen.[917] Eine entsprechende Ausnahmeregelung für Telekommunikationsleitungen enthält § 9 Abs. 11 S. 2 GBBerG.[918]

---

909 Erfasst sind mithin nur den öffentlichen Zwecken dienende Telekommunikationsanlagen und keine betriebseigenen Telekommunikationslinien, vgl. OLG Naumburg vom 8.12.1998, Az: 11 U 187/98.

910 Wobei genügen soll, dass zu diesem Zeitpunkt jedenfalls mit der Realisierung der Anlage begonnen worden war, vgl. OLG Brandenburg GWF/Recht und Steuern 2007, 41ff.

911 AG Hohenstein-Ernstthal, RdE 1995, 251f.; *Keller*, LKV 1997, 50.

912 BT-Drs. 12/6228, S. 75.

913 So auch Eickmann/*Böhringer*, § 9 GBBerG Rn 7.

914 An die Stelle der AVBEltV sind mit Wirkung zum 8.11.2006 die NAV und die StromGVV getreten.

915 An die Stelle der AVBGasV sind mit Wirkung zum 8.11.2006 die NDAV und die GasGVV getreten.

916 Maßgeblicher Zeitpunkt hierfür ist der 25.12.1993, denn an diesem Tag sind die Dienstbarkeiten nach § 9 Abs. 1 GBBerG entstanden. Vgl. BGH VIZ 2004, 429; BGH NJW-RR 2006, 917f.

917 Der Gesetzgeber wollte eine in allen neuen Bundesländern einheitlich geltende Regelung schaffen und hat daher sowohl in § 9 Abs. 2 GBBerG, als auch in § 9 Abs. 11 S. 2 und § 1 S. 2 der SachenR-DV auf die bundesweit einheitlich geltenden Allgemeinen Versorgungsbedingungen Bezug genommen und landesrechtliche Duldungspflichten bewusst nicht ausreichen lassen. Vgl. *Schmidt-Räntsch*, VIZ 2004, 475.

918 Hiernach findet § 9 Abs. 1 GBBerG keine Anwendung, soweit Grundstückseigentümer auf Grund einer abgegebenen Grundstückseigentümererklärung nach § 7 der Telekommunikationsverordnung oder nach § 8 der Telekommunikations-Kundenschutzverordnung zu Duldung von Telekommunikationsanlagen verpflichtet sind. Beide Verord-

Damit ist der Anwendungsbereich auf überörtliche Übertragungsleitungen sowie auf Verteilleitungen begrenzt, die nicht bereits gemäß §§ 12 NAV, 12 NDAV, 8 AVBFernwärmeV, 8 AVBWasserV geduldet werden müssen.[919] Ferner findet § 9 Abs. 1 GBBerG keine Anwendung auf Leitungen, die über oder in öffentlichen Verkehrswegen und Verkehrsflächen verlaufen. Bei der Frage, ob eine öffentliche Verkehrsfläche im Sinne der Vorschrift vorliegt, ist auf den Stichtag, den 25.12.1993, sowie die Zweckbestimmung im Rahmen der Widmung abzustellen.

Begünstigter der beschränkt persönlichen Dienstbarkeit ist das Versorgungsunternehmen, das die konkrete Anlage bei Inkrafttreten der jeweiligen Vorschrift betreibt.[920] Bei Vorliegen der Voraussetzungen sind die beschränkt persönlichen Dienstbarkeiten zum 25.12.1993 kraft Gesetz an den genutzten Grundstücken entstanden.

In Ausführung der Verordnungsermächtigung des § 9 Abs. 8 GBBerG regelt § 4 SachenR-DV den zulässigen Inhalt der Leitungsrechte, wobei zwischen den einzelnen Arten der Nutzung bei Energie- und Wasserver- bzw. Entsorgungsanlagen unterschieden wird. Der Inhaber des Rechts ist gemäß § 4 Abs. 1 Nr. 1 SachenR-DV in allen Fällen befugt das Grundstück für den Betrieb, die Instandsetzung und Erneuerung einschließlich Neubau von Anlagen und Baulichkeiten zu betreten oder sonst zu benutzen. Gemäß § 4 Abs. 1 S. 3 SachenR-DV sind für den Inhalt der beschränkt persönlichen Dienstbarkeit Art und Umfang der gesicherten Anlage am 3.10.1990 maßgeblich. Vielfach ist es aus technischen und wirtschaftlichen Gründen notwendig gewesen, Veränderungen an den Versorgungsleitungen vorzunehmen. In diesem Zusammenhang ist maßgeblich, dass nur der zum 3.10.1990 bestandene Nutzungsumfang abgesichert werden sollte. Kommt es daher durch Änderungen oder Erneuerungen zu weitergehenden Belastungen und wird die Art der Inanspruchnahme des Grundstücks dadurch grundsätzlich verändert, so sind diese von der Dienstbarkeit nicht umfasst und bedürfen einer anderweitigen Nutzungsberechtigung.[921]

Der Nachweis für die Grundbuchberichtigung erfolgt gemäß § 9 Abs. 4 GBBerG durch ein behördliches Bescheinigungsverfahren, das die Eintragungsbewilligung ersetzt. Auf Antrag des Versorgungsunternehmens bescheinigt die Behörde, welches Grundstück in welchem Umfang mit der Dienstbarkeit belas-

---

nungen sind inzwischen außer Kraft. Eine entsprechende Regelung enthält nunmehr § 45a TKG.

919 So auch *Hartung*, VIZ 1995, 10.

920 Hierbei ergeben sich für die unterschiedlichen Bereiche verschiedene Stichtage. Für Energieanlagen ist auf den Betreiber am 25.12.1993, für Wasserversorgungs- und Abwasserbeseitigungsleitungen auf den Betreiber am 11.1.1995 und bei Telekommunikationslinien auf den Betreiber am 1.8.1996 abzustellen.

921 OLG Dresden VIZ 2003, 142; *Keller*, LKV 1997, 51; *Möller*, RdE 1997, 102f.

tet ist und dass das Versorgungsunternehmen Betreiber der Leitung ist. Die Einzelheiten des Verfahrens sind in §§ 6ff. SachenR-DV normiert.[922]

Ob es sich bei der gesetzlichen Begründung beschränkt persönlicher Dienstbarkeiten gemäß § 9 GBBerG um eine Legalenteignung oder eine Inhalts- und Schrankenbestimmung handelt, ist umstritten.

Der BGH begründet die Einordnung als Inhalts- und Schrankenbestimmung damit, dass § 9 GBBerG die Überleitung der in der DDR entstandenen Rechte an Anlagen der öffentlichen Versorgung regele und keinen staatlichen Angriff auf das Eigentum des Einzelnen darstelle. Diese Argumentation berücksichtigt allerdings nicht, dass für die Entstehung der Dienstbarkeit gemäß § 9 Abs. 1 GBBerG zur Bereinigung der Rechtsverhältnisse gerade auf die Prüfung des Bestehens eines Leitungsrechts zur Vermeidung unnötigen Aufwands verzichtet wird und somit auch die unberechtigte Mitbenutzung fremder Grundstücke legalisiert wird.

Die Regelung des § 9 GBBerG greift mithin in gleicher Weise in die Eigentümerstellung ein, wie eine Teilenteignung.[923] Diese Einordnung ergibt sich ferner aus dem Umstand, dass die Vorschrift unter Berücksichtigung der unklaren Eigentumsverhältnisse in der ehemaligen DDR eine möglichst weitgehende Anpassung an die Verhältnisse in der Bundesrepublik schaffen wollte. Auch in den alten Bundesländern bestand die Möglichkeit, in Fällen, in denen eine Einigung zwischen dem Versorgungsunternehmen und dem Grundstückseigentümer nicht zustande kam, im Wege der Enteignung die Eintragung einer beschränkt persönlichen Dienstbarkeit gegen Zahlung einer Entschädigung zu erreichen. Den Eingriff gemäß § 9 GBBerG anders als die Teilenteignung gemäß § 45 EnWG als Inhalts- und Schrankenbestimmung zu qualifizieren, verstößt gegen die vom BVerfG aufgestellten Grundsätze zu Art. 14 GG.[924]

Als Entschädigung sieht § 9 Abs. 3 GBBerG einen finanziellen Ausgleich für die betroffenen Grundstückseigentümer vor, wobei die Fälligkeit des Entschädigungsanspruchs gemäß § 9 Abs. 3 S. 3 GBBerG gestaffelt ist.[925]

---

922 Vgl. ausführlich zum Verfahren Eickmann/*Böhringer,* § 9 GBBerG Rn 18ff.; *Maaß*, NotBZ 2001, 280ff.; *Möller*, RdE 1997, 105f.

923 So auch *Schiller*, LKV 2005, 11ff.; *Keller*, LKV 1997, 52f.; Schneider/Theobald/*Hermes,* § 9 Rn 73; a.A. BGHZ 157, 144, 147ff.

924 BVerfGE 45, 297, 339; 56, 249, 260.

925 Ob diese Vorschrift den Anforderungen der Junktimklausel des Art. 14 Abs. 3 GG gerecht wird, ist angezweifelt worden. Vgl. hierzu *Schiller*, LKV 2005, 12f.; Urteil des OLG Brandenburg vom 20.03.2003, Az.: 5 U 97/02. Auch in diesem Zusammenhang muss berücksichtigt werden, dass § 9 GBBerG unabhängig vom Vorliegen alter Nutzungsrechte zur Anwendung gelangt, so dass es sich nicht bloß um eine Überleitung der alten Rechte handelt, die ohnehin bis zum 31.12.2010 fortgelten.

b. Rechtsfolge des § 9a Abs. 1 GBBerG

Versorgungsleitungen, für die gemäß § 9 GBBerG i.V.m. der SachenR-DV beschränkt persönliche Dienstbarkeiten begründet wurden, stehen im Eigentum des Inhabers der Dienstbarkeit. Dieser ist der Netzbetreiber zum jeweiligen Stichtag, also bei Energieanlagen am 25.12.1993, bei Anlagen der Wasserver- bzw. Wasserentsorgung am 11.1.1995 und bei Telekommunikationsanlagen am 1.8.1996.

Bei Leitungssammelkanälen, in denen sich die Anlagen mehrerer Inhaber von Dienstbarkeiten befinden, steht gemäß § 9a Abs. 1 S. 2 GBBerG das Eigentum an dieser Anlage zu gleichen Teilen im Miteigentum sämtlicher Inhaber dieser Dienstbarkeiten.

Eine Ausnahmeregelung hierzu enthält § 9a Abs. 1 S. 3 GBBerG für Teile von Leitungssammelkanälen, die mit einem Gebäude fest verbunden sind. In diesem Fall gelten die Leitungen als wesentlicher Bestandteil des Gebäudes, wenn ein selbständiges Gebäudeeigentum besteht[926] bzw. als wesentlicher Bestandteil des Grundstücks.

3. Erweiterung gemäß § 9a Abs. 4 GBBerG

Die Regelung des § 9a Abs. 4 GBBerG normiert, dass die Regelungen der §§ 9a Abs. 1-3 GBBerG sinngemäß in den Fällen des § 9 Abs. 2 gelten.

§ 9 Abs. 2 GBBerG erfasst Energieanlagen, für die eine Duldungspflicht gemäß §§ 12 NAV, 12 NDAV, 8 AVBFernwärmeV besteht, sowie Energieanlagen, die über oder in öffentlichen Verkehrswegen und -flächen verlegt sind.

Taubenek/Goldschmidt dehnen den Anwendungsbereich des § 9a Abs. 4 GBBerG auch auf die Anlagen der Wasserwirtschaft i.S.d. § 9 Abs. 9 GBBerG i.V.m. der SachenR-DV und solche des § 9 Abs. 11 GBBerG aus.[927] Gegen diese Auffassung spricht zunächst der eindeutige Wortlaut der Vorschrift. Ferner wurde § 9a GBBerG erst nach der Erweiterung der Regelung des § 9 Abs. 1 GBBerG auf die Wasser- und Telekommunikationsanlagen erlassen, so dass diese Fallkonstellationen bereits vom Gesetzgeber Berücksichtigung gefunden hatten. Insbesondere eine Ausdehnung auf die in § 9 Abs. 11 GBBerG normierten Fallkonstellationen ist mit der Zielsetzung der Schaffung klarer Rechtsver-

---

926 Anders als in der BRD galt in der DDR ein dreiteiliger Sachbegriff, welcher bewegliche Sachen, Gebäude und Grundstücke vorsah, vgl. Staudinger/*Rauscher*, Art. 231 § 5 EGBGB Rn 2. § 295 Abs. 2 des Zivilgesetzbuches (ZGB) regelte einen selbständigen Eigentumserwerb an Gebäuden und Anlagen. Diese immobiliarrechtlich selbständigen Gebäude waren nicht wesentlicher Bestandteil des Grundstücks, vgl. BFH VIZ 1995, 715f. Art. 231 § 5 EGBGB sieht hierfür vor, dass die in der DDR besonders geschützten Rechtsinstitute bis zum 31.12.2000 ins Grundbuch eingetragen werden mussten. Hierbei wird das Gebäudeeigentum im Verhältnis zum Grundstück wie ein beschränkt dingliches Recht behandelt.

927 *Taubenek/Goldschmidt*, VersorgW 2003, S. 31.

hältnisse für Anlagen der öffentlichen Versorgung nicht vereinbar. Diese Vorschrift umfasst neben Telekommunikationsanlagen der früheren Deutschen Post, die öffentlichen Zwecken dienen[928], gemäß § 9 Abs. 11 Nr. 4 GBBerG auch Anlagen zum Transport von Produkten zwischen den Betriebsstätten eines oder mehrerer privater oder öffentlicher Unternehmen. Eine derart weite Ausdehnung ist mit dem geltenden Recht de lege lata nicht vereinbar, sondern bedarf einer speziellen Regelung durch den Gesetzgeber.[929]

Aus einer sinngemäßen Anwendung ergibt sich, dass das Eigentum an den Energieversorgungsleitungen des § 9 Abs. 2 GBBerG mit Ausnahme der in § 9a Abs. 1 S. 3 GBBerG normierten Fallkonstellation gemäß § 9a Abs. 1 S. 1, 2 GBBerG den Inhabern der Nutzungsrechte zugewiesen wird. Hinsichtlich der Unterhalts- und Beseitigungslast gilt § 9a Abs. 2 GBBerG entsprechend. Auch die Bestandsschutzregelung des § 9a Abs. 3 GBBerG findet Anwendung.

4. Rechtliche Würdigung

Mit Anwendung des BGB im Gebiet der ehemaligen DDR zum 3. Oktober 1990 wären die fest mit dem Grundstück verbundenen Leitungen gemäß § 94 BGB wesentlich Bestandteile des Grundstücks geworden, durch das sie verlaufen.[930]

Die Notwendigkeit für eine spezialgesetzliche Regelung ergab sich aus den Umständen, dass die Leitungen zu einem Zeitpunkt mit den Grundstücken verbunden wurden, zu dem § 95 BGB im Beitrittsgebiet noch keine Anwendung fand. Ferner bestand die Verbindung mit den fremden Grundstücken zum Zeitpunkt der Begründung der Dienstbarkeiten bereits, so dass die Voraussetzungen des § 95 Abs. 1 S. 2 BGB mangels Bestehen eines fremden Rechts zum Zeitpunkt der Vornahme der Verbindung nicht vorlagen.[931]

§ 9a Abs. 1 S. 1 GBBerG weist das Eigentum an den Leitungen zum einen dem Inhaber der beschränkt persönlichen Dienstbarkeit zu. Zugleich schließt die Vorschrift aus, dass die Versorgungsanlagen wesentliche Grundstücksbestandteile werden.[932] Die Regelung des § 9a GBBerG normiert die Sonderrechtsfä-

---

928 Vgl. OLG Naumburg vom 8.12.1998, Az: 11 U 187/98.

929 Auch *Taubenek/Golschmidt*, VersorgW 2003, 31 raten daher bei Stadtumbaumaßnahmen zur Vermeidung von Konflikten, dass zunächst die Frage nach dem Eigentum an den Leitungen geklärt werden muss.

930 Vgl. hierzu die Ausführungen in Teil D Abschnitt I.

931 Der Rechtsausschuss führt hierzu aus, dass es fraglich sei, ob für diese Fälle der nachträglichen Bestellung einer beschränkt persönlichen Dienstbarkeit § 95 Abs. 1 S. 2 BGB Anwendung findet. Vgl. Beschlussempfehlung und Bericht des Rechtsausschusses zum Entwurf des VermBerG vom 17.06.1998, BT-Drs. 13/11041, S. 32; so auch *Böhringer*, VIZ 1998, 605; a.A. *Taubenek/Goldschmidt*, VersorgW 2003, S. 30. Vgl. ausführlich zur Anwendbarkeit des § 95 Abs. 1 S. 2 BGB bei nachträglicher Entstehung des dinglichen Rechts die Ausführungen oben in Abschnitt II 2. a. bb.

932 So auch *Wilhelm*, FS Wiegand, S. 703.

higkeit der von diesem speziellen Anwendungsbereich erfassten Versorgungsleitungen mithin unabhängig von den Voraussetzungen des § 95 BGB.[933]

Die eigenständige Bedeutung dieser Vorschrift gegenüber der Regelung des § 95 BGB zeigt sich ferner an der an die Besonderheiten der ehemaligen DDR angepassten Ausnahmeregelung des § 9a Abs. 1 S. 3 GBBerG, der für Leitungssammelkanäle, die fest mit einem Gebäude verbunden sind, die wesentliche Bestandteilseigenschaft – trotz Vorliegen der Voraussetzungen des § 9a Abs. 1 S. 1 GBBerG – anordnet.

Eine vergleichbare Differenzierung kennt § 95 BGB nicht. Die Bestandteilslehre ordnet vielmehr bei Vorliegen einer festen Verbindung an, dass die Sache gemäß § 94 BGB wesentlicher Grundstücksbestandteil wird. Unter den Voraussetzungen des § 95 BGB kann ausnahmsweise – trotz Vorliegen der festen Verbindung – die Sonderrechtsfähigkeit bestehen bleiben. Die beiden Regelungen gehen mithin von unterschiedlichen Regelfällen aus. Das Regel-Ausnahme-Verhältnis ist entgegengesetzt normiert.

§ 9a GBBerG ist als die speziellere Norm gegenüber den §§ 94, 95 BGB vorrangig anwendbar. Die Rechtsfolge wesentlicher Bestandteile richtet sich hingegen nach der allgemeinen Regelung des § 93 BGB.

Die weitreichende Zuordnung des Eigentums der Versorgungsleitungen in § 9a Abs. 1 GBBerG an die Versorgungsträger, die Inhaber von Grunddienstbarkeiten sind, folgt den sachenrechtlichen Erkenntnissen dieser Arbeit und der Systematik der Bestandteilslehre. Für sie sind zuvor per Gesetz beschränkt persönliche Dienstbarkeiten begründet worden.

Das GBBerG ist ein einmaliges Übergangsgesetz zur Harmonisierung der rechtlichen Fakten der DDR mit dem Rechtssystem der BRD. Auf die vorgefundenen Verhältnisse und die sich daraus ergebenden praktischen Hindernisse u.a. bei der Anwendung der §§ 94f. BGB hat der Gesetzgeber mittels einer an diese konkreten Besonderheiten angepassten Vorschrift reagiert. Hiernach kommt es – anders als im Rahmen des § 95 BGB – zum einen nicht darauf an, dass die Verbindung in Ausübung und somit erst nach Entstehung eines dinglichen Rechts vorgenommen wurde. Zum anderen hat der Gesetzgeber Einschränkungen des im Immobiliarsachenrecht geltenden Publizitätsgrundsatzes bewusst in Kauf genommen.[934]

Da es sich sowohl bei den Nutzungsrechten aus den Allgemeinen Anschluss- und Versorgungsbedingungen, als auch bei den mittels Konzessions- oder sonstiger Gestattungsverträge begründeten Nutzungsrechten um solche schuldrechtlicher Natur handelt, weicht die Erweiterung des § 9a Abs. 4 GBBerG sowohl

933 A.A. *Taubenek/Goldschmidt*, VersorgW 2003, 30, der § 9a GBBerG nur eine klarstellende Bedeutung beimisst.

934 Gemäß § 9 Abs. 1 S. 2 GBBerG ist der öffentliche Glaube des Grundbuchs vorübergehend eingeschränkt.

von der nach dem BGB geltenden Rechtslage, als auch von der Systematik der Bestandteilslehre ab.

Der Gesetzgeber geht davon aus, dass § 9a GBBerG vornehmlich für die Anlagen und Leitungssammelkanäle gilt, die durch Dienstbarkeiten abgesichert sind.[935] Mittels der speziellen Erweiterungsregel des § 9a Abs. 4 GBBerG hat der Gesetzgeber das Regelungsmodell des § 9a GBBerG auch auf Energieversorgungsanlagen übertragen, an denen aufgrund § 9 Abs. 2 GBBerG eine Dienstbarkeit nicht besteht. Hierdurch können die besonderen Umstände im Beitrittsgebiet, insbesondere aufgrund der Verlegung vieler Leitungen in Sammelkanälen, auch in diesem Fall berücksichtigt werden.

---

935 Vgl. die Begründung des Rechtsausschusses, BT-Drs. 13/11041, S. 32.

E. Gesamtergebnis und Ausblick

I. Die richtige Zuordnung des Eigentums an Versorgungsleitungen

Die sachenrechtliche Untersuchung hat ergeben, dass sich aufgrund der unterschiedlichen technischen Gegebenheiten und der verschieden ausgestalteten Nutzungsverhältnisse an fremden Grundstücken die Frage „Wem gehören die Versorgungsnetze?“ nicht pauschal beantworten lässt. Die eigentumsrechtliche Zuordnung ist vielmehr anhand der konkreten Umstände des Einzelfalls zu ermitteln.

1. Bei Versorgungsleitungen, die in den neuen Bundesländern verlaufen, findet zum Teil die spezialgesetzliche Eigentumszuordnung des § 9a GBBerG Anwendung.
   - Hiernach stehen Energieversorgungsanlagen, die bereits vor dem 3. Oktober 1990 im Beitrittsgebiet errichtet und am 25.12.1993 noch genutzt wurden, im Eigentum desjenigen, der sie am 25.12.1993 betrieben hat.
   - Anlagen der öffentlichen Wasserversorgung und Abwasserbeseitigung, die am 3. Oktober 1990 in dem genannten Gebiet genutzt und am 11. Januar 1995 noch betrieben wurden, bei denen eine Duldungspflicht der Grundstückseigentümer gemäß § 8 AVBWasserV nicht besteht und die nicht über oder in öffentlichen Verkehrswegen und Verkehrsflächen verlaufen, stehen im Eigentum desjenigen, der sie am 11.1.1995 betrieben hat.
   - Telekommunikationsanlagen der früheren Deutschen Post, die vor dem 3. Oktober 1990 errichtet und am 1. August 1996 noch betrieben wurden und die nicht über Grundstücke verlaufen, deren Eigentümer auf Grund einer Grundstückseigentümererklärung nach § 7 der Telekommunikationsverordnung oder nach § 8 der Telekommunikations-Kundenschutzverordnung zur Duldung von Telekommunikationsanlagen verpflichtet sind, und die nicht über oder in öffentlichen Verkehrswegen und Verkehrsflächen verlaufen, stehen im Eigentum desjenigen, der sie am 1.8.1996 betrieben hat.

Bei den von dieser Spezialvorschrift nicht erfassten Versorgungsleitungen in den neuen Bundesländern richtet sich die Eigentumszuordnung nach den §§ 93ff., 946ff. BGB, den auch für alle Leitungen in den alten Bundesländern gültigen Vorschriften.

2. Hiernach gilt für ganz Deutschland:

- In Ausübung eines dinglichen Rechts verlegte Versorgungsleitungen werden gemäß § 95 BGB keine Bestandteile des Grundstücks.
- Oberirdisch angebrachte Leitungskabel und oberirdisch zum Einsatz kommende, rein mechanisch mit dem Fundament verbundene, genormte Rohre sind mangels einer festen Verbindung ebenfalls keine wesentlichen Bestandteile.

Diese Anlagen behalten ihre Sonderrechtsfähigkeit. Sie stellen bewegliches Vermögen dar. Die Übertragung des Eigentums richtet sich nach den allgemeinen Regeln der §§ 929ff. BGB. Sie stehen mithin zunächst im Eigentum des Netzbetreibers, der sie verlegt. Bei einer Übereignung der sonderrechtsfähigen Leitungen ist insbesondere der sachenrechtliche Bestimmtheitsgrundsatz zu wahren.[936]

- Nicht dinglich gesicherte erdverlegte Kabel, Rohrleitungen, Gründungskörper und Masten der Freileitungen sind gemäß § 94 BGB wesentliche Bestandteile des Grundstücks, mit dem sie verbunden sind.
- Rein vertraglich oder öffentlich-rechtlich eingeräumte Nutzungsrechte erfüllen die Voraussetzungen des § 95 Abs. 1 S. 2 BGB nicht.
- Versorgungsleitungen werden ferner nicht zu einem vorübergehenden Zweck gemäß § 95 Abs. 1 S. 1 BGB mit dem Grund und Boden verbunden. Dies gilt auch für Versorgungsleitungen, die das Versorgungsunternehmen oder der Netzbetreiber in eigene Grundstücke verlegt.

Gemäß § 946 BGB erstreckt sich das Eigentum am Grundstück auf diese Kabel, Rohrleitungen, Gründungen und Masten.

II. Ausblick

Obwohl dieses Ergebnis für in eigenen Grundstücken verlegte Leitungen seit jeher vertreten wird, bezeichnet der BGH die Rechtsfolge der Bestandteilseigenschaft für über fremde Grundstücke verlaufende Leitungen als ein „den Bedürfnissen des Rechtsverkehrs zuwiderlaufendes Ergebnis".[937]

Begründet wird diese Ansicht damit, dass an den Leitungen andernfalls kein einheitliches Eigentum bestünde. Die Leitungen gehörten dann vielmehr, streckenweise unterteilt, einer Vielzahl von Personen.[938] Dies ließe sich nur vermeiden, wenn einer der Ausnahmetatbestände des § 95 Abs. 1 BGB vorläge.[939]

Bei der Erzielung dieses anscheinend von allen Seiten gewünschten Ergebnisses lassen die Gerichte die sachenrechtlichen Grundprinzipien außer Acht. In den

---

936 Palandt/*Bassenge*, § 929 Rn 6, § 930 Rn 2.

937 BGHZ 37, 353, 357; so auch OLG Rostock RTkom 1999, 185f.; *Bartlsperger*, S. 87.

938 BGHZ 37, 353, 357.

939 BGHZ 37, 353, 357.

hierzu ergangenen Begründungen „knirscht" es merklich im bürgerlichrechtlichen „Gebälk".[940]

Es stellt sich die Frage, ob der Netzbetrieb durch den Umstand, dass die Leitungen im Eigentum der Grundstückseigentümer stehen, behindert oder gefährdet wird und deshalb ein den Bedürfnissen des Rechtsverkehrs zuwiderlaufendes Ergebnis vorliegt. Anhand einiger Beispiele wird aufgezeigt, welche Auswirkungen das Ergebnis dieser sachenrechtlichen Prüfung für die Praxis haben kann.

1. Position des Netzbetreibers

Der Netzbetreiber ist nicht Eigentümer der Netze, da diese gemäß § 946 BGB in das Eigentum des Grundstückseigentümers übergegangen sind.

Dies ist allerdings kein ungewöhnlicher Fall, da dem in der Strom- und Gaswirtschaft inzwischen weit verbreiteten Pachtmodell gerade dieser Gedanke zu Grunde liegt.[941] Auch in diesem Modell hat eine andere Person als der Netzbetreiber – nämlich in der Regel die Muttergesellschaft – das Eigentum an den Leitungen. Um den Entflechtungsvorschriften zu genügen, müssen dem Netzbetreiber gemäß § 8 Abs. 4 EnWG die Verantwortlichkeit für den Netzbetrieb und somit die wirtschaftliche Entscheidungsbefugnis sowie die uneingeschränkte Verfügungsbefugnis übertragen werden.[942]

Im Telekommunikationsrecht ist ebenfalls anerkannt, dass der Betreiber einer Telekommunikationslinie nicht notwendigerweise mit dem Eigentümer des Leitungsnetzes identisch sein muss.[943] Heun bezeichnet die Frage nach dem Eigentum an den Telekommunikationslinien als für den Netzbetrieb „unerheblich".[944]

---

940 *Ganter*, WuB IV A. § 95 BGB 2.06, S. 641.

941 Die Mehrheit der Energieversorgungsunternehmen hat sich für das Pachtmodell entschieden, siehe hierzu *Gerland/Helm*, BB 2008, 192. Vgl. zum Pachtmodell *Säcker*, DB 2004, 691ff.; *Gersemann/Huse/Hinrichs/Leipnitz*, VersorgW 2004, 273ff.; Danner/Theobald/*Eder*, I, B1 § 6 Rn 50.

942 Baur/Pritzsche/Simon/*Tödtmann/Setz*, Kap. 3 Rn 124ff.; *Stamati*, S. 123ff.; *Salje*, § 7 Rn 20.

943 Deshalb nennt § 76 Abs. 2 TKG sowohl den Eigentümer, als auch den Betreiber der Leitung als Schuldner des Ausgleichsanspruchs. Dies ist vielfach der Fall, wenn ein Energieversorgungsunternehmen gemäß § 76 Abs. 1 Nr. 1 TKG die Nutzung seiner bestehenden Leitungen auf Telekommunikationszwecke ausweitet und die Nutzung der Telekommunikationslinie an einen Telekommunikationsnetzbetreiber überträgt. Vgl. hierzu BGH MMR 2005, 690ff.; OLG Düsseldorf MMR 1998, 533, 534; *Hamm*, MMR 2005, 361. Vor Abschaffung der Lizenzpflicht stellte sich die Frage, ob der Rechteinhaber selbst über eine Lizenz verfügen musste oder die Nutzung der Telekommunikationslinien einem Lizenzinhaber überlassen konnte. Letzteres wurde allgemein bejaht. Vgl. BVerfG NJW 2001, 2960f.; BGHZ 145, 16, 24; *Nienhaus*, S. 147f.; *Hoeren*, MMR 1998, 3f.

944 *Heun*, Kap. F Rn 50.

Die Verpachtung und Vermietung von bereits verlegten Leerrohren, Kabeln oder Glasfasern sind gängige Praxis.[945]

Vergleichbar ist der Fall zu beurteilen, wenn das Eigentum am Netz beim Grundstückseigentümer liegt. Auch in diesem Fall verfügt der Netzbetreiber nämlich über die umfassende Nutzungsberechtigung an den Leitungen.

Dies ergibt sich aus den Vereinbarungen der Konzessionsverträge, in denen die Gemeinden ihrem Vertragspartner den Betrieb des Netzes nach den Bestimmungen des EnWG sowie der auf dessen Grundlage erlassenen Rechtsverordnungen gestatten.[946] Wenn die Strom- oder Gasnetzgesellschaft selbst Vertragspartei des Konzessionsvertrags ist, stehen ihr diese Rechte originär zu. Hat hingegen das Mutterunternehmen den Konzessionsvertrag abgeschlossen, so gehen diese Nutzungsrechte mittels des Pachtvertrages auf die Netzgesellschaft über.[947]

Auch die sich aus dem „Bundesmustervertrag 1987“ und dem „Rahmenvertrag“ ergebenden Nutzungsrechte ermöglichen den Betrieb der verlegten Leitungen. Sie müssen, wenn sie nicht originär den Strom- oder Gasnetzbetreibern zustehen, an diese übertragen werden.

Die §§ 12 NAV, 12 NDAV, 8 AVBFernwärmeV, 8 AVBWasserV räumen den Versorgungsunternehmen oder Netzbetreibern das Recht zur Anbringung und Verlegung von Leitungen ein.[948] Der Betrieb der Leitung wird in dieser Vorschrift nicht explizit dem Versorgungsunternehmen oder Netzbetreiber zugeordnet.

Die Allgemeinen Anschluss- und Versorgungsbedingungen sind aber Ausfluss der sich aus Art. 14 GG ergebenden Sozialpflichtigkeit des Eigentums.[949] Auf dieser Grundlage ist eine den Grundsätzen der Verhältnismäßigkeit entsprechende Nutzung unentgeltlich zu dulden. Hiernach ist die Inanspruchnahme des fremden Grundstücks zulässig, wenn dies für die Versorgung anderer – als Bestandteil des Versorgungsnetzes – erforderlich ist. Nur auf diese Weise kann ein möglichst kostengünstiger Netzbetrieb gewährleistet werden. Hiervon profitie-

945 *Heun*, Kap. F Rn 156.

946 Vgl. § 1 Musterkonzessionsvertrag-Strom, *Morell*, S. 41; § 1 Musterkonzessionsvertrag-Gas, *Morell*, S. 49. Entsprechende Regelungen enthalten auch § 1 Musterkonzessionsvertrag-Wasser, *Morell*, S. 56 und § 1 Musterkonzessionsvertrag-Fernwärme, *Morell*, S. 56g. Eine vergleichbare Vereinbarung sieht der Mustervertrag ohne dingliche Sicherung über die Benutzung von Grundstücken im kommunalen Eigentum, die nicht öffentliche Verkehrswege sind, für Telekommunikationslinien vor, *Heun*, Kap. F Anhang, S. 560.

947 *Lübbe/Funke*, VersorgW 2005, 77ff.; vgl. zu den Ausgestaltungen des Pachtmodells *Säcker*, DB 2004, 691ff.; *ders.*, S. 58ff.; *Roth*, S. 87ff.; *Otto*, RdE 2005, 261ff.; *Theobald*, IR 2004, 50ff.

948 Diese Rechte stehen unproblematisch den Strom- oder Gasnetzgesellschaften zu, da sie auf dem zwischen Grundstückeigentümer und Netzbetreiber bestehenden Versorgungs- oder Anschlussverhältnis basieren.

949 Vgl. Schneider/Theobald/*Hermes*, § 9 Rn 9.

ren alle Anschlussnehmer in Form von preiswerten Netznutzungsentgelten, die sich wiederum in den Versorgungspreisen niederschlagen.

Dieses Ziel würde unterlaufen, wenn den Versorgungsunternehmen oder Netzbetreibern lediglich das Recht zur Anbringung und Verlegung der Anlagen und nicht auch zu deren Betrieb zustünde. Deshalb sind die §§ 12 NAV, 12 NDAV, 8 AVBFernwärmeV, 8 AVBWasserV dahingehend auszulegen, dass dem Versorgungsunternehmen oder Netzbetreiber alle für die Wahrnehmung seiner Pflichten erforderlichen Nutzungsrechte eingeräumt werden.

Auch die sonstigen Gestattungsverträge räumen dem Versorgungsunternehmen oder Netzbetreiber die für den Netzbetrieb erforderlichen Rechte ein[950]; ebenso wie die §§ 68ff. TKG dem Telekommunikationsnetzbetreiber unter den aufgeführten Voraussetzungen die für den Betrieb der Leitungen erforderliche Nutzung gestatten.[951]

Folglich lässt sich die umfassende Nutzungsberechtigung stets aus den eingeräumten Rechten entnehmen. Diese gewähren dem Netzbetreiber sämtliche für den Netzbetrieb erforderlichen Rechte und Pflichten und schließen den Eigentümer von der Wahrnehmung aller Rechte aus, die den Netzbetrieb beeinträchtigen. Dass für die wirtschaftliche Betätigung der Betrieb und nicht das Eigentum des Netzes maßgeblich ist, zeigt sich ferner an den gesetzlichen Regulierungsvorgaben. Adressat dieser Regelungen ist stets der Netzbetreiber.[952]

Auch der technische Fortschritt fordert diese Betrachtung. Die Nutzung von Stromleitungen zur Datenübertragung, die sogenannte Digital Powerline, zeigt, dass es möglich ist, eine Leitung nicht nur durch unterschiedliche Betreiber, sondern auch zu unterschiedlichen Zwecken zu nutzen.

Eine Gefährdung des Rechtsverkehrs und der weiteren technologischen Entwicklung in diesem Bereich ergibt sich mithin nicht aus einer ungenügenden Rechtsposition der Versorgungsunternehmen oder Netzbetreiber, wenn diese nicht Eigentümer der Versorgungsleitungen sind.

2. Steuerrechtliche Zuordnung – „wirtschaftliches Eigentum“

Die materiell-rechtliche Zuordnung von Wirtschaftsgütern[953] zu Steuersubjekten ist in § 39 AO geregelt. Gemäß § 39 Abs. 1 AO folgt die steuerrechtliche Zu-

---

950 Vgl. z.B. Stromkreuzungsrichtlinien (SKR 2000), *Danner/Theobald*, X, C 22; Gas- und Wasserkreuzungsrichtlinien, *Danner/Theobald*, X, C 23.

951 Dies ergibt sich für das Nutzungsrecht gemäß § 76 TKG aus dem Wortlaut der Vorschrift. § 69 Abs. 1, 2 TKG stellt bei der Übertragung der Nutzungsberechtigung durch die BNetzA ebenfalls auf die Betreibereigenschaft ab.

952 Vgl. z.B. die Vorschriften zur Zugangsregulierung §§ 16ff. TKG und §§ 20ff. EnWG.

953 Der Begriff Wirtschaftsgut umfasst nicht nur Sachen und Rechte im Sinne des BGB, sondern auch tatsächliche Zustände und konkrete Möglichkeiten, d.h. sämtliche Vorteile für den Betrieb, deren Erlangung sich der Kaufmann etwas kosten lässt. Vgl. BFHE 75, 275, 277; 82, 461, 464; 160, 364, 366; 192, 339, 345.

ordnung in der Regel der zivilrechtlichen. Hiervon wird abgewichen, wenn der zivilrechtliche Eigentümer während der gewöhnlichen Nutzungsdauer eines Wirtschaftsgutes die tatsächliche Herrschaft über das Wirtschaftgut nicht ausüben darf. In diesem Fall ist das Wirtschaftsgut dem wirtschaftlichen Eigentümer zuzurechnen. Diese Abweichung ist als Ausdruck der wirtschaftlichen Betrachtungsweise im Steuerrecht in § 39 Abs. 2 Nr. 1 AO normiert.[954]

Wenn der Netzbetreiber zivilrechtlicher Eigentümer der Leitungen ist, werden ihm diese gemäß § 39 AO auch steuerrechtlich zugeordnet. Hierzu zählen die in eigenen Grundstücken verlegten sowie die in Ausübung eines dinglichen Rechts mit fremdem Boden verbundenen Leitungen, die gemäß § 95 Abs. 1 S. 2 BGB sonderrechtsfähig sind.

Fraglich ist hingegen die steuerrechtliche Zuordnung von Leitungen, die gemäß § 946 BGB im Eigentum des Grundstückseigentümers stehen. Diese werden gemäß § 39 Abs. 2 Nr. 1 AO ebenfalls dem Netzbetreiber zugeordnet, wenn dieser ihren wirtschaftlichen Wert uneingeschränkt für sich gebrauchen kann.[955] Hierfür müsste dem Netzbetreiber das wirtschaftliche Eigentum an den Leitungen zustehen.

Diese Abweichung der steuerrechtlichen von der zivilrechtlichen Zuordnung tritt ein, wenn nach dem Gesamtbild der Verhältnisse ein anderer eine Position innehat, die es ihm ermöglicht, den zivilrechtlichen Eigentümer dauerhaft derart auszuschließen, dass seinem Herausgabeanspruch bei dem für die gewählte Gestaltung typischen Verlauf zumindest tatsächlich keine nennenswerte praktische Bedeutung zukommt.[956] Typischer Anwendungsfall des § 39 Abs. 2 Nr. 1 S. 1 AO sind Bauten auf fremden Grund und Boden.[957]

Anhaltspunkte für das wirtschaftliche Eigentum sind der Besitz, die Gefahr- und Lastentragung sowie das Kriterium, wem die Nutzungen und das Verwertungsrecht an dem Wirtschaftsgut zustehen.[958]

Der Netzbetreiber ist aufgrund des jeweiligen Nutzungsrechts Besitzer der Leitungen. Problematisch ist allerdings, ob auch der Grundstückseigentümer Besitz – in Form des mittelbaren Besitzes – an den Leitungen hat. Dafür müsste zwischen ihm und dem Netzbetreiber ein Besitzmittlungsverhältnis bestehen. Da der Netzbetreiber die Leitungen mit dem Willen einfügt, sie nur für sich und nicht für den Eigentümer zu besitzen, wird es hieran in der Regel fehlen.

Auch hinsichtlich der sich aus der Verlegung und dem Betrieb der Leitungen ergebenden Gefahren übernimmt der Netzbetreiber die alleinige Haftung. Eine

---

954 *Klein/Brockmeyer,* § 39 Rn 4; Pahlke/*Koenig,* § 39 Rn 1. Bei den in § 39 Abs. 2 Nr. 1 S. 2 AO aufgeführten Fallgruppen handelt es sich nicht um eine abschließende Auflistung, sondern um Beispiele.

955 Pahlke/*Koenig,* § 39 Rn 13.

956 BFHE 163, 571, 574; 166, 49, 51f.; 172, 333, 336.

957 *Hensgens,* NJW 2004, 264.

958 BFHE 84, 171ff.; Pahlke/*König,* § 39 Rn 14ff.

Freistellungsklausel enthalten z.B. § 8 des „Rahmenvertrages 1987" sowie die gängigen Musterkonzessionsverträge.[959]

Im Rahmen des Netzbetriebs stehen dem Netzbetreiber ferner die Netzentgelte und somit die Nutzungen zu. Es ist des Weiteren die Aufgabe des Netzbetreibers, die Leitungen instandzuhalten sowie die für die Sicherheit und Zuverlässigkeit der Versorgung erforderlichen Maßnahmen zu treffen, also auch die Lasten zu tragen.

Oft sind die Nutzungsrechte der Netzbetreiber und Versorgungsunternehmen unbefristet oder für einen sehr langen Zeitraum eingeräumt, so dass sie über die tatsächliche Nutzungsdauer der Leitungen hinweg Bestand haben. Aber auch bei einer kürzeren Ausgestaltung der Nutzungsdauer – wie dies für qualifizierte Wegenutzungsverträge im Strom- und Gasbereich gemäß § 46 Abs. 2 EnWG gesetzlich vorgegeben ist – hat der Netzbetreiber nach Ablauf der Nutzungsdauer die Nutzungsberechtigung an einen Nachfolger zu übertragen. Hierzu ist er nur Zug-um-Zug gegen Zahlung einer angemessenen Vergütung verpflichtet, so dass die Übertragung gemäß § 46 Abs. 2 EnWG eine wirtschaftliche Verwertung darstellt.

Insbesondere bei schuldrechtlichen Nutzungsverhältnissen besteht die Möglichkeit, dass diese vorzeitig beendet werden. In diesem Fall kann sich das Versorgungsunternehmen oder der Netzbetreiber um die zwangsweise Einräumung eines Nutzungsrechts an dem betroffenen Grundstück bemühen.

Aber auch in den verbleibenden Ausnahmesituationen, in denen der Netzbetreiber vor Ablauf der tatsächlichen Nutzungsdauer der Leitungen sein Nutzungsrecht am fremden Grundstück verliert, ist zu berücksichtigen, dass eine wirtschaftlich sinnvolle Nutzung durch den Eigentümer nicht besteht. Eines Ausschlusses für die gesamte Nutzungsdauer bedarf es dann nicht, wenn die Sache speziell auf die Bedürfnisse des Nutzers zugeschnitten ist. Dies ist der Fall, wenn eine wirtschaftlich sinnvolle anderweitige Nutzung oder Verwendung durch den Eigentümer oder Dritte nicht möglich erscheint.[960] Das durch ein Grundstück verlaufende Stück Leitung kann nur in der Gesamtheit des Versorgungsnetzes wirtschaftlich sinnvoll weiterverwendet werden, so dass eine wirtschaftlich sinnvolle Nutzung nur durch den Netzbetreiber möglich ist.

Anders als beim Pachtmodell im Rahmen der Entflechtung besteht keine Einflussnahme durch den Grundstückseigentümer. Dem Pachtmodell liegt eine gesellschaftsrechtliche Gestaltung zugrunde, die darauf abzielt, den Anforderungen der §§ 6-10 EnWG gerecht zu werden, aber die übrigen Rechte beim Mut-

---

[959] Z.B. § 6 S. 3 Musterkonzessionsvertrag-Strom, *Morell*, S. 45; § 6 S. 2 Musterkonzessionsvertrag-Gas, *Morell*, S. 53; § 4 S. 2 Musterkonzessionsvertrag-Wasser, *Morell*, S. 56c; § 7 S. 2 Musterkonzessionsvertrag-Fernwärme, *Morell*, S. 56j.

[960] BFHE 97, 466, 486; BFH DStRE 2001, 971ff.

terunternehmen zu belassen.[961] Durch eine entsprechende Ausgestaltung des Netzpachtvertrages wird der Übergang des wirtschaftlichen Eigentums auf die Netzgesellschaft regelmäßig verhindert.[962]

Im Gegensatz dazu übertragen die vorliegend zu beurteilenden Nutzungsverträge und öffentlich-rechtlichen Nutzungseinräumungen die gesamte Verantwortung auf den Netzbetreiber. Somit liegen in diesem Fall die Voraussetzungen für eine steuerrechtliche Zuordnung der Leitungsnetze an die Netzbetreiber gemäß § 39 Abs. 2 Nr. 1 AO vor, so dass das wirtschaftliche Eigentum an den Leitungen dem jeweiligen Netzbetreiber zuzuordnen ist.

3. Übertragung der Versorgungsnetze

Da die Netzbetreiber oder Versorgungsunternehmen nicht Eigentümer der Leitungen sind, können sie auch nicht das Eigentum an diesen übertragen. Es stellt sich somit die Frage, ob die für den Netzbetrieb erforderlichen Rechte übertragbar sind.

a. Vertraglich eingeräumte Nutzungsrechte

Schuldrechtliche Rechte und Pflichten lassen sich gemeinsam nur mit Zustimmung des anderen Vertragspartners auf einen Dritten übertragen.[963]

In den gängigen Musterverträgen finden sich Regelungen, die eine Übertragung der Rechte und Pflichten aus dem Vertrag auf einen Nachfolger vorsehen.[964] Hierüber ist der Vertragspartner zu informieren. Dieser ist berechtigt, der Übertragung zu widersprechen, wenn der Rechtsnachfolger keine Gewähr dafür bietet, dass er die aus dem Gestattungsvertrag resultierenden Pflichten in gleicher Weise wie der bisherige Vertragspartner erfüllt.

Die Gestattungsverträge für die Verlegung von Leitungen auf privaten Grundstücken können ebenfalls die Übertragbarkeit der Rechte und Pflichten auf einen Nachfolger vorsehen. Da es die Entscheidung des ursprünglichen Netzbetreibers ist, ob und an wen er sein Nutzungsrecht verkaufen möchte, wird er als Ausgleich der von ihm in das Netz getätigten Investitionen und als Entgelt für die Übertragung der Rechte einen Kaufpreis verlangen.

---

961 Die Kommission hat in ihrer Sektoruntersuchung festgestellt, dass die Unabhängigkeit des Netzbetreibers durch das Pachtmodell nicht gewährleistet ist, vgl. Commission staff working document accompanying the Communication from the Commission - Inquiry pursuant to Article 17 of Regulation (EC) No 1/2003 into the European gas and electricity sectors (Final Report), SEK (2006) 1724.

962 *Behrendt/Schlereth*, BB 2006, 2053.

963 Palandt/*Grüneberg*, § 398 Rn 38; MükoBGB/*Roth*, § 398 Rn 3.

964 Vgl. z.B. § 10 Abs. 1 Musterkonzessionsvertrag-Strom, *Morell*, S. 47; § 10 Abs. 1 Musterkonzessionsvertrag-Gas, *Morell*, S. 55; § 8 Musterkonzessionsvertrag-Wasser, *Morell*, S. 56f; § 9 Musterkonzessionsvertrag-Fernwärme, *Morell*, S. 56k; § 17 Bundesmustervertrag 1987, *Morell*, Handbuch, Bd. II, Kennz. 6200; § 18 Rahmenvertrag, *Morell*, Handbuch, Bd. II, Kennz. 6130;

Ohne eine derartige Nachfolgeklausel ist auch ein Versorgungsunternehmen oder Netzbetreiber, dem das Eigentum an den Leitungen zusteht, zwar berechtigt, diese auf einen anderen zu übertragen. Der Erwerber müsste sich aber auch in diesem Fall um eine Nutzungsberechtigung des Grundstückseigentümers bemühen. Der Betrieb einer Anlage auf einem fremden Grundstück, sei es die eigene oder eine fremde, erfordert stets ein Recht, das fremde Grundstück nutzen zu dürfen.[965]

Es ist festzuhalten, dass einer Übertragung der Rechte und Pflichten aus einem Gestattungsvertrag auf einen anderen Netzbetreiber nichts im Wege steht, wenn eine Nachfolgeklausel vorhanden ist und der nachfolgewillige Netzbetreiber eine Gewähr für die Erfüllung der vertraglichen Pflichten übernimmt. Dies dürfte insbesondere bei Gestattungsverträgen mit langen Laufzeiten unproblematisch möglich sein.

Des Weiteren besteht die Möglichkeit, die Nutzungsrechte an den Leitungen im Wege einer Spaltung gemäß §123 UmwG auf einen anderen Rechtsträger zu übertragen. Bei dieser Gestaltungsvariante ist die Zustimmung des Grundeigentümers nicht erforderlich.

Ferner kann allein das Recht zur Nutzung der Leitungen gemäß § 398 BGB auf den Erwerber übertragen werden. In diesem Fall würden zwar die sich aus dem Nutzungsvertrag ergebenden Rechte und Pflichten getrennt, dies steht der theoretischen Möglichkeit dieses Lösungsweges allerdings nicht entgegen. Schließlich können die Beteiligten auch vertragliche Unternutzungsverträge vereinbaren.

b. Sonderfall: Übertragung der Leitungen der allgemeinen Versorgung gemäß § 46 Abs. 2 S. 2 EnWG

Etwas anderes könnte sich für Strom- und Gasleitungen der allgemeinen Versorgung im Sinne des § 46 Abs. 2 EnWG ergeben. In diesem Fall ist die Vertragslaufzeit auf 20 Jahre begrenzt. Gemäß § 46 Abs. 2 S. 2 EnWG ist der bisher Nutzungsberechtigte verpflichtet, seine für den Betrieb der allgemeinen Versorgung notwendigen Anlagen dem neuen Energieversorgungsunternehmen gegen Zahlung einer wirtschaftlich angemessenen Vergütung zu überlassen. Sinn und Zweck dieser Regelung ist es, einen „Wettbewerb um das Netz" zu gewährleisten.[966] Es ist umstritten, ob im Rahmen dieser Vorschrift die bloße Überlassung der Anlagen zur Nutzung die gesetzlichen Anforderungen erfüllt oder ob eine Eigentumsübertragung erforderlich ist.[967] Da der Netzbetreiber nicht Eigentümer

---

965 So auch Bartsch/Röhling/Salje/Scholz/*Böwing*, Kap. 13 Rn 3.

966 Begründung des Gesetzesentwurfs zur Neuregelung des Energiewirtschaftsrechts, BT-Drs. 13/7274, S. 12, 20.

967 Für eine weite Auslegung des Überlassensbegriffs vgl. OLG Frankfurt RdE 2008, 146ff.; *Kermel*, RdE 2005, 153ff.; *Säcker/Jaecks*, BB 2001, 997ff.; *Salje*, § 46 Rn 161; a.A. OLG Schleswig ZNER 2006, 154ff; *Becker*, ZNER 2002, 118ff.

der Anlagen ist, kommt vorliegend nur eine Nutzungsüberlassung an den Nachfolger in Betracht.

Problematisch ist, dass sich die Nutzungsberechtigung aus dem auslaufenden Konzessionsvertrag mit der Gemeinde ergibt. Da die Nutzungsbefugnis des ursprünglichen Netzbetreibers mit Ablauf des Konzessionsvertrages erlischt, hat er danach keine Berechtigung zum Betrieb des Netzes auf den Grundstücken der Gemeinde. Mit Abschluss des neuen Konzessionsvertrages mit dem Nachfolgeunternehmen erlangt dieser von der Gemeinde die Berechtigung, die Leitungen der allgemeinen Versorgung zu betreiben. Es stellt sich somit die Frage, welche Rechte an den Leitungen der alte auf den neuen Netzbetreiber gemäß § 46 Abs. 2 S. 2 EnWG übertragen muss.

Zwar endet mit Ablauf des Konzessionsvertrages die Nutzungsberechtigung des alten Netzbetreibers. Dieser wird aber weiterhin den unmittelbaren Besitz an den Energieversorgungsleitungen innehaben. Dies ergibt sich bereits aus dem Umstand, dass der Netzbetrieb trotz abgelaufenem Vertrag aufrechterhalten werden muss. Der Betrieb des Netzes setzt die tatsächliche Sachherrschaft an den Leitungen voraus. Der neue Netzbetreiber ist deshalb auf die Erlangung des Besitzes an den für den Betrieb der Netze der allgemeinen Versorgung im Gemeindegebiet notwendigen Verteilungsanlagen angewiesen. Diese Rechtsposition, der unmittelbare Besitz an den Leitungsanlagen, muss von dem alten auf den neuen Netzbetreiber übertragen werden.

Da der Netzbetreiber gemäß § 46 Abs. 2 S. 2 EnWG nur zur Überlassung der Anlagen gegen Zahlung einer angemessenen Vergütung verpflichtet ist, wird der neue Netzbetreiber die Übertragung des unmittelbaren Besitzes nur Zug-um-Zug gegen Zahlung einer wirtschaftlich angemessenen Vergütung verlangen können.

Bei entsprechenden vertraglichen Vereinbarungen insbesondere in Konzessionsverträgen für die Fernwärme- und Wasserversorgung[968], gilt das Gesagte entsprechend.

c. Wirtschaftlich angemessene Vergütung im Sinne des § 46 Abs. 2 S. 2 EnWG

Nach § 46 Abs. 2 S. 2 EnWG ist im Falle des Auslaufens eines Konzessionsvertrages „das bisher versorgende Unternehmen verpflichtet, seine für die allgemeine Versorgung im Gemeindegebiet notwendigen Verteilungsanlagen dem neuen Energieversorgungsunternehmen gegen Zahlung einer wirtschaftlich angemessenen Vergütung zu überlassen."

Der Gesetzgeber hat es unterlassen, eine Vergütung für die Überlassung der Verteilungsanlagen genauer zu bestimmen. Ziel der Regelung ist, dass ein

---

968 Vgl. z.B. § 7 Abs. 1 Musterkonzessionsvertrag-Wasser, *Morell*, S. 56e; § 11 Abs. 1 Musterkonzessionsvertrag-Fernwärme, *Morell*, S. 56k.

Versorgerwechsel nicht an prohibitiv hohen Kaufpreisen für das Netz scheitert.[969]

In Zeiten geschlossener Versorgungsgebiete war der Verkauf der Verteilungsanlagen nach Ablauf des Konzessionsvertrags die Regel. Als Kaufpreis wurde in den Konzessionsverträgen größtenteils der Sachzeitwert vereinbart. Der Sachzeitwert ist der auf der Grundlage des Tagesneuwertes, d.h. von Wiederbeschaffungswerten unter Berücksichtigung seines Alters und seines Zustandes ermittelte Restwert eines Wirtschaftsgutes im Sinne des Bruttorekonstruktionswertes.[970] Dieser gibt den Wert wieder, den ein gebrauchtes Wirtschaftsgut unter Berücksichtigung des aktuellen Neuwertes eines gleichwertigen Gutes und seines Alters und Erhaltungszustandes verkörpert.[971]

Der BGH hat in der „Kaufering"-Entscheidung im Jahr 1999 eine Kaufpreisvereinbarung auf Basis des Sachzeitwerts nicht per se als unwirksam angesehen. Der Sachzeitwert dürfe nicht prohibitiv überhöht sein, weil dann ein Wechsel des Netzbetreibers nicht realisiert werden könne. Nach Auffassung des BGH stellt der Sachzeitwert als vereinbarter Kaufpreis dann keine wirtschaftlich angemessene Vergütung (im Sinne des § 13 Abs. 2 S. 2 EnWG 1998) dar, wenn er den Ertragswert des Netzes nicht unerheblich übersteigt.[972]

Der BGH versteht unter dem "Ertragswert" des Netzes den äußersten Betrag, der aus der Sicht des Käufers unter Berücksichtigung der sonstigen Kosten der Stromversorgung einerseits und der zu erwartenden Erlöse aus dem Stromverkauf andererseits für den Erwerb des Netzes kaufmännisch und betriebswirtschaftlich vertretbar erscheint.[973] Die Ertragswertmethode entspricht der üblichen betriebswirtschaftlichen Bewertung eines fortzuführenden Unternehmens oder wirtschftlich genutzten Grundstücks, das ein Käufer erwirbt. Sie orientiert sich an den Ertragserwartungen des Käufers, die er mit der Übernahme des fortzuführenden Unternehmens bzw. der entsprechenden gewerblichen Nutzung verbindet.

Die Sachlage im Energiesektor hat sich seit der Kaufering-Entscheidung des BGH dahingehend geändert, dass bei der Ertragswertberechnung nicht mehr die Stromverkaufsgeschäfte berücksichtigt werden dürfen. Nach der Entflechtung kann beim Netzübergang nur noch auf die Erträge aus dem Netzgeschäft und somit auf die erzielbaren Netzentgelte abgestellt werden. Ob die Grundsätze der Kaufering-Entscheidung auch nach Inkrafttreten der Anreizregulierung noch Bestand haben werden, bleibt abzuwarten. Bei der Ertragswertberechnung sind allein die Erträge aus dem Netzbetrieb maßgeblich. Auf das zivilrechtliche Eigentum an den Leitungen kommt es für den wirtschaftlichen Betrieb des Netzes

---

969 Vgl. BT-Drs. 13/7274, S. 21f..
970 BGH RdE 2000, 108ff.
971 Bartsch/Röhling/Salje/Scholz/*Böwing*, Kap. 13 Rn 38.
972 BGH RdE 2000, 108ff.
973 BGH RdE 2000, 108ff.

nicht an. Der Netzbetreiber – als umfassend zur Nutzung der Anlagen Berechtigter – erzielt die Netzentgelte.[974] Das Ergebnis dieser Arbeit wirkt sich bei der Anwendung der Ertragswertmethode somit nicht auf die Ermittlung der wirtschaftlich angemessenen Vergütung im Sinne des § 46 Abs. 2 S. 2 EnWG aus.

Auch in der Rechtsprechung und in der Literatur wird der Sachzeitwert mit der Maßgabe des BGH, dass er den Ertragswert nicht erheblich übersteigt, grundsätzlich als zulässiges Entgelt für die Überlassung von Leitungen, die zu einem Energieversorgungsnetz der allgemeinen Versorgung gehören, angesehen.[975]

Der Sachzeitwert gelangt bei der Ermittlung von wirtschaftlich angemessenen Kaufpreisen zur Anwendung. Das Ergebnis dieser Arbeit hat jedoch gezeigt, dass eine Eigentumsübertragung mangels Eigentum der Netzbetreiber an den Leitungen von vornherein ausscheidet. Gemäß § 46 Abs. 2 S. 2 EnWG ist der alte Netzbetreiber verpflichtet, den unmittelbaren Besitz an den für den Betrieb der Netze der allgemeinen Versorgung im Gemeindegebiet notwendigen Verteilungsanlagen auf den neuen Netzbetreiber zu übertragen.[976] Der Sachzeitwert wird als wirtschaftlich angemessene Vergütung für die Erlangung des Eigentums an den Leitungen angesehen. Ob dies auch für die Übertragung des unmittelbaren Besitzes gelten kann, mag zunächst zweifelhaft erscheinen.

Bei der Frage der Angemessenheit der Vergütung ist auf die Rechtsposition abzustellen, die der Erwerber nach der Übertragung erlangt. Wie bereits ausgeführt, erlangt er zum einen die tatsächliche Sachherrschaft über die Anlagen. Mithilfe der eingeräumten Wegenutzungsrechte ermöglicht diese Position dem Erwerber die wirtschaftliche Nutzung der Anlagen. Der zivilrechtliche Eigentümer ist mangels tatsächlicher Sachherrschaft an den Leitungen nicht mehr in der Position, diese wirtschaftlich zu nutzen. Allein der neue Netzbetreiber kann nach der Übertragung des unmittelbaren Besitzes an den Verteilungsanlagen gemäß § 46 Abs. 2 S. 2 EnWG den wirtschaftlichen Wert dieser Leitungen uneingeschränkt für sich gebrauchen. Ein Netzbetreiber, dem das zivilrechtliche Eigentum an den Leitungen übertragen würde, würde keinen zusätzlichen wirtschaftlichen Vorteil im Vergleich zu dieser Position erlangen.

Zudem wird der Sachzeitwert für das bilanzierte Anlagevermögen ermittelt. Maßgeblich hierfür ist die steuerrechtliche Zuordnung von Wirtschaftsgütern. Wie bereits dargestellt sind die Leitungen dem Netzbetreiber als wirtschaftlichem Eigentümer gemäß § 39 Abs. 2 Nr. 1 AO zugeordnet.[977] Mit Erlangung des unmittelbaren Besitzes an den Anlagen sowie der entsprechenden Nutzungsrechte erlangt der neue Netzbetreiber eine Position, die es ihm ermöglicht, den zivilrechtlichen Eigentümer dauerhaft von der wirtschaftlichen Nutzung der

---

974 Vgl hierzu die Ausführungen unter Teil E Abschnitt II 1.

975 BGH ZNER 2006, 336ff.; LG Dortmund v. 10.7.2008, Az.: 13 O 126/08; Danner/*Theobald*, I, § 46 EnWG Rn 62ff.

976 Vgl. ausführlich den vorigen Abschnitt in Teil E Abschnitt II 3.b.

977 Vgl. ausführlich die Ausführungen in Teil E Abschnitt II 2.

Versorgungsleitungen auszuschließen. Der neue Netzbetreiber erlangt das wirtschaftliche Eigentum an den Netzen. Da bei der Ermittlung des Sachzeitwertes alleine das wirtschaftliche – und nicht das zivilrechtliche – Eigentum Berücksichtigung findet, kann der Sachzeitwert weiterhin als Grundlage für Netzübertragungen herangezogen werden.

Im Ergebnis ergeben sich auch bei der Ermittlung der wirtschaftlichen angemessenen Vergütung im Sinne des § 46 Abs. 2 S. 2 EnWG keine Besonderheiten.

d. Öffentlich-rechtliche Nutzungsrechte

Problematisch ist die Übertragung des Nutzungsrechts, wenn dieses mittels Verwaltungsakt eingeräumt wurde. Dies ist sowohl bei der wasserrechtlichen Duldungsanordnung als auch bei der Übertragung des Nutzungsrechts im Sinne des § 68 TKG gemäß § 69 Abs. 1 TKG auf Betreiber öffentlicher Telekommunikationsnetze der Fall. Bei der Erteilung dieser Verwaltungsakte kommt den persönlichen Merkmalen des Antragstellers eine entscheidende Bedeutung zu.[978] Es handelt sich deshalb um personengebundene Verwaltungsakte, deren Rechtsnachfolge einer besonderen Rechtsgrundlage im materiellen Recht bedarf.[979] Eine entsprechende Regelung enthalten weder das TKG noch die Landeswassergesetze.[980]

Die mittels Verwaltungsakt gewährten Nutzungsberechtigungen können somit in der Regel nicht auf Dritte übertragen werden.[981] Anders zu beurteilen ist die in der Praxis verbreitete Übertragung von bereits verlegten Telekommunikationslinien auf Unternehmen, denen ebenfalls gemäß § 69 TKG das öffentliche Wegerecht von der BNetzA übertragen wurde.[982]

Das telekommunikationsrechtliche Nutzungsrecht gemäß § 76 Abs. 1 Nr. 1 TKG ist akzessorisch zum Bestand des Leitungsrechts, das an dem Grundstück besteht.[983] Bei einer Übertragung der Dienstbarkeit geht das Nutzungsrecht gemäß § 76 Abs. 1 Nr. 1 TKG immer mit über. Allerdings ist eine Übertragung der Dienstbarkeit nur einheitlich möglich. Eine Teilung nach ihren Befugnissen ist nach § 1092 Abs. 3 S. 2 BGB ausgeschlossen. Daher ist eine Abspaltung einzel-

---

978 Vgl. z.B. die in § 69 Abs. 2 TKG normierten Voraussetzungen.

979 *Kopp/Ramsauer*, § 13 Rn 59; § 43 Rn 13ff.

980 Reg TP, Mitt.Nr. 236/2004, ABl. Reg TP 2004, 785 ff. (s. Hinweis Nr. 4). Früher konnte das Wegerecht gemäß § 9 TKG 1996 gemeinsam mit der Lizenz übertragen werden. Mit dieser Nachfolgeklausel wurde allerdings zugleich sichergestellt, dass auch der vorgesehene neue Rechtsinhaber die personenbezogenen Voraussetzungen besitzt.

981 So auch *Hoenike/Giebel*, MMR 2005, 219f.; *Heun*, Kap. F Rn 71ff. bejaht hingegen eine Übertragbarkeit des Wegerechts im Zuge einer identitätswahrenden Gesamtrechtsnachfolge.

982 Die sich in dieser Konstellation in der Praxis ergebenden Probleme sind vom Eigentum an den Leitungen unabhängig. Vgl. hierzu *Heun*, Kap. F Rn 179ff.

983 BerlKommTKG/*Dörr*, § 76 Rn 23; Hoeren/*Bornhofen*, Kap. 4.3. Rn 64.

ner Befugnisse zwecks Übertragung auf verschiedene Rechtsträger unzulässig.[984]

Bei einem schuldrechtlichen Leitungsrecht teilt das telekommunikationsrechtliche Nutzungsrecht dessen Schicksal. Das Nutzungsrecht gemäß § 76 Abs. 1 Nr. 2 TKG besteht kraft Gesetz, solange die Voraussetzungen gegeben sind. Wird der Besitz an den Telekommunikationslinien auf einen Dritten übertragen, kann sich dieser deshalb genauso auf § 76 Abs. 1 Nr. 2 TKG berufen.

e. Zusammenfassung

Die rechtliche Erkenntnis, dass nicht den Versorgungsunternehmen oder Netzbetreibern, sondern den Grundstückseigentümern das Eigentum an den Leitungen zusteht, ruft für die Praxis der Übertragung des Versorgungsnetzes keine besonderen Schwierigkeiten hervor. Denn jede wirtschaftlich sinnvolle Übertragung des Eigentums am Netz setzt die Zulässigkeit der gleichzeitigen Übertragung des Nutzungsrechts für die sich auf fremden Grund und Boden befindlichen Leitungen voraus.[985]

In den Fällen, in denen eine Übertragung der Nutzungsbefugnis nicht möglich ist, ergeben sich dieselben Schwierigkeiten, die auch den Übergang des Eigentums an den Leitungen behindern würden, wenn dieses den Versorgungsunternehmen oder Netzbetreibern zugeordnet werden könnte.

4. Veräußerung der Netze

Da die Netzbetreiber oder Versorgungsunternehmen nicht Eigentümer der Leitungen sind, können sie auch nicht das Eigentum an ihnen veräußern. Es bleibt jedoch die Möglichkeit die Nutzungsrechte an den Versorgungsleitungen gegen Entgelt an einen Erwerber zu übertragen. Auch bei einer Übertragung des Eigentums an den Leitungen müssten die bestehenden Nutzungsrechte auf den Erwerber übertragen werden.[986]

Hierfür müssen sämtliche bestehenden Nutzungsbefugnisse auf den Erwerber übergehen. Der Erwerber erlangt hierdurch die Befugnis das Versorgungsnetz wirtschaftlich zu nutzen und Erträge zu erzielen. Für die Erlangung der wirtschaftlichen Nutzungsbefugnis wird zwischen den Parteien ein Entgelt vereinbart. Auch wenn der Erwerber nicht das zivilrechtliche Eigentum an den Anlagen erlangen kann, ändert sich im Ergebnis am wirtschaftlichen Wert des Erlangten nichts.[987] Die Vereinbarung eines Entgeltes unterliegt den Grundsätzen der Privatautonomie, so dass es den Parteien belassen ist ein Entgelt als Gegen-

---

984 MüKoBGB/*Joost*, § 1092 Rn 17.

985 So auch auch Bartsch/Röhling/Salje/Scholz/*Böwing*, Kap. 13 Rn 3.

986 Vgl. hierzu die Ausführungen unter Teil E Abschnitt II 3.

987 Vgl. hierzu die Ausführungen zur wirtschaftlich angemessenen Vergütung gemäß § 46 Abs. 2 S. 2 EnWG unter Teil E Abschnitt II 3.c.

leistung für die Nutzungsbefugnis und den unmittelbaren Besitz an den Versorgungsleitungen zu bestimmen.

5. Verträge im Rahmen des Legal Unbundlings

Gemäß § 7 Abs. 1 EnWG haben vertikal integrierte Versorgungsunternehmen[988] sicherzustellen, dass der Netzbetrieb hinsichtlich der Rechtsform von den anderen Tätigkeitsbereichen der Energieversorgung unabhängig ist (Legal Unbundling). Seit dem 1.7.2007[989] sind alle vertikal integrierten Strom- und Gasversorger, die nicht unter die De Minimis-Regel des § 7 Abs. 2 EnWG fallen, zur rechtlichen Entflechtung verpflichtet.

Schon im Vorfeld der Regelung sind unterschiedliche Modelle zur Umsetzung des Legal Unbundling diskutiert worden.[990] In der Praxis haben sich das Übertragungsmodell, in dem das Eigentum an den Vermögensgegenständen des Energienetzbetriebs in die Netzgesellschaft eingebracht wird, und das Pachtmodell, in dem die Vermögensgegenstände des Netzbetriebs lediglich an die Netzgesellschaft verpachtet wird, durchgesetzt.

Bei Umsetzung der Entflechtungsvorgaben des § 7 Abs. 1 EnWG im Wege des Pachtmodells ergeben sich aus dem Ergebnis dieser Arbeit keine Besonderheiten. Dieses Modell beruht auf dem Gedanken, dass auf den Netzbetreiber nicht das Eigentum, sondern lediglich die uneingeschränkte Nutzungsbefugnis übertragen wird. Die möglichen Schwierigkeiten bei der Übertragung des Nutzungsrechts bestehen unabhängig davon, wer Eigentümer der Netze ist.

Das Übertragungsmodell basiert hingegen auf der Übertragung des Eigentums an den Netzen auf die Netzgesellschaft. Da das Eigentum an allen nicht dinglich gesicherten Leitungen aber gemäß § 946 BGB im Eigentum des Grundstückseigentümers steht, kann es nicht vom ehemals vertikal integrierten Versorgungsunternehmen auf die neue Netzgesellschaft übertragen werden.

Es stellt sich mithin die Frage, wie sich das Ergebnis dieser Arbeit auf die im Wege des Übertragungsmodells bereits vollzogenen Rechtsakte auswirkt.

Wenn die Übertragung der Netze auf die neue Netzgesellschaft als Asset Deal im Wege der rechtsgeschäftlichen Einzelrechtsnachfolge vollzogen wird, muss der sachenrechtliche Bestimmtheitsgrundsatz berücksichtigt werden. Wird rechtsgeschäftlich vereinbart, dass das Eigentum an den bezeichneten Leitungen vom Versorgungsunternehmen auf die Netzgesellschaft übergehen soll, so han-

988 Gemäß der De Minimis-Klausel des § 7 Abs. 2 sind kleine Strom- und Gasversorgungsunternehmen, an deren Netz weniger als 100.000 Kunden unmittelbar oder mittelbar angeschlossen sind, von der Verpflichtung zur rechtlichen Entflechtung ausgenommen.

989 Die Übergangsfrist für Verteilnetzbetreiber ist gemäß § 7 Abs. 3 EnWG mit diesem Datum abgelaufen.

990 Vgl. ausführlich zu den gesellschaftsrechtlichen Möglichkeiten *Säcker*, DB 2004, 691ff.; *Salje*, § 7 Rn 19ff.

delt es sich um die Vereinbarung einer unmöglichen Leistung gemäß § 275 Abs. 1 BGB.

Folglich ist zu prüfen, wie mit dieser Unmöglichkeit umzugehen ist. Bei der Verpflichtung, das Eigentum an den Netzen auf die Netzgesellschaft zu übertragen, handelt es sich um eine vertragliche Willenserklärung. Es kann davon ausgegangen werden, dass die Parteien in den Verträgen keine ausdrückliche Erklärung für den Fall getroffen haben, dass die Leitungen nicht im Eigentum des übertragenden Versorgungsunternehmens stehen.[991] Folglich ist im Wege der ergänzenden Vertragsauslegung gemäß §§ 157, 242 BGB der hypothetische Wille der Parteien zu ermitteln, der sich aus der konkreten Interessenlage der Parteien und den Umständen bei vernünftiger Abwägung als sachgerechte und angemessene Regelung ergibt.[992] In der Praxis ist es üblich, diese gesetzlichen Vorgaben der §§ 157, 242 BGB in einer Salvatorischen Klausel umzusetzen.

Die Übertragung der Netze auf die Netzgesellschaft dient der Erfüllung der gesetzlichen Vorgaben des Legal Unbundlings. Zielsetzung des § 7 EnWG ist es, den Netzbetrieb von vertikal integrierten Energieversorgungsunternehmen in eigenen Netzgesellschaften wahrnehmen zu lassen, in denen nicht die sonstigen wettbewerbsrelevanten Tätigkeitsbereiche der Versorgung mit Strom und Gas angesiedelt sind. Der Übertragungsvertrag sollte dazu führen, dass der Netzbetrieb von der übertragenden Versorgungsgesellschaft auf die Netzgesellschaft übergeht. Ziel des Rechtsgeschäfts ist es deshalb, dass sich die Versorgungsgesellschaft gänzlich vom Netz trennt und dieses allein bei der Netzgesellschaft angesiedelt wird.

Zwar ist das Versorgungsunternehmen nicht Eigentümer der Leitungen; ihm steht aber die alleinige für den Netzbetrieb erforderliche Nutzungsberechtigung über die Netze und die fremden Grundstücke zu. Um das mit dem Übertragungsgeschäft angestrebte Ziel der Parteien zu erreichen, müssen sämtliche für den Netzbetrieb erforderlichen Rechte auf die Netzgesellschaft übergehen.

Die Übertragungsvereinbarung ist mithin gemäß §§ 157, 242 BGB dahingehend auszulegen, dass dann, wenn eine Eigentumsübertragung unmöglich ist, in jedem Fall sämtliche dem Versorgungsunternehmen zustehenden Rechte am Versorgungsnetz auf die Netzgesellschaft übertragen werden sollen.

Des Weiteren wurde die Netzübertragung als Share Deal im Wege der Aufspaltung (§ 123 Abs. 1 UmwG), der Abspaltung (§ 123 Abs. 2 UmwG) oder der Ausgliederung (§ 123 UmwG) vorgenommen. Mit Eintragung der Spaltung gehen gemäß § 131 Abs. 1 Nr. 1 UmwG die im Spaltungsvertrag bezeichneten Vermögensteile als Gesamtheit auf den übernehmenden Rechtsträger über. Wegen des sachenrechtlichen Bestimmtheitsgrundsatzes müssen gemäß § 126 Abs. 1 Nr. 9 UmwG der Betriebsteil sowie die Gegenstände und Verbindlichkei-

---

991 Diese Annahme beruht auf der bisher ganz herrschenden Meinung, dass die Versorgungsleitungen im Eigentum des Versorgungsunternehmens stehen.

992 BGHZ 9, 273, 277f; *Larenz/Wolf*, § 28 Rn 113; *Medicus*, AT, Rn 338ff.

ten zumindest bestimmbar sein, die mit Wirksamwerden der Spaltung im Wege der partiellen Gesamtrechtsnachfolge auf den übernehmenden Rechtsträger übergehen sollen. Hierbei kann auf die Bilanz Bezug genommen werden.[993] Der Spaltungsvertrag enthält deshalb eine genaue Bezeichnung der Vermögensgegenstände des Netzbetriebs.

Auch beim Share Deal kann das Versorgungsunternehmen nur die Rechtsposition an die Netzgesellschaft übertragen, die ihm selber zusteht. Sollte im Spaltungsvertrag die Übertragung des Eigentums an den Netzen vorgesehen sein, muss auch dieser im Wege der ergänzenden Vertragsauslegung dahingehend ausgelegt werden, dass sämtliche für den Netzbetrieb erforderlichen Rechte, die dem Versorgungsunternehmen zustehen, auf die Netzgesellschaft übergehen.

6. Veräußerung des Grundstücks

Es stellt sich die Frage, was geschieht, wenn der Grundstückseigentümer sein Eigentum an dem Grundstück und damit auch an den Leitungen als dessen wesentliche Bestandteile auf einen Dritten überträgt.

Die gängigen Konzessions- und Gestattungsverträge für die Nutzung öffentlicher Verkehrswege zur Leitungsverlegung enthalten die Pflicht der Gemeinde, das Versorgungsunternehmen oder den Netzbetreiber über die Veräußerungsabsicht zu unterrichten und zu dessen Gunsten vor der Veräußerung eine beschränkt persönliche Dienstbarkeit an dem Grundstück einzuräumen.[994]

Das telekommunikationsrechtliche Wegerecht normiert in § 72 Abs. 2 TKG, dass die Nutzungsberechtigung mit Einziehung des Verkehrsweges erlischt. Allerdings ergibt sich aus dem gesetzlichen Schuldverhältnis zwischen dem Nutzungsberechtigten und dem Wegeunterhaltspflichtigen eine Abwicklungs- und Vorsorgeverpflichtung des Unterhaltspflichtigen. Er ist verpflichtet die verbleibende Leitung – wenn ihr Fortbestand die Nutzung des Grundstücks nicht beeinträchtigt – in ihrem Bestand durch Eintragung einer beschränkt persönlichen Dienstbarkeit zu schützen, bevor das entwidmete Grundstück eigentumsmäßig an einen Dritten übertragen wird.[995] Das sich aus der Dienstbarkeit ergebende Recht erstreckt sich auf die wesentlichen Grundstücksbestandteile, die für die eingeräumte Nutzung erforderlich sind und somit auch auf die Leitungen. Da dingliche Rechte eine absolute Wirkung haben, kann sich das Versorgungsunternehmen oder der Netzbetreiber auch gegenüber dem neuen Grundstückseigentümer auf dieses Nutzungsrecht berufen.

---

993 Semler/Stengel/*Schröer*, § 126 Rn 61.

994 § 2 Abs. 4 Musterkonzessionsvertrag-Strom, *Morell*, S. 42; § 2 Abs. 4 Musterkonzessionsvertrag-Gas, *Morell*, S. 50; § 1 Abs. 9 Musterkonzessionsvertrag-Wasser, *Morell*, S. 56a; § 2 Abs. 3 Musterkonzessionsvertrag-Fernwärme, *Morell*, S. 56h. So auch § 10 Abs. 2 des Musters für einen Mitbenutzungsvertrag für Telekommunikationslinien ohne dingliche Sicherung über die Benutzung von Grundstücken im kommunalen Eigentum, die nicht öffentliche Verkehrswege sind, *Heun*, Kap. F Anhang, S. 563.

995 Überzeugend *Schmidt, J.*, ArchivPT 1994, 141; Hoeren/*Freund*, Kap. 4.2. Rn 42.

Wenn sich das Nutzungsrecht des Versorgungsunternehmens oder Netzbetreibers aus den Allgemeinen Anschluss- und Versorgungsbedingungen ergibt, geht dieses nicht automatisch auf den Rechtsnachfolger über. In der Regel dürfte es aber auch zum Abschluss eines Anschluss- und Versorgungsverhältnisses mit dem neuen Grundstückseigentümer kommen.

Wenn die der Verbindung zugrundeliegenden Gestattungsverträge die Benutzung des Grundstücks zur Leitungsverlegung gegen Zahlung eines Entgelts vorsehen, handelt es sich um Mietverträge. Die sich hieraus ergebenden Rechte und Pflichten gehen gemäß § 566 Abs. 1 BGB auf den Käufer über.

Teilweise werden Rechtsnachfolgeklauseln in den Gestattungsverträgen vereinbart.[996] Hiermit verpflichtet sich der Grundstückseigentümer, im Falle der Veräußerung seines Grundstücks die obligatorischen Rechte und Pflichten auf den Grundstückserwerber zu übertragen. Durch eine rein vertragliche Regelung tritt der Grundstückserwerber allerdings nicht automatisch in die Rechtsstellung des Grundstücksveräußerers. Es bedarf hierfür einer entsprechenden Vereinbarung. Wenn diese unterbleibt, steht dem Versorgungsunternehmen oder Netzbetreiber kein Nutzungsrecht gegenüber dem neuen Eigentümer zu, sondern allenfalls ein schuldrechtlicher Schadensersatzanspruch gegen den alten Eigentümer.

Das telekommunikationsrechtliche Nutzungsrecht gemäß § 76 Abs. 1 Nr. 1 TKG ist akzessorisch zum Bestand des an dem Grundstück bestehenden Leitungsrechts. Handelt es sich hierbei um ein dingliches Recht, das auch gegenüber einem neuen Eigentümer Wirkung entfaltet, so gilt dies auch für das Leitungsrecht gemäß § 76 Abs. 1 Nr. 1 TKG. Bei einem obligatorischen Leitungsrecht teilt das telekommunikationsrechtliche Nutzungsrecht dessen Schicksal. Das Nutzungsrecht gemäß § 76 Abs. 1 Nr. 2 TKG besteht an dem Grundstück, solange die Voraussetzungen gegeben sind und ist unabhängig davon, wer Eigentümer des Grundstücks ist.

Wenn keine Nachfolgeklausel besteht, ändert sich an den Folgen durch den Umstand, dass die Leitungen wesentliche Bestandteile des Grundstücks sind, nichts. Der Netzbetreiber muss sich bemühen, auch mit dem neuen Grundstückseigentümer eine Nutzungsvereinbarung abzuschließen. Ohne eine wirksame Nutzungsberechtigung sind auch die Eigentümer störender Anlagen gemäß § 1004 BGB verpflichtet, diese vom Grundstück zu beseitigen.

7. Zwangsversteigerung des Grundstücks

Da die Leitungen wesentliche Grundstücksbestandteile darstellen, können sich bei einer insolvenz- oder sonstigen befriedigungsbedingten Zwangsversteigerung des Grundstücks Nachteile für den Netzbetrieb ergeben. Dieses Problem beschränkt sich auf in Privatgrundstücken verlegte Leitungen. Anders als

---

[996] *Morell*, Handbuch, Bd. I, Kennz. 0120, S. 35.

Scheinbestandteile unterliegen wesentlichen Grundstücksbestandteile gemäß §§ 55 Abs. 1, 20 Abs. 2 ZVG, 1120 BGB der Zwangsversteigerung.

Aber auch Scheinbestandteile können gemäß §§ 90 Abs. 2, 55 Abs. 1, 20 Abs. 2 ZVG, 1121 Abs. 1 BGB nur durch eine Entfernung vom Grundstück von der Haftung frei werden. Da die Entfernung der Leitungen oft sehr kostenintensiv ist und eine nachträgliche Weiterverwendung nicht in Betracht kommt, wird der Netzbetreiber oder das Versorgungsunternehmen je nach den Umständen des Einzelfalls bemüht sein, die Leitungen auf dem Grundstück zu belassen und weiterzunutzen.

Wenn die Gestattungsverträge eine entgeltliche Benutzung des Grundstücks vorsehen, handelt es sich um Mietverträge. Diese bestehen gemäß §§ 57 ZVG, 566 Abs. 1 BGB mit dem Ersteher fort. Dem Ersteher steht allerdings ein Sonderkündigungsrecht gemäß § 57 a ZVG zu.

Auch in dieser Fallkonstellation treten keine zusätzlichen praktischen Probleme auf, die den Bedürfnissen des Rechtsverkehrs zuwiderlaufen. Denn auch dann, wenn man das Eigentum an den Leitungen dem Versorgungsunternehmen oder dem Netzbetreiber zuweist, kann ein lediglich obligatorisch Nutzungsberechtigter von diesem Sonderkündigungsrecht betroffen sein. Auch der Eigentümer der Leitung müsste sich um ein anderweitiges Nutzungsrecht bemühen oder, wenn dies nicht gelingt, die Nutzung einstellen.

8. Versorgungsleitungen als Kreditsicherheit

Fraglich ist, welche Möglichkeiten für das Versorgungsunternehmen oder den Netzbetreiber bestehen, die Versorgungsleitungen zur Sicherung, z.B. bei der Aufnahme von Fremdkapital, einzusetzen.

Wenn die Versorgungsleitungen im Eigentum der Grundstückseigentümer stehen, kommt eine Besicherung des Netzes in Form von einer Sicherungsübereignung gemäß §§ 930, 868 BGB der Leitungen nicht in Betracht.

Das Eigentum an den Leitungen an sich stellt für einen möglichen Kreditgeber noch keine verwertbare Position dar. Ohne die entsprechenden Nutzungsrechte ist eine wirtschaftlich sinnvolle Verwertung der über fremde Grundstücke verlaufenden Leitungen nicht möglich. Denn für den Leitungsbetrieb bedarf es stets eines Nutzungsrechts am fremden Grundstück oder an der fremden Leitung.

Wenn das Nutzungsrecht mittels einer beschränkt persönlichen Dienstbarkeit eingeräumt ist, kann diese als Sicherheit eingesetzt werden. Hierfür kann die Dienstbarkeit gemäß § 1092 Abs. 3 BGB auf den Kreditgeber übertragen werden. In dem Sicherungsvertrag wird dem Versorgungsunternehmen das Recht zur Nutzung der Anlagen zurückübertragen. Ferner ist der Kreditgeber verpflichtet, die beschränkt persönliche Dienstbarkeit an das Versorgungsunternehmen zu übertragen, sobald der Sicherungszweck sich erledigt hat.

Alternativ kann das Versorgungsunternehmen dem Kreditinstitut die Dienstbarkeit aufschiebend bedingt für den Fall übertragen, dass der Sicherungsfall eintritt, das heißt die Grunddienstbarkeit verwertet werden muss. Dieser Anspruch auf Abtretung der Dienstbarkeit kann durch eine Vormerkung gemäß § 883 BGB dinglich gesichert werden.

Die vertraglich eingeräumten Rechte zur Nutzung können gemäß § 398 BGB abgetreten werden. Wenn allerdings ein periodisch zu zahlender Mietzins vereinbart ist, besteht die Gefahr, dass der Grundstückseigentümer bei Nichterbringung dieser Pflicht den Gestattungsvertrag kündigt.

Die Übertragung der Nutzungsrechte stellt für den Kreditgeber auch nur dann eine verwertbare Position dar, wenn hiervon alle für den Netzbetrieb erforderlichen Leitungen umfasst sind. Insbesondere im Telekommunikationsbereich dürfte dies nicht möglich sein, da das Wegerecht gemäß §§ 68, 69 TKG nicht auf Dritte übertragen werden kann.

Insgesamt stellen nicht die Leitungen an sich den wirtschaftlichen Wert des Netzbetriebs dar, sondern deren berechtigte tatsächliche Nutzung. Wenn für die Nutzung durch einen Dritten ein Anspruch auf Zahlung eines Entgelts besteht, wie dies im Energierecht gemäß § 20 Abs. 1 EnWG der Fall ist, können diese Forderungen zur Sicherung abgetreten werden.

9. Investitionen in die Netze

In Anbetracht der dringend erforderlichen und energiepolitisch geforderten Investitionen in die Versorgungsnetze, stellt sich die Frage, wie sich dass Ergebnis dieser Arbeit in diesem Bereich auswirkt. Es ist zu unterscheiden zwischen Investitionen zur Errichtung neuer Trassen und solche in bereits bestehende Netze.

Bei der Errichtung neuer Trassen sind die zwingenden sachenrechtlichen Vorgaben bereits bei der Vertragsgestaltung mit den jeweiligen Grundstückseigentümern zu berücksichtigen. Hierbei ist auf die Einräumung dinglicher Nutzungsrechte hinzuwirken, die eine Sonderrechtsfähigkeit der Leitungen gemäß § 95 Abs. 1 S. 2 BGB zur Folge haben. Auf diesem Wege ist die Erlangung des zivilrechtlichen Eigentums an den neu zu verlegenden Trassen möglich. Die beschränkt persönliche Dienstbarkeit könnte zudem zur Sicherheit an einen Kreditgeber übertragen werden.[997]

Zudem besteht die Möglichkeit die Netzentgeltforderungen gegen Dritte zur Sicherheit abzutreten. Diese stellen ohnehin die wirtschaftlich wertvollste Sicherungsposition dar.

Bei Investitionen in bereits bestehende Netze ist zu unterscheiden, ob an diesen dingliche Nutzungsrechte bestehen. Wenn dies der Fall ist, sind die Leitungen

---

[997] Vgl. hierzu die Ausführungen im vorigen Abschnitt (Teil E Abschnitt II 8).

sonderrechtsfähig, so dass bei Investitionsmaßnahmen, die eine Verbindung beweglicher Sachen zur Folge haben, § 947 BGB zur Anwendung gelangt.

Bei lediglich schuldrechtlich gesicherten und somit im Eigentum des Grundstückseigentümers stehenden Versorgungsleitungen kommt zum Teil eine Übertragung dieser Nutzungsrechte in Betracht.[998] Es bedarf somit einer genauen Betrachtung der bestehenden Verträge dahingehend, ob die eingeräumte Nutzungsbefugnis übertragbar ist. In der Regel ist es geplant, die getätigten Investitionen über die Netzentgelte zu refinanzieren. Maßgeblich ist somit nicht, wem das Eigentum an den Leitungen zusteht, sondern wer befugt ist die Netzentgelte zu verlangen.

In diesen Fällen ist die Erlangung zivilrechtlichen Eigentums an den Leitungen nicht möglich, da diese gemäß § 946 BGB im Eigentum des Grundstücksbesitzers stehen. Dem Eigentum an sich kann aufgrund der Besonderheiten der Netzwirtschaften allerdings kein gehobener wirtschaftlicher Wert beigemessen werden. Eine wirtschaftlich sinnvolle Verwertung des Eigentums an den Leitungsanlagen ohne die entsprechende Nutzungsbefugnis ist nicht denkbar. Somit ist auch aus der Sicht eines Investors maßgeblich, wem die Befugnis, die Leitungen wirtschaftlich zu nutzen, zusteht.

10. Haftungsfragen

Fraglich ist, wie sich die von der h.M. abweichende Eigentumszuordnung auf Haftungsfragen auswirkt.

Die Herstellung und der Betrieb von Leitungsanlagen, die Flüssigkeiten, Gase, Dämpfe oder Elektrizität weiterführen und durchleiten, bergen ein erhebliches Gefahrenpotenzial, das zu Schäden führen kann. Aus diesem Grund hat der Gesetzgeber im Jahr 1978 die Gefährdungshaftung für Folgen der Wirkung und des Zustandes, die von Rohrleitungsanlagen ausgehen, in § 2 HPflG normiert.[999]

Gemäß § 2 Abs. 1 S. 1 HPflG ist der Inhaber der Anlage zur Haftung verpflichtet. Für die Inhaberschaft ist maßgeblich, wer die tatsächliche Herrschaft über den Betrieb ausübt und die hierfür erforderlichen Weisungen erteilen kann.[1000] Aufgrund der umfassend eingeräumten Nutzungsberechtigung ist das jeweilige Versorgungsunternehmen oder der Netzbetreiber Inhaber der Anlage und somit die haftende Partei nach § 2 Abs. 1 S. 1 HPflG. Daraus folgt, dass das Eigentum an den Leitungen für die Gefährdungshaftung gemäß § 2 HPflG nicht maßgeblich ist.[1001]

---

998 Vgl. hierzu die Ausführungen in Teil E Abschnitte II 3 und II 8.

999 Vgl. ausführlich zur Entstehung der Norm *Filthaut*, § 2 Rn 1f.

1000 BGH NJW 1989, 104; NJW-RR 2007, 824; NJW-RR 2008, 772; OLG Naumburg r+s 1995, 16f.; *Filthaut*, § 2 Rn 45f. m.w.N.

1001 So auch *Filthaut*, § 2 Rn 45; *Schenek*, BWGZ 2008, 60.

Grundsätzlich trifft gemäß § 836 BGB unter den dort genannten Voraussetzungen den Grundstücksbesitzer die Haftung für die sich auf dem Grundstück befindlichen Anlagen. Hierbei werden das Verschulden des Grundstücksbesitzers und die Kausalität zwischen dem Verschulden und dem eingetretenen Schaden vermutet.[1002]

Danach haftet der Besitzer eines Grundstücks, wenn durch den Einsturz eines mit dem Grundstück verbundenen Werks oder durch die Ablösung von Teilen des Werks ein Mensch getötet, der Körper oder die Gesundheit eines Menschen verletzt oder eine Sache beschädigt wird. Unter eine „Ablösung" von „Werken" fällt z.B. der Bruch eines Leitungsrohrs[1003], das Herabfallen einer Stromleitung[1004] oder das Umstürzen eines Leitungsmasts[1005]. Eine wesentliche Haftungseinschränkung besteht jedoch darin, dass der Schaden nach Sinn und Zweck der Vorschrift durch die „bewegende wirkende Kraft des Einsturzes oder der Ablösung" verursacht sein muss.[1006]

Diese Haftung wird in den Fällen des § 837 BGB auf den Eigenbesitzer des Gebäudes oder des anderen Werks übertragen. Nach dem Grundsatz, dass die deliktsrechtlichen Sorgfaltspflichten an diejenige Partei zu adressieren sind, die zur Steuerung der Gefahr am besten in der Lage ist, der also die relativ effektivsten und kostengünstigsten Sicherheitsmaßnahmen zu Gebote stehen, tritt die Haftung des Besitzers der Anlage an die Stelle des Grundstücksbesitzers.

Diese Haftung ist unabhängig von der Eigentümerstellung und stellt ausschließlich darauf ab, ob die tatsächliche Herrschaft über das Gebäude oder Werk ausgeübt werden kann und im Verhältnis zum Eigenbesitzer des Grundstücks auch ausgeübt werden soll.[1007] Auf welcher Rechtsgrundlage der Besitz ausgeübt wird, ist unerheblich.[1008] Somit ist das Eigentum an den Leitungen auch für die Haftung für vermutetes Verschulden gemäß § 836, 837 BGB ohne Bedeutung.

Unberührt bleibt des Weiteren die Haftung aufgrund sorgfaltswidrigen Verhaltens, das von der Eigentümerstellung unabhängig ist. Hierfür enthalten die Gestattungsverträge regelmäßig eine Beweislastumkehr zulasten des Versorgungsunternehmens oder des Netzbetreibers.[1009] Ferner hat das Versorgungsunternehmen oder der Netzbetreiber die Gemeinde in der Regel von etwaigen Scha-

1002 Palandt/*Sprau*, § 836 Rn 1; MüKoBGB/*Wagner*, § 836 Rn 2.

1003 RGZ 133, 1, 6; BGH, VersR 1958, 194; 1971, 452; MDR 1983, 1000; BGH NJW 2003, 2378; OLG Köln, VersR 1977, 1035 L; OLG Hamm, VersR 1978, 1146; LG Karlsruhe, VersR 1988, 694.

1004 RGZ 147, 353, 356.

1005 OLG Kolmar, DRiZ 1912, 760.

1006 BGH MDR 1983, 1000f.

1007 MüKoBGB/*Wagner*, § 837 Rn 4.

1008 Bamberger/Roth/*Spindler*, § 837 Rn 2.

1009 Z.B. § 6 S. 2 Musterkonzessionsvertrag-Strom, *Morell*, S. 45; § 6 S. 2 Musterkonzessionsvertrag-Gas, *Morell*, S. 53.

densersatzansprüchen Dritter freizustellen, die bei der Errichtung, Änderung, Entfernung oder dem Betrieb der Anlagen entstehen.[1010]

Das Eigentum des Grundstückseigentümers an den Leitungen könnte allerdings Auswirkungen auf die Verantwortung für stillgelegte Leitungen haben. Insbesondere von den teilweise giftigen Substanzen der stillgelegten Rohrleitungen und den Rückständen des Transportguts können Gefahren für die Umwelt ausgehen.

Wenn von einem Grundstück Gefahren für die Umwelt ausgehen, sind im Bodenschutzrecht neben dem Verursacher gemäß § 4 Abs. 3 S. 1 BBodSchG der Grundstückseigentümer oder der Inhaber der tatsächlichen Gewalt als Zustandsstörer sanierungsverantwortlich.[1011] Auch § 22 Abs. 2 WHG stellt bei der Haftung für Schäden, die durch Stoffe, die aus einer Anlage in ein Gewässer gelangen, auf den Inhaber der Anlagen ab. Inhaber ist derjenige, in dessen Namen und auf dessen Rechnung die Anlage betrieben wird, der nach außen hin als der Verantwortliche auftritt und die tatsächliche Gewalt über die Anlage ausübt.[1012] Der Inhaber muss mithin nicht der Eigentümer sein.

In vielen Konstellationen dürfte die Eigentumszuordnung somit keine Konsequenzen für eine mögliche Haftung des Grundstückseigentümers aufgrund der verlegten Versorgungsleitung haben.

Allerdings sind Fallkonstellationen denkbar, in denen von Leitungen Jahre nach ihrer Stilllegung Gefahren ausgehen. So können z.B. mangelhaft verfüllte Rohrleitungen zu Einstürzen der Grundstücksoberfläche führen. Ferner geraten die stillgelegten Leitungen vielfach in Vergessenheit. Diese alten Rohre können Gefahren für die Umwelt, insbesondere das Grundwasser, darstellen. Ein Betreiber ist vielfach nicht mehr auffindbar. In diesen Fällen kommt eine Haftung des Grundstückseigentümers nicht nur nach § 4 Abs. 3 S. 1 BBodSchG, sondern auch gemäß § 823 BGB in Betracht.

III. Fazit

An diesen Beispielen zeigt sich, dass auch bei einer richtigen Anwendung der sachenrechtlichen Grundsätze und Vorschriften ein den Bedürfnissen des Rechtsverkehrs entsprechendes Ergebnis erzielt werden kann.

Die aufgeführten Beispiele haben gezeigt, dass für den wirtschaftlichen Betrieb des Netzes weniger das zivilrechtliche Eigentum an den Leitungen, als die wirtschaftliche Nutzungsbefugnis maßgeblich ist. Die zentrale Position ist hierbei

---

[1010] Z.B. § 6 S. 3 Musterkonzessionsvertrag-Strom, *Morell*, S. 45; § 6 S. 2 Musterkonzessionsvertrag-Gas, *Morell*, S. 53; § 4 S. 2 Musterkonzessionsvertrag-Wasser, *Morell*, S. 56c; § 7 S. 2 Musterkonzessionsvertrag-Fernwärme, *Morell*, S. 56j.

[1011] Landmann/Rohmer/*Dombert*, § 4 BBodSchG Rn 23ff.; vgl. ausführlich zu den verfassungsrechtlichen Grenzen der Zustandsverantwortlichkeit BVerfGE 102, 1ff.

[1012] BVerwG ZfW 1988, 350f.; BGHZ 80, 4.

der Netzentgeltanspruch gegen Dritte. Das zivilrechtliche Eigentum ist für den Betrieb des Netzes nicht erforderlich. Es ist somit ein Umdenken dahingehend geboten, dass nicht das zivilrechtliche Eigentum an den Versorgungsleitungen, sondern die Nutzungsberechtigung und der tatsächliche Betrieb des Netzes die wirtschaftlich wertvollen Positionen des Netzbetreibers ausmachen.

Eine Ausdehnung der Ausnahmeregelung für Scheinbestandteile ist deshalb nicht nur unzulässig, sondern auch unnötig. Die eindeutige Zuordnung der Rechte an Grundstücken und beweglichen Sachen durch das Sachenrecht ist ein zentraler Ordnungsfaktor in unserer Rechtsordnung und deshalb bereits vorab in besonderem Maße schutzwürdig.

Diese grundsätzlichen Regeln für die Erlangung eines – auf den ersten Blick als wünschenswert erscheinenden – Ergebnisses aufzuweichen, ist unvernünftig und schmälert – vermeidbar – das Vertrauen in den Bestand und die Berechenbarkeit des Sachenrechts als Garant der Sicherheit des Rechtsverkehrs.

Um dieser Gefahr zu begegnen, bieten sich zwei Möglichkeiten:

1. Die Schaffung einer spezialgesetzlichen Regelung für das Eigentum an Versorgungsleitungen durch den Gesetzgeber oder
2. eine besser an die sachenrechtlichen Verhältnisse angepasste vertragliche Gestaltung der Nutzungsverhältnisse.

Literaturverzeichnis

Angenend, Michael; Hahne, Gerd, Kabellegung und –montage, in: ETG Fachbericht 44, 110 kV-Kabelanlagen in der städtischen Stromversorgung, Vorträge der VDE-Fachtagung am 25. März 1993 in Essen, S. 99-123
(zitiert: *Angenend/Hahne*)

Abwassertechnische Vereinigung e.V. (Hrsg.), ATV-Handbuch, Bau und Betrieb der Kanalisation, 4. Aufl. Berlin 1995
(zitiert: ATV-Handbuch/*Bearbeiter*)

Ahnis, Erik; de Wyl, Christian, Maßgebliche Neuerungen der NAV/NDAV unter besonderer Berücksichtigung der Netzbetreiberhaftung (Teil 1), IR 2007, S. 77-83
(zitiert: *Ahnis/de Wyl*, IR 2007)

dies., Maßgebliche Neuerungen der NAV/NDAV unter besonderer Berücksichtigung der Netzbetreiberhaftung (Teil 2), IR 2007, S. 102-107
(zitiert: *Ahnis/de Wyl*, IR 2007)

Arndt, Hans-Wolfgang; Fetzer, Thomas; Scherer, Joachim, TKG: Telekommunikationsgesetz. Kommentar, Berlin 2008
(zitiert: Arndt/Fetzer/Schwerer/*Bearbeiter*)

Aubert, Joachim; Klingler, Ulrich, Fernmelderecht / Telekommunikationsrecht, Band II, 4. Aufl. Heidelberg 1990
(zitiert: *Aubert/Klingler*)

Bamberger, Heinz Georg; Roth, Herbert, Kommentar zum Bürgerlichen Gesetzbuch

Band I, 2. Aufl. München 2007
(zitiert: Bamberger/Roth/*Bearbeiter*)

Band II, 2. Aufl. München 2008
(zitiert: Bamberger/Roth/*Bearbeiter*)

Bartlsperger, Richard, Straßenhoheit und Energiewirtschaft, DVBl. 1980, S. 249-260
(zitiert: *Bartlsperger*, DVBl. 1980)

ders., Unterirdische Erneuerung von Rohrleitungen der öffentlichen Versorgung und Entsorgung, die rechtliche Zulässigkeit des Berstlining-Verfahrens, Berlin 1994
(zitiert: *Bartlsperger*)

Bartsch, Michael; Röhling, Andreas; Salje, Peter; Scholz, Ulrich, Stromwirtschaft, 2. Aufl. Köln, Berlin, München 2008
(zitiert: Bartsch/Röhling/Salje/Scholz/*Bearbeiter*)

Bassenge, Peter, Die Übertragbarkeit von beschränkten persönlichen Dienstbarkeiten nach der Neuregelung durch Gesetz vom 17. Juli 1996, NJW 1996, S. 2777-2779
(zitiert: *Bassenge*, NJW 1996)

Baur, Fritz, Möglichkeiten und Grenzen des Zivilrechts bei der Gewährleistung öffentlicher und sozialer Erfordernisse im Bodenrecht, AcP 176 (1976), S. 97-118
(zitiert: *Baur*, AcP 176 (1976))

Baur, Jürgen F.; Pritzsche, Kai Uwe; Simon, Stefan, Unbundling in der Energiewirtschaft, Köln, Berlin, München 2006
(zitiert: Baur/Pritzsche/Simon/*Bearbeiter*)

Baur, Jürgen F.; Stürner, Rolf, Sachenrecht, 17. Aufl., München 1999
(zitiert: *Baur/Stürner*)

Becker, Peter, Nochmals: Zur Netzüberlassungspflicht nach dem Energiewirtschaftsgesetz, ZNER 2002, S. 118-120
(zitiert: *Becker*, ZNER 2002)

Beck'scher TKG-Kommentar, (Hrsg. v. Büchner, Wolfgang; Ehmer, Jörg; Geppert, Martin; Kerkhoff, Bärbel; Piepenbrock, Hermann-Josef; Schütz, Raimund; Schuster, Fabian), 2. Aufl. München 2000
(zitiert: BeckTKG 2. Aufl./*Bearbeiter*)

Beck'scher TKG-Kommentar, (Hrsg. v. Geppert, Martin; Piepenbrock, Hermann-Josef; Schütz, Raimund; Schuster, Fabian), 3. Aufl. München 2006
(zitiert: BeckTKG/*Bearbeiter*)

Behrendt, Lars; Schlereth, Sven, Unbundling – Steuerrechtliche Beurteilung der Verwaltungsauffassung zum Energiewirtschaftsgesetz (EnWG), BB 2006, S. 2050-2055
(zitiert: *Behrendt/Schlereth,* BB)

Berliner Kommentar zum Telekommunikationsrecht (Hrsg. Säcker, Franz Jürgen), Berlin 2006
(zitiert: BerlKommTKG/*Bearbeiter*)

Bernhard, Ernst, Probleme des Bestandteils- und Zubehörbegriffs im deutschen Bürgerlichen Recht, Diss. München 1978
(zitiert: *Bernhard*)

Beuscher, Peter, Breitbandkabel im Fernmeldeleitungsrecht, NJW 1985, S. 1191-1196
(zitiert: *Beuscher,* NJW 1985)

Biermann, Superficies solo cedit, JherJB 34 (1895), S. 169-280
(zitiert: *Biermann,* JherJB 34 (1895))

Böhringer, Walter, Liegenschaftsrechtlicher Neuerungen durch das Vermögensrechtsbereinigungsgesetz, VIZ 1998, S. 605-808
(zitiert: *Böhringer*, VIZ 1998)

Börner, Achim, Zum Umfang der Trennung von Netz und Betrieb bei Strom und Gas, VersorgW 2007, S. 125-131
(zitiert: *Börner*, VersorgW 2007)

Braun, Dieter, Rechtsfragen beim Wechsel in der Versorgungszuständigkeit, et 1988, S. 472-492
(zitiert: *Braun*, et 1988)

Briscoe, John, Der Sektor Wasser und Abwasser in Deutschland, GWF – Wasser/Abwasser 136 (1995), S. 422-432
(zitiert: *Briscoe*, GWF – Wasser/Abwasser 136 (1995))

Brockhaus Enzyklopädie, Band 3, 21. Aufl. Mannheim 2006
(zitiert: Brockhaus Enzyklopädie, Band 3)

Brüning, Christoph, Der Private bei der Erledigung kommunaler Aufgaben insbesondere der Abwasserbeseitigung und der Wasserversorgung, Berlin 1997
(zitiert: *Brüning*)

ders., Die Sonderrechtsfähigkeit von Grundstücksbestandteilen – Ein zivilrechtliches Problem bei der Privatisierung kommunaler Leitungsnetze, VIZ 1997, S. 398-403
(zitiert: *Brüning,* VIZ 1997)

Büdenbender, Ulrich; von Heinegg, Wolf Heintschel; Rosin, Peter, Energierecht I, Recht der Energieanlagen, Berlin New York 1999
(zitiert: Büdenbender/v.Heinegg/*Rosin*)

Büdenbender, Ulrich, Grenzen der Ausschließlichkeitsklauseln in Wasserkonzessionsverträgen für die Brauchwasserbelieferung, WuW 2008, S. 441-450
(zitiert: *Büdenbender*, WuW 2008)

Bullinger, Martin, Die Enteignung zugunsten Privater, Der Staat 1962, S. 449-477
(zitiert: *Bullinger,* Der Staat 1962)

Bydlinski, Franz, Juristische Methodenlehre und Rechtsbegriff, 2. Aufl. Wien, New York 1991
(zitiert: *Bydlinski*)

Bydlinski, Peter; Stefula, Martin, Zur sachenrechtlichen Qualifikation von Leitungsnetzen, JBl. 2003, S. 69-91
(zitiert: *Bydlinski/Stefula,* JBl. 2003)

Crome, Carl, Der Konzessionsvertrag und seine Ausführung im Kriege, AcP 115 (1917), S. 1-57
(zitiert: *Crome*, AcP 115 (1917))

Czychowski, Manfred; Reinhardt, Michael, Wasserhaushaltsgesetz, Kommentar, 9. Aufl. München 2007
(zitiert: *Czychowski/Reinhardt*)

Danner, Wolfgang; Theobald, Christian, Energierecht, Kommentar, München, Stand: Juni 2008
(zitiert: Danner/Theobald/*Bearbeiter*)

Dierkes, Mathias, Die Abwasserkonzession, ZfW 2004, S. 201-208
(zitiert: *Dierkes*, ZfW 2004)

Dittus, Wilhelm, Zur Bemessung der Entschädigung für Leitungsservituten, NJW 1965, S. 718-725
(zitiert: *Dittus,* NJW 1965)

Dorn, Martin, Bestandteile und Zubehör in der Zwangsversteigerung, RPfleger 1987, S. 134-149
(zitiert: *Dorn,* RPfleger 1987)

Doutiné, Carl, Die Scheinbestandteile des § 95 BGB, Diss. Erlangen 1938
(zitiert: *Doutiné*)

Dreier, Horst (Hrsg.), Grundgesetz Kommentar

Band I, 2. Aufl. Tübingen 2004
(zitiert: Dreier/*Bearbeiter*)

Band III, 2. Aufl. Tübingen 2008
(zitiert: Dreier/*Bearbeiter*)

Eberhard, Rolf; Volz, Peter, Handbuch der Gas-Rohrleitungstechnik, München 1990
(zitiert: Eberhard/Volz/*Bearbeiter*)

Eder, Jost, Kommunale Energieversorgungsunternehmen als Vertragspartner – Die Gestaltung von Verträgen zur Energiebelieferung, zum Netzanschluss und zum Netzzugang, in: Festschrift für Dr. Peter Becker, S. 333-352, Frankfurt am Main 2006
(zitiert: *Eder*, FS Becker)

ders.; Ahnis, Erik, Die neuen Verordnungen zum Netzanschluss und zur Anschlussnutzung – Eine rechtspraktische Betrachtung, ZNER 2007, S. 123-132.
(zitiert: *Eder/Ahnis*, ZNER 2007)

Ehlers, Dirk, Die Entscheidung der Kommunen für eine öffentlich-rechtliche oder privatrechtliche Organisation ihrer Einrichtungen und Unternehmen, DÖV 1986, S. 897-905
(zitiert: *Ehlers*, DÖV 1986)

Eickmann, Dieter (Hrsg.), Sachenrechtsbereinigung, Köln, Stand: November 2007
(zitiert: Eickmann/*Bearbeiter*)

Eidenmüller, Alfred, Fernmeldehoheitsrecht und Grundgesetz, DÖV 1985, S. 522-530
(zitiert: *Eidenmüller*, DÖV 1985)

ders., Fernmelderecht und Fernmeldepolitik unter dem Aspekt der Telekommunikation, ArchivPF 1986, S. 301-315
(zitiert: *Eidenmüller*, ArchivPF 1986)

Enneccerus, Ludwig; Nipperdey, Hans Carl, Allgemeiner Teil des Bürgerlichen Rechts, 1. Halbband, 15. Aufl. Tübingen 1959
(zitiert: *Enneccerus/Nipperdey*)

Erichsen, Hans-Uwe (Hrsg.), Allgemeines Verwaltungsrecht, 13. Aufl. Berlin 2006
(zitiert: Erichsen/*Bearbeiter*)

Erman, (Hrsg.: Westermann, Harm Peter), Bürgerliches Gesetzbuch, Band I, 12. Aufl. Köln 2008
(zitiert: Erman/*Bearbeiter*)

Filthaut, Werner, Haftpflichtgesetz, 7. Aufl. München 2006
(zitiert: *Filthaut*)

Fischer, Wolfram, Die Geschichte der Stromversorgung, Frankfurt am Main 1992
(zitiert: Fischer/*Bearbeiter*)

Fischer, Martin; Zwetkow, Katrin, Systematisierung der derzeitigen Privatisierungsmöglichkeiten auf dem deutschen Wassermarkt – Trennung von Netz und Betrieb als zusätzliche Option, NVwZ 2003, S. 281-291
(zitiert: *Fischer/Zwetkow,* NVwZ 2003)

Frenzel, Michael, Das öffentliche Interesse als Voraussetzung der Enteignung, Berlin 1978
(zitiert: *Frenzel*)

Füller, Jens Thomas, Eigenständiges Sachenrecht?, Tübingen 2006
(zitiert: *Füller*)

Ganter, Hans Gerhard, Zur Frage, ob ein Rohrnetz zur gemeindlichen Wasserversorgung, das Bestandteil der gemeindlichen Straßengrundstücke ist, als sonderrechtsfähig angesehen und gesondert veräußert werden kann, WuB IV A § 95 BGB 2.06
(zitiert: *Ganter*, WuB IV A § 95 BGB 2.06)

ders., Die Sicherungsübereignung von Windkraftanlagen als Scheinbestandteil eines fremden Grundstücks, WM 2002, S. 105-109
(zitiert: *Ganter*, WM 2002)

Gartner, Andrea, Privateigentum und öffentliche Energieversorgung – Betrachtungen zu einem normativen Instrumentarium, das unentgeltliche Grundstücksbenutzung und Enteignung vorsieht, Bochum 1990
(zitiert: *Gartner*)

Gaul, Hans Friedhelm, Sachenrechtsordnung und Vollstreckungsordnung im Konflikt, NJW 1989, S. 2509-2515
(zitiert: *Gaul*, NJW 1989)

Gerland, Georg; Helm, Thorsten, Übergang zum Übertragungsmodell (Ownership Unbundling) bei Energieversorgungsunternehmen – Wege aus dem Pachtmodell?, BB 2008, S. 192-196
(zitiert: *Gerland/Helm*, BB 2008)

Gersemann, Dieter; Huse, Jörg; Hinrichs, Mark; Leipnitz, Gerd, Ist das Pachtmodell nach dem neuen Energiewirtschaftsgesetz noch sinnvoll?, VersorgW 2004, S. 273-275
(zitiert: *Gersemann/Huse/Hinrichs/Leipnitz,* VersorgW 2004)

Gieseke, Paul, Leitungen auf fremden Grundstücken, in: Festschrift für Justus Wilhelm Hedemann, Berlin 1958, S. 95-129
(zitiert: *Gieseke*, FS Hedemann)

Giesen, Richard, Scheinbestandteil – Beginn und Ende, AcP 202 (2002), S. 689-721
(zitiert: *Giesen*, AcP 202 (2002))

Goecke, Klaus; Gamon, Peter, Windkraftanlagen auf fremdem Grund und Boden, WM 2000, S. 1309-1316
(zitiert: *Goecke/Gamon*, WM 2000)

Gramlich, Ludwig, (Duldungs-)Pflichten von Grundstückseigentümern gegenüber Anlagen der Energieversorgung, LKV 2007, S. 247-254
(zitiert: *Gramlich*, LKV 2007)

Grombach, Peter; Haberer, Klaus; Merkl, Gerhard; Trüeb, Ernst, Handbuch der Wasserversorgungstechnik, 3. Aufl. München, Wien 2000
(zitiert: *Grombach/Haberer/Merkl/Trüeb*)

Groß, Franz-Rudolf, Die neuen Netzanschluss- und Grundversorgungsverordnungen im Strom- und Gasbereich, NJW 2007, S. 1030-1034
(zitiert: *Groß*, NJW 2007)

Gruneberg, Ralf, Abwasserbeseitigung durch kommunale Unternehmen, Köln Berlin, München 2007
(zitiert: *Gruneberg*)

Häde, Ulrich, Das Recht der öffentlichen Sachen, JuS 1993, S. 113-116
(zitiert: *Häde*, JuS 1993)

Haidinger, Michael; Rädler, Peter, Die Duldungspflicht des Grundstückseigentümers aus § 57 TKG, MMR 1999, S. 330-336
(zitiert: *Haidinger/Rädler*, MMR 1999)

Hakansson, Knut, Handbuch der Fernwärmepraxis, 3. Aufl. Essen 1986
(zitiert: *Hakansson*)

Hamm, Axel, Geldausgleich für Wegerechte zum Aufbau öffentlich genutzter Telekommunikationsnetze, MMR 2005, S. 358-364
(zitiert: *Hamm*, MMR 2005)

Hartung, Markus, Grundstücksmitbenutzungsrechte von Energieversorgungsunternehmen nach der Energieverordnung, VIZ 1995, S. 6-11
(zitiert: *Hartung*, VIZ 1995)

Hatschek, Julius, Lehrbuch des deutschen und preußischen Verwaltungsrechts, 7./8. Aufl. Leipzig 1931
(zitiert: *Hatschek*)

Hendler, Rainhard; Grewing, Cornelia, Der Grundsatz der ortsnahen Versorgung im Wasserrecht, ZUR 2001, S. 146-152
(zitiert: *Hendler/Grewing*, ZUR 2001)

Hensgens, Karl-Heinz, Wirtschaftliches Eigentum bei Bauten auf fremden Grund und Boden, NJW 2004, S. 264-266
(zitiert: *Hensgens*, NJW 2004)

Hermann, Hans Peter; Recknagel, Henning; Schmidt-Salzer, Joachim, Kommentar zu den Allgemeinen Versorgungsbedingungen, Band 1, Heidelberg 1981
(zitiert: Hermann/Recknagel/Schmidt-Salzer/*Bearbeiter*)

Herold, Karl, Die Sachen des § 95 BGB, Diss. Erlangen 1910
(zitiert: *Herold*)

Heun, Sven-Erik (Hrsg.), Handbuch Telekommunikationsrecht, 2. Aufl. Köln 2007
(zitiert: *Heun*)

Hoenike, Mark; Giebel, Christoph, Die Besicherung von Krediten an Telekommunikationsunternehmen – Eine Bestandsaufnahme unter der Geltung des neuen TKG, MMR 2005, S. 217-222
(zitiert: *Hoenike/Giebel*, MMR 2005)

Hoeren, Thomas, Wegerechte auf dem Prüfstand – § 57 TKG und die Nachverlegung von Lichtwellenleiterkabeln, MMR 1998, S. 1-6
(zitiert: *Hoeren*, MMR 1998)

ders., *(Hrsg.)*, Handbuch Wegerechte und Telekommunikation, München 2007
(zitiert: Hoeren/*Bearbeiter*)

ders.; Brauner, Roman, Benutzung von Verkehrswegen durch Gasversorger zum Zwecke der Telekommunikation, NWVBl. 1998, S. 129-133
(zitiert: *Hoeren,/Brauner*, NWVBl. 1998)

Holthöfer, Ernst, Sachteile und Sachzubehör im römischen und im gemeinen Recht, Berlin, NewYork 1972
(zitiert: *Holthöfer*)

Horstmann, Karl-Peter, Anforderungen an den Bau und Betrieb von Energieversorgungsleitungen in Deutschland, Münster 2000
(zitiert: *Horstmann*)

Hüffer, Uwe; Tettinger, Peter J., Konzessionsvertrag, Endschaftsklausel und Übernahmepreis, Stuttgart, München, Hannover 1990
(zitiert: *Hüffer/Tettinger*, Konzessionsvertrag)

dies., Rechtsfragen beim Versorgerwechsel nach Ablauf von Konzessionsverträgen, Stuttgart, München, Hannover, Berlin, Weimar 1992
(zitiert: *Hüffer/Tettinger*)

Hussels, D.; Quaderer, S.; Ruhnau, J., Nutzungsdauer von Hochspannungsfreileitungen, in: ETG-Fachbericht 55, Vorträge ETG-Fachtagung am 9. Mai 1995 in Berlin, S. 65-80
(zitiert: *Hussels/Quaderer/Ruhnau*)

Immesberger, Helmut; Klemm, Andreas, Das neue Recht der Konzessionsabgaben, Köln, Stand: März 2008
(zitiert: *Immesberger/Klemm*)

Jarass, Hans D., Formen staatlicher Einwirkung auf die Energiewirtschaft, Der Staat 1978, S. 507-526
(zitiert: *Jarass*, Der Staat 1978)

ders.; Pieroth, Bodo, Grundgesetz für die Bundesrepublik Deutschland, Kommentar, 9. Aufl. München 2007
(zitiert: *Jarass/Pieroth*)

Jauch, Bernd, Zukünftige Erneuerungsaufwendungen im Netzbereich, in: ETG-Fachbericht 57, Beiträge im Rahmen der ETG-Tage '95 am 10. und 11. Oktober 1995 in Essen, S. 39-44
(zitiert: *Jauch*)

Jauernig, Othmar (Hrsg.), Bürgerliches Gesetzbuch, 12. Aufl. München 2007
(zitiert: *Jauernig*)

Joachim, Horst, Dienstbarkeitsentschädigungen für Fernleitungsrechte von Versorgungsunternehmen, NJW 1963, S. 473-477
(zitiert: *Joachim*, NJW 1963)

ders., Die enteignungs- und energierechtliche Problematik für Versorgungsleitungen, NJW 1969, S. 2175-2179
(zitiert: *Joachim*, NJW 1969)

ders., Zur Problematik der baulichen Anlagen an Bundesfernstraßen nach § 9 Bundesfernstraßengesetz – ihre Bedeutung für Energieleitungen, et 1982, S. 936 – 940
(zitiert: *Joachim*, et 1982)

juris Praxiskommentar BGB (Hrsg. v. Herberger, Maximilian; Martinek, Michael; Rüßmann, Helmut; Weth, Stephan), Buch 3 – Sachenrecht, 3. Aufl. Saarbrücken 2006
(zitiert: jurisPK-BGB/*Bearbeiter*)

Kahl, Wolfgang; Bayreuth, M. A., Die Privatisierung der Wasserversorgung, GewArch 2007, S. 441-447
(zitiert: *Kahl/Bayreuth,* GewArch 2007)

Karasek, Reinhard; Ortlieb, Birgit, Chancen und Risiken auf liberalisierten Wassermärkten, ZNER 2001, S. 223-229
(zitiert: *Karasek/Ortlieb*, ZNER 2001)

Kauke, Günter, Versuch einer dogmatischen Grundlegung der Bestandteilslehre des BGB, Diss. Göttingen 1964
(zitiert: *Kauke*)

Keller, Ulrich, Sicherung von Versorgungsleitungen für Energieversorgungsunternehmen in den neuen Bundesländern: Entstehung beschränkt persönlicher Dienstbarkeiten nach § 9 GBBerG, LKV 1997, S. 49-54
(zitiert: *Keller*, LKV 1997)

Kermel, Cornelia, Aktuelle Entwicklungen im Konzessionsvertragsrecht, RdE 2005, S. 153-160
(zitiert: *Kermel*, RdE 2005)

Kießling, Friedrich; Netzger, Peter; Kaintzyk, Ulf, Freileitungen, 5. Aufl. Berlin 2001
(zitiert: *Kießling/Netzger/Kaintzyk*)

Kimminich, Otto, Entschädigung des Erwerbers eines von Hochspannungsleitungen überzogenen Grundstücks, NJW 1973, S. 1479-1482
(zitiert: *Kimminich*, NJW 1973)

Kindermann, Hans Hermann, Rechtsprobleme beim Bau und Betrieb von Erdölfernleitungen, Berlin 1965
(zitiert: *Kindermann*)

Kinzelbach, Andreas, Der Eigentumsübergang bei der Verbindung beweglicher Sachen mit Grundeigentum, Diss. Hamburg 1997
(zitiert: *Kinzelbach*)

Klein, Franz; Brockmeyer, Hans Bernhard, Abgabenordnung, 9. Aufl. München 2006
(zitiert: *Klein/Brockmeyer*)

Klempt, Walter, Eigentumsverhältnisse bei nicht entschuldigtem Überbau, JZ 1969, S. 223-227
(zitiert: *Klempt*, JZ 1969)

Klußmann, Niels, Lexikon der Kommunikations- und Informationstechnik, 3. Aufl. Heidelberg 2001
(zitiert: *Klußmann*)

Knieps, Günter, Wettbewerbsökonomie: Regulierungstheorie, Industrieökonomie, Wettbewerbspolitik, 2. Aufl. Berlin 2005
(zitiert: *Knieps*)

Knütel, Rolf, Gegenstände im Grenzgelände, in: Festschrift für Dieter Medicus, Köln, Berlin, Bonn, München 1999, S. 259-282
(zitiert: *Knütel,* FS Medicus)

Kodal, Kurt; Krämer, Helmut, Straßenrecht, 6. Aufl. München 1999
(zitiert: Kodal/Krämer/*Bearbeiter*)

Koenig, Christian; Siewer, Tilo, Zur Verfassungsmäßigkeit der unentgeltlichen Nutzungsberechtigung von Telekommunikationsnetzbetreibern an kommunalen Verkehrswegen, NVwZ 2000, S. 609-615
(zitiert: *Koenig/Siewer*, NVwZ 2000)

Koenig, Christian; Schreiber, Kristina; Spiekermann, Kristin, Defizitäres Entflechtungsregime? Eine kritische Analyse der Entflechtungsvorschriften in dem Entwurf des dritten Liberalisierungspakets der Kommission der Europäischen Gemeinschaften, N&R 2008, S. 7-12
(zitiert: *Koenig/Schreiber/Spiekermann*, N&R 2008)

Kohler, Zur Lehre von den Pertinenzen, JherJB 26 (1888), S. 11-184
(zitiert: *Kohler*, JherJB 26 (1888))

Kopp, Ferdinand; Ramsauer, Ulrich, Verwaltungsverfahrensgesetz, 10. Aufl. München 2008
(zitiert: *Kopp/Ramsauer*)

Krimmel, Thomas, Unentgeltliche Leitungsrechte an öffentlichen Wegen für private Telekommunikationsunternehmen, München 1998
(zitiert: *Krimmel*)

Landmann / Rohmer, (Hrsg.: Beckmann, Martin), Umweltrecht, Band IV, München, Stand: September 2007
(zitiert: Landmann/Rohmer/*Bearbeiter*)

Langen / Bunte (Hrsg.: Bunte, Hermann-Josef), Kommentar zum deutschen und europäischen Kartellrecht, Band I, 10. Aufl. München 2006
(zitiert: Langen/Bunte/*Bearbeiter*)

Larenz, Karl, Methodenlehre der Rechtswissenschaft, 6. Aufl. Berlin, Heidelberg, New York 1991
(zitiert: *Larenz*)

Larenz, Karl; Wolf, Manfred, Allgemeiner Teil des Bürgerlichen Rechts, 9. Aufl. München 2004
(zitiert: *Larenz/Wolf*)

Larenz, Karl; Canaris, Claus-Wilhelm, Lehrbuch des Schuldrechts, Band II/2, Besonderer Teil, 13. Aufl. München 1994
(zitiert: *Larenz/Canaris*)

Lauer, Jörg, Scheinbestandteile als Kreditsicherheit, MDR 1986, S. 889-891
(zitiert: *Lauer*, MDR 1986)

Lecheler, Helmut, Enteignung zu Gunsten Privater beim Bau von Elektrizitätsfernleitungen, RdE 2005, S. 125-130
(zitiert: *Lecheler*, RdE 2005)

Lenz, U., Das Eigentum an Hausanschlussleitungen, DB 1967, S. 1972-1974
(zitiert: *Lenz*, DB 1967)

Liedtke, Rüdiger, Das Energie-Kartell, Frankfurt a.M. 2006
(zitiert: *Liedtke*)

Lorenz, Arndt, Zu den privatrechtlichen Folgen der nachbarrelevanten Baulast, NJW 1996, S. 2612-2616
(zitiert: *Lorenz,* NJW 1996)

Lorenz, Werner, Bereicherungsausgleich beim Einbau fremden Materials, in: Festschrift Serick, S. 255-273
(zitiert: *Lorenz,* FS Serick)

Lübbe, Dirk; Funke, Jürgen, Rechtliches Unbundling nach dem neuen Energiewirtschaftsgesetz – Gestaltung von Konzessionsverträgen beim Pachtmodell, VersorgW 2005, S. 77-79
(zitiert: *Lübbe/Funke*, VersorgW 2005)

Lukes, Rudolf, Die Benutzung öffentlicher Wege zur Fortleitung elektrischer Energie, Frankfurt a.M. 1973
(zitiert: *Lukes*)

Maaß, Eckart, Eintragung und Löschung von Dienstbarkeiten nach § 9 GBBerG, NotBZ 2001, S. 280-284
(zitiert: *Maaß*, NotBZ 2001)

Malzer, Georg, Das Wege-, Preis- und Kartellrecht in der Energieversorgung, Essen 1966
(zitiert: *Malzer*)

Marschall, Ernst A.; Kastner, Fritz; Schroeter, H. W., Bundesfernstraßengesetz, 5. Aufl. Köln, Berlin, Bonn, München 1998
(zitiert: *Marschall/Kastner/Schroeter*)

Masloh, Tania, Zivilrechtliche Aspekte der öffentlichrechtlichen Baulasten, NJW 1995, S. 1993-1997
(zitiert: *Masloh,* NJW 1995)

Maunz, Theodor; Dürig, Günter, Grundgesetz, Kommentar, München, Stand: Oktober 2008
(zitiert: Maunz/Dürig/*Bearbeiter*)

Maurer, Hartmut, Allgemeines Verwaltungsrecht, 17. Aufl. München 2009
(zitiert: *Maurer*)

Mayer, Otto, Der gegenwärtige Stand der Frage des öffentlichen Eigentums, AöR 21 (1907), S. 499-522
(zitiert: *Mayer,* AöR 21 (1907))

ders., Neues vom öffentlichen Eigentum, AöR 39 (1920), S. 77-95
(zitiert: *Mayer,* AöR 39 (1920))

Medicus, Dieter Allgemeiner Teil des BGB, 9. Aufl. Heidelberg 2006
(zitiert: *Medicus,* AT)

Meendermann, Dietrich, Die öffentlich-rechtliche Baulast, Münster 2003
(zitiert: *Meendermann*)

Meincke, Jens Peter, Superficies solo cedit, ZRG Rom. Abt., Bd. 88 (1971), S. 136-183
(zitiert: *Meincke*, ZRG Rom. Abt., Bd. 88 (1971))

Meyer, Martin, Kommunikationstechnik, 2. Aufl. Braunschweig, Wiesbaden 2002
(zitiert: *Meyer*)

Michaelis, Karl, Voraussetzungen und Auswirkungen der Bestandteilseigenschaft, in: Festschrift für Hans Carl Nipperdey, Band 1, München, Berlin 1965, S. 553-579
(zitiert: *Michaelis,* FS Nipperdey)

Möller, Stephanie, Leitungsrechte in der neuen Bundesländern nach § 9 Grundbuchbereinigungsgesetz, RdE 1997, S. 101-106
(zitiert: *Möller*, RdE 1997)

dies., Grundstücksbenutzungsrechte für Energieversorgungsunternehmen nach § 57 Telekommunikationsgesetz, RdE 1999, S. 217-223
(zitiert: *Möller*, RdE 1999)

Mogwitz, Oliver, Zur Duldungspflicht von Grundstückseigentümern in Bezug auf Netzstationen, RdE 2008, S. 103
(zitiert: *Mogwitz*, RdE 2008)

Moog, Hans-Jürgen, Der Eigentumsvorbehalt an eingefügten Sachen, NJW 1962, S. 381-382
(zitiert: *Moog*, NJW 1962)

Moojer, Donald, Nutzungsrechte an privaten Grundstücken für Versorgungsanlagen in den neuen Bundesländern, DtZ 1996, S. 362-366
(zitiert: *Moojer*, DtZ 1996)

Morell, Klaus-Dieter, Konzessionsverträge und Konzessionsabgaben, 3. Aufl. Wiesbaden, Stand: November 2006
(zitiert: *Morell*)

ders., Handbuch der Leitungs- und Wegerechte, Benutzung privater und öffentlicher Grundstücke durch Energie- und Wasserversorgungsunternehmen

Band I, Berlin, Stand: April 2007
(zitiert: *Morell*, Handbuch, Bd. I)

Band II, Berlin, Stand: April 2007
(zitiert: *Morell*, Handbuch, Bd. II)

Müller, Friedrich, Juristische Methodik, 7. Aufl. Berlin 1997
(zitiert: *Müller, F.*)

Müller, Jürgen, Lebensdauerverlängernde Instandhaltungsmaßnahmen, in: Stand und Trends in der Freileitungstechnik, ETG-Fachbericht 61, Vorträge der ETG-Fachtagung am 11. und 12. Juni 1996 in Berlin, S. 155-166
(zitiert: *Müller, J.*)

Münch, Joel B., Die Eigentumsverhältnisse an Telekommunikationsleitungsnetzen, VIZ 2004, S. 207-212
(zitiert: *Münch*, VIZ 2004)

Münchener Kommentar zum Bürgerlichen Gesetzbuch (Hrsg. v. Rebmann, Kurt; Säcker, Franz Jürgen; Rixecker, Roland)

Band 1, Allgemeiner Teil, 1. Halbband, §§ 1-240; ProstG, 5. Aufl. München 2006
(zitiert: MüKoBGB/*Bearbeiter*)

Band 2, Schuldrecht Allgemeiner Teil, §§ 241-432, 5. Aufl. München 2007
(zitiert: MüKoBGB/*Bearbeiter*)

Band 3, Schuldrecht Besonderer Teil, §§ 433-610, Finanzierungsleasing, HeizkostenV, BetriebskostenV, CISG, 5. Aufl. München 2008
(zitiert: MüKoBGB/*Bearbeiter*)

Band 5, Schuldrecht Besonderer Teil III, §§ 705-853, Partnerschaftsgesellschaftsgesetz, Produkthaftungsgesetz, 5. Aufl. München 2009
(zitiert: MüKoBGB/*Bearbeiter*)

Band 6, Sachenrecht, §§ 854-1296, Wohnungseigentumsgesetz, Erbbaurechtsverordnung, Sachenrechtsbereinigungsgesetz, Schuldrechtsänderungsgesetz, 4. Aufl. München 2004
(zitiert: MüKoBGB/*Bearbeiter*)

Mugdan, Benno (Hrsg.), Die gesamten Materialien zum Bürgerlichen Gesetzbuch für das Deutsche Reich, Band III, Berlin 1899, Neudruck Aalen 1979
(zitiert: Mot. III; Prot.III)

Nienhaus, Christian, Wegerechte für Telekommunikationslinien auf Privatgrundstücken, München 2000
(zitiert: *Nienhaus*)

Otte, Gerhard, Wesen, Verkehrsanschauung, wirtschaftliche Betrachtungsweise – ein Problem der §§ 93, 119 II, 459 und insbesondere 950 BGB, JuS 1970, S. 154-159
(zitiert: *Otte,* JuS 1970)

Otto, Philipp-Nikolas, Organisatorisches und informatorisches Unbundling, RdE 2005, S. 261-268
(zitiert: *Otto,* RdE 2005)

Pahlke, Armin; Koenig, Ulrich, Abgabenordnung, München 2004
(zitiert: *Pahlke/Koenig)*

Palandt, Otto, Bürgerliches Gesetzbuch, 68. Aufl. München 2009
(zitiert: Palandt/*Bearbeiter*)

Papier, Hans-Jürgen, Recht der öffentlichen Sachen, 3. Aufl. Berlin, New York 1998
(zitiert: *Papier*)

Paulweber, Michael, Europäische Telekommunikationspolitik an der Schwelle zum 21. Jahrhundert: Liberalisierung und Wettbewerb versus Harmonisierung und Regulierung, ZUM 2000, S. 11-36
(*Paulweber*, ZUM 2000)

Peters, Bernd, Wem gehören die Windkraftanlagen auf fremdem Grund und Boden? WM 2002, S. 110-1186
(zitiert: *Peters,* WM 2002)

Prütting, Hanns, Sachenrecht, 33. Aufl. München 2008
(zitiert: *Prütting*)

Püttner, Günter, Telekommunikation und gemeindliches Wegerecht, ArchivPT 1996, S. 307-317
(zitiert: *Püttner*, ArchivPT 1996)

Queitsch, Peter, Organisationsformen in der kommunalen Abwasserbeseitigung, UPR 2000, S. 247-254
(zitiert: *Queitsch*, UPR 2000)

Rauh, Jürgen, Telekommunikation und Raum. Informationsströme im internationalen, regionalen und individuellen Beziehungsgefüge, Münster 1999
(zitiert: *Rauh*)

Reichsgerichtsrätekommentar, Das Bürgerliche Gesetzbuch, Band I, Hrsg. von Mitgliedern des Bundesgerichtshofs, 12. Aufl. Berlin, New York 1982
(zitiert: RGRK/*Bearbeiter*)

Rojahn, Ondolf, Der neue Fachplanungsvorbehalt für Energiefreileitungen, in: Burgi, Martin (Hrsg.), Planungssicherheit im Energiewirtschaftsrecht, S. 66-92
(zitiert: *Rojahn*)

Roth, Eva, Unbundlingkonforme Netzorganisation, Baden-Baden 2006
(zitiert: *Roth*)

Sachs, Michael, Grundgesetz, Kommentar, 5. Aufl. München 2009
(zitiert: Sachs/*Bearbeiter*)

Säcker, Franz Jürgen, Entflechtung von Netzgeschäft und Vertrieb bei den Energieversorgungsunternehmen: Gesellschaftsrechtliche Möglichkeiten zur Umsetzung des sog. Legal Unbundling, DB 2004, S. 691-695
(zitiert: *Säcker*, DB 2004)

ders., Der Independent System Operator, Frankfurt am Main 2007
(zitiert: *Säcker*)

ders.; Jaecks, Jörg, Die Netzüberlassungspflicht im Energiewirtschaftsgesetz: Eigentumsübertragung oder Gebrauchsüberlassung?, BB 2001, S. 997-1005
(zitiert: *Säcker/Jaecks,* BB 2001)

ders.; Paschke Marian, Der Notweg im System des nachbarrechtlichen Zivilrechts, NJW 1981, S. 1009-1015
(zitiert: *Säcker/Paschke*, NJW 1981)

Salje, Peter, Energiewirtschaftsgesetz, Köln, Berlin, München 2006
(zitiert: *Salje*)

Sauer, Erich; Zeise, Roland, Energietransport, -speicherung und -verteilung, Köln, 1983
(zitiert: *Sauer/Zeise*)

Schenek, Kai-Markus, Rechtsprechungsüberblick zu Kostenersatz und Haftung bei Wasserrohrbrüchen an Hausanschlüssen, BWGZ 2008, S. 56-65
(zitiert: *Schenek*, BWGZ 2008)

Scheps, Carolina, Das Örtlichkeitsprinzip im kommunalen Wirtschaftsrecht, Berlin 2006
(zitiert: *Scheps*)

Scheurle, Klaus-Dieter; Mayen, Thomas, Telekommunikationsgesetz, 2. Aufl. München 2008
(zitiert: Scheurle/Mayen/*Bearbeiter)*

Schiffer, Hans-Wilhelm, Energiemarkt Deutschland, 9.Aufl. Berlin, Brandenburg 2005
(zitiert: *Schiffer*)

Schiller, Gernot, Zur Verfassungsmäßigkeit von § 9 GBBerG, LKV 2005, S. 11-13
(zitiert: *Schiller*, LKV 2005)

Schlosser, Friedrich, Enteignungsrecht und Folgekostenproblematik bei straßenbaubedingter Verlegung von Versorgungsleitungen, BayVBl. 1982, S. 545-552
(zitiert: *Schlosser*, BayVBl. 1982)

Schmidt, Joachim, Anmerkung zum Urteil des Bundesgerichtshofs vom 1. Februar 1994, Az.: VI ZR 229/92, ArchivPT 1994, S. 140-14
(zitiert: *Schmidt, J.*, ArchivPT 1994)

Schmidt, Torsten, Liberalisierung, Privatisierung und Regulierung der Wasserversorgung, LKV 2008, S. 193-200
(zitiert: *Schmidt, T.*, LKV 2008)

Schmidt-Räntsch, Jürgen, Energieleitungsrechte in den neuen Bundesländern, RdE 1994, S. 214-217
(zitiert: *Schmidt-Räntsch,* RdE 1994)

ders., Die BGH-Rechtsprechung zu Leitungsrechten und -kosten, VIZ 2004, S. 473-480
(zitiert: *Schmidt-Räntsch,* VIZ 2004)

Schneider, Jens-Peter, Liberalisierung der Stromwirtschaft durch regulative Marktorganisation, Baden-Baden 1999
(zitiert: *Schneider*)

ders.; Theobald, Christian, Handbuch zum Recht der Energiewirtschaft, München 2003
(zitiert: Schneider/Theobald/*Bearbeiter*)

Scholtka, Boris, Das Konzessionsabgabenrecht in der Elektrizitäts- und Gaswirtschaft, Baden-Baden 1999
(zitiert: *Scholtka*)

Scholz, Rupert, Unentgeltliche Durchleitungsrechte für Zwecke der Telekommunikation – Verfassungsgemäßes Korrelat zum Grundversorgungsauftrag, ArchivPT 1996, S. 95-112
(zitiert: *Scholz*, ArchivPT 1996)

Schreiber, Klaus (Hrsg.), Immobilienrecht Handbuch, Berlin 2001
(zitiert: Schreiber/*Bearbeiter*)

Schröer, Hans-Hermann, Versorgungsleitungen in Ortsdurchfahrten nach erfolgter Umstufung, NJW 1964, S. 186-188
(zitiert: *Schröer*, NJW 1964)

Schütte, Dieter; Horstkotte, Michael; Seeliger, Per, Zwischen Duldungsanordnung und Gestattungsvertrag – Der Konflikt zwischen Abwasserzweckverbänden und dem Grundstückseigentümer Deutsche Bahn Netz AG bei der Errichtung von Entsorgungsleitungen, LKV 2002, 119-121
(zitiert: *Schütte/Horstkotte/Seeliger*, LKV 2002)

Schütz, Raimund, Wegerechte für Telekommunikationsnetze – Chancen für mehr Wettbewerb auf den liberalisierten Telekommunikationsmärkten?, NVwZ 1996, S. 1053-1061
(zitiert: *Schütz,* NVwZ 1996)

Schulze, Olaf, Das Eigentum an Versorgungsanlagen bei der Mitbenutzung fremder Grundstücke und Gebäude durch Energieversorgungsunternehmen, Rpfleger 1999, S. 167-173
(zitiert: *Schulze*, Rpfleger 1999)

Seeliger, Per, Praxis des Wegerechts in der Versorgungswirtschaft, München, Wien 1996
(zitiert: *Seeliger*)

ders., Zur Anwendung des TKG § 57 gegenüber der Deutschen Bahn AG, GWF/Recht und Steuern 2000, S. 6
(zitiert: *Seeliger*, GWF/Recht und Steuern 2000)

ders., Nutzung fremder Grundstücke durch Wasserwerke und Abwasserbehandlungsanlagen in den neuen Bundesländern, LKV 2002, S. 215-218
(zitiert: *Seeliger*, LKV 2002)

Semler, Johannes; Stengler, Arndt (Hrsg.), Umwandlungsgesetz, 2. Aufl. München 2007
(zitiert: Semler/Stengler/*Bearbeiter*)

Siebenhaar, Hermann, Die Zeitbauten nach § 95 I Satz 1 BGB, AcP 160 (1961), S. 156-167
(zitiert: *Siebenhaar*, AcP 160 (1961))

Soergel, Hans Theodor, Bürgerliches Gesetzbuch mit Einführungsgesetz und Nebengesetzen

Band 1, Allgemeiner Teil 1 §§ 1-103, 13. Aufl. Stuttgart, Berlin, Köln, Mainz 2000
(zitiert: Soergel/*Bearbeiter*)

Band 14, Sachenrecht 1, §§ 854-984, 13. Aufl. Stuttgart 2002
(zitiert: Soergel/*Bearbeiter*)

Spyridakis, Johannes, Zur Problematik der Sachbestandteile, Diss. Tübingen 1966
(zitiert: *Spyridakis*)

Stamati, Markela, Die Anforderungen der operationellen Entflechtung nach den Beschleunigungsrichtlinien der Europäischen Kommission, Frankfurt am Main 2008
(zitiert: *Stamati*)

Staudinger, Julius v., Kommentar zum Bürgerlichen Gesetzbuch mit Einführungsgesetz und Nebengesetzen

Einführungsgesetz zum Bürgerlichen Gesetzbuche, Art. 1, 2, 50-218 EGBGB (Inkrafttreten, Verhältnis zu anderen Vorschriften, Übergangsvorschriften), Berlin Bearbeitung 2005
(zitiert: Staudinger/*Bearbeiter*)

Einführungsgesetz zum Bürgerlichen Gesetzbuche, Art. 219-245 EGBGB (Jüngere Übergangsvorschriften / Verordnungsermächtigungen), Berlin Bearbeitung 2003
(zitiert: Staudinger/*Bearbeiter*)

Buch 1, Allgemeiner Teil, §§ 90-133; §§ 1-54, 63 BeurkG (Allgemeiner Teil 3 und Beurkundungsverfahren), Berlin Bearbeitung 2004
(zitiert: Staudinger/*Bearbeiter*)

Buch 1, Allgemeiner Teil, §§ 21-103, Berlin Bearbeitung 1995
(zitiert: Staudinger 13. Bearbeitung/*Bearbeiter)*

Buch 2, Recht der Schuldverhältnisse, §§ 535-562d Anhang zu §§ 556, 556a: Verordnung über Heizkostenabrechnung (Mietrecht 1), Berlin Bearbeitung 2003
(zitiert: Staudinger/*Bearbeiter*)

Buch 2, Recht der Schuldverhältnisse, §§ 563-580 (Mietrecht 2), Berlin Bearbeitung 2006
(zitiert: Staudinger/*Bearbeiter*)

Buch 2, Recht der Schuldverhältnisse, §§ 581-606 (Pacht, Landpacht, Leihe), Berlin Bearbeitung 2005
(zitiert: Staudinger/*Bearbeiter*)

Buch 3, Sachenrecht, §§ 903-924, Berlin Bearbeitung 2002
(zitiert: Staudinger/*Bearbeiter*)

Buch 3, Sachenrecht, ErbbVO; §§ 1018-1112, Berlin Bearbeitung 2009
(zitiert: Staudinger/*Bearbeiter*)

Stein, Dietrich (Hrsg.), Der begehbare Leitungsgang, Berlin 1991
(zitiert: *Stein*, Leitungsgang, 1991)

ders., Der begehbare Leitungsgang, Berlin 2002
(zitiert: *Stein*, Leitungsgang)

ders., Grabenloser Leitungsbau, Berlin 2003
(zitiert: *Stein*, Leitungsbau)

Stenneken, Christian, Nutzung privater Grundstücke zum Leitungsbau im liberalisierten Markt, N&R 2005, S. 134-138
(zitiert: *Stenneken*, N&R 2005)

ders.; Thomale, Hans-Christoph, Die neuen Netzanschlussverordnungen Strom und Gas, N&R 2007, S. 51-60
(zitiert: *Stenneken/Thomale*, N&R 2007)

Stern, Klaus, Zur Problematik des energiewirtschaftlichen Konzessionsvertrags, AöR 84 (1959), S. 137-184
(zitiert: *Stern*, AöR 84 (1959))

Stieper, Malte, Die Scheinbestandteile – § 95 BGB im System des Sachen- und Vollstreckungsrechts, Baden-Baden 2002
(zitiert: *Stieper*)

Taubenek, Olaf; Goldschmidt, Jürgen, Stadtumbau und Versorgungswirtschaft, VersorgW 2003, S. 29-38
(zitiert: *Taubenek/Goldschmidt*, VersorgW 2003)

Theobald, Christian, Neues EnWG: 10 Eckpunkte zum Referentenentwurf vom Februar 2004, IR 2004, S. 50-52
(zitiert: *Theobald*, IR 2004)

Thoma, Richard, Die Gasröhrenkonzession und die Rechtslage des Gasröhrennetzes nach Ablauf der Konzessionsdauer, AöR 38 (1918), S. 307-372
(zitiert: *Thoma*, AöR 38 (1918))

Tobias, H., Eigentumserwerb durch Verbindung, AcP 94 (1903), S. 371-464
(zitiert: *Tobias*, AcP 94 (1903))

Trute, Hans-Heinrich; Spoerr, Wolfgang; Bosch, Wolfgang, Telekommunikationsgesetz mit FTEG, Berlin 2001
(zitiert: Trute/Spoerr/Bosch/*Bearbeiter*)

Unberath, Hannes; Fricke, Norman, Vertrag und Haftung nach der Liberalisierung des Strommarktes – Privatautonome Gestaltung im regulierten Schuldrecht, NJW 2007, S. 3601-3606
(zitiert: *Unberath/Fricke*, NJW 2007)

Vieweg, Klaus; Werner, Almuth, Sachenrecht, 3. Aufl. Köln, München 2007
(zitiert: *Vieweg/Werner*)

VDEW e.V. (Hrsg.), Kabelhandbuch, 6. Aufl., Frankfurt am Main 2001
(zitiert: Kabelhandbuch)

Weeber+Partner, Kostengünstige Erschließung, Infrastruktur und Flächenrecycling beim Rückbau von Großsiedlungen, Stuttgart 2007
(zitiert: *Weeber+Partner*)

Weirich, Hans-Armin, Grundstücksrecht, 3. Aufl. München 2006
(zitiert: *Weirich*)

Weiß, Nicole, Wasser- Fair-Sorgung – Mehrwert durch kommunale Unternehmen, LKV 2008, S. 200-203
(zitiert: *Weiß*, LKV 2008)

Westermann, Harry (Begründer), Sachenrecht, fortgeführt von Westermann, Harm Peter; Gursky, Karl-Heinz; Eickmann, Dieter, 7. Aufl. Heidelberg 1998
(zitiert: *Westermann*)

Wicke, Hartmut, Umwandlung wesentlicher Bestandteile in Scheinbestandteile – Anmerkung zum Urt. des BGH v. 2.12.2005 – V ZR 35/05, DNotZ 2006, S. 252-266
(zitiert: *Wicke*, DNotZ 2006)

Wieacker, Franz, Sachbegriff, Sacheinheit und Sachzuordnung, AcP 148 (1943), S. 57-104
(zitiert: *Wieacker*, AcP 148 (1943))

Wieling, Hans Josef, Sachenrecht (Enzyklopädie der Rechts- und Staatswissenschaften), Band I, Berlin, Heidelberg 2006
(zitiert: *Wieling*, Sachenrecht, Bd. I)

ders., Sachenrecht (Lehrbuch) 5. Aufl. Berlin 2007
(zitiert: *Wieling*, Sachenrecht)

Wiesinger, Manfred; Markuske, Sven, Straßenrecht, Berlin 2003
(zitiert: *Wiesinger/Markuske*)

Wilhelm, Jan, Die sachenrechtliche Zuordnung von Leitungen und Kanälen, in: Festschrift für Wolfgang Wiegand, München 2005, S. 685-705
(zitiert: *Wilhelm,* FS Wiegand)

ders., Sachenrecht, 3. Aufl. Berlin 2007
(zitiert: *Wilhelm*, Sachenrecht)

Wilhelm, Marco, Rechtsgrundlagen innovativer unterirdischer Verkehrsinfrastruktur am Beispiel von Underground-Capsule-Pipeline-Transportsystemen (UCPT-Systemen), Hamburg 2002
(zitiert: *Wilhelm, M.*)

Willers, Bernd, Die Rechtsnatur der Hausanschlussleitungen, DB 1968, S. 2023-2026
(zitiert: *Willers*, DB 1968)

Wissmann, Martin (Hrsg.), Telekommunikationsrecht, Praxishandbuch, 2. Aufl. Frankfurt am Main 2006
(zitiert: Wissmann/*Bearbeiter)*

Witter, Carsten, Eigentum an Windkraftanlagen auf fremden Grund und Boden, ZfIR 2005, S. 441-449
(zitiert: *Witter*, ZfIR 2005)

Wolf, Manfred; Wellenhofer, Marina, Sachenrecht, 24. Aufl. München 2008
(zitiert: *Wolf/Wellenhofer*)

Wolff, Martin; Raiser, Ludwig, Sachenrecht, 10. Bearb. Tübingen 1957
(zitiert: *Wolff/Raiser*)

Zacher, Manfred, Energiewirtschaftliche Konzessionsverträge, Frankfurt am Main 1982
(zitiert: *Zacher*)

Veröffentlichungen des Instituts für deutsches und europäisches Wirtschafts-, Wettbewerbs- und Regulierungsrecht der Freien Universität Berlin

Herausgegeben von Franz Jürgen Säcker

Band 1 Franz Jürgen Säcker (Hrsg.): Deutsch-russisches Energie- und Bergrecht im Vergleich. Ergebnisse einer Arbeitstagung vom 31. März / 1. April 2006. 2007.

Band 2 Franz Jürgen Säcker / Walther Busse von Colbe (Hrsg.): Wettbewerbsfördernde Anreizregulierung. Zum Anreizregulierungsbericht der Bundesnetzagentur vom 30. Juni 2006. 2007.

Band 3 Dirk Zschenderlein: Die Gleichbehandlung der Aktionäre bei der Auskunftserteilung in der Aktiengesellschaft. Zum Problem der Zulässigkeit der Weitergabe von Informationen an einzelne Aktionäre und Dritte. 2007.

Band 4 Simone Kirchhain: Die Anwendung der Vertikal-GVO auf innerstaatliche Wettbewerbsbeschränkungen nach der 7. GWB-Novelle. 2007.

Band 5 Franz Jürgen Säcker: Der Independent System Operator. Ein neues institutionelles Design für Netzbetreiber? 2007.

Band 6 Stefanie Otto: Allgemeininteressen im neuen UWG. § 1 S. 2 UWG und die wettbewerbsfunktionale Auslegung. 2007.

Band 7 Jochen Eichler: Vertragliche Dritthaftung. Eine Auseinandersetzung mit der Frage der Dritthaftung von sogenannten Experten und anderen Auskunftspersonen im Rahmen des § 311 Abs. 3 BGB. 2007.

Band 8 Markela Stamati: Die Anforderungen der operationellen Entflechtung nach den Beschleunigungsrichtlinien der Europäischen Kommission. Umsetzung in Deutschland und Griechenland. 2008.

Band 9 Franz Jürgen Säcker: The Concept of the Relevant Product Market. Between Demand-Side Substitutability and Supply-Side - Substitutability in Competition Law. 2008.

Band 10 Renate Rabensdorf: Die Durchgriffshaftung im deutschen und russischen Recht der Kapitalgesellschaften. Eine rechtsvergleichende Untersuchung. 2009.

Band 11 Franz Jürgen Säcker: Der beschleunigte Ausbau der Höchstspannungsnetze als Rechtsproblem. Erläutert am Beispiel der 380-kV-Höchstspannungsleitung Lauchstädt – Redwitz – Grafenrheinfeld mit Querung des Rennsteigs im Naturpark Thüringer Wald. 2009.

Band 12 Helen Mahne: Eigentum an Versorgungsleitungen. 2009.

Band 13 Franz Jürgen Säcker (Hrsg.): Russisches Energierecht - Gesetzessammlung. 2009.

www.peterlang.de